앨리스의 이상한 나라 경제학 퇴치 가이드

정치인과 대중을 위한 새 경제학 여행

진인진

앨리스의 이상한 나라 경제학 퇴치 가이드

초판 1쇄 발행 | 2023년 12월 20일

지은이 | 현동균
편　집 | 배원일, 김민경
발행인 | 김태진
발행처 | 진인진
등　록 | 제25100-2005-000003호
주　소 | 경기도 과천시 관문로 92 101-1818
전　화 | 02-507-3077-8
팩　스 | 02-507-3079
홈페이지 | http://www.zininzin.co.kr
이메일 | pub@zininzin.co.kr

* 책값은 표지 뒤에 있습니다.

목차

도표

저자 약력

저자는 서울대학교 경제학과를 졸업한 후 영국 런던 정치경제대학 및 케임브리지대학의 메그나드 데사이(Meghnad Desai) 경, 로손(Robert Rowthorn)교수, 그리고 하코트(Geoffrey Harcourt) 교수 문하에서 정치경제학 및 포스트 케인지언 경제학을 수학했으며, 포스트 케인지언 및 제도학파의 시각에서 투자이론, 화폐이론 등에 대한 다수의 논문을 해외의 저명한 저널에 영문으로 발표하였다. 가장 최근 논문으로는 포스트 케인지언 시각에서 투자의 금융 제약과 금융 주기 문제를 다룬 "A financial frontier model with bankers' susceptibility under uncertainty"(*Metroeconomica*-Wiley, 2023.2), 화폐와 권력의 문제에 대한 사회 철학적 분석을 담은 "A Theoretical Socio-economic Investigation into the Nature of Power in Money"(2021)가 있으며, 기타 논문으로는 "A Theory of the determination of Interest Mark-Up"(2020), "Bank's Lending and Bank's Profit Frontier"(2020) 등이 있다. 한글 역서로는 "케인즈 경제학을 찾아서"(마크 헤이스 저, 한울, 2021.12), "포스트 케인지언 경제학에의 초대"(존 킹 저, 진인진, 2022.7), "권력의 법칙"(프리드리히 폰 비저 저, 진인진, 2023.6)이 있으며, 영문 역서로는 "Sacred Money"(Bernhard Laum의 독일어 저술 Heliges Geld의 최초 영문번역, 2023.3), "The State Theory of Money"(G.F. Knapp저, 원제Staatliche Theorie des Geldes. 2023.7. 최초의 영어 완역), "Theory of Money"(Friedrich von Wieser) 등이 있다.

저자는 또한 현재 일본, 홍콩, 태국, 인도네시아 등에서 사무소를 운영하는 금융 자문회사 Emerging Asia Capital Partners의 파트너로 근무하고 있으며, 과거 약 30년간 해외 대형 투자은행에서 인프라, 에너지, 전력 및 자원 사업의 사업 개발 및 금융 자문에 종사했다. 최근에는 러시아 및 동구권 최대 투자은행인 러시아 국영 대외무역은행(VTB Capital)의 싱가포르 지점에서 아시아 지역 투자은행 부문 대표를 역임하면서 아시아와 러시아/CIS 지역 간 인프라, 에너지 등의 합작 대형 사업의 개발 금융, 프로젝트 금융 및 직접투자 등을 자문했고, 그 이전에는 ABN 암로(AMRO) 은행 홍콩 지점에서 동북아시아 에너지 및 광물 자원 분야 대표 및 씨티그룹(Citigroup-Salomon Smith Barney) 홍콩의 아시아 지역 본부에서 투자은행 부문 부사장을 역임하며, 프로젝트 금융, 개발 금융, 기업인수합병, 직접투자 및 장기 자본조달 분야를 자문했다. 또한 러시아 정부 소유 극동개발펀드의 고문과, 금융 이외의 실물 분야에서는 세계 최대의 철도 회사인 러시아국영철도(RZD)의 아시아 지역 철도 및 항만 개발 사업의 고문을 역임한 바 있다.

여타의 상아탑 내의 경제학자들과는 달리, 필자는 과거 30년간 국제적 대형 투자은행의 금융허브에서 현실 금융업에 실무적으로 종사한 경험 및 다양한 국가에서 수 많은 신규 사업 개발, 투자 및 금융을 주선한 경험 등을 바탕으로 경제학 이론과 현실을 융합하려고 시도하고 있는 중이다.

서문

본서는 필자가 2023년 초에 일본어로 출판한 《아베노믹스와 앨리스의 이상한 나라로 부터의 적들 – 쉽게 이해하는 아베노믹스의 기초》라는 책을 한국의 독자들을 위해 다소 수정하여 한글로 다시 출판한 것이다.

필자는 아베노믹스라고 알려진 경제정책을 일본의 정치인 및 일반인들에게 아주 쉽게 설명하고, 아베노믹스에 반대하는 일련의 강단 경제학자, 언론인, 그리고 재무성 관료들이 가지고 있는 고정관념은 현실과는 유리된, 소위 앨리스의 이상한 나라에서나 적용될 수 있는 기형적인 이론임을 밝히는 목적으로 일본어로 본서를 집필한 바 있다. 그런데, 본서의 목적은 단순히 일본의 상황에만 적용되는 것이 아니라, 한국의 상황에도 거의 동일하게 적용된다. 그렇기에 본서의 한국어판을 기획하게 되었다.

지난 10여 년간은 한국과 일본에서는 각기 소득주도 성장론 및 아베노믹스가 찬반 양론으로 갈리면서 화두로 등장하였다. 한국에서는 지난 정권의 중 후반기부터 경제 정책에 있어 소득주도 성장론에 대한 결별이 시작되어 현재는 신자유주의적 경제정책으로의 완전한 선회를 한 반면, 일본에서는 아베 전 총리 사후에 신자유주의적 주류경제학자와 과거 아베노믹스를 계승하자는 주장이 불편한 동침을 하고 있다. 그런데 한국에서는 '소득주도 성장론'은 이제는 단순히 바보들의 경제이론이라는 조롱거리로 전락하였음에 반하여, 일본에서는 일본 경제 침체의 원흉이 아베노믹스라는 신자유주의적 견해와 아베노믹스 덕에 코로나 사태와 우크라이나 전쟁의 발발에도 불구하고 경제는 서서히 회복하고 있다는 견해가 팽팽히 대립 중인 것이다.

그런데 아베노믹스가 무엇인지, 그것이 어떠한 경제 이론에 근거하고 있는지, 그리고 한국에서 논쟁거리가 된 바 있었던 소득주도 성장론과 어떤 차이점을 가지고 있는지에 대하여서는 심지어 학계에 있어서도 지식이 거의 전무한 상태이다. 필자가 결론적으로 감히 말하자면, 양자는 일란성 쌍둥이인데, 소위 포스트 케인지언 학파의 이론에 근거하고 있다는 점에 있어서는 동일하다. 차이점이 있다면 이론상의 차이점이 아니라, 그 이론을 적용시키는 현실과 그 실천 방식에 있어서의 차이, 그리고 무엇보다도 최종 의사 결정자 및 그 측근들이 가지고 있었던 이해도와 의지 상의 차이에 있었다. 이 같은 필자의 이야기에 일견 당황하는 독자도 있을 듯 하다. 이에 대하여 잠시 설명을 하겠다.

흔히들 아베노믹스는 "세개의 화살"을 이용하는 정책[1]이라고 이야기하고, 또한 일본 총리실도 그와 같이 발표하였다. 그 세개의 화살을 순서대로 말하자면, (1) 대담한 금융정책 (2) 기동적인 재정정책 (3) 민간투자를 장려하는 성장전략이 그것이다. 첫번째는 금융완화를 통하여 시중에 유동성을 공급하고, 두번째는 약 10조엔 규모의 정부 재정지출을 통하여 정부가 수요를 창출하며, 마지막은 규제 완화 등을 통하여 민간기업의 창발성을 북돋고 기업투자를 진작시킨다는 것이다.

그런데 사실 이 같은 구호들만 보자면 도대체 추구하는 목표가 무엇인지 혼란스럽기만 하고 각 구호들 간에 상충도 존재하는 것만 같다. 정부 주도의 재정 정책과 민간 투자의 장려라고 하는 두번째 및 세번째 목표는 기존의 주류경제학을 외치는 학자들에게는 모순처럼 여겨질 수도

---

1   그런데 왜 하필이면 '화살'에 비유하였을까. 사람들은 잘 모르는 일화이지만, 실상은 아베 전 총리가 고교 시절 궁도부 활동을 하여 활을 좋아하였기에 지은 이름이다.

있다.

그리고 그 이후 기시다 수상이 집권하기 시작하였을 즈음 나온 구호는 '신자본주의' 정책이다. 왜 갑자기 '신자본주의'일까. 신자본주의는 도대체 무엇인가. 흔히들 떠올리는 '신자유주의' 경제정책인가?

독자들과 언론들이 쉽게 간과할 수 있는 바가 있다. 정치적 발표는 타협과 절충의 산물이다. 따라서 정치적 발표나 실제 정책을 보면 상호 불일치가 보일 수 있다. 케인즈가《일반이론》을 출판하였을 때 초고에 실려있던 마르크스의 자본의 순환에 대한 이야기는 빠져 있었다는 유명한 일화가 있다. 그 이유는 다름아니라 당시 소위 보수 진영의 감정적 반발을 자제 하기 위함이었다. 일본의 '신자본주의'라는 구호는 흔히들 기시다 현재 수상의 구호로 알려져 있는데, 실상은 아베 전 수상이 아베노믹스가 자신의 정책이 사회주의적이라는 비판을 잠재우기 위하여 스스로 만들어 낸 구호이다. '신' 자본주의는 종래의 자본주의의 모순을 극복한 케인즈식의 자본주의이고 '신자유주의'와는 정반대의 개념인데, 어감 상 듣기 좋아서 선전용으로 채택한 용어이다. 그리고 세개의 화살에서 언급한 세번째 구호에서 '규제완화'라는 것은 모든 정부 간섭을 배제하는 신자유주의 정책과는 무관하고, 일본의 병이라고도 할 수 있는 기존의 관료주의적 규제를 효율화한다는 것이며 민간의 투자 촉진을 위하여서는 오히려 강력한 정부의 주도, 개입과 지원을 하겠다는 의미이다. 그런데 '규제완화' 내지는 '민간의 투자촉진' 등의 어감 상 보수 층에 어필할 수 있는 용어로 포장되어 있다.

그리고 아베노믹스는 기존의 미국식 사생아 케인즈학파가 주장하는 정책과는 다르고, 그 본질은 포스트 케인지언 경제이론에 근거하고 있다. 이는 미국식 케인지언으로 잘 알려진 전 아베 총리의 고문 하마다 고이치

교수와의 인터뷰에서도 드러나는데, 하마다 교수는 아베 전 총리를 통하여 포스트 케인지언 경제이론을 접하게 되었다고 실토하고 있다. 다만 포스트 케인지언 정책이 좌파적이라는 비난을 받고 있기에 침묵하고 있을 뿐이었는데, 포스트 케인지언 이론은 아베 전 총리가 자민당 핵심 정치인들을 대상으로 주관하여 진행하여 온 소위 '독서회'의 중심 공부 주제였다.

그리하여 양국에 있어서 포스트 케인지언의 경제정책의 도입과 후퇴의 근본적인 이유는 상이하다. 한국의 경우는 그 도입이 일부 소장학자들이 주축이 되어 위정자 내지는 그의 측근들에게 제안되는 형식을 취하였음에 반하여, 일본의 경우에서는 오히려 위정자 자신이 주축이 되어 정책 담당자들을 이끌었다는 점이 그 도입과 실행 상에 있어서 가장 큰 차이점이 있었다. 그리하여 포스트 케인지언 경제정책의 후퇴는 한국의 경우에는 소장 학자들이 위정자와 그 측근들의 마음을 얻지 못하였기 때문이거나 혹은 위정자 자신의 무지함과 공부에 대한 나태함에 있었고, 반대로 일본의 경우에서는 구심점이 되어 온 위정자 자신이 불운의 사고를 당하였기 때문이었다고 생각된다. 그 결과 한국에서는 신자유주의 경제정책으로의 완전한 이행이 이미 완성되었음에 반하여, 일본에서는 아베 수상이 이끌었던 독서회의 멤버들을 중심으로 하여 신자유주의적 정책에 대한 강력한 저항세력이 형성되어 있다. 그리하여 일본에서의 양자 간의 대립이 미래에 과연 어떤 방향으로 결론이 날지는 지켜 볼 일이다.

인간이 가지고 있는 지식과 의지는 묘한 변증법적인 관계를 가진다. 지식이 없으면 의지가 흔들리며, 의지가 약하면 지식을 향한 욕구도 시든다. 의지가 약한 위정자는 바람 앞의 촛불처럼 흔들리고, 흔들리는 마음은 새로운 앎에 대한 욕구를 절멸시킨다. 그리고 그들의 무지와 편견은 고착되어 간다.

그렇다면 이런 현실에서 소위 지식인들의 소명은 무엇일까. 마치 훈고학을 연상시키는 토론이나 일반인이 이해하기 어려운 복잡한 이론이 아닌, 위정자들과 그들의 지지자들이 보다 쉽게 이해할 수 있도록 지식을 설명하고, 그리하여 그들이 개선을 향한 의지를 가질 수 있는 최소한의 기반을 만들어 주는 것은 아닐까. 그리고, 어떤 결론을 제시하기보다는 스스로 답을 찾아갈 수 있는 단단한 반석을 놓아 주어야만 하는 것은 아닐까. 이에 본서를 집필하게 된 목적이 있다.

또한 이웃나라인 일본의 아베노믹스를 소개함으로써 한국에 있어서의 시사점을 찾을 수 있다고 생각하였다. 아베노믹스는 현재 논란의 중심에 놓여있다. 세간에는 아베노믹스는 단지 무제한적인 정부지출의 확대와 금융완화로만 알려져 있는데, 그것은 소비세 인상과도 같은 자기 모순적인 정책과 혼재되어 있고, 그 실행 정부기관 중의 하나인 일본의 재무성의 고위 간부는 아베노믹스에 대한 비판을 공개적으로 언론에 게재하기도 한다. 그리고 강단의 경제학자, 재무성 관료, 그리고 언론에서는 아베노믹스에 반대하는 비판은 계속되고 있다.

그런데, 아베노믹스(내지는 소득주도 성장론)에 대한 비판이 근거하고 있는 대학 강단의 주류경제학은 오로지 앨리스의 이상한 나라에서나 존재할 수 있는 허구적 가정들에 의하여 이론들을 도출한 후, 그 이론들에 기초하여 아베노믹스를 비판한다. 이때 일반인들에게는 그 허구적 가정들은 숨겨져 있고 그 가정들에 의하여 도출된 결론만 보여지며, 또한 일반인의 눈에는 대학교수가 가지는 권위에 의하여 그 결론들이 마치 현실에서도 적용되는 이론인 것처럼 제시된다. 논리학적으로 말하자면, 이러한 그들의 주장은 '부당 가정의 오류' 내지는 '선결문제 요구의 오류'(혹은 '논점선취의 오류’)(*petitio principii*)에 해당한다.

　일반인들은 저자의 위와 같은 주류경제학 이론의 논리구조에 대한 요약에 대하여 설마라고 느낄지도 모른다. 하지만 이는 절대로 과장이 아님을 강조하고 싶다. 많은 일반인들은 아베노믹스를 아베 전 총리의 개인적인 견해에서 출발한 체계가 없는 경제정책, 즉, 임기 응변적이고 교과서 경제이론과는 모순되는 정책으로 오인할 위험이 존재한다. 하지만, 아베노믹스나 소득주도 성장론은 위대한 경제학자인 케인즈로 부터 시작하여 케인즈의 후예인 포스트 케인지언 경제학파가 지난100여년간 발전시키며 축적하여 온 혁명적인 경제학 지식의 체계에 기초하여 있다. 케인즈의 경제학은 천동설과도 같은 기존의 주류경제학으로로부터의 코페르니쿠스적인 발상의 전환을 의미한다. 그렇기에, 과거의 주류경제학파를 계승하고 대학의 경제학 교과과정을 독점하고 있는 현대의 소위 신고전학파 경제학(neo-classical economics)과 케인즈의 적자로 자처하는 포스트 케인지언 간의 대립은 단순히 타협이나 절충으로 해결될 수는 없다. 그 대립은 단순한 경제이론 간의 대립을 넘어서, 근본적인 인간관, 사회관, 지식의 방법론 간의 대립이기 때문이다. 이는 천동설과 지동설 간의 대립과도 같다. 물론, 천동설을 포기하지 않고, 지동설의 이론 중 몇가지만 단편적으로 선택하여 천동설의 이론에 포함시킬 수는 있다. 실제로 소위 미국에서 케인지언이라고 자처하고 있는 학자들에 의하여 그러한 절충은 시도되어 왔다. 하지만, 그러한 절충으로는 절대로 천체의 운행을 설명할 수는 없다. 자칭 케인지언이라고 하는 미국의 여러 케인즈 학파는 사실 케인즈적인 것도 아니고, 단지 케인즈와는 무관한 이론들에 불과한 사생아들이다.

　하지만, 한국과 일본의 경제 학계는 그러한 천동설의 교리에 입각하여 대학에서 경제학을 강의하고, 그에 의하여 학자, 경제인, 금융인, 언론인, 그리고 정부 관료들을 양산한다. 가장 최근의 설문 연구결과에 의하면(Javdani & Chang, 2023), 많은 주류경제학자들은 똑같은 명제라도 반대의 편에 속한 학자들이 말하면 동의하지 않고, 자신들의 편에 속한 학자들이 말하면 동의한다고 한다. 그 실증 분석에 의하면, 일본은 그러한 경제학자들의 이데올로기적 편견이 가장 강한 나라에 속한다.[2] 그러한 기존의 종교에 의하여 세뇌되어 강한 믿음을 가지고 있는 신도들의 입장에서 볼 때는 아베노믹스나 소득주도 성장론은 이단이고 미신이다. 그들의 천동설 교리서에서 없는 내용, 혹은 그와는 모순되는 주장을 하기 때문이다.

논리학적으로 볼 때 그들이 범하는 실수는 앞서 언급한 소위 선결문제 요구의 오류인데, 이는 결국 "나의 의견은 언제나 옳다. 따라서 너의 의견은 틀리다"을 의미한다. 혹은 '다수결 선택의 오류'(*argumentum ad populum*)에 속하는데, 이는 "대다수의 의견은 옳다. 따라서 대다수인 우리의 의견은 옳다"라는 논증이다. 이러한 논증은 중세의 천동설을 지탱하였고, 현재의 일본의 경제 학계가 아베노믹스에 대하여 가하는 비판도 이와 다르지 않다. 하지만, 이에 추가하여 심각한 이데올로기적 편견을 가지고 있다. 따라서 심지어 자신들이 존경하는 노벨경제학상 수상자 스티글리츠(Joseph Stiglitz)나 혹은 블랑샤르(Olivier Blanchard) 와도 같은 주류경제학계의 거장들이 아베노믹스를 지지하는 발언을 하였어도 단순히 무시한다. 그만큼 종교적 권력은 위대하다. 그리고 그러한 일본의 경제학자들의 비판이 언론을 통하여 일반에게 소개되면, 일반인들은 그 학자들이 가지는 권위에 승복하게 된다. 즉, "대학교수가 하는 말은 옳다"라고 생각하는 '권위에 호소하는 오류'(*argumentum ad verecundiam*)를 범하게 된다. 일반인들

---

2   참고로, 실증분석에서는 한국은 포함되어 있지 않다.

은 이러한 권위의 오류에서 해방되기는 쉽지 않다.

반대로, 포스트 케인지언 경제학파의 견해를 지지하는 지성인들과 대학교수들은 상대적으로 소수이다. 그리고 일본의 경우, 그들은 결코 아베노믹스에 대하여 지지하는 견해를 발표하지 않는다. 그 이유는 다분히 또다른 이데올로기적인 편견에 근거하는데, 그들은 자민당의 모든 정책에 대하여 불신하며, 따라서 아베노믹스를 심각히 분석하지 않고 단지 그것을 케인즈의 또 다른 사생아로 간주하기 때문이다. 따라서 일본의 경우, 아베노믹스는 도와주는 아군은 없는 상태에서 단지 적군에 둘러싸여 혼자만의 외로운 전쟁을 수행하는 중이다.

이러한 상황은 한국의 경우에서도 마찬가지이다. 오히려 상황은 더욱 심각하다. 일본의 경우에는 아베노믹스를 지지하는 세력들이 아직도 자민당의 주요 정치세력으로 남아있는데, 이는 사실 아베 전 수상이 생전에 결성한, 정치인들도 심각히 공부를 하자는 취지의 '독서회'의 영향력이 크다. 반면 한국의 경우에는 대부분의 정치인들은 경제는 경제 전문가에 맡기면 된다는 안이한 자세를 고수하고 있는데, 그들이 개인적 친분으로 믿고 있는 대학교수들을 위시한 소위 경제 전문가들은 이미 어떤 특정 정치 이데올로기에 심각히 감염되어 있음을 모르기 때문인 듯 하다.

이와 같은 상황에서, 포스트 케인지언 경제학을 구제하기 위한 노력이 절실하다. 저자는 그러한 노력의 일환으로서 본서를 계획하였다. 이는 적군에 대한 반격 만을 의미하는 것은 아니다. 잠재적 아군들을 각성시키고, 그들의 동참을 바라는 목적도 가지고 있다.

본서의 구성은 다음과 같다. 1, 2, 3장은 방법론에 대한 고찰이다. 왜 이러한 방법론에 대한 긴 설명이 필요한지 의아하게 여겨질 수도 있다. 하지만 길이를 측정하기 위해서는 자가 정확 하여야 하고 무게를 측정하기 위하여서는 저울이 올바라야한다. 방법론은 이같이 어떤 저울이나 자와 같은 역할을 한다. 그런데 대부분의 경제학자들은 자신들이 가지고 있는 자와 저울이 과연 옳은 것인가를 절대로 반성하지 않는다. 어떠한 종교적 교리를 신봉하는 자들은 그 교리의 근본 원리에 대하여 의문을 제기하는 것 자체가 불경스러운 일이기 때문이다. 그들이 가지고 있는 방법론에 대한 근본적인 비판이 없이는 주류학파경제학자들이 가지는 사회적 권위에 도전하여 일반인들을 설득하기는 쉽지 않다.

간단히 설명하자면, 그들이 가지는 방법론의 핵심은 두 가지이다. 즉, 사회는 고립되어 존재하는 로봇과도 같은 인간들의 단순한 합이며, 가정이 비현실적이고 비상식적이라도 그에 의하여 도출된 이론이 경제 현상을 잘 설명하면 그 이론은 정당한 것이다. 즉, 이미 본 서문의 모두(冒頭)에 이야기하였던 앨리스의 이상한 나라의 이론이 그들의 경제학 방법론의 핵심이다. 반대로 아베노믹스나 소득주도 성장론이 기초하고 있는 포스트 케인지언 경제학파의 견해에 의하면, 인간은 주변의 환경에 의하여 영향을 받고, 사회는 단순히 개별 인간들이 행동의 합은 아니라는 것이다. 즉, 부분의 합을 전체로 간주하는 소위 "합성의 오류"를 경계하여만 올바른 경제 분석으로 향할 수 있다는 것이다. 또한 어떤 이론의 가정은 상식적이고 현실적이어야 한다.

이러한 방법론적 문제에 추가하여 주류경제학은 경제학에서의 가장 핵심 개념이라고 할 수 있는 화폐와 자본이라는 개념을 자신들의 결론을 정당화하기 위하여 일반인이 이해하고 있는 방식과는 전혀 다른 의미로 사용하면서 눈속임을 하고 있다. 따라서 이러한 방법론적인 문제와 화폐와 자본이라는 개념에 내재된 모순성을 입증하는 경우, 더 이상 주류경제학자들의 주장이 가진 권위에 기만 당하지 않을 수 있다.

그 이후의 4장부터 9장까지는 아베노믹스와 소득주도 성장론의 기초가 되는 케인즈와 포스트 케인지언 경제학파의 핵심이론, 즉, 유효수요의 이론에 대한 설명으로 시작하여, 투자, 재정 및 금융정책, 성장 등의 아베노믹스와 소득주도 성장론을 구성하는 주요한 이론들을 경제학 초보자들도 쉽게 이해할 수 있게끔 설명하고 있다. 그리고, 이러한 이론들을 주류 경제학인 신고전학파 경제학의 이론과 대비함으로써 독자들이 스스로 판단할 수 있도록 하였다.

그리고 부록은 필자가 현재 한국에서 화두가 되는 각 주제들을 최근 3개월여의 기간 중 《더컬럼니스트》라는 독립언론지에 기고한 글들이다. 물론 본문과 중복되는 점들은 존재하나, 독자들이 보다 집중하여 특정 주제들을 생각해 볼 수 있는 기회를 가질 수 있는 장점이 있어서 부록으로 수록하였다.

시중에 나와있는 두꺼운 경제학 교과서를 독자들이 공부하고 그 이후에 아베노믹스와 소득주도 성장론을 평가하는 것은 불가능하다. 일단 그러한 교과서들을 공부하기 위하여서는 상당한 시간과 노력이 필요하고, 가령 그같은 노력을 경주한다고 하더라도 그 교과서들은 주류경제학의 시각에서 편견을 가지고 경제를 분석하기 때문에 그에 의존하여서는 아베노믹스와 소득주도 성장론에 대한 정당한 평가를 내릴 수 없다. 애석하게도 많은 독자들은 경제에 대하여 알기 위하여 두꺼운 기존의 경제학 교과서와 씨름을 하고 있는 것이 현실이다. 그로 인하여 많은 시간과 정력이 낭비되지만, 그렇게 교과서를 다 읽은 후에도 경제 현상은 혼돈 스러운 것으로 남아있기 마련이다. 왜냐하면 그 교과서들은 현실을 설명하고 있지 못하기 때문이다. 물론, 포스트 케인지언 경제학파의 교과서도 존재하지만, 그 전반을 독자가 스스로 공부하기에는 마찬가지로 상당한 시간과 노력을 요한다. 따라서 본서는 이러한 난점을 극복하고자, 독자들이 가급적 짧은 시간 내에 아베노믹스와 포스트 케인지언 경제 이론의 핵심을 파악할 수 있도록 기획되었다.

이 책을 공부함에 있어서는 경제학에 대한 초보적 지식을 필요로 하지 않는다. 하지만 그렇다고 해서 결코 쉬운 주제는 아니며, 그 내용의 전개에 있어서 비논리적이고 단순히 감정과 직관에만 의존한다는 이야기도 아니다. 본서는 그 설명에 있어서는 철저히 논리를 따르면서, 직관은 그 논리가 너무 복잡한 경우 편의를 위하여 도입하였다. 따라서 독자들은 끊임없이 생각하고, 본서의 논리를 신중히 따라줄 것을 바란다.

또한 본서는 독자들을 위하여 통상적인 경제학교과서에 등장하는 수많은 수식과 도표 등을 최소화하려고 노력했다. 하지만, 몇 개의 핵심적인 수식과 도표는 불가피하게도 포함시켰으며, 그것들을 이해하기 위하여서는 고등학교 수준의 가장 초보적인 수학적 지식만을 필요로 한다. 선입견에 의하여 독자들이 이러한 수식들을 두려워할 필요는 없다. 또한, 어떤 부분에 있어서는 인간과 사회에 대한 깊은 성찰을 필요로 한다. 하지만 그 문제점들을 파악하고 결론을 도출하기 위하여서는 경제학적 사전 지식은 필요가 없으며, 단지 독자 각자의 신중히 고민하는 자세만이 필요할 뿐이다.

어떠한 측면에 있어서는 이 책은 경제학 개론서의 성격을 가지고 있다. 하지만 완전한 개론서는 아니고, 독자들이 보다 집중하여 아베노믹스와 소득주도 성장론의 주요 경제 정책을 이해할 수 있도록 하기 위하여 부득이 다루는 주제들을 취사선택한 일종의 축약된 개론서이다. 따라서 통상적인 경제학 개론서에서 취급되는 많은 주제들은 생략할 수밖에 없었다. 하지만 본서의 내용을 충분히 이해한다면 저자가 소개하는 다른 경제학 개론서들을 보다 여유롭게 공부하면서 본서에서 제외된 다른 중요한 주제들도 공부할 수 있는 기반을 다질 수 있을 것으로 믿는다. 그런 의미에서 본서는 개론서의 개론에 해당한다.

단 이 책에서는 아베노믹스와 소득주도 성장론에 대한 실증적 평가는 포함되지 않았다. 일단 본서의 분량을 가급적 최소화하여 독자들의 시간과 노력에 대한 부담을 경감하기 위함이이기도 하다. 그리고, 단순히 몇 가지 숫자만을 열거하여 어떤 정책이 옳고 그렇다고 판단하는 것은 잘못이다. 같은 숫자라도 해석하는 방법에 따라서 결론은 상이할 수 있다. 그렇다면 중요한 것은 어떤 숫자들을 해석할 수 있는 판단력을 기르는 것이 중요하고, 어떤 특정한 해석을 강요하는 것은 바람직하지 않다. 예수가 베드로에게 말한 바를 기억해야 한다. 물고기를 주는 것이 아니라 물고기를 낚는 법을 가르쳐야 한다.

더 중요한 이유는 아베노믹스는 현재 진행형이기 때문이다. 경제정책의 성과는 단기간에 나타나는 것은 아니다. 또한 그간의 상황은 COVID나 우크라이나 전쟁 상황과 중첩되어 있었기에, 그 모든 복잡한 상황의 결과로 나타나는 경제현상에서 아베노믹스의 성과와 실패를 구분하는 것은 불가능한 일이다. 또한 한국의 경우 소득주도 성장론은 그 싹을 피우기도 전에 이미 절멸되어 버렸다.

많은 경우, 사람들은 회피비용 간과의 오류를 범하기 쉽다. 예를 들어 화재 예방장치를 설치하여 화재가 발생하지 않았는데 화재가 발생하지 않았다는 이유로 화재 예방장치에 비용을 지출한 것이 낭비였다고 생각할 수 있다. 그리하여, 특히 주류경제학자나 시장 근본주의자들은 경제가 회복이 지연됨을 그간 코로나와 우크라이나 전쟁 등으로 인한 세계 경제의 불황이 아니라 아베노믹스와 소득주도 성장론의 실패로 간주하고 싶어한다. 아베노믹스와 소득주도 성장론으로 인하여 더 큰 재난을 방지할 수 있었을 것이라는 생각은 절대로 하지 않는다.

저자는 독자들이 이 책을 통하여 아베노믹스와, 그 이론적 배경을 이루는 포스트 케인지언 경제학파의 경제 이론의 핵심을 이해하고, 자신 스스로 현재의 경제적 상황에 대하여 판단할 수 있는 기초적인 능력을 가질 수 있도록 바란다.

그래야만 비로소 기존 주류경제학자, 언론 등이 자신들의 종교에 근거하여 가지고 있는 편견을 극복하고, 그들이 가지고 있는 종교적 권위에 대하여 저항할 수 있다.

한국에서의 "소득주도 성장론"은 이미 비인기 주제로 전락하였음에 대비하여 그 쌍둥이 형제인 아베노믹스는 일본에서 아직도 진행형이라는 사실은 한국에도 많은 시사점을 제공하며 동시에 한국에서의 포스트 케인지언 경제정책을 아마도 새로운 이름으로 다시 부활시킬 수 있는 전기가 될 수 있지 않을까 생각한다.

마지막으로 본서를 출판함에 있어서 진인진 출판사의 김태진 사장님과 직원들, 그리고 연재된 글들을 출판할 수 있도록 승락하여 주신 더컬럼니스트의 문주용 편집인께 감사의 말씀을 올린다.

2023년 12월
필자

1. 망국의 신고전학파의 경제학 방법론이 가지는 종교적 성격

1.1. 경제학이라는 학문

경제학은 단일한 학문 체계가 아니라, 그 안에서는 서로 상이한 다양한 이론이 공존하고 있다(아래의 경제학 계보도 참고). 그 중, 대학에서 대다수를 차지하는 주류경제학은 신고전학파 경제학(neoclassical economics)이라고 불리우는 체계인데, 아담 스미스부터 시작되는 고전적인 경제학에 기반하여 수립되었다는 의미에서 '신고전파'라고 불리운다. 그런데, 신고전학파 경제학은 일반인에게는 신비한 과학의 영역으로 간주된다. 신고전학파 경제학들은 복잡한 수학방정식으로 가득 차 있어 일반인에게는 접근 불가능한 영역이다. 이는 복잡한 기계의 운동을 묘사하는 미분방정식을 일반인들이 쉽게 이해할 수 없고, 고도의 교육을 받은 엔지니어들만이 다룰 수 있는 전문영역과도 같이 생각되어지는 것과도 같다.

신고전학파 경제학 대학교수들은 그러한 고도로 전문적인 과학 체계의 정상에 위치한 자들이고, 따라서 일반인은 그들의 권위에 도전할 수는 없는 것 처럼 여겨진다. 그런데 심지어 대학에서 신고전학파 경제학을 전공하고 졸업한 사람들도 일반인과 다르지 않다. 그들은 단순히 천동설 입문과정만을 수료한 것이다. 학부에서 경제학을 전공한 사람들 조차도 하늘이 지구를 돈다는 기본원칙과는 모순되는 그 많은 천계의 이상한 움직임을 설명하기 위해 천동설을 주장하는 학자들이 만들어낸 복잡한 수학공식을 이해하기는 너무 어렵다. 따라서 그들은 천동설의 기본원리에 대한 몇가지 단편적 이론들만 기억하고 졸업한다. 그리고, 재무성/기획재정부 등의 정부 기관, 신문사, 기업, 연구소 등에 취직한다. 그 이후 , 그 교리의 기본 원칙이 진실이라고 믿으며, 자신들의 믿음을 이해하지 못하는 사람들을 무식자라고 조소한다.

그 교리는 개인은 절대적 합리성을 가지고 있고, 그러한 개인들이 만나는 시장은 정직하며, 그에 순응하는 것이 자연의 법칙을 따르는 것이라고 가르친다. 그런데, 건전한 상식을 가지고 있는 일반인들은 상식과 반하는 천동설 교리에 대하여 의문을 가지더라도 감히 기존 믿음의 체계에 도전하지 못한다.

정치인들도 신고전학파 경제학 대학교수들이 가지는 권위를 무조건 믿고, 그들의 말에 어떤 반론을 제기할 능력을 가지고 있지 못하다. 정치가들의 대부분은 자신은 그 복잡한 이론을 이해할 필요가 있다고 생각하지 않고, 신고전학파 경제학자에게 모든 것을 위임한다. 자신이 자문을 구하는 신고전학파 경제학자를 선발하는 기준은 의외로 단순하다. 첫째로 명문 대학에서 학위를 받았는가, 그리고 정치적 견해에서 신조와 일치하는가. 그리고 자신들이 스스로 그렇게 선발한 신고전학파 경제학자가 주장하는 이론은 무조건 진실이라고 믿을 수 밖에 없고, 조금은 이상하다고 느끼는 순간이 있을지라도 그에 대하여 감히 반론을 제기할 능력도, 공부할 시간도 없다.

그런데, 모든 문제의 시작은 이렇듯 신고전학파 경제학을 엄밀한 과학으로 간주하고 믿는 바에 있다. 결론적으로 말하자면 신고전학파 경제학이라는 학문은 물리학과 같은 과학은 절대로 아니고, 단지 거대한 종교체계이다. 그들이 말하는 모든 것이 틀리다는 이야기는 아니다. 그들이 관찰하고 기록해 놓은 경험적 자료들은 유용하다. 하지만 그렇게 현실에서 관찰된 경험적 자료들을 자신들의 종교적 원리에 의하여 해석하고 그러한 종교적 원리에 의하여 미래를 예측하고, 정책을 수립하는데 문제가 있다.

그런데 얼핏 복잡하고 어렵게만 보이는 경제 이론의 배후에는 일반인의 상식과 반하는 어처구니없는 가정들과 방법론이 숨어있다. 하지만 일단 그 경제이론에 세뇌되어 있는 신고전학파 경제학자들에게는 그러한 상식과 반하는 가정들은 당연한 것으로 간주된다. 이는 외부인에게는 비상식적이고 유치하게만 여겨지는 종교 교리들이 종교 신봉자들에게는 의심할 바 없는 진실로 여겨지는 것과 같다.

아베노믹스 내지는 소득주도 성장론이 기초하고 있는 포스트 케인지언 경제학은 이러한 기존의 신고전학파 경제학자들이 가지고 있는 근본 믿음과는 다른 원리에서 출발한다. 따라서 신고전학파 경제학의 입장에서는 중세에 천동설이 지동설에 대하여 공격한 것과 같이, 아베노믹스 내지는 소득주도 성장론은 불경하고 비과학적인 이론으로 간주된다. 그들의 논리는 종교재판에서 사용하는 논리와 동일하다. 즉, 자신들의 믿음은 무조건 옳기에 그에 반하는 이야기는 무조건 거짓이다라는 논리이다.

따라서 아베노믹스 내지는 소득주도 성장론을 제대로 이해하기 위하여서는, 그들이 그 이론들을 비난하는 이유를 먼저 이해하여야만 한다. 즉, 우선 신고전학파 경제학자들이 가지고 있는 천동설의 기본 원리와, 그들이 아베노믹스 내지는 소득주도 성장론을 비판하는 논리의 구조에 대한 이해가 필요하다. 그렇지 않은 경우, 그 신고전학파 경제학자들이 가지고 있는 권위에 일반인들은 쉽게 굴복할 수 밖에 없다.

고전학파 경제학 (Classical):
스미스 (Adam Smith), 리카르도 (Ricardo),
밀 (Mill), 세이(Say), 맬서스 (Malthus)
마르크스 (Marx)
마샬 (Marshall)
멩거 (Menger)
왈라스 (Walras)
오스트리아 학파 (Austrian School):
미제스 (von Mises
하이에크 (Hayek)
주류경제학 =신고전학파 (Neoclassical)
케인즈 (Keynes)
피셔 (Fisher)
일반균형 이론 (General Equilibrium Theory)
포스트 케인지언 (Post Keynesian):
칼도 (Kaldor),
로빈슨 (Robinson),
칼레츠키 (Kalecki),
러너 (Lerner)
신고전학파종합 네오 케인지언 (Neoclassical Synthesis/ Neo Keynesian):
힉스 (Hikcks)
사뮤얼슨 (Samuleson)
통화주의 (Monetarism):
프리드먼 (Friedman)
현대통화이론 MMT
아베노믹스/ 소득주도성장 Abenomics
뉴케인지언 (New Keynesian):
스티글리츠 (Stiglitz),
맨키우 (Mankiw),
크루그먼(Krugman),
동태확률 일반균형 (DSGE)
뉴고전학파 (New Classical):
루카스 (Lucas),
사전트 (Sargent),
합리적기대가설 (rational expectations hypothesis)
리얼비지니스 싸이클이론 (RBC)

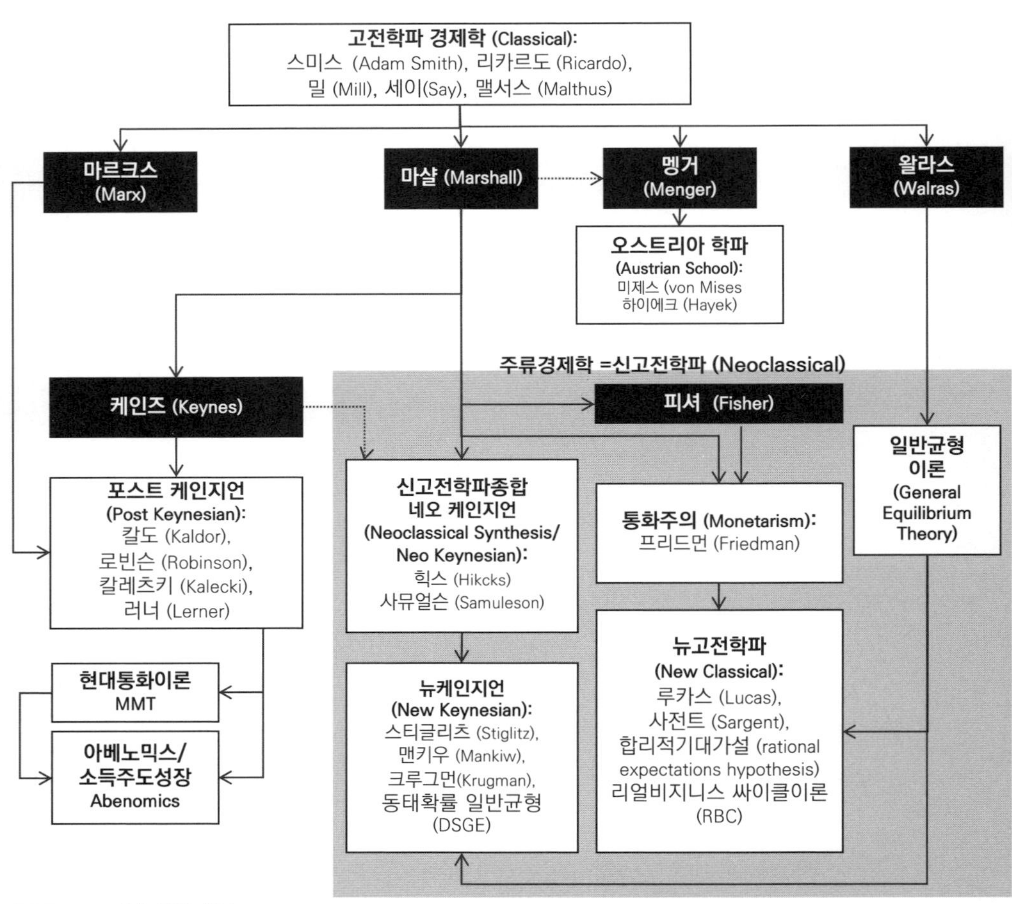

도표 1.1 경제학계보

경제학 계보설명

주류경제학은 신고전학파 경제학이라고 하는 대학에서 다수파인 경제학을 말한다. 대부분의 경제학과 교과과정은 이들 주류경제학에 기반한다. 미국의 다양한 케인즈주의(네오 케인지언, 뉴케인지언), 밀튼 프리드먼에 의하여 대표되는 통화주의와 합리적 기대가설 등을 포함하는 새고전학파가 이러한 광의의 신고전학파 경제학에 속한다. 네오 케인지언은 케인즈가 말한 바 중 몇가지 특징, 특히 시장의 불완정성 등의 몇 가지만을 취사선택하여 기존의 신고전학파 경제학 내에 통합시킨 이론이고, 그렇게 나온 이론들은 신고전학파 종합이라고 불리운다. 그리고 현대에 등장한 뉴케인지언은 정보와 시장의 불완전성만을 강조하고, 케인즈 혁명의 핵심인 유효수요의 원리와 본원적 불확실성을 다루지 않으며, 따라서 케인즈의 이름만 이용하고 있는, 케인즈와는 무관한 이론 체계이다.

반면, 케인즈의 적자라고 주장하는 포스트 케인지언 경제학파는 케인즈와 동시기에 케임브리지대학에서 연구한 학자들의 전통을 이어받은 학파인데, 미국식 케인즈주의들과는 전혀 다른 이론체계이다. 그 핵심은 시장의 완전성, 그리고 정보의 완전성으로도 치유될 수 없는 '유효수요 부족의 문제와 '본원적 불확실성'에 있다. 포스트 케인지언 경제학파는 네오 케인지언등의 미국식 케인즈주의을 케인즈의 사생아로 간주한다. 그런데, 포스트 케인지언 경제학파는 경제학계에서 다수가 아니라는 의미에서 현재 비주류경제학으로 분류되는데, 현대통화이론(MMT)은 이에 속하고, 소득주도 성장론과 아베노믹스도 포스트 케인지언 경제학파의 이론에 근거하고 있다. 다음 페이지의 경제학 계보도를 참고하기 바란다.(회색부분이 주류경제학을 나타낸다).

1.2. 원자론적 개인주의와 합리적 대표적 개인

1.2.1. 합리적 로봇으로서의 인간: RARE

현대 신고전학파 경제학에서 당연한 것으로 간주되는, 가장 근간이 되는 믿음은 소위 원자론적 개인주의이다. 그들의 주장은 모든 사회현상의 분석의 출발점은 원자로서의 개인이어야만 한다. 물론 이 명제로만 볼 때는 그다지 유해한 것 같지는 않다. 개인을 넘어서서 천상에 존재하는 어떤 존재가 사회현상을 만든다는 가정을 하지는 말라는 의미로 해석할 수 있기 때문이다.

하지만 그 다음 부터의 가정이 문제이다. 일단 그 개인은 '자유의지'를 가지고 있는데, 그럼에도 불구하고 자신이 원하는 것은 태어날 때부터 정해져 있다.[3] 즉, 아이폰이 등장하기 이전에 태어난 지금 50대의 성인들도 태어날 때부터 아이폰을 사고 싶다는 선호체계를 가지고 태어난다.[4] 그리고 그러한 개인의 선호 체계는 타인이나 사회에 의하여 영향을 받지 않는다. 즉, 이때 묘사하는 개인들 각자는 일종의 고립된 로빈슨 크루소이다. 그렇다면 광고를 통해서 소비자를 유혹하는 행위는 어떻게 설명하고, 이웃이 신형차를 구매하였을 때 자신도 차입을 하더라도 사고자 하는 충동, 유행을 따르려는 심리, 자신의 소비를 타인에게 과시하면서 자신과 타인을 차별화하려는 심리는 어떻게 존재할 수 있는가. 인간은 끊임없이

---

3 선호가 이미 태어날 때 부터 주어진 것이라면, 선택의 자유라는 것은 과연 존재할 수 있을까?

4 좀더 엄밀하게 말하자면 개인은 미래에 존재할 수 있는 상품에 대하여 이미 모두 알고 있으며, 동시에 그러한 모든 상품들에 대한 선호체계를 미리 가지고 있다.

타인을 모방하고 동시에 스스로를 타인과 차별하려고 한다.[5] 아주 기초적인 생존을 위한 생필품들 이외의 많은 것들은 타인들이 원하기 때문에 나도 원하는 것이고, 내가 원하는 것 중 많은 것들은 사회적으로 결정되는 것은 아닐까?

그런데 이와 같은 원자론적 개인이 세상과 소통하는 길은 단 하나 존재하는데 그것이 바로 시장에서의 경쟁이라는 경로이다. 이에 대하여서는 나중에 설명하겠다.

그리고 그 로봇으로서의 개인은 일반인은 이해하기 불가능한 어떠한 수학적 성질[6]을 가지고 있는 효용함수라는 것이 자신의 두뇌 속에 프로그래밍되어 있는데, 소비할 상품이 그 함수에 투입되면 효용 값 내지는 선호의 순서도가 자동적으로 산출된다. 만일 선택의 결과가 확률적으로 존재하면, 각각의 확률을 곱한 기대값과 자신의 위험 선호도의 정도에 따라서 그 결과를 자동적으로 계산한다. 이를 '기대효용이론'이라고 한다. 그리고 최종결정은 시장에서의 형성된 가격과 자신의 예산제약 하에 효용을 극대화하는 점에서 이루어 진다.

그런데 인간의 결정은 신고전학파 경제학에서 주장하는 방식으로 모

5　사회적 존재로서의 인간이 가진 모방심리와 과시적 소비, 그리고 자신을 타인과 차별화하고자 하는 심리에 대하여서는 아래의 두 권의 고전적 명저를 참고할 것:《유한계급론》, 소스타인 베블런 저/박홍규 역, 문예출판사. 그리고《구별짓기》, 피에르 부르디외 저, 새물결.

6　이는 수학적 분석이 가능하기 위한 억지로 만들어낸 특성들인데, 그 대표적인 예로서 그 효용함수는 연속적이며 '볼록성'(convexity)이라는 일반에게는 친숙하지 못한 수학적 특성을 가지고 있으며 그 함수는 2차 미분이 가능하다는 등의 비현실적 가정들이다. 사실 이러한 수학적 특성에 대하여서는 일반 독자들은 알 필요조차 없다.

든 것을 합리적으로 계산하여 이루어 지는가? 잘 알려진 역설이 두개가 있다. '알레의 역설'(Allais Paradox)와 '엘스버그의 역설'(Ellsberg Paradox)이라는 심리학적 실험결과가 그것이다. 이 역설들은 인간의 의사는 합리적으로 수학적 기대치를 계산하여 결정되는 것이라는, 신고전학파 경제학에서 주장하는 기대효용이론을 부정한다. 노벨경제학상을 수상한 바 있는 미국의 경제학자 토마스 셸링(Thomas Schelling)은 수학적 계산에 의한 것이 아니라 관습과 관례와도 같은 모두에게 이미 친숙한 것처럼 여겨지는 포컬 포인트(Schellling point, focal point)에 의하여 결정을 한다고 한다. 하지만 그럼에도 불구하고 신고전학파 경제학은 로봇처럼 이미 입력되어진 수학적 효용함수에 의거하여 합리적인 계산을 하는 인간 로봇을 가정한다.

그리고 신고전학파 경제학은 인간 로봇들은 모두 동일하거나, 혹은 그 로봇들의 평균으로 인간로봇 집단의 행동을 설명할 수 있다고 가정한다. 그렇게 표준적인 인간 로봇, 혹은 '합리적 대표적 개인'(RARE[7]) 을 정의한 후, 사회는 그 동일한 개인들이 인구수만큼 존재하는 것으로 가정한다. 즉, 일본 사회는 그러한 합리적 대표적 개인이 1억2천만명이 존재하는 사회로 가정된다. 합리적 대표적 개인이 하루에 라면을 한 개 먹는다면, 일본 전체는 하루 1억2천개의 라면이 소비된다. 그런데, 2020년 1년간 일본에서 판매된 벤츠 차량의 숫자는 대략 5만7천대였는데, 그렇다면 합리적 대표적 개인은 벤츠를 1년간 몇 대를 구매하였는가? 그들의 이론

7　참고로 RARE는 합리적(Rational) 기대(Expectation)를 가지고 있는 대표적 (Representative) 경제주체(Agent)의 약자이다. 이 가정을 비판하는 의미에서 '희귀함'을 의미하는 영어 'RARE'를 사용하였다.

알레의 역설

이는 인간의 선택이 합리적으로 이루어지지 못함을 보여주는 예이다.

실험 1과 2에서 실험 대상들에게 A와 B중에서 하나를 선택하게 하자. 괄호 안은 당첨확률이다. E(·)는 확률적 기대값을 말한다.

	A	B
실험1	$1,000(100%) E(A)=$1,000	$1,000(89%) $5,000(10%) $0(1%) E(B)=$1,390
실험2	$1,000(11%) $0(89%) E(A)=$110	$5,000(10%) $0(90%) E(B)=$500

대부분은 실험 1에서는 A를 선택하고, 실험2에서는 B를 선택한다. 즉 실험1 에서 볼 때 안전을 선호하는 사람들이, 실험2에서는 돌연 도박가로 변한다. 그런데 실제로는 실험1에서의 A와 B와의 선택은, 실험2에서의 A와 B의 선 택의 문제와 동일하다. A와 B를 분해한 후, 각자에서 중복되는 부분을 모 두 제거하면, 실험 1과 2는 같은 실험이다. 다음을 보자.

	A	B
실험1	~~$1,000(89%)~~ $1,000(11%) E(A)=$110	~~$1,000(89%)~~ $5,000(10%) $0(1%) E(B)=$500
실험2	~~$0(89%)~~ $1,000(11%) E(A)=$110	~~$0(89%)~~ 5,000(10%) $0(1%) E(B)=$500

이는 사람의 위험선호도가 일정하지 않고, 사태를 외부적으로 조작하여 선 택을 바꿀 수 있음을 보여준다. 결국 인간의 선택은 합리적 이지 못하다는 것이다.

에 따르면 합리적 대표적 개인은 각자 0.000475대의 벤츠를 소비하였고, 따라서 일본 전체로 보면, 0.000475대×1억2천만명=5만7천대로 계산된다. 즉, 총수요는 그러한 합리적 대표적 개인의 선호에 따른 수요×전체 인구수에 불과하다. 따라서 이러한 합리적 대표적 개인이라는 가정을 통한 분석에서는 그 개인들 간에는 부자도 빈자도 각자가 가지고 있는 효용함수는 동일하다.

그런데 이 효용이라는 단어를 최초로 사용하기 시작한 오스트리아 학파 창시자인 프리드리히 폰 비저(Friedrich von Wieser 1851-1926)는 부자가 빵을 소비하면서 느끼는 효용의 크기는 빈자가 빵을 먹으며 느끼는 효용과 다르다고 이야기하였다. 또한 부자에게 있어서 100원이라는 화폐의 효용은 가난한 사람이 100원에서 느끼는 효용과 다르다고 보았다. 따라서, 사회의 소득 분포 상태가 사회 전체의 효용의 합에 영향을 준다. 즉, 효용함수 자체가 상황에 따라서 변화할 수 있으며 또한 단순히 개인들이 가진 효용의 합으로 사회적 효용을 계산할 수 없다는 것이다. 하지만 현재의 신고전학파 경제학자들은 이러한 경고를 무시한다.[8] 그리고 이러한 RARE로서의 인간은 현재 각국의 중앙은행에서 예측을 위하여 사용하는 복잡한 수학 모델에 있어서 가장 중요한 가정이다. 그런데 그 모델이 경험적으로 타당한 지 여부는 전혀 검증된 바 없다. 소득 등의 주어진 환경에 따라서 효용함수 자체가 변화할 수 있다면, 원자론적 개인주의의 가장 중요한 환원주의적 원칙 자체가 무색해 지며, 더 나아가 사회전체의 복지와 인간 간의 불평등 문제가 화두에 오를 수 있는데 이는 그들에게는 이데올로기적으로도 수용 불가한, 신성 모독의 죄에 해당된다.

1.2.2. 하향인과성의 부재

하향인과성이라는 것은 상위에 존재하는 것이 하위에 영향을 주는 원인이라는 것을 의미한다. 이 개념을 사회에 적용시키는 경우, 개인이라

---

8 예외적으로, 랜달 바틀렛(Randall Bartlett 1989)은 효용함수가 변화할 수 있는 가능성을 염두에 두고, 경제적 권력을 분석하였는데, 이러한 분석은 신고전학파 경제학에서는 철저히 외면되고 있다.

는 것은 그 개인이 속한 사회에 의하여 현저한 영향을 받으며, 또한 그 사회에 '편입되어 있다는'(*embedded*) 당연한 사실을 의미한다. 우리가 가지는 기호와 취향, 그리고 우리의 가치 기준과 믿음, 지식과 기술 이러한 모든 것들은 사회가 가진 힘에 의하여 깊이 영향 받는다.

일례로, 사회 제도라는 것은 물론 그 개인들의 행동에 의하여 결정되지만 그렇게 결정된 사회제도가 개인을 규정한다. 군중이 모여있을 때는 대다수의 개인들이 원하지 않았지만, 모두는 타인의 시선을 두려워하여 아무도 진정 원하지 않았던 군중 행동을 한다. 그리고 이미 고착화된 제도들은 누구도 감히 혼자 만의 힘으로는 그 제도들을 철폐할 용기도, 힘도 없기에 그 제도들은 모두에게 피해를 주면서도 존속할 수 있다.

세계에서 유일하게도 일본에서는 팩스를 아직 사용하고 있고, 팩스 기계가 팔린다. 모두가 불편하게 느끼지만, 모든 사람들이 팩스를 사용하고 있기 때문에 어느 한 사람이 팩스로 문서를 전송하는 현 관행을 폐기하자고 주장하지 못한다. 사람들의 소비 취향은 많은 경우 유행에 좌우된다. 그 유행이 그 사회의 외부에 존재하는 사람들에게는 아무리 우스광 스럽게 보일지라도 적어도 그 사회 안에서는 그 유행을 벗어난 선택을 하는 사람들은 법적인 제재는 없더라도 적어도 이상한 시선을 받게 된다. 인간사회에서는 하향인과성은 아주 보편적으로 존재하고 또한 큰 영향력을 가진다.

이러한 하향인과성은 노동시장에서도 보여진다. 만일 경제가 소위 완전고용상황이라면, 노동자들은 일자리를 당장 잃어도 연연하지 않고, 고용주와 대등한 권력을 가진 입장에서 고용조건을 협상할 수 있다. 하지만 경제가 불황인 상황에서 노동자가 가진 권력은 약할 수 밖에 없고, 당장의 직장을 잃지 않기 위해서 보다 유순하게 되고 어느 정도 임금 삭감도 받아들일 수 밖에 없다.

노동의 공급이라는 것은 인간로봇이 자신의 효용함수에 따라 여가와 노동시간 중에 선택에 의하여 신고전학파 경제학에서 가정하는 것처럼 결정되는 것은 아니다. 그 결정은 다분히 주변의 상황에 따라 바뀌는 것이고, 특히 고용계약이라는 것은 단순히 상호간의 호혜적인 교환 관계가 아닌, 본질적으로 '권력관계(*power relationship*)'이다. 그리고, 직장은 일종의 '사회적 제도'인데, 그 안에서는 모방과 질투심, 다른 한편에서는 공평성과 연대성이 동시에 고려되고 있으며, 그 내부에서는 조합과 비공식적 그룹이 노동자의 결정과 삶의 방식에 영향을 주고, 노동자들은 절대적 임금 수준보다는 노동자들 간의 상대적인 임금 차이에 더욱 신경 쓸 수밖에 없다. 노동시장이라는 것은 사회관계들 속에 깊숙이 편입되어 있고, 그러한 제도로서의 노동시장은 개인의 결정에 지대한 영향을 미친다. 그런데 신고전학파 경제학의 로봇으로 이루어진 경제에서는 이같은 하향인과성은 철저히 무시된다.

1.3. 에르고드성에 지배되는 불확실성이 없는 세계

또 다른 신고전학파 경제학의 주요한 가정은 에르고드성(ergodicity)이다. 이 개념은 물리학에서 사용되기에 생소하다고 느끼는 일반인이 많을 듯한데, 사실 단순한 개념이다. 이 개념이 경제학에서 의미하는 바는, 과거는 반복된다는 것이다. 예를 들어 과거에 A 가 30%, B가 20%, 그리고 C가 50%로 발생하였다면, 미래에도 똑같은 경우로 사태가 발생한다는 것이다. 즉, 과거의 통계적 수치가 미래를 보여준다는 것이다. 예를 들자면 과거 10년 동안 금융공황이 발생하지 않았다면, 향후도 마찬가지라는 이야기인데, 그럼에도 불구하고 금융 공황은 발생한다.

위대한 철학자인 버트란트 러셀이 이야기한 닭에 대한 우화는 이러한 생각의 오류를 풍자적으로 설명한다. 매일 정오 12시에 주인은 닭에게 모이를 주려고 나타난다. 과거 1년간 반복되었기에 오늘도 12시에 주인이 보이자 닭들은 모이를 줄 확률이 100%라고 생각하고 그 주위로 몰려들었다. 하지만 그날은 잔치를 위하여 닭을 도살하는 날이었다.

노벨 경제학 수상자인 쇼울스(Myron Scholes)와 머튼(Robert C. Merton) 등이 이사로 참가한 미국의 롱텀 케피털 매니지먼트(Long-Term Capital Management)는 이 에르고드성의 가정에 기반하였는데,[9] 1998년 부도가 나면서 금융위기의 촉매역할을 하였고, 마찬가지로 미국의 서브프라임 모기지 사태도 이 에르고드성의 가정에 대한 절대적 믿음이 붕괴되면서 발생하였다. 이 개념에 의한다면, 경제와 사회 현상의 발생은 확률적으로 정해져 있으며, 케인즈가 말한 본원적 불확실성은 존재하지 않는다. 그리고 공황은 발생할 수 없다.

케인즈는 경제학자가 되기 이전에 이미 확률 철학에 있어서 램지(Frank Plumpton Ramsey)와 대립을 이루는 확률론에 있어서의 거장이었다. 케인즈의 확률론에 의하면, 어떤 사태에 대한 계량화된 확률이라는 것이 존재하는 경우는 아주 드물다는 것이다. 일단 확률이 아예 존재하지 않는 경우도 많고(본원적 불확실성), 존재한다고 하더라도 그것을 알 수 없는 경우가 많고, 또, 알 수 있다고 하더라도 수량화 되어 기대 값을 구할 수 있는 경우는 아주 드물다. 오히려 확률이 존재한다고 하더라도 두 사태 간의 크기만 비교 가능한 경우가 대부분이고(예를 들자면, 내일 점심에 짜장면을

---

9 보다 엄밀하게 말하자면, 블랙 쇼울스 옵션이론(Black-Scholes Option Theory)에 의하는데, 그 이론을 응용함에 있어서 가장 핵심적인 가정은 에르고드성이다.

먹고 싶을 가능성이 우동을 먹을 가능성보다 크거나 작다), 그에 수치를 부여할 수 있는 경우(예를 들어, 내일 짜장면을 먹고 싶을 확률이 30%이다)는 극히 적다. 그런데 에르고드성은 이같이 아주 극히 적은 경우를 마치 전체로 간주하는 오류를 범하는 것이다. 이와 관련하여, 에르고드성을 주장하는 경우 경로의존성을 무시하게 된다. 이 경로의존성은 사회가 역사적으로 거쳐온 경로에 따라 그 이후에 전개되는 사태가 다르게 된다는 것이다. 예를 들자면, 한국전쟁이 발발하지 않았다면 그 이후에 전개되었을 일본의 경제발전은 아주 다르게 전개되었을 것이다. 즉, 신고전학파 경제학에서는 모든 것은 정량화된 확률로서 존재하고, 케인즈가 말하는 본원적 불확실성이 없는 세계이다.

케인즈에 의하면, "내가 그 용어 [불확실성]를 사용하는 맥락은 유럽 전쟁의 전망이 불확실하다는 것, 20년 후의 구리의 가격과 이자율, 새로운 발명의 진부화, 1970년 사회 체제에서의 사유 자산가의 위상 등이 불확실하다고 이야기하는 경우이다. 이들 문제에 대하여서는 계산 가능한 확률을 형성시킬 수 있는 어떠한 과학적 근거도 없다. 우리는 단지 모르는 것 뿐이다"(We simply do not know)(Keynes 1937:214).

1.4. 유클리드적 환원주의

그리고 마지막으로 간략히 언급할 바는 유클리드적 환원주의(Euclidean Reductionism)이다. 이는 가장 근본적이라고 생각되는 공리에서 출발하여 모든 이론을 연역에 의하여 도출하는 체계를 말한다. 이러한 체계는 순수 수학의 세계에서는 가능하다. 수학적 공리에 의하여 다른 원칙들이 도출되는데, 이때 수학적 공리는 항상 진실이다.

그런데 순수 수학을 넘어서, 심지어 기하학에 적용시킬 때도 문제는 발생한다. 우리가 사는 지구는 둥글기에 유클리드적 수학 체계가 성립하지 않기 때문이다. 물리학에서 마찬가지이다. 물질을 이루는 가장 기본적인 요소가 파동인가 아니면 입자인가에 대하여서도 우리는 정확히 알지 못한다. 양자역학에 따르자면 빛은 관측자의 유무에 따라서 입자의 성격을 보이기도 하고 파동의 성격을 가지기도 한다. 이때 그들이 가정하는 출발점은 수학적 공리가 아니라 하나의 가설인데, 이 가설은 현실에 대한 그럴 듯한 추측이며, 공상은 아니다. 그리고 그 가설이 맞고 틀림과는 상관없이, 항상 적용되는 물리학적 법칙은 그 자체로 존재한다. 즉, 어떤 명제 A → B는 항상 성립하는데, A를 가능하게 하는 것이 X인지, 혹은 Y인지가 후에 판명되는 경우 A → B라는 명제와 자연스럽게 연결될 수 있다.

미국의 이론 물리학자 페이먼(Richard Phillips Feynman 1918-1988)은 소위 수학에 있어서의 그리스의 유클리드적 논리의 전통과 대비하여, 공리에서 출발하지 않고, 그 필요에 따라서 다양한 출발점을 인정하는 열린 체계를 인정한 고대 바빌론의 이론체계를 바빌론적 논리라고 명명하였다. 그러면서 후자보다 전자가 물리학의 발전을 위하여 더 효과적임을 강조하였다.

예를 들자면, 아인슈타인의 $E=mc^2$이라는 특수상대성 이론의 방정식은 현재 사용되고 있지만, 우리는 중력이 무엇인지 모른다. 중력을 모름에도 불구하고, 이 방정식을 인정하고 사용할 수 있고, 또한 가속도의 공식을 사용할 수 있다. 이 공식을 사용하기 위하여 중력의 비밀을 먼저 알아야만 한다는 생각에서 현실 자체에의 적용을 뒤로 미루는 것은 효율적이지 못하다. 바빌론적 논리체계에서는 후에 중력에 관한 비밀의 일부가 밝혀지면, 현재 우리가 현재 인정하고 있는 이러한 방정식과 자연히 연결시킬 수 있다.

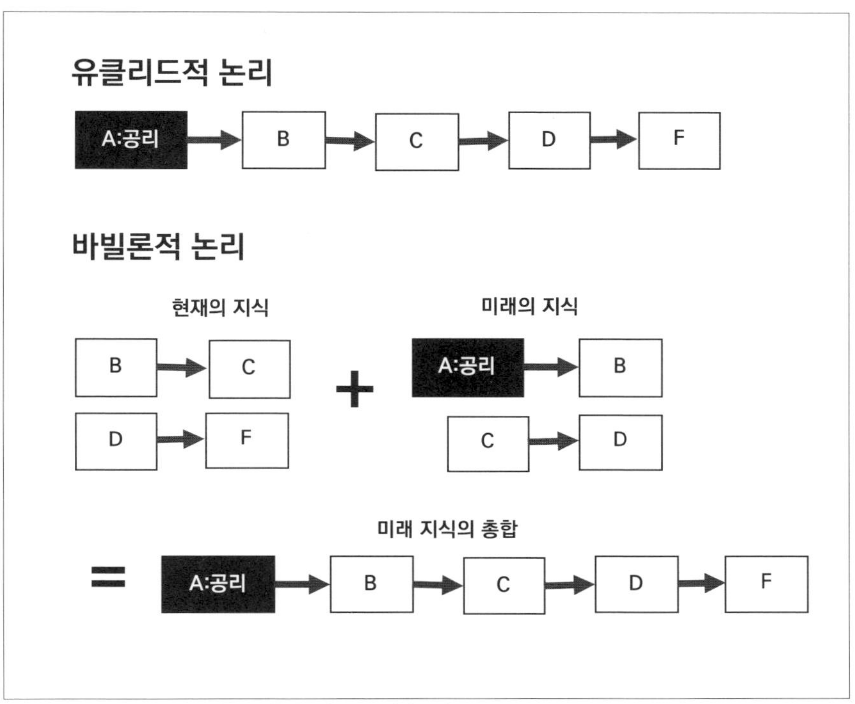

도표 1.2　유클리드적 논리와 바빌론적 논리

이를 간단히 도식화하면 **도표 1.2**와 같다.

유클리드적 논리는 최초부터 완결성을 추구한다. 하지만 바빌론적 논리는 최초에는 B → C, D → F만을 알 수 있다. 미래에 A → B, C → D 가 추가로 발견되면, 전체가 완성된다.

그런데, 유클리드적 논리를 적용하는 수학에서는 A는 절대적 참이다. 예를 들어 평면위에서의 삼각형의 내각의 합은 180도이다. 하지만 신고전학파 경제학이 가진 방법론은 유클리드적 논리에 근거하고 있지만, 그들이 주장하는 공리는 진실과는 무관한 허구이고, 따라서 기형적인 논리에 의존하고 있다. 인간로봇 내부에 효용함수라는 것이 존재하고 그같은 함수가 수학처럼 미분가능하다는 것은 수학적 계산을 위한 편의에 불과하다. 또한 그러한 효용함수가 존재한다고 가정하더라도 그 효용함수 자체가 주변 사람들의 영향을 전혀 받지 않는다는 것도 이상하며, 존재하지도 않는 미래의 상품에 대한 선호도를 이미 가지고 있다는 것도 비상식적이다.

즉, 그들 생각의 출발점으로서의 RARE라는 특성을 가진 원자로서의 인간은 비현실적인 공상적인 존재에 불과하며, 현실에 대한 추측이 아니다. 더욱이, 단순히 일반 상식에는 부자와 빈자는 그 성향이 다르기 때문에, 인간을 두 부류로 나누는 것이 더 현실적인데도 불구하고, 그러한 시도는 하지 않는다. 사회를 계층으로 나누는 것은 다분히 그들이 가진 이데올로기적 신념과는 상충한다. 신고전학파 경제학의 가장 현대적인 경제예측 모형은, 노동자가 임금 중 일부를 저축하여 동시에 자본가가 된다. 즉, 노동자와 자본가는 동일한 RARE라는 합리적 대표적 개인이다.

그럼에도 이러한 기형적인 인간의 모습을 전제한 후, 이를 절대불변의 공리로 채택하고, 이를 부정하는 것은 무지이자 그들 교리에 대한 모독으로 간주한다. 그리고 이러한 고립되어 존재하는 공상적인 인간, 미분이 가능하고 연속적이고, 선호의 볼록성이라는 일반인 뿐만 아니라 어느 누구도 이해하지 못하는 수학적 특성을 가진 인간의 선호체계에서 출발하지 않는 경제학 이론은 비과학적인 이론으로 간주된다. 그들이 말하는 미시적 기초라는 것은 이러한 비현실적인 인간로봇의 가정으로 모든 분석을 환원시켜야만 한다는 주장이다. 최근에는 이러한 경향이 더욱 극단화되는데, 이러한 인간로봇의 가정에서 출발하지 않은 이론은 경제학 학술 논문지의 게재가 거부된다.

케인즈가 그의 저서 《확률론》에서 추구한 논리는 결국 바빌론적 논리 체계와 관계가 깊은데, 본원적 불확실성이 존재하는 비에르고드성의 사회적 세계에서는 확실성이라는 것은 없으며, 모든 것은 변하기 마련이다. 이러한 비에르고드성이 지배하는 사회에서의 인간의 결정은 수학적 계산에서 나오는 확실성에 근거하는 것이 아니며, 그때 그때 인간들이 가지는 '확신의 상태'(State of Confidence)[10]가 중요한 것이다. 즉, 사회를 이해하기 위해서는 '인간의 논리'(human logic) 혹은 '통상적 논리'(ordinary logic)가 필요한 것이지, 공리에서 출발하는 확실성이 지배하는 수학적 논리가 필요한 것이 아니다. 인간의 행위는 다양한 종류의 직접적 지식, 간접적 이론적 지식, 관습적 지식, 야성적 충동 등을 결합하여 행하여지기 마련이라는 것이고, 유클리드적 연역은 그것을 위하여서는 적합하지 않다는 것이다(Dow, 2005: 387).

1.5. 케인즈의 합리성이 시사하는 바

신고전학파 경제학적 전통에 기초한, 노벨상 수상자인 애컬로프와 쉴러는 그들의 베스트 셀러 저서인 《야성적 충동》(Akerlof & Shiller 2009)에서 케인즈의 야성적 충동이 마치 비합리적이고 비경제적인 동기에 의존하는 것으로 혼동하면서, 케인즈의 불확실성이 가지는 의미와, 야성적 충동의 의미를 철저히 곡해하고 있다. 그리고 그러한 이유에서 그들의 책

---

10 이때, 확신의 상태, 혹은 확신도라는 것은 확률이 크고 작은 것, 그리고 통계학에서 말하는 분산이 크고 작은 것과 상관이 없다. 예를 들어, 사업 A는 평균 수익율이 10%이고 분산이 2%인데, 경험상 그러한 경우는 5번 발생하였다고 하자. 그리고, 사업 B는 평균수익율이 7%이고 분산이 3%인데, 과거에 100번 발생하였다고 하자. A는 B보다 단순히 확률적으로 보면 매력적이다. 하지만, 확신도는 B가 높다.

제목인 야성적 충동은(그들의 의도와는 반대로) 케인즈와는 무관한 내용이다. 케인즈에 의하면, "인간의 결정이라는 것은 그것이 개인적이건, 정치적이건 혹은 경제적이건 그러한 것과 무관하게 단순히 엄밀한 수학적 기대치에 의존하지는 않는다. 왜냐하면 그러한 계산을 할 수 있는 그러한 기초는 존재하지 않기 때문이다. 그리고 바퀴를 굴리는 것은 우리 내부에 존재하는 타고난 충동이며, 우리가 할 수 있는 가능한 한 최선의 선택지들 간에 선택을 하는 우리가 가진 합리적인 자아인데, 가끔 우리의 동기는 변덕이나, 기분이나, 혹은 우연에 의지하기도 하는 것이다"(Keynes 1936: 162-163, 강조 추가). 그러하다면 단순히 확률적인 기대 값을 구할 수 없기에 다른 결정 방식을 택할 수 밖에 없는 것이 비이성적인 것은 절대로 아니며, 그렇기에 관습이나, 혹은 타인의 행동을 관찰하여 다수에 따르는 것 등은 철저히 합리적인 행위인 것이다. 만일 확률적인 기대 값에만 의존하여 결정을 하여야만 하는 경우라면 당연히 어떤 결정도 하지 못하는 경우가 많을 것이고, 따라서 야성적 충동은 시들게 된다는 것이다.

1.6. 비현실적 가정에 근거한 이론의 설명력

신고전학파 경제학자들의 가정들은 현실에 대한 '근사'가 아니라, 오히려 현실의 심각한 왜곡이다. 그렇다면 이러한 비상식적이고 비현실적인 원자론적 가정이 과연 현실을 설명할 수 있을까? 그러나, 신고전학파 경제학자들은 밀튼 프리드먼에 의하여 주장되어 신고전학파 경제학 내에 영향력 있는 '실증경제학방법론(methodology of positive economics)'에 의거하여 자기들의 왜곡된 가정의 비현실성을 정당화하고 있다. 이 방법론에 의하면, 어떤 이론은 그 이론이 취하는 가정들의 타당성에 의하여서가 아니라 그 이론에 의하여 도출하는 예측이 실제와 부합하는지의 여부에 의하여서만 평가되어야 한다는 것이다. 그런데, 이러한 입장은 실증주의라고 간주되기 보다는 오히려 도구주의(instrumentalism)로서 더 잘 특징지어 질 수 있다. 즉 어떤 이론은 예측을 만들어내는 어떠한 유용한 도구에 불과한 것이라는 것이다.

그런데 이들의 주장은 태양의 흑점의 크기에 따라서 경제활동이 달라진다는 태양흑점설의 주장과 그 논리적 구조에서는 차이는 없다.

가정이 엉터리인데, 현실이 그 엉터리 가정에 의하여 도출된 이론과 예측과 부합한다고 하였을 때, 과연 정당화될 수 있을까. 이 의문은 철학적, 논리적으로 답할 수 있는 차원은 아니고, 단지 주장 혹은 믿음의 영역이다.

그리고 예측의 부합 여부가 그 이론이 옳다는 것은 아니다. 예를 들어보자. 호우가 내리면, 우산이 많이 팔리기 시작하고, 결국은 홍수가 난다. 어떤 이론은 홍수의 원인을 우산이 갑자기 많이 팔리기 때문이라고 주장할 수 있다. 즉, 이론이 엉터리라도 우연히 예측력이 있을 수 있다.

그런데, 그 신고전학파 경제학자들의 예측들은 과연 현실과 부합하는가. 그래서 태양흑점설보다 현실을 더욱 잘 설명할 수 있을까? 슬프게도 아무도 현실 설명의 우월성을 증명하지는 못하였고, 미래에도 그럴 가능성은 없어 보인다. 그리고 오히려 그 결과는 실망스럽기만 하다.

주기적으로 발생하는 공황과 경제위기는 어떻게 설명할 것인가?[11] 이제는 작고하신 영국 여왕은 2008년의 금융위기 후에, 도대체 왜 어떠한 신고전학파 경제학자들도 금융위기가 도래할 수 있다는 것을 예상하

11　이점과 관련된 추천도서는 《광기, 패닉, 붕괴 금융위기의 역사》, 찰스 킨들버거 저, 김홍식 역. 굿모닝북스 2006.

지 못하였는가 하는 질문을 던져 신고전학파 경제학자들을 당황시킨 바 있었다. 앞서 말하였듯이, 중앙은행들은 원자론적 개인주의라는 비현실적 가정에 의거하여 만들어진 동태확률일반균형모형이라는, 복잡한 이름의 모형을 사용한다. 그런데, 아무도 그 모형이 현실을 잘 설명한다는 점을 입증하지는 못하였다. 결국 그들의 논리는 현실과 자신들의 이론이 일치하지 못하면, 현실이 잘못되었다는 것이다. 그리고 미래에는 그 모형이 현실을 잘 설명할 수 있을 것이라는 단순한 종교적 믿음을 가지고, 현실을 설명하지 못하는 이론을 계속 사용한다.

1.7. 경제학과 종교

우리는 종종 옴진리교도들과도 같은 광신도들의 행동을 목격하게 된다. 인간이 일단 어떤 집단에 속하게 되고, 그 집단의 교리에 의하여 세뇌되면, 외부자 들의 상식에 반하는 그들 교리를 당연한 것으로 여기게 된다. 그리고 광신도들의 집단에는 고등교육을 받은 지성인들도 포함된다. 신고전학파 경제학자들도 이와 다르지 않다. 대학의 경제학부에 입학하는 순간부터 기존 교리를 강요하는 세뇌는 시작된다. 그리하여 어느 순간부터 그 교리들은 당연한 진리로 간주된다. 만약 그에 대하여 이의를 제기하는 학생이 있다면 낙제점을 받을 수 있고, 일단은 학점을 획득하여 졸업을 하여야만 하기에 학생들은 어떤 의심에 대하여 심각히 생각하는 것은 차후로 미루게 되고 결국 최초의 의심은 잊혀지게 된다.

중세에 천동설이 지배적 이었을 때는 자신들의 이론과 천계의 움직임이 불일치 하였을 때는 '주전원'(周轉圓)과도 같은 복잡한 보조 이론들을 끊임없이 만들어 내면서 억지로 합리화를 시켰고, 그때 학생들은 천동설을 합리화하기 위한 그러한 보조 이론을 공부하기에 시간을 낭비하여야만 하였다. 시간이 지나면 그러한 보조 이론들은 홍수처럼 불어났고, 또한 보다 복잡하여 졌기에, 전 인생에 걸쳐서도 그 이론들을 공부하기에는 시간이 부족하였다. 그들이 보낸 인생은 과연 자신을 위해서나 사회를 위하여 유용할 수 있었을까. 유일한 개인적인 도움은 그들이 일하던 대학 등에서 급료를 받을 수 있었다는 면에 국한되는데, 사실 현대에서의 신고전학파 경제학자들의 상황도 그와 유사하지 않을까.

현대의 신고전학파 경제학 체계는 단순히 이러한 종교적인 성격을 가지고 있을 뿐이다. 그들이 가정하는 원자론적 개인주의, 환원주의, 그리고 에르고드성은 어떠한 과학적 정당성을 가지는 것도 아닌 그저 단순한 종교적 교리에 불과하다. 그런데 정책 입안자들과 민간인들은 신고전학파 경제학 교수가 가지는 권위에 눌려서 그들 교수들이 하는 이야기를 진실로 믿는다.

또한 대학교 학부과정에서 그러한 교리에 철저히 세뇌된 재무성/기획재정부 관료들, 신문기자, 그리고 소위 증권사에 일하는 경제분석가들은 교리에 충실하고, 그 교리에 어긋나는 발언을 하는 사람들은 무식하다고 비난한다. 정작 자신들이 형이상학적인 교리에 세뇌되어 있다는 사실은 인정하지 않는다.

광신도들은 자신들의 종교와 상충하는 목소리에 대하여서는 전혀 관용을 보이지 않고 미신이라고 간주한다. 그들은 자신의 종교만이 유일한 진리이고, 자신들이 섬기는 신만이 유일한 신이며 나머지는 모두 악마이다. 신고전학파 경제학자들의 대부분은 이러한 광신에 사로잡혀 있다. 독자들은 신고전학파 경제학자나 신문기사, 혹은 증권사의 보고서에 나온 경제 분석을 믿기에 앞서서 그러한 전문가들은 거대한 종교집단의 교리 체계를 절대적 진리로 숭배하는 광신도의 집단에 속한 신도일 수도 있다는 의심을 항상 가지고 있어야만 한다.

1.8. 이 장의 요약

포스트 케인지언 경제학을 이야기하면서 경제학 이야기를 하지 않고, 왜 그와는 무관한 신고전학파 경제학의 방법론에 대하여 먼저 이야기할 수 밖에 없는가.

그 이유는 대부분의 신고전학파 경제학자들과 그들이 양성한 재무성/기획재정부 관료들과 신문사 기자, 혹은 경제 평론가들 등, 아베노믹스 내지는 포스트 케인지언 경제학에 대하여 강한 반대입장을 표명하고 있는 사람들의 발언은 그들의 사회적 지위에 의하여 강한 권위력을 가지게 되고, 일반인들은 그들의 발언의 옳고 그름을 평가할 수 없기 때문이다. 혹시 누군가가 이의를 제기하는 경우, 그들은, "우리가 이야기하는 결론을 이해하기 위해서는 전문가적 지식이 있어야만 한다"라고 말하면서 무조건적으로 자신들의 견해를 믿을 것을 강요한다.

천동설을 반박하기 위하여 일반인들이 천동설의 수많은 보조이론들을 공부하는 것은 시간낭비이다. 따라서 그들의 복잡한 이론을 공부하기보다는, 그들의 이론의 궁극적인 기반에 대하여 설명할 필요가 있다. 그들의 이론적 기반이 허무하다는 것을 설명한다면, 그것으로 충분하다고 믿는다.

사실 아베노믹스 내지는 포스트 케인지언 경제학에 대하여 반대를 제기하는 신고전학파 경제학자들의 논리는 자신들만이 진리라고 믿는 비상식적인 가정에 의하여 도출된 결론을 근거로 할 뿐이다. 이는 종교가 다른 종교에 대하여 관용을 하지 않는 것과도 같다. 자신의 종교를 부정하는 다른 종교는 무조건 미신이고, 무지이며 이단이다. 왜냐하면, 자신들의 종교만이 무조건적인 진리이기 때문이다. 그런데 단순히 권위에 의하여 종교를 강요하는 것은 타인을 기만하는 것이다.

그렇기에 본 절에서는 아베노믹스 내지는 포스트 케인지언 경제학에 반대하는 신고전학파 경제학자와 그들의 아류들이 가지고 있는 방법론과 가정을 명백히 밝히고, 그들의 주장이 가지고 있는 권위를 부정하며 그로써 보다 열린 마음을 가지고 경제학 공부를 시작할 것을 요구하고자 한다.

2. 경제학의 핵심 개념 : 화폐, 자본, 시장, 경쟁, 가격

2.1. 들어가기

포스트 케인지언의 기본 원리를 설명하기 앞서서 먼저 세 가지 주요한 개념에 대한 설명이 필요하다. 그것은, 화폐, 자본, 시장(경쟁,가격)인데, 이것들에 대한 이해의 부족은 모든 혼란의 원인이 되어 왔다.

신고전학파 경제학의 시각으로는 포스트 케인지언 경제학을 정확히 이해하기 불가능하다. 그 이유는 그들의 경제학 이론으로는 이 세가지 중요한 개념에 이해를 하지 못하거나, 혹은 잘못 이해함에 기인한다. 신고전학파 경제학자들은 일반인의 상식과는 위배되는 이상한 화폐와 자본을 이야기하면서, 일반인들을 혼동시키고 있다. 그리고 그들은 사회는 원자적 개인의 단순한 합계는 아니라는 상식을 무시한다. 따라서 우선적으로 이 개념들을 정확히 정의하여야만 한다. 그런데, 아래에서 제시하는 설명은 지극히 상식적인 것들이며, 모두가 쉽게 이해할 수 있다.

도대체 화폐와 자본이라는 것은 도대체 무엇일까? 결론적으로 말하자면, 신고전학파 경제학은 우리가 상식적으로 알고 있는 개념과는 전혀 다른 어떤 것을 화폐와 자본이라고 부른다. 좀더 정확히 표현하자면, 신고전학파 경제학에서는 사용하는 화폐와 자본은 일반인들이 일상의 언어에서 사용하는 화폐와 자본과는 전혀 다른 이상한 개념이다. 즉 그것들은 동음이의어이다. 우리가 일상적으로 알고 있는 화폐와 자본이라는 개념을 도입하는 순간 신고전학파 경제학의 전 이론체계는 붕괴될 수도 있는 어려움에 직면하게 된다.

일반인은 이런 주장에 대하여 일견 당황할 것임에 틀림없다. 그 수많은 천재 학자들이 수립한 신고전학파 경제학 이론에 화폐도 존재하지 않고 자본도 존재하지 않는다고 주장한다면 쉽게 납득하기 어려울 듯 하다. 그런데 중세의 천동설도 사실 무수히 많은 천재들이 수립한 체계였다.

그런데 이러한 모순을 지속시키는 것이 바로 그들이 가진 종교의 힘이다.

2.2. 화폐가 경제에 미치는 영향

2.2.1. 화폐의 정의

도대체 화폐란 무엇인가? 이 질문에 대답할 수 있는 신고전학파 경제학자는 없다. 그래서 화폐에 대한 정의를 내리는 대신 힉스는 "화폐란 화폐가 수행하는 바"(Money is what money does)(Hicks, 1967: 1), 즉 화폐는 화폐가 수행하는 기능이라는 이해하기 어려운 동어 반복적 정의를 제시할 뿐이다.

그런데 일반인들은 무엇이 화폐이고 무엇이 화폐가 아닌지를 많은 경우에는 쉽게 구분한다. 은행 보통 구좌에 예금되어 있는 10만원은 화폐인가? 그렇다고 대답할 것이다. 하지만 슈퍼에서 선물로 주는 할인권은 화폐가 아니다. 아이폰은 쉽게 중고시장에서 판매가 가능하지만 아무도 아이폰을 화폐라고 부르지 않는다. 그런데 조금 더 복잡한 질문이 있다. 상품권도 화폐인가? 주식은 화폐인가? 정부가 발행한 단기 채권은 화폐인가? 정부의 장기채권은? 비트코인이 화폐인가?

화폐를 정의하는 것은 사실 경제학에서도 가장 어려운 문제이다. 이 문제에 대한 논의는 책 한권으로도 모자라고, 따라서 화폐의 본질과 정의에 대한 문제는 본서에서 다루기는 불가능하다.[12] 따라서 본서에서는 화

---

[12]　이점에 관하여서는 Ingham(2020)을 참고할 것.

폐를 정의하는 시도를 함으로써 독자들을 곤혹하게 만들지는 않겠다. 그 대신, 보다 실용적인 전략을 채택하려 한다. 즉, 일반적으로 화폐가 가져야만 하는 기능을 논하고, 그러한 기능들이 더 많이 결여될 수록 진정한 화폐와의 거리는 멀어진다는 점을 이야기하겠다.

2.2.2. 화폐의 기능

일반적으로 사람들이 인정하는 화폐의 기능이 있다. 즉, 교환의 수단과 가치의 저장 수단, 지급수단, 그리고 가치의 계산단위가 그것이다.

앞의 두가지 기능을 동시에 가지고 있는 경우, 유동성(liquidity)이 있다고 말한다. 이때 유동성은 태환성(Convertibility)과 혼동하지 말아야 한다. 예를 들자면, 주식을 소유하고 있는 경우, 그 주식은 주식시장에서 쉽게 현금으로 교환될 수 있고, 그렇기 때문에 태환성이 높다. 하지만 그 가치는 변동가능하고, 손해를 볼 수 있는 가능성이 있다. 유동성이라는 것은 쉽게 현금으로 교환가능하고 동시에 그 가치가 안정적이어야만 한다. 따라서 주식은 태환성은 높지만 유동성은 높지 않다. 단기 정부채권은 유동성이 높다. 하지만 장기 채권은 금리 변동에 따라 가치가 등락하기 때문에 유동성이 높지 않다. 비트 코인의 경우 일단 태환성도 어떤 때에는 높고 어떤 때에는 낮다. 그리고 유동성은 낮다. 가격 변동이 너무 심하기 때문이다.

따라서 유동성이 없는 경우, 가치를 저장하는 수단으로는 적절하지 않다. 즉, 태환성만 있는 주식, 장기채권등은 화폐라고 간주되지 않는다. 비트코인도 같은 이유에서 화폐로 간주하기 힘들다.

지급수단은 좀 더 어려운 문제이다. 엔화는 달러화의 채무를 변제하거나, 미국에서 세금을 변제하는 수단이 될 수 없다. 이 점에서 명백한 것

은 지급수단은 다분히 채무를 변제하는 수단으로서 사회적으로 인정되어
야만 한다. 고대에서는 살인 등의 행위에 대하여 피해자의 가족에 대하여
보상을 하는 수단을 정하였는데, 이를 속죄금(贖罪金 Wergeld)이라고 하였
다. 그런데, 그때의 변제수단은 화폐금액이 아니라 상품의 묶음으로 정하
여졌다. 예를 들어 살인자는 피해자의 가족에게 소 1마리, 닭 10마리 쌀
10가마를 보상하여야 한다는 식이다. 이때 소 대신 닭으로 지불하는 것은
허락되지 않았다. 소가 없는 사람도 주변에서 닭과 소를 교환하는 등의
방식으로 무조건 소를 구해와야 하였다. 정부에의 채무이건, 아니면 민간
간의 채무이건, 그 채무를 궁극적으로 변제할 수 있는 수단은 그 사회에
서 결정된 관습과 법률에 의하여 정해진다. 이렇게 인정된 수단은 태환성
과 유동성을 가지는 경우가 많지만, 항상 그런 것은 아니다.

일단 그러한 그러한 결제수단을 법적, 혹은 관행적으로 강제할 수 있
는 권력이 강하고, 또한 그러한 결제수단이 빈번히 사용되면, 그러한 수
단은 단순히 채무를 변제하는 수단이 아니라 교환의 수단이나 가치의 저
장 수단으로 널리 통용될 수도 있다.

하지만 항상 그렇지도 않다. 식민지 시대에 영국이나 프랑스인들은
아프리카에서 전통사회를 붕괴시키고, 지배체제를 강화하기 위하여 화폐
경제를 도입하고, 모든 사람에게 식민정부가 인쇄한 화폐로 인두세를 내
도록 하였다. 식민지의 원주민들에게는 노동을 시키고, 그 댓가로 그 화
폐를 지불하였고, 다시 그 화폐로 세금을 내도록 강요하면, 화폐가 광범
위하게 통용되어 식민지가 자본주의적 화폐경제제체로 전환될 수 있다고
믿었다. 하지만 그 시도가 항상 성공한 것은 아니다. 어떤 경우에는 사람
들은 그 인두세를 낼 수 있을 만큼만 식민정부를 위하여 노동을 하였고,
나머지의 경제생활에 있어서는 자신들의 전통적인 방식을 여전히 고수

하였다.[13] 그러나 채무의 변제 수단으로서 사용되게끔 하는 강제력이 크다면 어떤 수단을 화폐로서 널리 통용되게 하기에는 유리하다. 이러한 관점은 국정화폐론의 기본이 되는 생각이고, 현대에서는 네오 차탈리스트(neo-Chartalist)라고 불리는 학자들에 의하여 강조되고 있다. 현대통화이론(MMT)도 이러한 주장에 동조한다.

마지막으로 중요한 화폐의 기능은 계산단위로서의 화폐이다. 이에 대한 가장 훌륭한 설명은 케인즈가 《화폐론》에서 제시하였다(Keynes 1930).

100원이라는 화폐의 단위 즉, 기술(記述)과, 그 100원에 상응하는 종이의 무게나 디자인 형태, 혹은 동전에 들어있는 금속의 양(대상물)은 다른 것이다. 케인즈의 비유를 사용하자면, "기술(記述)은 같은데, 그에 대응하는 대상물이 변할 수 있다면 그 둘 사이의 구분은 아주 중요한 것이 될 수 있다. 그 차이점은, 그것이 누구이든지 상관없이 단지 '영국 왕'이라는 기술(記述)과, 죠지왕(King George)과의 차이점이라고 볼 수 있는 것이다. 예를 들어서, 지금부터 10년 뒤에 영국 왕의 몸무게와 같은 양의 금을 지불한다는 계약은, 현재 국왕인 죠지 왕(King George)이라는 개인의 몸무게와 같은 금을 지불한다는 계약과는 서로 다른 것이다. 전자의 계약의 경우 그 지불 시점이 되면, 누가 영국의 국왕이 될지는 국가가 선포하는 것이다"(Keynes 1930:3-4).

이 말이 의미하는 바는, 화폐는 사유재산, 권리, 채무, 그리고 가격 등이 표현되는 계산단위로서의 화폐(즉, 기술(記述))의 속성을 가지고 있어야

---

13 성공 사례에 대하여서는: Tcherneva(2016). 반면 실패 사례는: Guyer, J. I., & Pallaver, K.(2018), Graeber, D.(2011: 50-52).

만 한다는 것이다. 그리고, 그 화폐의 물질성 자체(예를 들어, 종이, 금속의 양 등)는 국가가 지정한다는 이야기이고, 그 화폐를 구성하는 물질은 본질적이 아니라는 이야기이다. 국민국가와는 거리가 멀었던 18세기 북미식민지에서는, 가격은 아직도 실링(1 파운드는 20 실링)으로 표현됐지만 그럼에도 불구하고 실제로 지불한 물리적 수단은 건어물이나 담배였다. 화폐를 구성하는 물질은 중요하지 않다는 이야기이다.

물론 두 개인간에는 채무를 소 한 마리로 변제한다는 약속을 할 수 있다. 문제는 그 약속을 어기는 경우, 결국 법정에서 싸워야 한다. 그런데 판사는 소 한 마리를 배상하라고 판결을 할 수는 없다. 채무자가 소가 없다면 강제할 수 없기 때문이다.[14] 그렇다면, 채무자의 재산을 어떤 단위로 환산하여 지불하도록 하여야만 한다. 그리고 그 단위는 사회적으로 통용되는 것이어야만 한다. 하지만 한국의 재판소의 판결이 아프리카 어느 지역에서 통용되는 화폐로 지불하라고 할 수는 없다. 따라서 중요한 것은 당사자가 속한 사회 집단에서 통용되는 잣대를 적용하여야만 한다는 점이다. 이에 계산과 평가의 단위로서의 화폐가 중요하게 된다.

반대로 어떤 사람이 가진 권리도 그것이 진정 보호받을 수 있는 권리가 되기 위하여서는 어떠한 화폐단위로 표현이 되어야만 한다. 예를 들어 재산권은 평가단위가 전제되지 않으면 의미가 없다. 누군가가 나의 재산을 훼손하였다고 하자. 그렇다면, 어떻게 변상을 받을 것인가. 위에서 이

---

[14] 영국 치하의 식민지에서 유사한 문제가 발생한 바 있었다. 보상을 양 한 마리로 하라고 하였을 때, 그 양이 마른 양인지, 살찐 양인지 혹은 죽기 바로 직전의 양 중의 어떤 것인가. 규격화가 되지 않거나 쉽게 구할 수 없는 경우에는 분쟁의 소지가 발생하기 마련이다.

야기하였던 채무의 경우와 같다. 재산권은 화폐단위로 표현이 될 수 있는 경우에만 완전히 보호 받을 수 있다.

절대로 혼동하지 말아야 할 중요한 포인트는, 사적 소유권과 단순 점유는 전혀 다른 것이라는 사실이다. 소유라는 것은 어떤 물건을 단순히 점유하고 사용할 수 있는 것을 말하지만, 사적 소유권은 안정적으로 그 물건을 소유하고 또한 그것을 처분할 수 있는 권리가 어떠한 질서 체계에 의하여 보장된 것을 의미하며, 막스 베버에 의하면 이는 그 권리를 보장하는 어떠한 사회적 질서(관습, 법, 제도등)가 존재하여야만 함을 의미하는 것이다.

위와 같은 케인즈의 견해는, 화폐라는 것은 '권력(fiat)'이 어떤 사물에 지위적 능력(status function)을 부여함의 결과이며, 그 뒤에 어떤 실재가 존재한다고 생각하는 것은 환상이라는, 현대의 저명한 언어 및 사회철학자인 존 서얼(John Searle)의 주장과 일맥 상통한다고 볼 수 있다(Searle 2017).

또한 사회학의 아버지라는 막스 베버는 다음과 같은 중요한 언급을 하였다: "진화의 역사로 볼 때, 화폐는 사적 소유권(Individualeigentum)의 창조자이다. 화폐는 이러한 속성을 최초부터 가지고 있었으며, 역으로, 화폐의 특성을 가지고 있는 어떠한 대상도 사적 소유(Besitz)라는 특성을 가지지 않은 것은 없었다"(Weber, 1923:208;1927:236). 얼핏 퍼즐과도 같이 느껴질 수 있는 이 말의 의미는 이제 충분히 이해할 수 있을 것이다.

그런데 이러한 계산단위로의 화폐의 기능은 앞서 이야기 한, 지급수단으로서의 화폐의 수단과 밀접하게 연관되어 있다. 지급수단, 즉 채무를 변제하는 수단이 되기 위하여서는 우선적으로 그 계산단위가 먼저 성립되어 있어야만 한다. 앞에서 이야기하였던 속죄금의 경우에는 사회적으로 통용되던 계산단위는 재화의 묶음이었고, 그 묶음의 구성 단위는 변할 수 없었다.

그렇다면 이러한 계산단위로서의 화폐(그리고 지불수단으로서의 화폐)와 교환의 수단 및 가치의 저장수단으로서의 화폐의 관계는 무엇인가?

부동산을 사거나, 혹은 피카소의 그림을 사는 것은 무엇인가 귀중한 물건으로 부를 저장시키는 방법 중의 하나이다. 그런데, 부를 저장한다는 것은 사적 소유권을 전제로 하며, 그 부가 다른 어떤 필요한 것으로 전환되려면, 어떠한 방식으로 가치를 평가받아야 하고, 만일 그 부가 제3자에 의해 침해당했을 때는 그에 대하여 보호 받기 위해 어떤 단위로 표시되어야 한다. 다시 말하자면, 부를 저장한다는 것은 어떤 것에 대한 권리를 유지한다는 것인데, 그 권리의 가치를 측정하고 보호받기 위해서는 가치평가의 단위로서의 화폐가 필요하다.

다시 최초에 언급한 교환의 수단으로서의 화폐로 돌아가 보자. 직접적인 교환이라고 해도, 심지어 화폐라는 물리적 형태가 개입되지 않아도, 그 교환은 내가 가지고 있는 사적 소유물의 가치와 타인이 소유하고 있는 사적 소유물의 가치를 교환하는 것이다. 물건의 하자가 있으면 배상을 하여야 한다. 외상으로 거래를 한다면, 물건을 먼저 받고 향후에 나중에 어떤 대상물건으로 지불하여야 하는데, 만일 지불할 수 있는 물건이 존재하지 않는 경우에는 그에 상응하는 변상을 하여야 한다. 물물교환이라고 하더라도 그것이 사적 소유권의 교환을 의미하는 것이라면 필히 계산단위로서의 화폐가 전제가 되어야만 한다.

원시인의 물물교환의 대부분은 사적 소유권에 기반한 교환이 아니며, 인류학적으로 볼 때 호혜적 교환 혹은 과시적 교환이었다. 후자의 경우에는 받는 것보다 주는 것이 많았다. 그리고 부족 내의 재화의 분배는 상호간의 교환이 아니라, 일단 모든 것은 부족의 지도자로 집결되고, 그로부터 재분배가 일어나는 형태였다.[15] 물론 단순히 이웃에게 내가 쌀을 주고, 물고기를 받는 형태의 교환도 있을 수 있는데, 이는 점유물 간의 교환이며, 법적으로 혹은 사회적으로 보호되는 소유권의 교환은 아니다.

그리고 그러한 형태의 교환은 일회성이고 반복되기 힘들며, 권리가 보호되지 않기 때문에 사회적으로 확장되기 어렵고, 더욱이 그 교환 비율이 사회적으로 통일되기는 더욱 힘들다.

지금까지의 논의는 **도표 2.1**로 간단히 요약할 수 있다.

그렇다면 이러한 가치의 평가 수단으로서의 화폐는 어떻게 탄생하였고, 그러한 가치의 기준이 물리적인 어떤 물건에 체화 되었다면, 그래서 어떤 물건이 화폐로서 기능을 하게 되었다면 그러한 가치의 기준과 그 물건은 왜 사람들이 일반적으로 인정하게 되었는가. 이것이 핵심 질문이다.

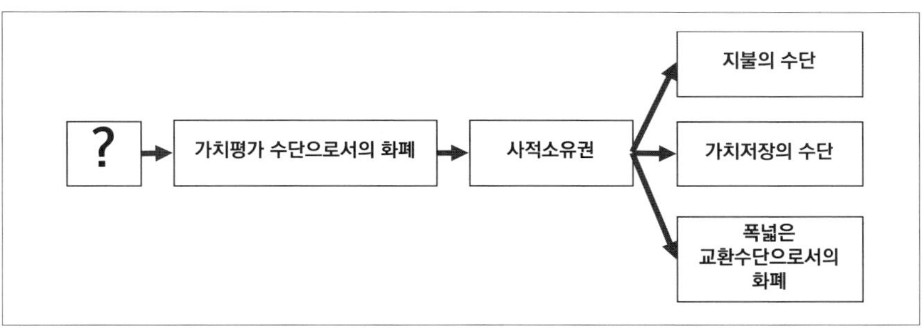

도표 2.1   화폐 기능의 진화

---

15   이에 대하여서는 칼 폴라니(Karl Polanyi)의 위대한 저서를 참고할 것: 거대한 전환 – 우리 시대의 정치.경제적 기원 . 칼 폴라니(지은이),홍기빈(옮긴이) 길(도서출판).

2.2.3. 신고전학파 경제학의 화폐의 기원

위에서 논의한 바는, 평가기준이 이미 정해져 있고, 그에 따라 보호받을 수 있는 소유권이 존재하지 않는다면, 광범위한 교환은 존재하지 못한다는 것이다. 그리고 그 교환이 혹시 외면적으로는 물리적 화폐가 개입되지 않은 물물교환이라고 하더라도 그 교환은 광범위하게 전개될 수는 없고, 단지 일회성에 불과한 물물교환이라는 것이다. 그렇다면 그러한 평가기준은 어떻게 나타나게 되었는가?

일반 신고전학파 경제학 교과서에 나오는 전형적인 설명은 사람들이 물물교환을 하는 경우 물건을 가진 사람들 간 소위 욕망의 이중적 일치(double coincidence of desires)가 힘들기 때문에 거래의 불편함을 느껴서 이러한 불편함을 극복하고자 양자 간의 합의에 의하여 어떤 것을 화폐로 정하게 되고, 그래서 화폐가 시작되었다는 것이다. 즉, 내가 가진 쌀을 물고기로 교환하고 싶은데, 정확히 반대의 거래, 즉, 물고기를 쌀과 교환하고 싶은 사람을 찾는 것은 힘들어서 일단 쌀을 팔고 화폐를 수취하고, 그 화폐로 물고기를 사면 그러한 불일치를 극복할 수 있다고 믿어서, 원시인들이 모여 앉아서 화폐를 만들자고 합의하였다는 것이다. 물론 이 이야기는 어떠한 역사적 근거도 없는, 그저 상상의 설정이다.

그런데 단순히 작은 부락 내에서의 물물교환에서는 그러한 합의를 할 필요는 절대로 존재하지 않는다. 그리고 소규모 부족 내에서는 물물교환이 필요하지도 않은데, 생산하는 재화도 일률적이고, 또한 공동으로 생산하여 부족장의 관리 하에 분배하는 것이 일반적이기 때문이다. 따라서 위의 화폐의 기원에 대한 논리는 적어도 물물교환이 지역적으로 이미 광범위하게 존재하는 상태를 전제한다. 그런데 그러한 광범위한 물물교환이 발생하려면 우선 평가단위가 존재하여야만 한다. 따라서 논리학적으로 보자면, 선결문제 요구의 오류이다.

그런데 그들이 도입한 가정은, 그러한 작은 규모의 물물교환 상태에서 사람들이 모여서 의식적으로 어떤 것을 화폐로 사용하자고 합의를 한다는 것이다. 그 때 그 화폐는 결국 평가기준이 되는 셈이다. 그런데, 소규모 부족 내에서는 그렇게 합의할 필요 조차 없다. 그렇다면, 그때 합의의 당사자들은 누구인가? 여러 지역에 분산되어 있는 부족들의 부족장들인가? 전쟁으로 약탈하는 대신 평화로운 합의에 의하여 서로 교환을 하려는데, 만일 화폐를 사용하면 향후에 물물교환이 광범위하게 발생할 것을 미리 예상하여 합의를 하는가? 이 논리는 모순 투성이이다. 그런데, 신고전학파 경제학 교과서에서는 이 이야기를 진실로 간주한다.

그들이 가정하는 자연상태는 모든 거래가 물물교환형태로 광범위하게 발생하고 있었는데, 단지 화폐가 없어서 불편하였기에 합리적 인 원시인들이 합의를 하여 화폐를 정하였다는 이야기이다.

이보다 조금 더 세련된 이야기는 오스트리아 경제학파의 창시자로 알려진 칼 멩거(Carl Menger)가 주장한 화폐의 발생기원설이다. 멩거에 의하면 최초에는 물물교환이 있었는데, 그것은 시간과 공간의 제약을 극복하지 못한다. 자신이 잉여가 있더라도 당장 다른 상품과 교환할 필요가 없이 미래에만 필요한 경우도 있으며, 그러한 상품이 원거리에 존재할 수도 있어 직접 교환을 하지 못 하는 경우도 있다. 이러한 불편함을 극복하고자 어떤 현명한 사람이(즉, 일종의 지도자가) 일단 자기에게 잉여로 남아 있는 상품을, 자신이 당장 필요하지 않더라도 모든 사람들이 가장 많이 항상 수요하는 상품으로 바꾼 뒤, 후에 그 중간 매개 수단을 자신이 원하는 물건으로 바꿈으로서 제약을 극복할 수 있는 방안을 발명하였다. 어떤 현명한 자가 이러한 우회적 교환을 발명하였을 때, 그 편리성을 깨달은 타인들은 모방하기 시작하여 결국 그 모방이 전 사회로 확산되면서 진화론적으로 등장하게 된 것이 화폐라는 것이다. 그리고 후에 국가가 개입하여 그 교환 수단을 독점한다.[16]

두가지 이론 모두 어떠한 고고학적, 역사적 증거는 없는 허구이다. 두 이론 모두 평등하고 자유로운 인간들 간의 물물교환이 먼저 존재하였고, 그로 인하여 화폐가 만들어진다. 하지만 멩거의 이론은 신고전학파의 이론보다는 보다 세련되었다.

그런데 한번 상식적으로 생각해보자. 원시인들의 소규모 부족 내에서 현대인이 생각하듯이 동등한 입장에서 물물교환을 하였을가? 그 작은 ·사회에서 굳이 화폐가 필요하였을가? 족장이 일단 모든 권리를 독점하고, 각자에게 나누어 주는 것이 더 현실적이지 않은가? 혹시라도 화폐가 필요하였다고 하더라도, 힘이 강한 족장이 어떤 것을 화폐라고 정해서 모두가 사용하라고 지시하지 않았을가? 족장이 없는 경우에는 강자가 약자의 것을 그냥 빼앗으면 되는 것이 아닌가? 혹은 부족간의 교환에서 과연 어떤 것을 화폐로 사용하기로 합의하고 교환을 하였을가? 혹은 힘에 의한 약탈이 오히려 우세적이지 않았을가?

2.2.4. 화폐는 베일인가?

이러한 화폐의 기원에 대한 논의가 중요한 이유는, 위에 설명한 신고전학파 혹은 멩거의 화폐 발생이론은 그들의 화폐이론의 핵심이기 때문

---

16 참고로, 대부분의 신고전학파 경제학자들은 합리적 계약에 의한 화폐의 탄생이론을 멩거의 이론으로 혼동하고 있다. 그들 중 멩거의 《화폐》(Menger, 2002)라는 논문을 실제로 읽어본 사람은 극히 드물다.

이다. 그들의 논리는 어떤 역사적 근거도 없다. 그럼에도 불구하고, 우리가 이야기한 소유권, 법, 제도, 평가기준 등의 복잡한 이야기를 화폐와 연결시키지도 않는 단순성을 가지고 있고, 모두가 평등하였다고 주장하는 자연상태가 이데올로기적으로 환영 받을 수 있기 때문에 인기를 얻고 있다.

중요한 점은 그들의 이론이 성립하기 위해서는, 즉, 기존에 화폐가 없이도 광범위한 물물 교환관계가 존재하기 위해서는 화폐 이외의 어떠한 평가 기준이 존재하여야 한다. 그들의 이론은 이러한 기준을 상품과 상품간의 상대적 교환비율에서 찾는다. 즉, 사과는 배와 3:1, 배는 복숭아와 2:1 등등의 상대적 교환비율이 먼저 있다고 전제한다. 그렇다면 화폐 혹은 화폐를 이용한 평가 기준이 없이도 물물교환이 가능하며, 화폐는 단순히 이후에 등장하여, 물물교환의 불편함을 극복하게 한 수단이라고 주장할 수 있게 된다. 즉, 이미 상품과 상품간의 교환비율이 정해져 있으니, 화폐는 단순히 베일에 불과한 것이라는 주장이다.

그런데, 경제에 총 100개의 상품이 있다고 하자. 간단한 산수를 해보자면, 그 상품들 간의 총 교환비율은 총 4,950개가 존재하여야만 한다(4950 = 100 × 99 / 2).

원시인들이 그 많은 교환비율을 이미 암기하고 거래를 하고 있었다는 이야기가 상식적인지는 독자들이 쉽게 판단할 수 있다. 그리고, 가끔 정해진 상대적 교환비율과 일치하지 않게 되는 경우, 이 4,950개의 상대가격이 다시 균형으로 쉽게 회복할 수 있는가도 의문이다.

그런데, 이러한 비상식적인 이야기가 현대 중앙은행에서 사용하고 있는 동태확률일반균형 경제예측 모형이 채택하고 있는 핵심가정이다. 단, 현대적 모형에서는 상품은 100개가 아니라 수만 개이다. 경제에 총 n개의 재화와 용역이 존재한다면, 필요한 상대가격의 숫자는 $\frac{n(n-1)}{2}$ 이다.

만일 이러한 교환비율은 항상 안정적인가? 만일 어떤 교란에 의하여 균형을 이탈하면 다시 균형이 회복되는가? 아무도 정답을 모른다.[17]

이미 상품간의 교환비율이 정해져 있다면, 화폐는 무엇인가? 이는 단순히 베일에 불과하다. 단지 상품과 상품 사이의 교환비율만이 실질적인 것이다. 화폐는 거래의 편의를 위하기 위하여서만 존재하는 것인데,[18] 그 자체에서 직접적으로 누릴 수 있는 효용은 없다.

원시적 물물경제이론에서 화폐가 없었다고 주장하는 것과도 동일하게, 동태확률일반균형이라는 현대판 물물교환모델에서도 우리가 알고 있는 화폐는 없다.[19]

17　이러한 곤란점을 해결하기 위해서, 동태확률일반균형이론의 출발점인 일반균형이론(general equilibrium theory)을 최초로 주장하였던 레옹 왈라스(Léon Walras, 1834-1910)는, 천상에 경매인이 존재하여 소위 모색과정(tatonnement)을 통하여 단일한 교환비율을 결정한다는 가정을 한다. 그런데 이러한 가공의 가정을 도입하는 이유는 그로 인하여 현실을 설명함에 있지 않고, 단순히 이론 자체를 구제하기위한 무리한 설정에 불과하다.

18　보다 유식하게 보이기 위하여, 신고전파경제학에서는, 화폐는 거래비용(Transaction Cost)을 줄이기 위하여 필요하고 말한다. 보다 전문적으로 말하자면, 신고전학파 경제학에서는 화폐는 거래비용(Transaction cost)을 절감하기 위한 수단이라고 말한다. 참고로, 거래비용이라는 개념은 최근에 주목받고 있는데, 이는 정보의 불완전성, 시장의 불완전성 등의 각종 불완전성에 의하여 발생하는 비용을 의미한다. 이러한 거래비용의 경제학(Transaction Cost Economics)은 각종 제도의 발생을 이러한 거래비용의 절감을 통하여 설명하는데, 그들이 말하는 제도는 백지상태의 자연상태에서 현대인과 같은 사고방식을 가진 합리적인 개인 간의 합의 등에 의하여 탄생하는 것이고, 통상적으로 우리가 생각하는 제도와는 무관한 허구적 존재이다.

19　최근에서야 화폐는 다른 시간 간에 가치를 저장하는 수단(이시점간 일반균형,

그런데, 화폐 그 자체가 가지는 효용은 없을까? 어떤 사람은 화폐 그 자체를 축적함으로 인하여 기쁨을 누리고, 어떤 사람은 그 화폐를 과시하면서 지불함에서 기쁨을 느낀다. 그리고, 빈자가 10만원에서 느끼는 효용은 부자가 같은 금액에서 느끼는 효용과는 큰 차이가 있다.

또한 화폐가 배분되어 있는 상태는 생산과 상대가격에 영향을 미치는 것이 아닌가? 즉, 사과를 좋아하는 사람들이 배를 좋아하는 사람들보다 화폐를 더 많이 가지고 있으면 사과의 상대가격은 올라가는 것이 아닌가? 그리고 사과는 더 많이 생산되는 것은 아닌가.

그리고 화폐의 분배 상태는 현대에서는 결국 인간 간의 권력의 분배 상태와 상응하고, 화폐를 많이 가진 사람은 그렇지 못한 사람을 지배하는 지배-피지배 관계가 성립되는 것이 아닌가.

신고전학파 경제학에서 말하는 베일로서의 화폐는 우리가 일상생활에서 사용하는 화폐가 아니고 단순히 신고전학파 경제학자 자신들의 이론을 옹호하기 위해서 도입된 어떤 다른 것일 뿐이다. 이러한 이상한 화폐의 개념은 현대경제학에서 말하는 화폐의 중립성, 그리고 후에 언급할 화폐수량설을 지탱하는 핵심적인 믿음이다.

2.2.5. 화폐의 기원: 포스트 케인지언 경제학파

그렇다면, **도표 2.1**의 처음 시작점(?로 표시된 부분)은 무엇인가. 신고전학파 경제학의 주장은 그 시작은 원자로서의 개인의 의식적 합의 혹은 그

Intertemporal general equilibrium), 혹은 물물교환의 불편을 극복하기 위한 탐색과정에서 화폐가 필요하다는 가정(Kiyotaki & Write 1989)이 모델에 도입되었다. 하지만, 이 경우에 있어서도 재화의 교환 비율은 화폐가 등장하기 이전에 이미 존재하는 것으로 가정된다.

들의 상호 작용으로 인한 진화의 결과라는 것이다.

포스트 케인지언 경제학파의 의견[20]은 대체로 그 시작점에는 어떤 강력한 믿음의 체계 내지는 권력이 존재하였다는 것이다. 협의로 해석하자면, 국가가 화폐를 제정할 수도 있다. 하지만 국가가 존재하기 전에도 화폐는 존재하였는데, 예를 들어서 이전에 언급하였던 속죄금도 일종의 화폐이고, 그것은 관습에 의하여 정해진 평가기준이다. 즉, 광의로 해석하는 경우, 화폐를 탄생시킨 시작점은 신앙, 관습, 권력 관계 등이며, 후에 국가에 의하여 보다 광범위하게 통용된다고 본다. 즉, 단순히 국가가 강제한다고 해서 화폐가 모든 이들에게 받아들여지는 것은 아니고, 마치 종교적 신앙과도 같은 강력한 권력이 화폐를 지탱하였다고 본다.

혹자는 금이 화폐로 통용되었다고 하면서 금이 가지는 상품으로서의 성격을 화폐가 되기 위한 조건으로서 강조한다. 하지만 왜 금이 그토록 사람들이 원하는 무엇이 되었는가에 대한 이유는 설명하지 못한다. 인류학적으로 볼 때, 그 이유는 다분히 다분히 금이 태양을 상징하는 종교적 성격이 강하였고, 또한 지배계급의 치장을 위하여 사용되는 사회적 위상의 상징이었기에 기인한다고 한다. 그러한 환경에서 금은 믿음의 대상이었다는 것이다. 즉, 물물교환에서 화폐가 시작되었다는 이론과는 달리, 이 이론은 화폐 이전에 이미 어떤 종교적 믿음의 체계,[21] 권력의 체계, 사

---

20 지지하고 있는 화폐에 대한 견해는 네오 차탈리즘(neo-Chartalism)으로 로 지칭되는데, 잉햄(Geoffrey Ingham)등이 대표적 학자로서 그들은 크납(Knapp)과 케인즈의 화폐이론을 계승하고 있다. 상세한 논의는 잉햄(2020)을 참고할 것.

21 대표적 저술은 국정화폐론을 창시한 크납(Georg Friedrich Knapp)의 제자인 라움(Bernhard Laum)이 저술한 《신성화폐》가 있다(Laum 1924). 영어번역판은

회적 위상의 체계[22]등이 존재하였는데, 이러한 체계에서 사용되었던 어떤 물건이나 기준이 그것에 대해 인간들이 이전부터 가지고 있던 신뢰에 근거하여 차츰 물건을 평가하는 기준으로 바뀌게 되었고, 이후 국가가 등장하면서 그것들을 보다 체계화하고 보급시켰다는 것이다.

사실 금 자체는 화폐로서의 실용성이 결여되어 있었다. 빵을 사기 위하여 지불하는 금의 양은 모래 알 과도 같이 작기 마련이다. 그리고, 금화는 사용시 마다 매번 순도를 측정하기 어렵다. 즉, 이때 금은 상징성을 가지는 것에 불과하지 실제로 금화는 금의 양을 그대로 반영하는 것은 아니며, 따라서 국가의 보증이 없으면 통용되지 못한다. 국가가 발행하는 화폐는 그에 상응하는 금이나 은이 정부의 창고에 존재하여야 하는 것이 아니다. 인류 역사에서 그러한 경우가 존재하지 않았다. 심지어 금본위제에서도 그에 상응하는 금이 존재하지 않았다. 금이 존재하는지의 여부가 문제가 되는 경우는 국가에 대한 신뢰가 약해지기 시작하였을 때였다. 위대한 경제사회학자 짐멜(Simmel)은 그의 저서 《돈의 철학》에서 다음과 같이 말한다.

화폐 그 자체가 아니라 신뢰가 문제이다. … 신뢰가 없으면 심지어(금속의)

Laum(2023)을 참고할 것.

22　크납의 제자인 빌헬름 게를로프(Wilhelm Gerloff)가 주장한 계급화폐론이 대표적이다(Gerloff 1926/1952). 참고로, 게를로프(Wilhelm Gerloff)는 신앙 대신 사회의 상위 계급이 계급의 상징으로 사용하던 물건들이 화폐로 진화되었다고 생각하는데, 이 경우는 궁극적으로 권력이 가지고 있는 상징성이 화폐를 창출하게 된 강력한 믿음의 근원으로 생각한다. 참고로 게를로프의 최후의 저술인 《화폐와 사회》는 본 역자에 의하여 번역 출판 예정이다.

완전한 가치를 유지하고 있는 코인조차도 통용되지 못한다... 신뢰가 없다면

화폐거래는 붕괴된다(짐멜 2013).

결론적으로, 화폐는 기존 사회에 존재하던 신뢰의 대상에서 시작된 것이며, 그러한 신뢰의 대상이 화폐로 전용된 것이다. 예들 들자면, 종교 적 의식에 이용되었던 신성한 물건들(희생물, 제기)이나, 귀족들이 가지고 있던 권위를 상징하는 물건들이 차츰 가치평가의 기준으로 변하고, 화폐 로 변하게 된 것이며, 국가는 그러한 신뢰의 대상을 자신의 목적을 위하 여 이용한 것이다. 다시 말하자면, 화폐는 주류경제학에서 말하듯이 물물 교환이라는 순수히 경제적인 영역에서 합리적이고 계산적인 경제적 인간 (homo economicus)에 의하여 탄생한 것이 아니라, 종교, 지배-피지배 관계 등의 비경제적인 사회적 영역에서 형성된 관습과 권력의 체계에서 비롯 된 믿음을 바탕으로 진화된 것이다.

화폐가 받아들여지고 존속하기 위해서는 대중의 신뢰가 가장 핵심적 인 요소이다. 그런데 최초의 신성한 신뢰와 믿음이 없어진 경우, 결국 국 가가 가진 권력 내지는 국가에 대한 믿음이 화폐에 대한 신뢰를 지탱하는 핵심이다. 약한 국가가 발행한 화폐는 받아들여지지 못한다.

독자들은 화폐의 가치를 지탱하는 것은 궁극적으로 신뢰라는 점을 절대로 망각하지 말기를 바란다. 대부분의 주류 경제학자들은 이점을 이 해하지 못한다. 국가에 대한 신뢰가 하락하는 경우에는 아무리 국가가 화 폐 발행을 자제한다고 하더라도 그 화폐의 가치는 추락하기 마련이고, 반 대로 국가에 대한 신뢰가 강한 경우에는 화폐 가치는 유지된다. 주류 경 제학, 특히 후에 언급할 화폐수량설에서 주장하듯 화폐의 남발이 직접적 으로 화폐의 가치를 하락시키는 것이 아니라, 오히려 화폐의 증발로 인하

여 국가의 신뢰가 저하되는 경우 그 화폐의 가치가 하락되는 요인이 더 큰 것이다.

2.2.6. 화폐와 경제, 케인즈의 생산의 화폐이론

신고전학파 경제학자들은 화폐가 중립적이라고 한다. 그들의 화폐관에 의하면 화폐는 실물간에 존재하는 교환비율을 매개하는 수단에 불과하기 때문이다. 그런데, 화폐가 부족하면 기업은 도산하고, 화폐 소유의 많고 적음에 따라 그 화폐는 권력의 수단이 되고, 생산과정을 개시하는 자본이 되기도 한다.

즉, 화폐가 투자되면, 기업은 기계설비를 구입할 수 있고, 사람들이 화폐, 즉 구매력을 가지고 있으면 생산과 고용을 늘일 수 있다. 그리고 경제에 화폐가 분배되어 있는 상태에 따라서 생산되는 재화는 달라진다. 이러한 상식에 근거하여 신고전학파 경제이론에 반론을 제기하면, 학자들은 자신들의 고상한 경제이론에 의하면 그렇게 될 수 밖에 없다고 주장하며 자세한 설명은 하지 않는다. 그러면서, 자신들의 이론을 이해하려면 공부를 하라고 한다. 그런데, 이러한 그들의 이야기에 속지 말자. 그들이 말하는 화폐는 일반인이 생각하는 화폐가 아니며, 자신들의 상상에 의하여 만들어낸 화폐이다. 그러한 이상한 화폐의 개념에 의거하여 고차원적 수학을 이용하여 증명하려는 원리는 사실 인간의 현실과는 무관하다.

일반균형이론의 대가인 프랭크 한이라는 위대한 경제학자는 이에 대하여 솔직하다. 일반균형이론(그리고 후에는 동태확률일반균형 이론)에는 우리가 아는 화폐는 존재하지 않고, 그 이론은 현실을 설명하는 이론이 아니며, 단지 지적 유희일 뿐이라고 강조하였다. 그런데, 자신들의 종교에 경도된 신고전학파 경제학자들은 자신들의 대 스승들이 그의 경고조차 무시한다. 이는 대부분의 종교에 있어서 최초 창시자들의 사상은 시간이 지남에 따라 희석화되면서 보다 관료화, 형식화된 도그마로 변화함과도 유사하다. 그리고 그 현실과는 상관없는 이론을 진리로 숭배하며 중앙은행에서 경제를 예측하기 위하여 사용한다.

케인즈는 주류경제학파에서 말하는, 화폐는 물물교환경제의 베일에 불과하다는 이론을 실물교환경제(real exchange economy)라고 명명하였다. 이러한 화폐의 중립성에 반대하여, 케인즈는 화폐는 생산과 고용에 있어서 핵심적인 역할을 하기때문에 중립적이 아니며, 우리는 화폐경제(monetary economy)에 살고있다는 생산의 화폐이론(Monetary Theory of Production)을 주장하였다.

은행은 무에서 화폐를 창조하여 기업에게 대출을 하고, 그 돈은 은행에 있는 기업의 예금 구좌에 입금된다. 기업은 그 돈을 사용하여 생산을 개시하고 노동자에게 임금을 지급한다. 그렇게 생산이 되면 가격 수준이 결정되고, 노동자의 실질 임금은 사후적으로 결정되며, 생산된 제품들이 판매된 후, 기업은 은행에 대출금을 상환하게 된다. 이는 화폐가 엔진을 가동시키는 출발점이라는 의미와 상통한다.

우리가 본서에서 고찰하고자 하는 바는 화폐는 단순히 베일로 작용하는 형이상학적인 물물교환경제가 아니라, 케인즈가 말한 바의 바로 그러한 화폐경제이다.

2.2.7. 현대 화폐의 발행

그렇다면 그 출발점으로서 현대사회에서의 화폐는 무엇이며, 화폐는 어떻게 창조되는가?

제일 먼저의 질문은 이때 말하는 화폐는 과연 무엇인가?

앞서 말한 네 가지 기능을 가지고 있는 매체를 화폐라고 부르자. 일본은행은 다음과 같이 화폐를 분류하고 있다.

- M1 = 현금통화 + 전 예금취급기관 발행의 요구불예금통화
- M2 = 현금통화 + (예금통화 + CD + 정기예금)[국내은행등의 발행]
- M3 = 현금통화 + (예금통화 + CD + 정기예금)[전예금취급기관의 발행]
- 광의의 유동성(L) = M3 + 금전의 신탁 + 투자신탁 + 금융채 + 은행채 + 금융기관 발행의 CP + 국채 + 외채

도표 2.2는 통화량을 나타낸다(일본은 2023년 2월말 현재, 한국은 2023년 6월말 현재)

일본과 한국의 경우 광의의 유동성 중 현금통화는 각각 5.5%, 2.5%에 불과하다. 그리고, 소위 본원통화(= 지급준비금 + 민간보유 현금)는 M3 대비하여 42%, 5.8%, 그리고 광의의 유동성에 대비할 때는 31%, 3.9%인데, 일본의 경우 본원통화의 대부분(70%)은 일본은행에 예치된 준비금이다.

현대자본주의는 신용통화제도이다. 과거와는 달리 정부에서 본원통화는 최소한 명목적으로나마 도금이나 실물을 담보로 발행하지 않는다. 그렇다면 이 정부발행 화폐의 성격은 무엇인가? 정부의 채무인가? 만일 채무라면 무엇인가를 이용하여 상환하여야만 한다. 그런데, 화폐의 배후에는 상환되는 그 무엇이 없다. 과거에 금으로 상환되던 기억 때문에 정부발행 화폐를 정부의 채무로 부르는 습관이 남아있을 뿐이다. 즉, 화폐는 정부의 채무가 아니다.

그런데, 중앙 은행이 발행한 통화만이 화폐인가? 그런데 일본과 한국의 경우 M3중에서 현금통화는 각각 7.4%, 3.7%에 불과하고 대부분은

일본 (조엔)
기타 유동성, 521
CD, 31
정기예금 등, 492
L=2,086
M1, 1042
요구불예금, 926
현금통화, 116
M2=1,209
M3=1,565
한국 (조원)
기타 유동성, 2,167
L=6,632
M1, 1,176
현금통화, 165
요구불예금, 349
저축성 예금 등, 3,290
M2=3,803
M3= 4,465

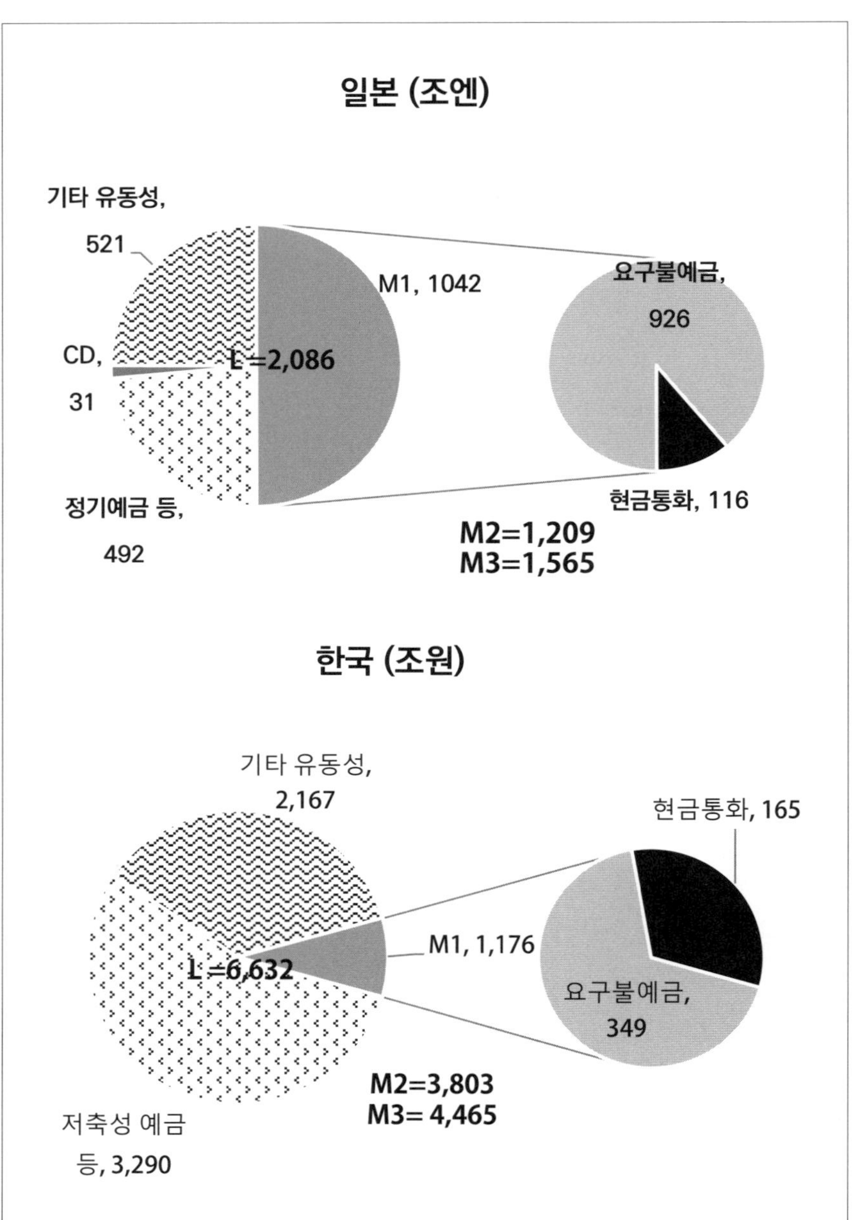

도표 2.2 통화량

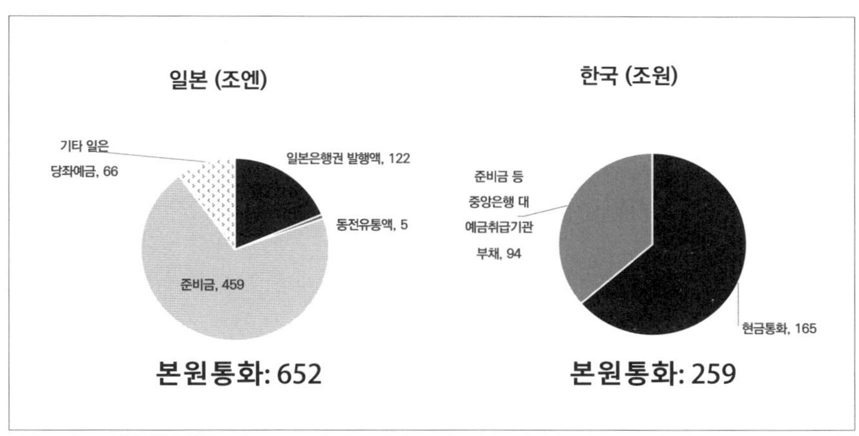

도표 2.3   본원통화

은행예금이다. 대부분의 거래는 은행예금을 통한 거래로 이루어지며, 은행예금의 이체를 통하여 채무를 상환하고, 그것을 통하여 부를 보관한다. 그렇기에, 최소한 M 3 ,혹은 광의의 유동성을 화폐라고 간주한다.

그런데 예금의 많은 부분은 은행의 신용창조를 통해서 이루어 진다. 은행이 대출을 하는 순간, 차입자의 예금통장에 동일한 금액이 입금된다. 그리고 은행은 고객이 예금을 하는 경우, 그 예금의 전체가 아닌 일부분만을 현금인출을 원하는 고객의 수요에 부응하기 위하여 소위 준비금으로 적립하여 남겨둔다.[23]

그런데 신고전학파 경제학에서의 설명을 우선 살펴보자. 그들에 의하면, 예금이 입금되면 준비금을 제외한 전액이 대출이 되고 그렇게 대출한 금액은 다른 은행에 예금으로 예치 되고, 그 다른 은행은 다시 예치된 예금의 일부분만 남겨놓고 대출이 실행되는 과정이 반복된다고 가정을

---

23   일본의 경우, 예금의 종류와 금액에 따라서 대략 0.05%-2%수준이다.

한다. 따라서 예를 들어 100만원이 최초의 예금이고, 지급 준비율이 2%인 경우, 최대로 대출 가능한 금액은 1÷2%, 즉 최초 예금된 금액의 50배인 5000만원이 된다. 그렇다면, 전체 화폐량은 결국 본원통화와 비례관계가 있다고 쉽게 단정할 수도 있다. 하지만 이는 큰 오류이다. 신고전학파 경제학에서의 견해는 은행은 정부가 화폐를 발행하여 그 금액이 은행 구좌에 예치되면, 그 화폐의 양을 준비금으로 삼아서 전액을 모두 대출한다고 가정한다. 즉, 전체 화폐 공급은 정부가 결정한다는 것이다.

하지만, 실제로 대출을 하기 위서는 차입자의 신용도가 충분히 높아야만 한다. 은행이 차입자의 신용도도 분석하지 않고 최대한으로 대출을 한다는 가정 자체는 비현실적이다. 은행은 신용이 낮은 비적격 차입자에 대하여서는 아무리 금리가 높더라도 대출을 하지 않는다.

현실적으로 볼 때 국가는 최초 법정 화폐를 발행하지만, 신용 창조를 통해서 늘어나는 양은 통제하지 못한다. 경기가 좋고 생산이 늘어서 은행이 대출을 늘리게 되면 화폐의 양은 증가하고, 그렇지 못하면 경기 하락 국면에서는 차입자의 신용도도 하락하고 대출이 줄어서 화폐의 양은 감소한다. 화폐의 양은 경제 내부에서 경제활동의 상황에 따라 변동한다. 이때 인과관계는 "경제활동 → 화폐의 양"이다. 예금이 대출을 창조하는 것이 결코 아니다.

얼핏 파라독스 처럼 들릴 수 있는 이야기를 독자들에게 더 쉽게 풀어 설명하기 위해서는 단순화된 가정을 도입할 필요가 있다. 대한민국에 단 1개의 중앙은행과 1개의 민간은행만이 있다고 가정하자. 현재 유통되는 그 많은 화폐 중 중앙은행이 발행하는 양은 앞서 보았듯이 아주 작은 부분에 불과하다. 나머지는 갑자기 어디에서 생겨난 것일까? 그 화폐가 생성되는 과정은 다음과 같다. 일단, 민간은행이 대출을 실행한다. 그 대출된 금액은 예금으로 다시 민간은행이 가지고 있다. 민간은행은 그 대출 금액(= 예금 금액)의 작은 부분, 예를 들자면 2%를 준비금으로서 중앙은행이 발행한 화폐의 형태로 중앙은행에 예치한다. 그리고 기회를 엿보면서 또 대출을 창조한다. 예금이 입금되었기에 그에 기반하여 대출을 창조하는 것이 아니라, 지준금 의무를 만족시킬 수 있는 한도 내에서는 자유로이 대출을 하는 것이다. 즉, 대출을 하였기에 그에 따른 부산물로 예금이 창조될 수 밖에 없고 그렇게 예금이 창조되었기에 그에 대한 의무로 지준금을 중앙은행에 예치하는 것이다. 이 과정이 반복되는 것이다. 이렇게 본다면 대출은 예금에서 창조되는 것이 아님은 자명하다. 오히려 예금은 대출에서 창조되는 것이다. 그리고 이 때 민간은행이 발행하는 은행권 내지는 예금 증서 등을 포함하는 경제에서 유통되는 화폐의 양은 민간은행이 경기 상황에 따라서 그리고 차입자의 신용도의 등락에 따라서 변하는 것이지, 중앙은행이 통제할 수 있는 양이 아니다.

필자는 과거 30년 동안 대형 외국 은행의 고위직으로 근무하면서 대출의 결정에 참여하였다. 그런데, 신고전학파 경제학자들 중에는 정작 중요한 은행의 신용 분석이나 대출 관행에 대하여 아는 사람은 극히 드물다. 대부분은 돈이 먼저 예금이 되고, 그 돈은 대출로 연결된다는 대부업자적 사고에서 벗어나지 못하고 있고, 따라서 그들에게 중요한 측면은 은행이 자금을 조달하는 측면(즉, 예금 등)이고, 실제로 자금을 집행하는 과정은 전혀 모른다. 그런데, 자본주의 금융 경제의 핵심은 자금의 조달이 아니라 자금의 집행, 즉 대출이다. 이러한 혼란은 금융 기관을 전체로서 보는 것이 아니라, 한 동네 귀퉁이에 있는 대부업자를 분석한 후, 그 대부업자들의 단순 합이 전체 금융 질서라고 보는 또 다른 합성의 오류에 기인한다. 은행 산업은 결코 동네 대부업자의 단순 합이 절대로 아니다.

2.2.8. 화폐수량설

신고전학파 경제학에서 말하는 중요한 이론 중의 하나는 소위 화폐수량설(Quantity Theory of Money)이다. 쉽게 말하자면, 화폐의 양이 늘면 물가가 오른다는 이론이다. 예를 들자면, 빵이 10개 생산되는데, 화폐가 500원이 존재한다면, 빵의 가격은 50원이다. 그런데 화폐의 수량이 어느 날 1000원으로 늘어난다면 빵의 가격은 100원으로 오른다는 것이다.

이 이론에 의하면 이 이론에 의하면 정부에 의한 화폐의 공급이 늘면 장기적으로는 물가수준이 오르기 때문에 물가상승의 주범은 정부에 의한 방만한 화폐 발행이다.

독자들은 이제 이 이론이 가지는 문제점들을 지적할 수 있을 듯 하다. 이미 살펴본 바처럼 정부가 통제할 수 있는 본원통화는 전체 광의의 화폐 중의 아주 작은 부분에 불과하다. 그리고 그 중 중앙은행에 예치된 준비금을 제외한 현금 통화는 더욱 작은데, 이후에 살펴보겠지만, 광의의 화폐에 대비할 때, 일본의 경우는 5.5%, 한국의 경우에는 2.5%에 불과하다. 정부가 화폐를 남발한다고 하더라도 과연 그것이 전체 유통되는 화폐량을 얼마나 증가시킬 수 있을까.

앞서 말한 바, 화폐의 가치는 신뢰의 문제라고 지적한 바 있다. 국가에 대한 신뢰가 하락하는 경우 화폐 발행은 변하지 않더라도 그 국가가 채택하는 화폐 단위 그 자체에 대한 신뢰가 하락하는 것이며, 반대로 국가에 대한 믿음이 강하다면 전체 광의의 화폐 중 아주 작은 부분만을 차지하는 국가에 의한 화폐 발행이 직접적으로 물가에 미치는 영향은 크지 않다.

앞서 물물 교환설에서 보았던, 재화 간의 상대적 교환비율이 이미 결정되어 있고 화폐는 단순히 그 교환을 매개한다는 주장과 이 화폐 수량설은 동전의 양면이다. 두 경우 모두 화폐의 중립성을 주장하고 화폐는 실물 부문에 영향을 미치지 않는다는 이론이다.

얼핏 보면 당연한 것처럼 보이지만 이 이론에는 큰 함정이 있다. 독자들은 또다른 중요한 문제점을 지적할 수 있을 듯 하다. 케인즈의 생산의 화폐이론에서 지적하였듯이 화폐는 실물 부문에서의 생산에 직접적 영향을 준다. 일단, 화폐 공급이 늘어서 사람들이 구매력이 증가하면 빵 생산도 그에 따라 늘어나지는 않는가?

그리고 화폐 공급이 늘어나지만 그 늘어난 화폐 공급이 모두 부자에게 주어진다면, 빵의 가격은 오르지 않고 단지 고급 승용차의 가격만 오르는 것이 아닐까? 즉 앞에서 말 하였듯이 상대 가격 체계도 변하는 것이 아닌가?

그리고 화폐 공급이 늘어나는 이유는 무엇인가? 단순히 정부가 화폐 공급을 늘이는 것이 아니라, 은행이 낙관적으로 생각해서 은행 대출을 늘려서 화폐 공급이 늘어나는 면이 더 중요하지 않은가?

그리고 화폐 공급이 늘어난다고 하더라도 사람들이 그 화폐를 소비나 투자활동을 위해 지출을 하지 않고, 부동산이나 금융자산에 투자한다면 빵의 가격이 과연 오를까. 오직 부동산 가격만 상승하고, 주식 가격만 상승하는 것은 아닐까?

사실 이 화폐수량설은 물물교환설과 마찬가지로 수많은 문제점이 존재한다. 도대체 그들이 말하는 화폐란 무엇인지, 물가수준이라는 것은 무엇인지, 화폐의 양은 경제 활동에 따라 변화하는 것인지 아니면 화폐의 양은 정부가 자의적으로 조절할 수 있는지, 그 화폐가 어떻게 분배가 되어있는지, 그 화폐를 사용하는 용도가 무엇인지 등의 그 모든 것은 고려하지 않고 단지 화폐량과 물가수준 만을 이야기할 뿐이다.

사실 이 화폐 수량설은 신자유주의자들이 애용하는 논리인데, 만악의 근원은 정부의 개입이기 때문에 정부를 축소하여야만 한다는 그들의 이데 올로기적인 취향에 부합한다. 그리하여 그 수많은 모순과 개념적 혼란에도 불구하고 이 이론은 강인한 생명력을 자랑한다. 그것을 지탱하는 힘은 종교의 힘이다.

이 화폐수량설에 대한 보다 자세한 설명은 차후(7.2장)에 제시할 예정이다.

2.3. 도대체 자본이란 무엇인가?

2.3.1. 개념적 혼란

난점은 화폐라는 개념에만 존재하는 것이 아니라, 신고전학파 경제학의 또 다른 핵심 개념인 자본에도 존재한다.

우리가 일상 생활에서 사용하는 자본, '자본주의'라고 현재 경제 체제를 지칭할 때 사용하는 '자본'은 어떠한 사업을 시작할 때 필요한 '밑천'이다. 중국음식점을 개업하고자 할 때는 일단 화폐로서의 자본이 필요한데, 이는 자신이 가지고 있던 화폐 혹은 은행에서의 대출에 의존한다. 그리고 그 자본을 지출하여 점포의 보증금을 지불하고, 각종 설비와 원료도 구입한다. 만일 제품을 판매하기까지의 기간이 길어지는 경우, 임금을 먼저 지급하기 위한 소위 운전자금도 필요하다. 이 모든 생산활동을 개시하기 위하여서는 밑천으로서의 자본이 필요하다. 그 이후 생산이 개시되고, 판매가 되고, 그 판매대금의 일부는 채무를 상환하기 위하여 사용되고, 나머지는 재투자되거나 혹은 일부는 생산이 아닌 금융자산에 투자되기도 한다. 따라서 **도표 2.4**와 같은 자본의 순환이 발생한다.

여기에서 명확히 해야만 하는 포인트는, 이때의 자본은 화폐가치로

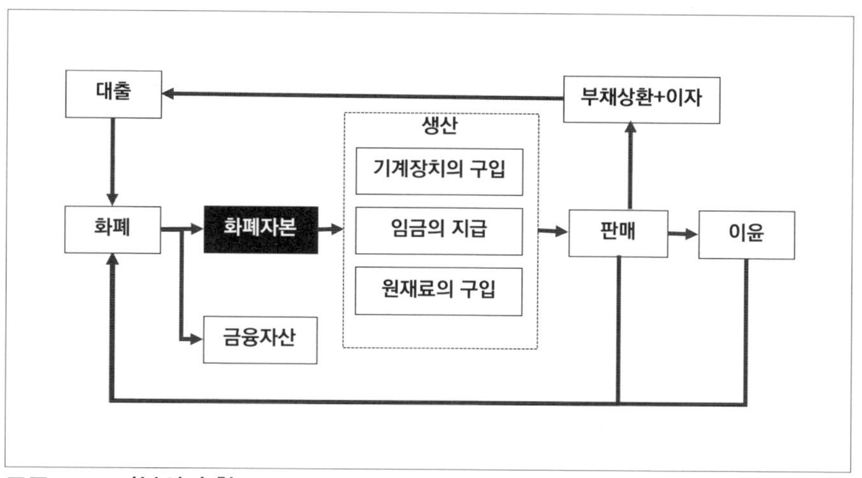

도표 2.4 자본의 순환

측정되며, 먼저 자본이 존재하고, 그 다음으로 그 자본으로 기계장치와 노동력도 구입하고, 그 이후에야 생산이 시작된다는 시간적, 논리적 순서이다.[24]

사실 이 과정은 상식적이며, 누구라도 수긍하는 과정이다. 그런데, 신고전학파 경제학에서는 이러한 당연한 과정이 무시된다. 그들이 말하는 자본은 우리가 상식적으로 이해하고 있는 자본이 아니다. 또한 우리가 회계학 시간에 배우는 자본도 아니다. 신고전학파 경제학에서는 놀랍게

---

[24] 이 도표는 마르크스가 이야기한 바 있는 다음의 자본의 순환 도식에 다름아니다. 케인즈는 《일반 이론》의 초고에서 이 공식을 언급하였으나, 정작 출판 시에는 이 공식을 삭제하였는데, 아마도 마르크스를 언급하는 바에 따른 정치적인 부담 때문에서가 아니었던가 한다.

$$화폐(M) - 생산(P)\binom{생산수단}{노동} - 상품(C) - 화폐(M')\binom{화폐(M)}{잉여(S)}$$

도 기계장치를 자본이라고 간주하고, 자본시장은 기계 렌탈 시장이라고 간주한다. 즉, 우리가 아는 장사 밑천으로서의 자본이 아니다. 신고전학파 경제학자들은 '신조어'로서의 '자본'이라는 단어를 만들어내 사용하고 있고, 그 신조어로서의 자본이 일상 생활에서 사용되는 자본이라는 개념인 것처럼 눈속임을 하고 있을 뿐이다.

1) 기계장치로서의 자본: 집계의 문제

예를 들어 밀가루 1/10kg, 믹서 1/1000개, 오븐 1/2000개 , 그리고 노동력 1/10시간을 투입하면 빵 한 개가 생산된다는 식으로 생산함수라는 것이 존재한다고 가정하자. 이때 분명한 점은 그 투입 요소와 생산물은 모두 물리적 단위로 계산된다. 이 생산함수 자체는 문제가 있는 개념은 아니며, 단지 생산에서 흔히 사용되는 기술적인 관계를 표현하는 함수일 뿐이다.[25]

그런데 신고전학파 경제학은 위의 믹서와 오븐을 통합하여 '자본'이라는 개념으로 통합하여 표현하고 싶어한다. 그렇다면 이때의 자본은 우리가 아는 장사밑천으로서의 자본이 아니라 엉뚱하게도 '기계장치'이다. 우리가 아는 장사 밑천으로서의 자본은 생산과정 이전에 먼저 존재하는 것인데 반하여, 이들이 주장하는 과정은 생산과정에 투입되는 요소이다.

그렇다면, 오븐과 믹서를 어떻게 '자본'이라는 보편적 개념으로 통합

---

[25] 이와 같은 형태의 생산함수를 레온티에프 생산함수(Leontief production function), 혹은 고정계수형 생산함수(fixed coefficient production function)라고 부른다. 이는 생산에 투입된 각 생산요소는 상호 대체되는 것이 아니라 그들간의 비율은 고정적인 경우이다. 반면 뒤에 등장하는 신고전학파의 생산함수의 경우, 요소들이 자유롭게 대체할 수 있다.

하여 표현할 수 있는가? 단순히 그 기계들을 제조하기 위하여 사용된 쇠의 중량으로 표시할 수는 없다. 유일한 방법은 각자를 화폐단위로 표현하여 합산하는 방법 뿐이다. 즉, 오븐 1개의 가격이 2만원, 믹서 1개가 1만원 이라면, 그들이 말하는 기계장치로서의 자본은 총 3만원이 투입되는 셈이다. 그들에 의하면, 이 자본 금액과 노동, 원재료가 투입되면 빵이 생산된다.

하지만 무엇인가 이상하다. 일반적 생산함수는 물리적 관계로서, 각 투입과 산출 모두 각자의 물리적 단위로 표현되어 있다. 하지만 위의 예에서는 갑자기 자본이라는 화폐 단위로 표현된 생산요소가 물리적 생산관계를 나타내는 생산함수에 포함되어 있다.

독자들은 이 논리에 포함된 모순을 쉽게 파악할 수 있다. 위의 빵 생산의 예에서 어느 날 갑자기 시장에서 오븐의 가격이 3만원으로 인상되었다고 하자. 그렇다고 하더라도 물리적 투입량은 불변이기에 생산량은 변할 수 없다. 하지만 위의 신고전학파 경제학자들이 사용하는 생산함수에 따르자면 '생산량'이 변하는 기적이 발생한다.

2) 자본과 노동의 대체성

하지만 그들의 경제학 체계에서는 이상한 가정들은 계속 추가가 된다. 그 중 하나는 자본과 노동은 대체 가능하다는 것이다. 즉, 위의 예에서 노동의 투입을 증가시키고 오븐의 투입을 줄여도 같은 생산량을 얻을 수 있다는 것이다. 하지만 인간은 용처럼 입으로 불을 뿜어낼 수 없다. 많은 생산과정을 관찰하면 각 생산요소는 서로 대체가능하지 못하다.

기술적인 생산함수에서는 투입되는 요소의 비율은 대체로 기술적으로 고정되어 있다. 물론 노동시간을 연장하여 주어진 기계 설비를 더 많은 시간 운영할 수는 있지만, 이것은 기계장치와 노동력이 대체 가능하기 때문이 아니라, 단순히 양자 모두의 투입을 늘리는 것이다. 예를 들어 버스에 운전사가 동시에 2명일 수는 없다. 기존에 버스 10대와 운전사 20명을 고용하여 2교대로 24시간을 운행하였다고 하자. 운전사의 임금이 싸졌다고 해서 이제는 버스 5대, 그리고 운전사 40명을 고용하여 2교대로 24시간 버스를 운행할 수는 없다. 운전자와 버스는 대체 투입재가 아니다.

일반화 시키자면 신고전학파 경제학에서 사용하는 생산함수는 다음과 같은 함수의 형태를 가진다. 이때 Q는 생산량, K는 자본, 그리고 L은 노동량을 의미한다.

$$Q = f(L, K) \tag{2.1}$$

그리고 예를 들자면, 계산의 편의를 위하여 아래와 같은 생산함수가 존재한다고 허구적 상상을 해 보자.[26]

$$Q = 3LK \tag{2.2}$$

위의 방정식(2.1)과 (2.2)에는 두 가지 이상한 가정이 추가되어 있다.

---

[26] 아래의 함수의 보다 일반적인 경우는 소위 콥 더글러스 함수(Cobb Douglas function)라고 부르며, $Q = AL^{\alpha}K^{\beta}$로 표시된다. 이 함수는 단순히 수학적으로 다루기 쉬운 어떠한 특정한 편리한 성질을 가지고 있기에 신고전학파 경제학자들이 애용한다. 왜 이러한 모형을 사용하여야 하는지에 대한 이유는 없다. 그냥 수학적으로 다루기 쉽기 때문이고, 현실이 실제로 그러한지는 그들의 관심사는 아니다. 위의 예는 α, β 모두가 1이고, $A = 3$인 경우이다.

즉,기계장치로서의 형이상학적인 '자본 일반'으로서의 K, 그리고 자유롭게 대체할 수 있는 노동과 자본이 그것이다.

식(2.2)에. $L = 1$, $K = 1$이면, $Q = 1$이다. 그런데, $L = 0.5$, $K = 2$인 경우도 $Q = 3$이다. 즉, Q를 생산하기 위하여 L과 K를 다양한 비율로 변경시킬 수 있다. 그렇기에 이 모델에서는 투입요소간의 비율이 마치 퍼티처럼 마음대로 변형가능하다는 의미에서 '퍼티형 생산함수'(putty production function)라고도 부른다.[27]

재차 강조하지만, 여기서 이들이 사용하는 자본은 일상언어의 자본이 아니다. 그들의 자본은 기계장치 일반이다.

왜 이러한 형태의 함수를 사용하는가? 현실이 그렇다는 이야기가 아니라, 단순히 수학적 계산이 편하기 때문에 이 함수를 사용하는 것이다. 즉, 도구주의적인 고려에 불과하다. 그리고 차츰 밝혀지겠지만 이데올로기적인 배려도 한몫을 한다.

---

[27] 이와는 달리, 투입비율이 고정되어 있는 경우를 진흙형 생산함수(clay production function) 라고 부르는데, 도자기를 생산할 때처럼 진흙을 가열하면 외형이 단단하게 고정되어 있는 경우를 비유한다. 그런데 사실 퍼티도 굳으면 더이상 형태를 변형할 수 없는 것은 마찬가지이기에, 퍼티와 진흙을 이용한 명칭은 다소 부적절하게 여겨진다. 그런데, 이러한 생산함수의 비현실성의 비판에 직면하여, 다소 절충적인 입장을 취하는 생산함수는 소위 퍼티-진흙(putty-clay)형 생산함수, 혹은 어려운 말로 'surrogate production function'이라고 한다. 이는 A라는 생산과정에 있어서 요소 투입비율을 자유롭게 선택하는 것을 포기하는 대신, 요소 투입 비율이 이미 고정되어 있는(즉, 진흙 생산과정) 각기 A, B, C 등의 생산과정 중에 하나를 자유롭게 선택하여 생산을 할 수 있다는 논리이다. 하지만 이러한 절충안도 뒤에 언급할 자본이라는 개념에 내재하는 모순성을 극복하지 못한다.

3) 기타 비현실성

그리고 계속하여 추가되는 여러 비현실적인 가정들이 있는데, 가장 대표적인 것들은 생산에는 수확체감의 법칙이 작용한다는 주장이다. 즉, 노동자의 수는 고정되어 있는데, 공장시설을 확장하면 그 추가로 확장된 시설로 인하여 추가로 얻어지는 생산량은 계속 감소한다는 것이다. 예를 들어 1단위의 시설을 추가하면 추가로 얻어지는 생산물이 10개인데, 그 다음 1단위를 더 추가하면 추가로 얻어지는 생산물은 9개로 감소한다는 것이다. 예를 들자면 버스 운전자의 수는 고정이 되어 있는데, 버스를 계속 늘이면 당연히 수확체감의 법칙이 작용한다는 것이다. 반대로, 버스는 1대로 고정되어 있는데, 버스 운전사 만을 늘린다면, 한사람의 버스 운전사를 추가로 고용함으로 인하여 얻어지는 버스 운행서비스는 계속 줄어든다는 것이다.

하지만 누가 봐도 말도 안 되는 소리다. 기존 시설에 이미 적절한 인력이 고용되어 있다. 그런데 노동자는 더 이상 고용하지 않고 공장 시설을 늘리면 추가로 얻을 수 있는 생산량은 당연히 0이다. 버스 운전기사는 한 명인데 버스를 한 대 더 늘리면 그 늘어난 버스는 운행되지 않는다. 이러한 가정이 성립하기 위해서는 앞서 언급한 바와 같이 요소들이 상호 대체 가능해야 한다. 즉, 버스 운전기사를 절반으로 줄이고 버스 수를 늘리면 동일한 운행 서비스를 제공할 수 있다는 이야기다.

반면 생산에 있어서 소위 수확체증 내지 규모의 경제가 발생하는 경우도 많이 있다. 노동자 1인이 리어커를 이용하여 운송하는 경우, 소형 자동차를 이용하여 운송하는 경우, 그리고 대형 트럭으로 운송하는 경우를 보면, 추가로 투입된 더 비싼 기계장치로 인하여 얻어지는 산출물은 계속 증가한다.

그런데 생산과정을 살펴보면, 다른 현실적 특징은 비연속성과 외부성이다. 예를 들어, 기계장치 등에는 최소 설치 단위가 있다. 공작기계 1대를 설치할 수는 있지만, 1/10대를 설치할 수는 없다. 최초 기계장치를 설치하면 최초 고정비용이 크게 들지만, 그에 비해 생산량이 작다면 그 장치의 가동율은 낮고, 생산량이 늘어날 수록 가동률이 상승하게 된다. 그리고 기존 기계장치의 가동률이 높아지면 그때서야 비로서 기계장치를 1단위 더 추가하게 된다. 이렇듯 생산과정에서 추가로 투입되는 생산요소는 불연속적으로 일어난다.

마지막으로는 외부성의 존재이다. 이는 수확체증과 관련이 크다. 예를 들어 기존 생산과정에서는 사람이 중간 생산물을 공정들 간에 이동시켰다고 가정해보자. 만일 컨베이어 시스템을 도입하면, 기존 기계의 가동율이 높아질 수 있다. 즉, 추가로 투입되는 기계장비는 기존의 장비의 효율성에 영향을 준다.

하지만 신고전학파 경제학의 생산함수에서는 이러한 수확체증, 비연속성, 외부성 등은 모두 없다고 가정한다. 왜 이러한 비현실적인 가정을 도입하는가? 그 이유는 현실을 설명하기 위한 것이 아니라, 다음에서 설명할 한계생산력설이라는 신고전학파 경제학에서의 필수불가결한 가장 핵심적인 이론을 정당화하기 위함이다. 즉, 이론을 현실에 맞추는 것이 아니라, 현실을 이론에 맞추는 것이다. 이는 마치 그리스 신화에 나오는 프로크루스테스(Procrustes)의 이야기와도 같다. 그는 여행객들을 유혹하여 침상에 뉘인 후, 그 침상의 크기에 맞추어 여행객들의 발을 잘랐다.

2.3.2. 한계생산력설

이제부터는 가끔 그래프들이 나오는데, 독자들은 이에 당황할 필요가 없다. 아주 간단한 것들이다. 위의 논의를 그래프로 그리면 **도표 2.5**와 같다.

다음은 신고전학파 경제학자들이 사용하는 설명방식이다. 독자들은 이 논리가 가지는 허점을 이제는 대략 짐작할 수 있을 것이다.

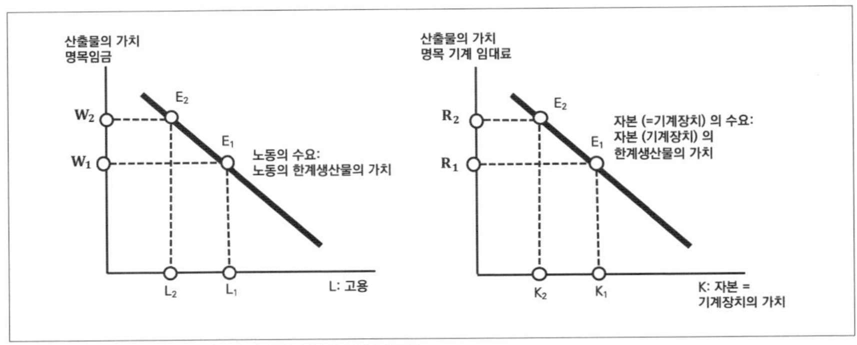

도표 2.5   노동과 자본의 한계생산(명목)

첫번째 그래프는 자본의 양과 모든 가격이 고정되어 있다는 가정 하에, 노동을 투입하는 경우, 추가로 얻어지는 산출물의 가치(= 산출물의 양 × 가격)을 표시한다. 수확체감의 법칙이 작용한다고 가정하기 때문에 추가로 얻어지는 산출물은 계속 감소한다. 그리고 가격이 일정하다는 가정 하에서는 추가 산출물이 계속 감소하기 때문에 이 그래프는 아래로 기울어져 있다.

이때, W를 명목 임금이라고 하자. 예를 들어, 산출물이 콩이고 이 콩의 가격이 킬로그램당 W = 1,000원이라고 하자. 그리고 노동자에게 시간당 임금 W를 4,000원 지불하는 경우, 이윤을 극대화하려는 기업은 추가 산출물의 가치, 즉(추가 생산량 × 콩의 가격)이 노동자에게 지급하는 임금보다 크면 추가로 노동을 투입하여 생산을 늘리려고 할 것이다. 반대인 경우에는 노동 투입을 줄인다. 따라서, 명목 임금과 노동의 한계생산물의 가치가 일치하는 점까지 노동의 투입을 늘린다. 결국 추가적 콩의 생산이 4,000원/1,000원=4kg가 되는 점까지 노동을 늘릴 것이다. 예를 들어 명목임금이 W_1인 경우, 고용은 L_1이 될 것이며, 만일 명목임금이 높아지면 (W_2), 고용은 L_2로 줄어든다.

도표 2.5의 두번째 그림에서는 자본도 마찬가지 방식으로 고용된다. 마찬가지로 콩의 예를 들자. 노동은 고정되어 있는데, 트랙터를 임대하여 사용하고 시간당 렌트를 3,000원 지급한다고 가정하자. 콩의 가격이 킬로그램당 1,000원이라면, 기업은 시간당 렌트인 3,000원과 콩과 한계생산물의 가치가 일치하는 점까지 트랙터를 임대할 것이다.(눈치 빠른 독자들은 이미 짐작하였겠지만, 여기서도 무언가 이상하다. 노동자는 고정이 되어 있는데 트렉터의 투입만 늘리고 있다. 아마도 유령이 운전을 하는 듯 하다). 따라서 콩의 추가 생산이 3,000/1,000 = 3kg까지 생산을 하려고 할 것이다. 참고로 위의 예에서는 이야기를 쉽게 하기 위하여 절대 금액으로서의 시간당 임대료를 사용하였지만, 일반적으로 교과서에서는 투입된 자본 금액 대비 임대료의 비율인 %로서의 임대료율로서 표시한다.[28]

위의 두가지 예에서의 기본 가정을 정확히 기억하자. 자본이나 노동 중 어떠한 한 요소의 수량은 고정되어 있을 때 다른 요소의 투입을 늘리

---

[28] 즉, 어떤 주어진 기간 동안 1원 가치의 기계장치를 투입하였을 때, 지불하는 임대료는 1원에 대한 %로 표시된다. 아래의 예에서는 독자들이 신고전학파 경제학자들의 언어사용법에 의하여 속지 않도록 하기 위하여 명시적으로 '임대료율'이라는 표현을 사용하고, 영어로는 대문자 R을 사용하여 표시하겠다. 이는 신고전학파 경제학에서 말하는 자본은 기계장치이고 '화폐자본'인 장사 밑천이 아님을 명확히 하기 위해서이다. 후자인 화폐 자본을 사용하는 댓가는 '이자율'이고 소문자 r로 표현하겠다.

면서 생산을 변화시켜서 이윤을 극대화하는 분석이다. 일단 이전에 우리가 이야기하였듯이 생산과정에는 투입되는 노동과 기계장치의 비율이 고정되어 있는 것이 일반적인데, 현재의 논의에서는 그 비율이 자유롭게 변할 수 있다고 가정하고 있다. 그렇다고 하고 이야기를 들어보자.

그리고, 변화된 생산량이 시장에서 모두 판매가 가능하다는 전제가 이미 깔려 있다. 만일 판매 가능한 생산량이 미리 정해져 있다면 어떻게 될 것인가. 비현실적인 가정을 하여, 자본과 노동이 퍼티 모형처럼 마음대로 상호 대체가능하다면 이때는 그 주어진 생산량 하에서 가장 비용을 최소화하는 자본이나 노동의 투입 비율을 찾는 문제로 귀착된다.[29]

이러한 방식으로 생산을 하는 경우, 자본가의 이윤은 극대화되며, 노동과 자본은 각자의 한계생산물의 가치만큼 배분을 받게 되고, 이러한 분배는 공정한 것이라는 것이 그들의 주장이다. 그리고 이러한 대표적 개별 기업의 노동과 자본의 수요곡선을 사회전체적으로 단순히 합산하면 그것이 바로 경제 전체의 노동과 자본의 수요곡선이 된다. 신고전학파 경제학자들은 소비자의 수요, 노동자의 노동의 공급, 그리고 생산과 같은 경제활동의 모든 측면에 있어서 미시적, 개별적 단위에서 시작하여 그것들을 천진난만하게 단순 합산한 후 그것이 전체라고 강변하는 것을 너무나도 사랑하고, 그러한 방식만이 '과학적'이라고 외친다. 하지만 그 아무도 '과학'에 대하여서는 정의를 내리지 않는다. 이는 마치 옴진리교 교도들이

---

29 본 장의 논의 상 아주 간략히만 이야기 하자면, 자본과 노동의 한계생산성의 비율이 임대료율과 임금의 비율이 일치하는 점에서 자본과 노동의 투입 비율이 결정된다. 만일 후자의 비율이 전자보다 높다면, 즉 임대료율이 상대적으로 비싸다면, 자본을 줄이고 노동 투입을 늘리고 반대의 경우에는 자본 투입을 증가시키고 노동 투입을 줄인다.

자신들의 주장은 종교가 아니라 '과학'이라고 주장하는 바와 다르지 않은 듯 보인다.

도표 2.5의 곡선은 명목 임금과 명목 이자율로 표현되어 있다. 모든 변수를 물가수준 P로 나누어 실질임금, 실질 임대료율, 그리고 한계생산물의 실질가치로 표현하면 **도표 2.6**이 된다. 이 그림에서 한계생산력설의 핵심을 설명하기 위하여 노동과 자본의 공급이 각각 L_1과 K_1으로 고정이 되어 있다고 단순화하자. 실질임금과 실질 임대료율은 $\frac{W_1}{P}$, $\frac{R_1}{P}$에서 결정된다. 그보다 높은 수준에서는 초과 공급이 발생하고, 따라서 경쟁에 의하여 실질임금과 실질 임대료율은 하락하기 때문이다. 반대로 더 낮은 수준에서 초과수요가 생기고, 경쟁에 의하여 실질임금과 실질 임대료율은 상승한다.

추가적으로 언급할 바는 이 이론은 자본과 노동은 상호 대체 가능하다고 주장한다. 그래서 '자본의 가격'을 표현하는 실질 임대료율이[30] 노

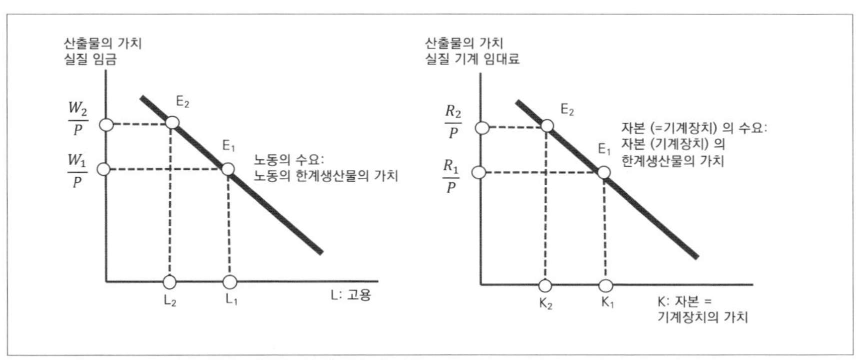

도표 2.6　노동과 자본의 한계생산(실질)

30　경제학에서는 이상한 표현들이 자주 등장한다. 통상적으로 '자본의 가격'이라는 표현을 사용할 때는 예를 들어 어떤 기계의 구입가격이 1천만원이라는 이야기가 아니고, 그 돈을 빌렸을 때 지불하는 이자율을 의미한다.

동의 가격인 임금에 비하여 상대적으로 하락하면 노동의 고용을 줄이고 자본의 고용을 늘린다고 한다. 그리고 이렇게 추가적으로 늘어난 자본의 고용량은 투자라고 정의한다.

그리고 **도표 2.6**의 곡선이 변하는 경우는 오로지 기술발전으로 생산성이 변하거나, 혹은 임금과 실질 임대료율의 상대가격이 변하는 경우이다. 상대가격의 변화는 장기적으로 볼 때 인구의 증가, 혹은 자본의 공급의 증가 등으로 변화할 수 있지만, 단기적으로는 고정적이다.

그렇다면 어떻게 단기적으로 고용이 변화할 수 있는가. 고민 끝에 천재적인 신고전학파 경제학자들은 묘안을 발견한다. 사람들이 아둔하면 된다! 사람들이 모자라서 물가가 상승한 것을 모르면 명목임금은 고정되어 있기 때문에 실질임금이 하락하고, 반면 기업인들은 똑똑해서 물가 상승을 충분히 자신의 제품 가격에 반영하면서, 이제는 낮아진 실질임금 하에서 고용을 늘인다. 이제는 경제학의 중심 과제는 사람들이 덜 똑똑하냐 아니면 더 똑똑한가 하는 문제를 규명하는 문제로 귀착된다. 지능이 떨어지는 노동자들이 물가 상승을 충분히 인지하는 정도에 따라서 경제가 변동되는 것이다! 소위 케인즈의 사생아라고 불리우는 미국의 네오 케인지언들은 사람들이 아둔하다는 쪽에 한 표를, 그리고 프리드먼과 같은 통화론자와, 그 이후의 합리적 기대가설을 주장하는 일파들은 사람들은 적어도 장기적으로는 똑똑하거나 혹은 단기적으로도 똑똑하는 쪽에 한 표를 던진다. 그리하여 그들간의 이론적 대립은 단순히 이런 촌극과도 같은 문제에 기인한다.

그리고 위의 그림을 보면 화폐는 실종되어 있다. 화폐가 이 그림에서 보여지는 균형점에 영향을 미치는 방법은 단 한가지이다. 화폐가 증가되어서 '물가'가 변하고, 그 물가변화를 아둔한 노동자들이 지각하지 못하는, 소위 '화폐환상'이 생긴다면 고용량이 변하게 된다. 반면 노동자들이 똑똑해서 물가변화를 즉각 임금 협상에 반영하는 경우, 즉, 화폐환상이 없다면 화폐는 경제에 영향을 미치지 않는다. 즉, 인간들이 합리적이라서 실질 임금, 실질 임대료율을 계산하면, **도표 2.6**의 곡선은 변할 이유가 없다. 이때 화폐는 중립적이며 베일이다. 이 같은 이들의 결론을 앞서 이야기한 바 있는 케인즈가 말한 생산의 화폐이론, 그리고 마르크스가 말한 자본의 순환과 비교하여 보자. 후자들에 있어서의 화폐는 경제를 움직이는 엔진이다.[31]

그런데 이 이론이 보여지는 단순성에 의하여 사람들은 현혹되기 쉽다. 이 이론은 수식(2.1)에서 출발한다. 그 함수에는 자본이라는 이상한 개념이 포함되어 있다. 그리고 그 이후에는 이미 설명한 것과도 같이 이상한 비현실적인 가정들이 계속 추가가 된다. 그래서 세상이 조화를 이루는 아름다운 최종 결론에 도달한다. 역으로 말하자면 이 아름다운 최종결론을 도출하기 위하여 비현실적인 가정들과 이상한 자본 개념이 도입된 것이다.

최초에 수식(2.1)을 이야기하면 학생들은 의문을 제기할 수 있다. 왜냐하면 자본은 밑천이지, 기계장치가 아니기 때문이다. 하지만 그러한 질문은 아름다운 결론을 도출하는 과정을 방해한다. 그래서 교수들은 학생들에게 수업을 방해하지 말라고 하고, 질문에 답을 하지 않고 계속 수업

---

31 이전에 언급하지는 않았지만, 이 같은 생각은 대경제학자인 슘페터가《경제발전의 이론》(Schumpeter 1934/1911) 에서 개진한 생각과 일치한다. 참고로 많은 신고전학파 경제학자들은 슘페터를 말할 때 이노베이션만을 이야기하고, 경제의 엔진으로서 금융과 화폐는 이야기 하지 않는데, 그 이유는 그들 대부분이 슘페터의 위의 저서를 읽어보지 않았거나, 읽었더라도 자신들의 구미에 맞는 부분만을 기억하기 때문은 아닐까 한다.

을 진행한다. 결국 결론에 도달하기까지 의심이 많은 학생은 참고 있다가 언젠가는 세뇌되어 최초의 질문을 잊어버리게 된다. 그리고 아름다운 결론이 현실이라고 믿게 된다.

그런데 수식(2.1)에 포함된 자본이라는 개념이 위에서 설명한 한계생산력 이론의 핵심이다. 수식(2.1)이 모순임을 증명하는 순간, **도표 2.6**에 이르는 모든 과정이 무의미해진다. 그리고, 신고전학파의 모든 경제이론 체계가 무의미하여지고, 그와는 다른 새로운 경제이론체계가 필요하다는 것을 느끼게 된다.

그런데 실제로 이에 대한 논쟁이 60-70년대에 있었고, 신고전학파의 자본 개념은 모순이라는 것이 증명되었고, 또한 신고전학파 경제학의 대가들도 그 결과를 인정하였다. 이것을 '자본논쟁'이라고 한다. 하지만, 2023년 현재까지도 신고전학파의 이론은 폐기되지 않고 있다. 이것이 바로 종교의 힘이다. 즉, 신고전학파 경제학자들은 갈렐레오와는 반대로 이야기한다. "그래도 천계는 돈다."

다음의 절에서는 자본논쟁에 대하여 간략히 설명하겠다. 이렇게 길게 설명하는 이유는, 아베노믹스와 소득주도성장론 등의 포스트 케인지언 경제학에 대하여 반대하고 비난하는 주류경제학자들의 근거는 바로 이러한 천동설에 근거하고 있기 때문이기에, 그들 이론이 사상누각이라는 점을 독자들에게 보여줌으로써, 그들이 가지는 권위에 굴복하지 않도록 하기 위함이다.

2.3.3. 자본개념에 내재된 모순성, 자본논쟁

이미 자본이라는 개념이 가지는 난점을 이야기한 바 있다. 베이커리에서 사용하는 오븐과 믹서를 어떻게 자본이라는 개념으로 통합시킬 것인가. 유일한 방법은 가격으로 표시하는 방법인데, 그렇다면 생산함수에 믹서와 오븐의 가격을 입력할 수 있다. 그런데, 문제는 그 함수의 결과값은 빵의 수량이다. 만약 믹서와 오븐 가격이 변화하면 실질적으로 사용되는 기계는 동일한데, 갑자기 생산량이 증가되는 모순이 발생한다.

또한 자본의 가치를 측정하는 것 조차도 필연적으로 논리적 모순을 수반한다. 일반적으로 자본의 가치는 그것이 창출하는 이윤의 크기로 측정된다고 한다. 현재 100만원을 주고 기계장치를 산다고 하더라도, 내년에 물건이 판매되지 않아 그 기계장치가 놀고 있다고 한다면, 그 기계장치의 가치는 단지 고철 값에 불과하다. 기계 장치의 현재 가치는 그 기계를 이용하여 미래에 벌어들이는 이윤의 현재 가치이다. 예를 들어, 자본을 투자하여서 1년 뒤에 $110의 이윤이 창출되었고, 년간 이자율 10%라면, 기계장치로서의 자본의 가치 K = $110/(1+10\%)$ = $100으로 측정된다는 것이다.

하지만 이 논리는 순환 논법에 불과하다. 일단, 당연히 이윤 = (매출 – 비용)인데, 문제는 자본 K를 먼저 모르고는 마모된 K의 가치와 비용을 계산할 수 없다. 따라서 이윤을 계산할 수가 없다. K의 마모가 없다고 가정하더라도, 미래의 가치를 현재화 시키기 위하여 사용되는 할인율, 즉 이자율을 알지 못하면 K를 추정할 수 없다. 하지만, 이자율은 그들의 이론에 의한다면 자본의 수요와 공급에 의하여 결정되는데, 자본의 **도표 2.6**의 우측에서 보여지는 바와 같이 자본의 양을 먼저 알아야만 한다. 즉, K → 비용 → 이윤 → K 그리고 K → 이자율 → K 라는 두가지 순환 논법이 개입된다.

모순은 이것이 전부가 아니다. 신고전학파 경제이론은 노동과 자본의 상대가격, 즉, 임금과 이자율(엄밀하게 말하면 기계 임대료율)의 상대적 변화에 따라서 노동과 자본간의 대체가 일어난다고 주장한다. 즉, 임금이 저렴하면, 노동을 더 많이 고용하고, 반대로 이자율이 떨어지면 자본을 더 고용하여 생산한다고 가정한다. 물론 단기간에 자본을 조정하는 것은 물리적으로 힘들기 때문에, 그들의 주장은 최소한 장기적으로는 이러한 대체가 발생한다고 주장한다.

하지만, 이론적으로 분석하여 보면, 그들의 예상과는 반대의 현상이 가능하다. 즉, 이자율이 낮아지더라도 항상 자본집약적인 기술이 선택되는 것은 아니다. 예를 들어, 투자가 연차적으로 이루어지는 사업의 경우 각 년도에 투입되는 비용은 이자율로 할인하여서 비교하여야만 한다. 그렇게 비교하였을 때, 이자율이 아주 낮은 수준과 아주 높은 수준에서는 노동집약적인 기술이 선택되고, 중간단계에서는 자본집약적인 기술이 선택되는 경우도 존재할 수 있다. 다소 직관적으로 이해하기 어렵지만, 이를 자본역전(즉, 이자율이 올라가면서 오히려 자본집약적인 기술이 선택되는 현상)과 자본재역전(즉, 이자율이 더욱 올라가면 다시 노동집약적 기술이 선택)이라고 각각 명명하는데, 이에 대한 자세한 이론적 설명은 다소 기술적이기에 본 서에서는 피하기로 한다.[32] 단, 이러한 현상이 일어나는 이유에 대한 직관적 설명은, 이자율이 극단적인 상태, 즉, 너무 낮거나 너무 높은 상태에 서는 경제에서의 불확실성이 커지기에, 대규모 설비투자를 회피하게 된다는 것이다(Baddeley 2003: 75).

실제로 신고전학파의 생산함수와 한계생산력이 성립하기 위하여서는 경제에 단 한 가지의 재화만이 존재하고, 투입과 생산물이 동일한 경우이다. 이렇듯 추상적인 자본이라는 개념을 투입 요소로 가정하는 생산함수를 부정하는 순간 신고전학파 경제학 이론의 거의 대부분은 무너져 버린다.

---

32 상세한 설명은: Cohen and Harcourt(2003)를 참고할 것.

즉, 신고전학파의 이론체계의 핵심이라고 할 수 있는 임금결정이론, 고용이론, 이자율결정이론, 분배이론, 성장이론 등의 거의 모든 이론들이 그 이론적 근거를 잃어버린다. 주류 경제학에서의 베스트 셀러이자, 한국의 거의 모든 경제학과에서 교과서로 사용하는, 소위 바이블격인 맨키우의 경제학 교과서 전체가 휴지가 되어 버린다는 이야기이다. 이에 대하여서는 차후 자세히 논의하기로 한다.

너무도 허무한 이야기라서 믿기지 않을 수도 있다. 그래서 '설마' 그 수 많은 천재들이 구축하여 놓은 신고전학파 경제학이 그렇게 단순할까 하고 당연히 의심할 수도 있다. 그런데 애석하게도 사실이다. 혹시 이 글을 읽는 신고전학파 경제학자들은 극구 반발할 수 있는데, 참고로 이 모순은 일찍이 주류경제학의 거장이었던 크누트 빅셀(Knut Wicksell)이 이미 지적한 바 있다. 그리고, 1960년대에 사뮤얼슨(Samuelson)으로 대표되는 미국의 신고전학파 경제학자들과 영국 케임브리지에 있던 포스트 케인지언 경제학파과의 '자본논쟁'(Capital Controversy)에서 신고전학파 경제학의 대부 폴 사뮤얼슨과 프랑크 한(Frank Hahn)같은 '대' 학자들이 모두 승복한 이야기이다. 그리하여 프랑크 한교수는 엉터리 자본의 개념에 근거한 생산함수를 주장하는 이론은 '저급'이론이라고 고백한 바 있다. 다만 숨기고 싶을 뿐이라서, 신고전학파 경제학자들은 이러한 이야기를 단지 금시초문으로만 받아들일 뿐이다. 신고전학파 경제학 이론의 대가였던 로버트 솔로우(Solow)같은 노벨상 수상자는 결국은 후퇴하여 위와 같은 논리적 모순에도 불구하고 그들의 자본 이론은 세상을 설명하기에 '유용'한 이론이라고 강변한다. 하지만 정말 그 이론이 정말 유용한지는 아무도 입증한 바 없다.

그리고 자신들의 치부이기에 신고전학파 경제학자들은 이러한 자본논쟁을 더 이상 언급하지 않으려고 하고, 그 이후의 대부분의 신고전학파 경제학자들은 이러한 논쟁이 존재하였는 지도 모르는 것이 현실이다. 그만큼 종교의 권력은 강하다.

2.4. 교환, 그리고 시장의 공급과 수요에 의한 가격결정

2.4.1. 수요와 공급의 원리

일반인들은 고등학교때부터 가격은 시장에서의 공급과 수요에 의하여 결정된다고 배워왔다. 그리고 시장에서의 가격이 진정한 가치를 반영하며, 시장에서의 가격은 정직하고 '선'이고, 정부의 인위적인 시장에의 개입은 '악'이라고, 그리고 이 수요와 공급의 원리에 의하여 경제가 운영될 때 경제는 가장 효율적이라고 가르친다. 소위 신자유주의자 전도사의 수장인 하이에크(Friedrich Hayek)는 시장가격이 인간의 진정한 자유의지를 반영하는 '신호'라고 하며, 인간이 자유의지를 저해하는 정부간섭을 최소화하여야만 한다고 주장하였으며, 미국의 밀튼 프리드먼이 이에 동조하였다. 그리고 죽마고우 격인 그 두 사람은 칠레의 악명높은 학살자 피노체트(Augusto Pinochet)를 지지하였는데, 학살자 피노체트가 시장원리를 옹호하였다는 이유였다. 그 두 경제학자는 인간의 존엄성과 인권보다는 그들이 말하는 시장의 자유를 우선시 한 듯 하다.

많은 경우, 일본 및 한국의 대학의 교수들과 재무성/기획재정부 내지 관료들은 이같은 시장주의에 동조한다. 그들에 따르면 아베노믹스와 같은 정부 간섭은 악이다. 그들이 예외적으로 시장 가격의 왜곡이 존재한다고 보는 경우는 경쟁이 제약된 독과점시장이다.

고등학교에서 배우는 수요와 공급의 원리는 경쟁과 가격 조정을 통하여 수요와 공급이 조절된다는 단순화된 생각에 의존한다. 수요와 공급이 괴리가 생기는 경우, 예를 들어서 초과 공급은 가격을 하락시키고 초과 수요는 가격을 인상시키는 원리에 의하여 자연적으로 수요와 공급이 달성된다고 믿는다. 이러한 믿음의 배경에는, 가격이 인상되면 수요는 하락하고, 공급은 늘며, 반대로 가격이 인하되면 수요는 늘고, 공급은 하락한다는 원리가 있다. 그리고 이러한 원리를 모든 시장과 모든 교환에 적용시킨다. 하지만 그동안 배워온 고정관념을 버려야만 한다. 이러한 원칙은 어떤 특별한 경우에만 성립하고, 전체 재화와 용역에는 항상 적용되지는 않는다는 점을 명심하여야만 한다.

2.4.2. 교환과 경쟁의 형태

우선 교환과 경쟁의 형태에 대한 논의가 필요하다. **도표 2.7**은 이를 단순화하여 설명하고 있다.

교환의 형태(①)는 다양하다. 교환은 시장을 통한 시장교환(②)과 시장을 통하지 않고 거래 당사자간의 오랜 관계에 의존하는 관계적 교환(③ relational exchange)이 있다. 후자는 특히 기업간의 거래에서 볼 수 있고, 작은 마을의 상점에서 흔히 발생한다. 이러한 형태의 교환에서 거래하는 상품은 거래의 당사자들의 요구에 따라 특화되어 있는 경우가 많고, 거래는 지속적이며, 매회의 개별 거래 별로 각자의 이득을 계산하지도 않는다.

① 교환의 형태		④경쟁의 형태		
		⑤ 완전경쟁	⑥불완전경쟁	독점
	② 시장교환	⑦ 가격경쟁	⑧제품경쟁	
	③ 관계적 교환			

도표 2.7　교환과 경쟁의 형태

관계의 지속과 미래의 이득을 위하여 오늘의 거래에서의 손해를 감내할 수 있다. 그리고 단순한 이기심이 아니라, 거래 당사자간의 호혜의 원칙도 작용한다. 사실 경제전체에서 이러한 관계적 교환은 높은 비중을 차지한다. 물론 가격경쟁의 요소도 작용하지만, 제품이나 서비스의 질, 그리고 상호신뢰가 중요한 요소로 작용한다.

경쟁(④)은 크게 완전경쟁, 불완전 경쟁, 그리고 독점으로 크게 구분될 수 있다. 완전경쟁이 성립하기 위하여서는 제품이 동질하여야 하고, 다수의 구매자와 판매자가 존재하여야만 하며, 그러한 다수의 익명의 구매자와 판매자가 안심하고 시장에 참여하기 위하여서는 시장을 운영하기 위한 제도가 반드시 존재하여야만 한다. 이러한 조건이 만족될 때, 비로서 가격경쟁(⑦)이 가능하다.

하지만 대부분의 경쟁은 불완전하게 이루어진다(⑥). 과점시장이 대표적 이다. 이때의 경쟁은 가격을 통한 경쟁보다는 제품경쟁(⑧)이 주요한 경쟁의 형태이다. 즉, 과점은 경쟁을 없애지는 않고 오히려 경쟁의 성격을 제품경쟁으로 바꾼다. 중요한 포인트는 제품의 물리적 형태가 동질적이라고 하더라도, 그 제품의 공급과 관련된 각종 서비스와 공급자와 구매자의 신뢰의 정도가 중요한 요소로 작용하기 마련이고, 이러한 점에서 제품이 차별화가 생기고, 그 경쟁의 형태는 가격경쟁이 아니라 제품경쟁이다.

즉, 시장에서의 경쟁이라고 해도 그것이 가격경쟁 만을 의미하는 것도 아니다. 그렇다면, 가격경쟁과 제품경쟁의 경우 가격이 형성되는 방식은 상이할 수 있다.[33]

---

33 상세한 설명은 Geoffrey M. Hodgson(2018: 8298-8307)을 참고할 것.

2.4.3. 신고전학파 경제학에 있어서의 경쟁과 가격 설정

이제 신고전학파 경제학에서 말하는 경쟁과 가격설정에 대하여 살펴보자. 그들이 출발하는 경제 모형의 출발점은 **도표 2.8**의 그림(A)와 같은 수요와 공급 곡선에 철저히 의존한다. 이는 고등학교 때 이미 배운 곡선이다. 경쟁의 정도에 따라 이 곡선은 다소 수정이 되지만 기본적 원리는 동일하다.

가격경쟁의 대표적인 예는 신고전학파 경제학이 말하는 완전경쟁이다. 이러한 완전경쟁이 존재하기 위하여서는 제품이 동질적이며, 지속적인 거래가 발생하며, 무수히 많은 공급자와 수요자가 시장을 통하여 경쟁을 하고 모든 참여자는 시장 점유율이 아주 경미하기에 시장지배력을 가지지 못하여야 한다. 이때 가격은 시장에서의 수요와 공급의 원칙에 의하여 결정되고, 각 참가자는 그렇게 결정된 가격을 받아들일 뿐이다. **도표 2.8**(A)는 어떤 한 제품의 가격 형성을 나타낸다. 경제 전체의 공급곡선은 개별기업의 공급곡선의 단순 합이다. 수확체감의 법칙이 작용하기 때문에 공급물량이 늘어나면 생산비용이 증가한다. 따라서 공급곡선은 우상

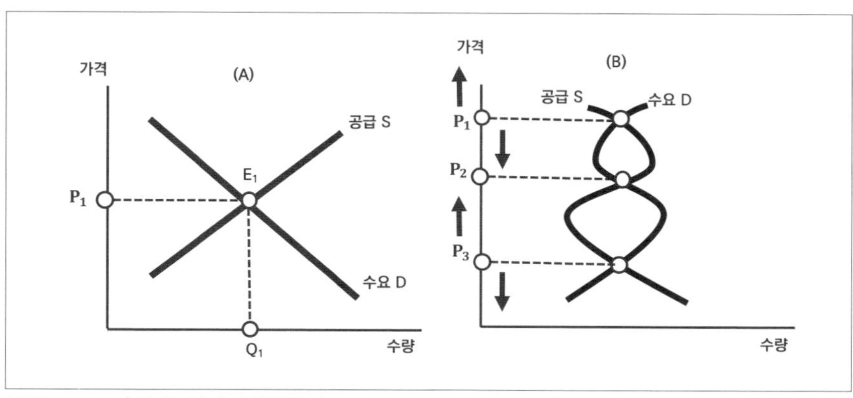

도표 2.8 수요곡선과 공급곡선

향하는 형태를 가진다. 수요곡선도 개별 수요자의 수요의 합이다. 가격이 낮으면 수요가 늘고, 반대인 경우 수요는 줄어든다. 그들은 이러한 완전경쟁이 이상적인 상태라고 말하는데, 이러한 시장에서 결정된 가격은 소비자의 진정한 기호를 반영하며, 공급되는 물량을 최대화할 수 있어 사회 전체의 효용이 극대화된다고 주장한다.

얼핏 보면 당연한 것처럼 여겨질 수 있다. 하지만 함정이 있다. 일단, 이러한 논리는 제조업에서 가장 중요한, 아담스미스의 분업의 원리, 즉, 규모의 경제를 완전히 무시하고 있다. 대형화, 자동화된 공정에서 분업화하여 제조하는 공정의 생산성은 가내 수공업보다 수백배 높다. 그런데 이러한 대형화된 공정은 소규모 공급업자들이 경쟁하는 완정경쟁 하에서는 불가능하다. 즉, 규모의 경제가 실현되는 과점시장은 완전경쟁시장의 가격보다 현저히 저렴하고, 보다 많은 제품이 공급될 수 있다.

또한 이러한 시장은 시장주의자들의 견해와는 달리, 제도적 장치가 필수적이다. 즉, 정부에 의한 보다 철저한 관리와 규제가 필요하다. 일단, 다수의 공급자가 수요자가 만날 수 있는, 그래서 각자의 의사를 표현할 수 있는 물리적, 혹은 전자거래를 위한 장소가 존재하여야만 한다. 그리고 거래의 진정성이 확인 되어야만 한다. 시장 참여자의 이름과 평판은 아무도 모를 수 있고 사실 거의 익명적이기에 거래의 불이행, 조작과 사기를 예방하기위한 관리기능도 필요하다. 자유주의자들이 이야기하는 이상적인 완전경쟁시장이란, 사실 자유를 일정 부분 통제하지 않고서는 존립할 수 없다. 그 극단적인 예는 소위 가상 화폐 시장이다. 무수히 많은 익명의 참가자들에 의하여 마치 자유로운 완전경쟁이 보장되는 듯 보이지만, 실상은 협잡과 사기가 난무하는 시장이 되어 버렸음은 최근의 가상 화폐 시장 사태에서 보여진다.

또한 완전경쟁 상황하에서의 기업은 대규모의 투자결정을 쉽게 내릴 수 없다. 일단은 아무도 초과 이윤을 획득하지 못하기에, 투자 재원이 부족할 것이다. 또한 투자를 위하여서는 투자로 인한 이윤이 금융비용을 상회하여야만 하고, 기업 자신이 통제하지 못하는 미래의 판매가격 변동폭에 대한 불확실성을 감안하여 충분히 높아야만 한다. 만약 다른 경쟁자들도 쉽게 모방할 수 있는 기술의 도입을 위한 투자인 경우, 투자로 인한 미래의 초과 이윤은 쉽게 사라질 수 있고, 따라서 투자의 위험성이 커진다. 따라서 완전경쟁 상황은 투자를 제약한다. 오로지 모방하기 쉽지 않은 독창적인 이노베이션 등을 이용하여 생산비용을 절감하거나 제품의 차별화를 추구하여 시장을 확보할 수 있는 경우에만, 그리고 그 투자에 대한 큰 확신이 존재하는 경우에만 투자가 정당화될 수 있다. 그러한 경우라면 그 시장은 점차로 완전경쟁 시장이 아닌 독점, 혹은 과점 시장으로 변모하여 간다. 일반적으로 완전경쟁 상황에서는 투자를 하기 위한 동기나 금융이 부족하다.[34]

따라서 교과서에 등장하는 완전 경쟁 시장이라는 것은 오히려 가장 최악의 상태일 수도 있다. 높은 생산비용, 투자의 부족으로 인한 저성장이 완전경쟁의 결과일 수 있다. 칼도(Nicholas Kaldor, 1985)가 이야기한 바처럼, 완전 경쟁은 항상 이상적인 것은 아니다. 가격경쟁이 모든 것을 향상시킨다고 착각해서는 안 된다.

---

[34] 슘페터가 《경제발전의 이론》에서 이미 언급하였듯이 정태적인 경제 순환구조(circular flow)에서는 투자가 존재하지 않는다.

2.4.4. 완전경쟁시장으로서의 상품시장

그런데, 이러한 완전경쟁시장은 제조업에서는 아주 드물다. 오히려 이와 가장 유사한 시장은 원재료, 농산물 등이 거래되는 상품시장(Commodity Market)과 금융시장이다. 하지만, 상품시장과 금융시장에서는 **도표 2.8**의(A)와 같은 수요와 공급의 원칙이 적용되지 않는다. 독자들 중의 많은 분들은 이 같은 이야기에 당황스럽게 여길 수도 있다. 하지만 중요한 시사점을 가지고 있으니 경청하시기를 바란다.

상품시장에서는 제품이 동질적일 수록 그리고 거래량이 많은 상품일 수록 그 제품에 대한 투기적 거래가 증가할 수 있다. 특히 보관이 용이할 수록 그러한 경향은 큰데, 반면 현대에서는 선물시장의 발달로 인하여 신선함을 유지하여야 하는 제품에 대하여서도 투기적 수요가 존재할 수 있다.

이러한 투기적 거래가 증가할 수록 수요자와 공급자의 구분이 구분이 모호해진다. 즉, 오늘의 수요자는 내일의 공급자가 되고 그 반대로 오늘의 공급자가 내일의 수요자로 자신의 포지션을 쉽게 바꾼다. 수요가 증가한다는 이야기는 물론 실수요가 증가함에 기인할 수도 있지만, 공급자들이 수요자로 변하기 때문에 기인하는 측면이 점차 증가하고 있다. 후자의 경우 공급이 늘면 수요는 감소하기 마련이다. 따라서 **도표 2.8**(A)에서의 공급과 수요 곡선의 위치, 그리고 기울기는 아주 불안정하고 수시로 변하고, 서로 영향을 준다. 이러한 사실은 고등학교 이후에 지속적으로 배워 온, 교과서에서 가정하는 상호 독립적인 수요와 공급 곡선과는 아주 다르다. 그리고 수요와 공급은 군중의 심리에 의존하기 때문에, 가격이 상승하기 시작하면 수요는 오히려 더 증가할 수 있고, 공급은 줄어들 수 있다. 따라서 교과서적인 설명과는 달리, 가격이 수요와 공급 간의 균형을 이루는 수준으로 당장은 회귀하지 못할 수도 있다. 그리고 수요와 공급은 실제의 소비자의 수요나 혹은 생산자의 신규 생산을 반영하지 못할 수가 있다.

예를 들어, 어느 순간에는 수요 공급곡선은 **도표 2.8**의(B)와 같은 형태가 될 수 있다. 가격이 P_1이상인 경우에는 초과수요가 생겨서 가격은 버블이 붕괴될 때까지 무한정 상승한다. 반대로 P_3에서 벗어나서 하락하기 시작하면 무한정 하락하고, 가격이 폭락하여 건전한 기업이 도산할 수 있다. 이렇듯 시장에서의 가격은 아주 불안정할 수 있다.

즉, 신고전학파에서 주장하는 소위 완전경쟁의 조건에 부합할 수록, 투기적 수요는 증가할 수 있고, 따라서 현실은 **도표 2.8**(A)에서 보여지는 단순한 수요와 공급 곡선과의 괴리가 존재하는 아이러니가 생긴다.

주류 경제학에서의 심각한 문제의 근원은 **도표 2.8**(A)의 수요 공급의 곡선을 모든 시장에 적용 가능한 보편적 원리로 주장하고, 투기적 수요가 존재하는 시장에도 그 같은 원리를 적용함에 있다. 신고전학파 경제학자들의 관점에서는, 자유로운 개인들이 완전경쟁을 하는 경제에서는 **도표 2.8**(B)와 같은 형태의 시장이 존재하여서는 안된다. 그 이유는 과학에 근거하는 것은 절대로 아니고, 그러한 주장은 신성모독이기 때문이다. 그들의 결론은 이미 정하여져 있다. 즉, 경쟁이 완전하다면, 시장은 수요와 공급의 원칙에 의하여 균형에 도달하고, 그 균형은 안정적이고, 그러한 상태에서 모든 인간의 행복의 합이 최대화가 될 수 있다고 그들의 신이 이미 그렇게 세상의 질서를 창조하였다고 그들은 믿고 있기 때문이다.

사실 최악은 그러한 믿음에 있는 것이 아니라, 그러한 믿음을 진실로 간주하고, 그에 의하여 경제정책을 실행함에 있다. **도표 2.8**(B)의 상황에서의 문제는 실물 부분의 문제가 아니라 투기 수요 변동의 문제인 것이다.

2.4.5. 불완전 경쟁시장과 가격결정

다시, **도표 2.7**로 돌아가보자. 불완전 경쟁, 특히 과점시장 그리고 독점시장에서는 가격이 어떤 방식으로 결정되는가.

사실 제품이 완전히 동질적인 경우는 많지 않으며, 심지어 원자재 시장에서 거래되는 농산물, 원유, 기타 자원들도 차별화가 된다. 제품이 완전히 동질적인 경우라고 하더라도 공급자에 대한 신뢰도와 그가 제공하는 기타의 서비스가 중요하다. 공급되는 제품에 하자가 생기는 경우가 존재하기 때문에, 그러한 하자에 대하여 변상할 수 있는 능력도 중요하며, 또한 많은 경우 공급자가 구매자에게 신용을 제공하기도 하기 때문이다.

대다수의 제품들은 과점상황에서 생산된다. 그리고 제조업의 경우 기업들 간의 경쟁은 가격경쟁보다는 제품경쟁이 더 중요한 역할을 차지한다. 또한 이노베이션도 단순히 생산비의 절감을 통한 이노베이션 보다는 제품의 차별화를 통한 이노베이션이 중요하다.[35] 진입장벽의 존재는 미래의 불확실성을 감소시킨다는 측면에서 오히려 투자를 늘리고 또 투자를 안정화 시킬 수 있다. 많은 경우 기업 투자는 '불확실성'이 줄어들 수록 증가한다. 기업 투자는 '투기'가 아니기 때문이다.

그런데 신고전학파 경제학에서의 불완전 경쟁시장의 기업이론은 대부분 가격을 통한 조정에만 주력한다. 그들의 설명방식은 다음과 같다. 기업은 수확체감의 법칙에 따라 생산량이 증가하면 생산비가 상승한다(물

---

[35] 흔히들 이노베이션을 말할 때, 단지 최근에 화두가 되고 있는 반물질을 개발한다는 등의 과학적 발명 등을 연상하기 쉽다. 하지만 슘페터가 이 개념을 사용하였을 때는 신시장의 개척, 새로운 조직 구조의 도입 등도 포함하며, 사실 그 적용 범위는 아주 넓다.

론, 경험적으로 검증이 된 사실은 절대로 아니고, 오히려 규모의 경제가 크게 작용한다. 그런데 만일 규모의 경제가 작용할 수 있다고 가정하는 순간, 그 이후의 설명은 다 무의미하고 무용하기 때문에 교수들은 학생들에게는 불필요한 질문을 하지 말라고 강조한다). 그리고 생산량을 늘리는 경우 추가로 증가되는 비용, 즉 한계생산 비용을 계산할 수 있다(물론, 이같은 계산은 아무리 내부 회계관리 및 통제가 잘 되어 있는 회사라도 계산하기 아주 어렵다. 비용에는 단순히 원료 비용만이 추가되는 것은 아니기 때문이다). 그리고 기업은 고객들의 제품에 대한 수요곡선을 알고 있다(실제로는 수요곡선을 추정하기는 불가능하다. 이론적으로는 기존의 제품에 대하여서는 시행착오를 통하여 알 수 있다고 할 수도 있는데, 문제는 그렇듯 가격을 마음대로 올리고 내리는 시행착오적인 시험을 하면 고객은 모두 떠나가고 그 실험때문에 결국 수요는 0이 된다. 그런데 신규 제품의 경우에는 수요곡선을 아는 것은 더 더욱 불가능하다). 그리고 제품 한 개를 더 생산해서 팔 때 기업의 한계 수입을 계산할 수 있다(실제로 수요곡선을 모르기에 한계 수입도 모른다). 이러한 모든 지식이 존재한다면, 기업은 한계 수입과 한계 비용이 같아지는 점에서 생산을 한다. 만일 전자가 후자보다 크다면 생산을 더하고, 후자가 전자보다 크다면 생산을 줄인다(이 결론을 도출하기 위하여서는 한계생산비용이 증가한다는 가정이 필수적이다. 그렇기에 학생들에게 불필요한 질문을 자제하도록 강요하는 것이다). 그리고 기업은 전지전능한 지식을 가지고 있다. 기업의 목표는 오직 이윤 극대화이고, 기업은 로봇처럼 이 원칙에 의거하여 모든 것을 예측하고 계산하여 행동에 옮긴다. 그리고 이러한 이론에는 제품 경쟁, 이노베이션, 기업 성장, 차별화 전략 등은 존재하지 않는다. 그리고 기업은 소비자의 수요 곡선에 반응할 뿐이다. 즉, 소비자가 이미 가지고 있는 선호체계를 읽어내서 그것을 충족시키는 것이다. 아이폰을 발명한 이유는 소비자의 두뇌에 이미 아이폰이 입력되어 있기 때문이고, 기업이 소비자에게 아이폰을 원하게끔 조작한 것은 아니다. 수요의 군중심리, 모방적 소비 등의 요소는 고려하지 않는다. 다시말하자면 이 이론은 끊임없이 연속되는 일련의 여러 허구적 가정 들에 의존하고 있다. 그런데 이 이론이 과연 현실을 잘 설명할 수 있을까? 그런데 이러한 이론을 경험적으로 검증하는 방법조차도 모를 수 있다.

현실의 과점 기업에 있어서 일반적으로 가격은 정상 비용에 정상 이윤을 추가하는 소위 마크업 방식에 의하여 결정된다. 마크업의 크기는 독점력의 크기, 그리고 기업이 가지고 있는 다양한 목표를 달성하기 위하여 전략적으로 설정된다. 예들 들어 가격은 이윤을 축적하고 따라서 성장을 위한 토대가 될 수 있는 자금을 제공하며, 이는 단지 내부 자금 뿐만 아니라 외부적 금융을 위해서도 중요하다. 이러한 마크업 방식의 가격 설정에 대하여서는 인플레이션을 논할 때 다시 자세히 설명하겠다.[36]

2.4.6. 효율적 시장가설

신고전학파 경제학자들이 금융시장에서의 투기수요를 합리화하는 이론이 소위 효율적 시장가설(efficient markets hypothesis)이다. 그에 의하면 시장은 언제나 모든 가용한 정보를 최대한 활용하며, 시장 가격은 항상 옳고, 따라서 세세한 규제는 불필요하다는 것이다. 이 명제는 특히 금융시장, 그 중에서도 증권사들이 너무도 믿고 싶어하는 명제이다.

하지만 이 이론은 사실 극도로 비상식적인 가정에 의거하고 있다. 예를 들어 그러한 비상식적인 가정의 일부만 소개한다면, 모든 경제주체는 미래에 대하여 항상 같은 의견을 가지고, 미래에 기업이 가지는 현금

---

[36] 상세한 설명은 Frederic S. Lee(2003: 285-289)를 참고할 것.

흐름의 확률적 분포는 이미 모두 확실히 알고 있고, 그 확률의 분포는 정규분포를 따르며, 모든 경제 주체들은 무제한적으로 무이자로 돈을 차입할 수 있고, 어느 누구도 채무 불이행을 하지 않는다. 문제는 이러한 비현실적인 가정을 사용하여 수식을 만들었고 증명한다는 것이 도대체 현실과 어떤 관계가 있는가 하는 것이다. 가정이 비현실적이라도, 그러한 모델이 현실을 잘 설명하면 된다는 것이 결국 궁색한 변명인데, 이는 태양흑점의 운동에 근거한 경기변동이론이라도 경기변동을 잘 설명하면 된다는 이야기와 같은 논리이다. 그런데, 문제는 실제 그 이론들은 실무 혹은 현실적 경험과는 현저한 괴리가 존재하는 것이다. 이 점은 그 이론의 강력한 수호자인 파마(Eugene F. Fama) 의 고백에서도 들어 나는데, 이에 근거한 투자 이론은 단순하기 때문에 강력한 이론이지만, 경험적으로 볼 때는 현실과의 적합성이 아주 떨어져서 실제 응용에는 문제가 있다는 것이다(Fama & French 2004). 그리고 그는 또한 효율적 시장가설 자체는 검증될 수 없다고도 고백하고 있다(Fama 1991).

이 이론은 사실 **도표 2.8**(A)의 그림을 무분별하게 금융시장에 적용시킨 결과이다. 이러한 잘못된 이론은 현실 세계에서는 매우 중요한 결과를 초래할 수 있다. 미국에서는 효율적 시장가설에 경도된 규제당국이 이러한 '조잡한 비현실적인 가정'에 의하여 정책을 수립함으로써 금융산업과 은행들을 심각할 정도로 위험한 상태에 처하게 하였다(King 2015). 그런데, 이같이 효율적 시장가설을 종교로 숭배하는 목소리는 미국 뿐만 아니라 일본과 한국에서도 강하다. 그들은 이 이론이 실제로 현실을 반영하고 있다고 믿는다.

아베노믹스가 추구하던 중요한 정책은 금융시장에 대한 규제의 강화였다. 그에 대하여 신고전학파 경제학자들은 이 효율적 시장가설에 근거하여 정부의 규제와 개입은 금융시장의 효율성을 저해한다고 반대하였다. 그런데 그들의 주장은 자신들의 종교는 과학이니, 그에 대하여 반대하는 것은 모두 미신이고 무지라는 것에 불과하다. 사실 그들의 주장의 이론적 근거는 없다. 단지 그들의 주장은 종교적 신앙 고백에 불과하다.

2.5. 이 장의 요약

이 장에서는 경제학에 있어서 가장 중요한 핵심 개념, 즉, 화폐, 자본 그리고 시장에 대하여 설명하고, 주류경제학인 신고전학파 경제학이 그러한 개념들을 오용하고 있음을 설명하였다. 그들이 사용하는 화폐와 자본은 우리가 알고 있는 화폐와 자본은 아니고 그들이 만들어 낸 신조어에 불과하다. 마찬가지로 그들이 생각하는 시장절대주의는 상상에만 존재하는 시장과, 비현실적인 가정에 의한 기업의 가격결정이론에 의존한다. 더욱이 그러한 이상에만 존재하는 시장가격결정을 현실에 적용시키려고 한다. 즉, 그들은 이론을 현실에 맞추는 것이 아니라, 현실을 그들이 가지고 있는 종교에 맞추려는 시도를 하고 있다. 아베노믹스나 소득주도 성장론은 이러한 신고전학파의 시도와는 다른 기반에서 출발한다.

이러한 방법론적인 논의는 절대적으로 중요하다. 왜냐하면, 아베노믹스에 반대하는 사람들의 주장의 결론만을 듣는 경우 일반인은 그것들의 진위와 현실성을 구분하지 못하기 때문이다. 아무리 그 전문가들이 어려운 이야기를 하더라도, 사실 그들이 이론이 상상하는 세계는 본서의 1장과 2장에서 충분히 다루었다. 한마디로 요약한다면 천동설이다. 그리고 뒤에는 그들의 종교가 있다. 그런데 그들이 가진 종교적 교리의 가정은 그다지 어려운 것이 아니고 상식적으로 판단할 수 있는 것들이다. 단지 그들은 그들 교리가 가지는 가정의 허구성을 숨기려고 하거나, 아니면 그 교리에 도취하여 그것을 믿고, 타인에게 강요를 하고 있을 뿐이다. 우리는 그들 종교의 외부에 있기 때문에 그들의 주장의 모순을 더욱 잘 파악할 수 있다.

　다음 장에서는 방법론 상에 있어서 남은 중요한 과제인 합성의 오류와 하향 인과성에 대하여 언급하고, 그 이후부터는 구체적으로 아베노믹스나 소득주도 성장론이 기반하고 있는 경제이론과 정책방향에 대하여 소개하겠다.

3. 소득과 고용의 결정 이론 – 유효수요의 원리

3.1. 들어가기

본 장에서는 기존의 주류 경제학에서 말하는 소득과 고용의 개념이 가지고 있는 모순점을 지적하고, 이하의 모든 논의에 있어서 핵심인 유효수요의 원리를 소개하고자 한다.

기존 주류 경제학의 체계가 가지고 있는 가장 중요한 모순은 그들이 사용하는 자본이라는 개념, 그 개념을 사용하는 생산함수, 그리고 그 생산함수에서 도출되는 노동과 자본의 수요곡선에 있다. 앨리스의 이상한 나라에서만 적용될 법한 형이상학적이고도, 어쩌면 종교 교리로 간주될 수 있는 이같은 모순적 개념에서 도출된 결론을 그들은 마치 불변의 자연적 법칙이라고 신봉하고, 경제가 그러한 자연적 법칙에 의하여 운행된다고 강변하고 있다. 본 장에서는 이러한 그들의 주장에 대하여 보다 자세히 고찰하면서 반박하고, 그에 대한 대안으로서 케인즈가 제시한 유효수요의 원리(the principle of effective demand)를 소개한다.

본서에서 가장 핵심적이라고 할 수 있는 개념을 두개만 선택하라면 여타 포스트 케인지언 경제학자들과도 같이 필자는 이 유효수요, 그리고 불확실성을 들겠다. 그런데 이 개념은 주류 경제학 교과서의 어느 곳에서도 등장하지 않는다.

이 유효수요란 과연 무엇인가. 자구 그대로 해석하자면, 구매력이 뒷받침되는(즉, 지출할 수 있는 능력이 존재하는) 수요이다. 필자가 자가용 비행기를 원할 수는 있지만 그것은 유효수요가 아니다. 기업이 제품을 팔기위해서는 지출 능력이 있는 소비자가 존재하여야만 한다. 그런데 소비자들의 대부분은 임금을 받고 생활하는 근로자들이다. 이제 독자들은 대충 감을 잡을 수 있을 듯 하다. 아주 단순화하여 말하자면, 기업의 매출의 많은 부분은 기업이 근로자들에게 지불하는 임금과, 기업이 투자결정을 하고 생산재를 구매함으로부터 나온다는 이야기이다.

구체적인 논의에 앞서, 우선 거시 경제현상을 이해함에 있어 가장 기초가 되는 합성의 오류라는 개념과 국민소득에 대한 설명을 시작하겠다.

3.2. 합성의 오류

단순히 개별 기업이나 개별 소비자의 범위를 벗어나 경제 전체를 설명하고자 할 때 벗어나기 쉽지 않은 유혹이 있다. 그것은 한 개별 주체를 분석하고 그 결과를 경제 주체의 숫자로 곱한 후 경제를 분석하고자 하는 유혹이다. 신고전학파 경제학자들은 원자인 로봇들을 인구수로 곱한 것이 경제라고 가정한다. 그에 기초하여 경제를 분석하는 것이 그들이 말하는 소위 거시경제학의 미시적 기초(micro foundation of macroeconomics)인데 이것을 과학이라고 강변한다.

그러한 세계에서의 로봇들은 서로간의 행위를 모방할 필요조차 없다. 이미 자신 내에 행동을 결정하는 공식은 정형화되어 입력되어 있기 때문이다. 하지만 현실의 인간은 서로 모방하고 경쟁하고, 또한 개별 인간의 행동은 사회나 집단에 의하여 영향을 받는 하향인과성이 존재하기 때문에 그러한 인간의 모임에서 보여지는 행태는 단순히 개별 인간의 행동의 합은 절대로 아니다. 그리고 개별적 인간의 행동과 그 인간의 집합에서 보여지는 결과는 서로 모순이 발생할 수 있다. 이때 개별 인간행동에서 전체를 유추하는 것을 '합성의 오류'라고 한다.

경제적 현상에서 합성의 오류가 생기는 이유는 개인들이 시장을 통하여 자신들의 이익을 추구하였을 때 그것이 사회적으로 바람직하지 않은 결과를 초래하거나 혹은 최적의 상태에 도달하지 못하기 때문이다. 이 같은 결론은 시장이 완전하더라도 마찬가지이다. 하지만 시장은 완전하지도 못하다. 개인의 의사결정에 맡기는 경우, 사회적으로는 죄수의 딜레마를 발생시킬 수도 있고, 이를 해소하기 위하여서는 정부의 개입이 필요하다.

따라서 거시적 현상을 이해하기 위하여서는 이러한 합성의 오류를 염두에 두어야만 한다. 이후에 전개되는 논의를 보다 잘 이해할 수 있도록 간단히 자본주의 경제에서 보여지는 전형적인 합성의 오류를 요약하고자 한다(상세한 논의는 Lavoie 2014:16-22를 참고).

3.2.1. 절약의 역설

유명한 이야기는 절약의 역설(paradox of thrift)이며 케인즈에 의하여 강조된 것이다. 어떤 개인들도 그들이 원한다면 저축을 늘릴 수 있는데, 만일 사회의 모든 사람들이 투자를 늘리지 않고 다 똑같이 저축을 늘리는 시도를 하는 경우에는 산출과 소득은 떨어지고 반면 저축은 늘어나지 못한다. 케인즈는 그의 저서 《화폐론》(Keynes 1930)에서 바나나 우화로서 이를 설명하고 있다. 어떠한 사회에서 생산되고 생존을 위하여 소비하는 것은 오로지 바나나라고 가정하자. 그런데, 어느 날, 절약하자는 캠페인이 벌어진다. 그런데, 바나나는 여전히 생산되고, 저축 하자는 운동 때문에 바나나는 과잉 공급 상태에 빠지게 된다. 그래서 바나나 가격이 폭락한다. 당장 소비자들은 일견 좋아한다. 왜냐하면 바나나 가격이 하락하니까. 문제는 바나나 농장의 노동자들이 계속 고용되는 상태에서는 만약 노동자들의 임금이 삭감되지 않는다면, 바나나 농장은 줄어든 판매량 때문에 발생하는 손실을 보전할 수 없다. 결국 임금 삭감이나 해고가 불가피하게 된다. 그런데, 그로 인하여 노동자들의 소득이 감소하고, 경제는 불황에 빠지고 등등. 악순환은 지속된다. 결국 모두 굶어 죽게 된다. 결국 저축을 늘리려고 하였던 개인들의 노력의 결과 사회 전체로 볼 때 저축은 감소한다.

3.2.2. 비용의 역설

또다른 예는 비용의 역설이다. 정부가 일개 개별 기업에게만 임금인상을 강요하는 경우, 그 개별 자본주의 기업에게 있어서는 비용을 끌어올려 이윤을 감소시키기 때문에 항상 나쁜 영향을 결과한다. 하지만, 모든 기업들이 동시에 임금을 상승시키면, 그 결과 소득이 증가하고, 그로 인해 소비가 늘고, 그 늘어난 소비에 부응하기 위하여 기업들은 설비 투자를 늘이고, 그래서 고용은 더 늘고, 소비는 더 증가하고 결국 기업의 이윤이 증가하는 등의 선순환구조가 생긴다. 따라서 전반적인 실질임금 상승에 대하여 개별 기업 차원에서는 반대할 수 있지만 사회전체적으로는 이로운 결과가 나온다.

하지만 이러한 임금 인상 정책은 개별 기업으로서는 단독으로 행할 이유가 없다. 따라서 정부의 강력한 개입이 필요할 수 밖에 없다. 신고전학파 경제학자들이나 재무성/기획재정부 관료, 그리고 그들에 의하여 세뇌된 신문들은 이러한 정부의 개입이 시장 질서, 기업의 자유를 침해한다고 비난한다. 그런데 어떤 분야에 있어서는 민간의 개별적 결정에 모든 것을 방임하는 경우 사회적으로 바람직한 결과를 생성할 수 없고, 그 때는 정부가 개입할 필요성이 대두 된다.

3.2.3. 유동성의 역설

유동성의 역설 또한 케인즈와 민스키(Minsky) 두 경제학자가 모두 시사하고 있다. 어떠한 한 기업이 보다 많이 유동성을 확보하려고 하는 경우 그렇게 결정을 실행할 수 있겠지만, 만약 모든 기업이 동시에 그렇게 유동성을 확보하려고 몰려 드는 경우 그것은 이자율 만을 상승시키고 어떠한 경우에 있어서는 주요한 금융 위기의 주요 원인이 될 수 있는 것이다.

3.2.4. 국제경제에 있어서의 합성의 오류

합성의 오류문제에는 또한 국제적인 측면도 존재하는데, 만일 어떠한 한 나라가 환율을 평가절하거나, 실질임금을 강제로 감소시키거나 또는 단위 노동비용을 감소시키는 등의 방법에 의하여 다른 나라보다 더욱 경쟁력을 가질 수는 있지만, 이것이 만약 세계 전체적으로 실행된다면 아무 소용이 없는 것이기 때문이다.

국제경제관계에서의 잠재적인 구성의 오류는 어떤 일국이 다른 세계경제와의 경제적 관계를 분석함에 있어서도 중요한 측면인 것이다.

이 같은 합성의 오류를 고려한다면, 거시경제 현상이라는 것은 단순히 원자들의 합은 아니다. 따라서 경제 전체의 구조를 분석할 필요가 있다. 신고전학파의 경제학은 원자론적 가정에서 출발하여 사회현상을 원자들의 합으로 가정하기 때문에 이러한 합성의 오류를 이론적으로 파악하기는 불가능하다. 반면, 포스트 케인지언학파들의 이론에서는 이러한 합성의 오류가 발생할 가능성을 충분히 감안하고 있다. 이러한 차이점은 중요하다. 이제부터는 이러한 가능성을 염두에 두고 거시경제현상을 분석하고자 한다.

3.3. 고용과 소득의 결정

아래에서는 국민경제를 설명하기 위한 가장 단순한 몇 가지 수식을 소개하고자 한다. 수식에 대하여 거부감을 가지는 분들도 있겠지만, 본서의 논의를 위하여 가장 최소한으로 요구되는 고등학교 수준의 사항이기 때문에, 독자들이 필수적으로 기억하기를 바란다.

한 국가에서 일정 기간 동안 재화와 서비스에 지출한 총량을 총수요(AD=Aggregate Demand)라고 하며, 총수요는 소비를 위한 지출(C=Consumption), 투자를 위한 지출(I=Investment), 정부 지출(G=Government), 그리고 수출(X=Export)로 나뉜다. 독자들은 이 분류가 그다지 어렵게 느껴지지 않기를 바란다. 즉, 총수요는 다음과 같이 부호로 표시할 수 있다.

$$AD \equiv C + I + G + X \tag{3.1}$$

그런데 이러한 총수요를 충족시키는 공급의 원천으로 볼 때 국내에서 생산되어 조달된 재화와 서비스, 그리고 수입(M=Import)으로 구분되어진다. 이때 국내에서 공급하는 제품과 서비스의 합계를 '국내총생산'으로 부르며 약자로 GDP(gross domestic product)이라고 표현한다. 우리는 이제부터 GDP를 Y로 표시하겠다. 따라서 총공급(AS=Aggregate Supply)은,

$$AS \equiv GDP + N \equiv Y + M \tag{3.2}$$

그런데, 매년 국가 경제를 결산을 하면 사후적으로 총수요와 총공급은 항상 같다. 이를 항등식이라고 하며 기호로는 '$\equiv$'로 표시한다.

$$AD \equiv AS \tag{3.3}$$

따라서,

$$C + I + G + X \equiv Y + M$$
$$Y \equiv C + I + G + (X - M) \tag{3.4}$$

그런데 내국인이 벌어들이는 총 소득에는 해외에서 내국인이 벌어들이는 순요소소득(NFP; net factor payment = 총 이전수입(移轉收入) – 총 이전지출)도 추가되어야만 한다. 이 때, GDP와 순요소소득을 합산한 금액을 국민총생산(GNP; Gross National Product)이라고 한다. 즉,

$$GNP \equiv GDP + NFP \tag{3.5}$$

그리고 국내총생산은 국내의 노동자와 자본가에게 임금소득(W=Wage)과 이윤(Π=Profit)으로 분배된다. 그리고, 편의상, 지대도 이윤에 포함된다고 하자.

$$GNP \equiv W + \Pi \tag{3.6}$$

참고로, 생산에 있어 원재료를 구입하기 위하여 비용이 발생하더라도, 궁극적으로는 그 원재료를 생산하기 위하여 투입되는 노동과 그 원재료를 소유하는 자에게 귀속되는 이윤으로 분배되기에 별도의 항목이 필요하지 않다.

이렇듯 소득이 발생하면 그 소득은 소비지출되거나 저축되거나(S=Saving) 혹은 세금(T=Tax)으로 지출된다. 즉,

$$W + \Pi \equiv C + S + T \tag{3.7}$$

그런데 향후의 논의를 위하여 소비와 저축을 노동자와 자본가(혹은

빈자와 부자)의 소비와 저축으로 구분할 필요가 있다. 이 두 종류의 계층의 소비와 저축하려는 성향이 상이하기 때문이다. 실제로 이러한 구분을 도입함으로써 보다 의미 있는 경제분석이 가능한데, 이는 본서의 후반에 설명할 예정이다. 참고로 신고전학파 경제학에 있어서는 이 같은 계층의 구분을 하지 않는다. 아니, 아주 싫어한다. 그들에게는 이데올로기적인 호불호가 명확하다. 사회를 계층이나 계급으로 나누는 것은 그들의 종교에서 가르치는 조화로운 세계질서와 반하는 대역죄이다. 그로 인하여 신고전학파 경제학은 경제분석에 의해 있어서 아주 중요한 점을 간과하게 된다.

아래의 식에서 첨자 L, K는 각각 노동자, 자본가를 의미한다.

$$C = \text{노동자소비} + \text{자본가소비} = C_L + C_K \qquad (3.8)$$

$$S = \text{노동자저축} + \text{자본가저축} = S_L + S_K \qquad (3.9)$$

소비, 투자, 그리고 정부 지출도 국내에서 조달되는 부분과 해외에서 조달되는 부분으로 나뉜다. 하지만 이러한 구분은 본서의 목적 상에는 그다지 크게 중요하지는 않기에 생략하기로 한다. 그런데 위의 변수들은 외부에서 주어져 고정되어 있는 변수(외생변수=독립변수)와 방정식 내부에서 결정되는 변수(내생변수=종속변수)로 구분이 된다.[37]

이 관계는 경제에서의 소득의 순환을 보여주는 다음의 그림으로 정

---

[37] 이 개념에 익숙하지 않는 독자를 위하여 간단히 정리하자면 다음과 같다. 정해진 전체 예산100원 중 40%는 사과에 그리고 60%는 배의 구입에 사용하려 한다. 따라서 사과에 지출하는 예산은 40원이고 배에 지출하는 예산은 60원이다. 이때, 40원과 60원은 각각 내생 변수(=종속 변수)이고, 전체 예산 100원은 외생 변수(독립 변수)이다. 그리고 40%와 60%는 각각 상수이다.

리된다. 정부지출은 정부가 계획 하에 정하는 것이므로, 독립적으로 결정된다. 투자가 만일 기업가의 야성적 충동에 의하여 독립적으로 결정되는 것이라면 외생변수이다. 수출도 해외에서 결정되는 변수이므로 외생변수이다. 이러한 정부지출, 투자, 그리고 수출로 인한 지출은 외생적으로 결정되어 소득의 순환으로 유입된다.

반면 소비와 수입은 소득의 일정 비율로 발생하는 내생변수라고 가정하고, 소비는 소득의 순환으로 유입되기에 추가하고, 수입은 유출되기에 제외하면 그 금액은 국내총생산(GDP)이 된다. 이를 정리하면 **도표 3.1**과 같다.

그리하여 국내총생산이 결정되고, 이에 앞서 정의한 순요소소득(해외로부터의 이전지출)을 더하면 국민총생산이 구성된다. 그 국민총생산은 임금 소득과 이윤으로 분배되고, 동시에 노동자와 자본가가 지출하는 저축,

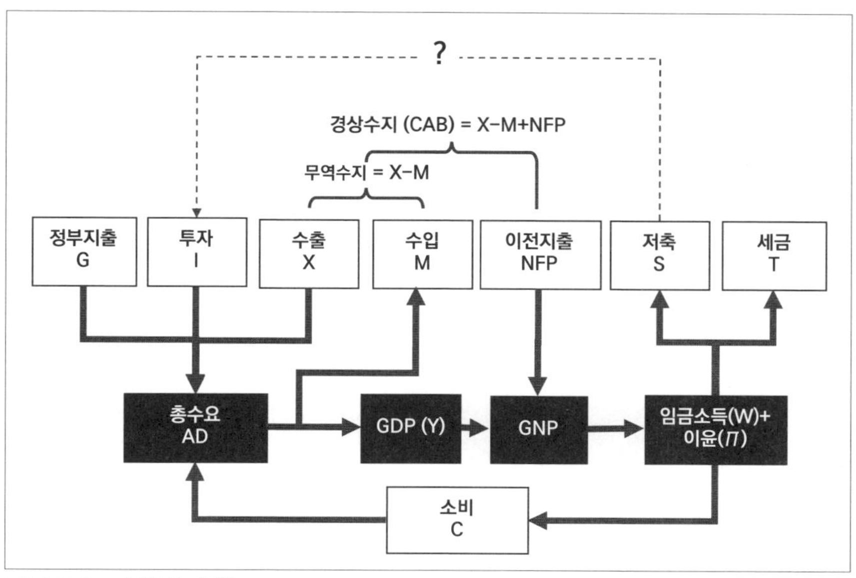

도표 3.1   소득의 순환

세금, 그리고 소비로 나뉘어 진다. 그런데 저축과 세금은 순환에서 유출되는 금액이다.

이같은 관계들은 항상 성립하는 항등관계이다. 주의할 점은 저축과 투자의 관계이다(그림에서 ? 로 표시하였다). 신고전학파 경제학에서는 이 금액은 이자율의 변화에 따라 항상 일치한다고 보았는데 이후에 설명하겠지만 이러한 주장을 대부자금설이라고 한다. 포스트케인지언의 입장에서는 이러한 대부자금설을 부정한다.

이후의 논의를 위하여 참고로 정리하자면, 수출과 수입의 차이를 무역수지라고 하고, 이에 해외로부터의 순요소소득을 더하면 경상수지(CAB: Current Account Balance)이다.

위의 그림을 보면, 다음의 항등식은 명백하다.

$$GNP \equiv C + I + G + X + NFP \equiv C + S + T + M \qquad (3.10)$$

이 수식의 양변에서 C를 빼고 다시 정리하면 다음과 같은 항등식을 도출할 수 있다.

$$(S - I) \equiv (G - T) + (X - M + NFP)$$
$$\equiv (G - T) + CAB \qquad (3.11)$$

민간 순 저축 = 정부 재정적자 + 경상수지흑자

이 식은 아주 중요하다. 이 식이 의미하는 바는, 어느 한 기간 동안 민간의 저축이 투자보다 많을 때에는 그 차이 만큼은 같은 기간 동안의 정부의 재정적자나 혹은 경상수지의 흑자의 합과 같다는 것이다.

3.4. 신고전학파 경제학의 소득결정이론: 앨리스의 이상한 나라

위의 수식(3.10)와(3.11)은 항상 성립하는 항등식이다. 이 자체로는 어떠한 수준의 GDP(=Y)에서도 성립한다. 즉, GDP가 1조원이거나, 10조원이거나 상관없이 성립한다. 따라서 GDP를 결정하는 인과관계에 대한 이론이 필요하다. 이에 관한 신고전학파 경제학의 이론과 아베노믹스나 소득주도 성장론이 기반하고 있는 이론은 근본적으로 상이하다.

3.4.1. 노동시장의 균형과 생산의 결정

일단 노동시장을 보자. 앞서 말한 바와 같이, 신고전학파 경제학의 이론에 따른다면 기업은 자본과 노동을 생산 요소로 사용하여 생산을 한다. 이때 생산함수는 철저히 자본과 노동의 물리적 성격에 의존하며, 두 요소는 서로 대체 가능하다. 또한, 한 요소가 고정적일 때, 다른 한 요소를 지속적으로 투입하면, 추가적으로 생산되는 제품의 양은 계속 감소한다. 즉, 수확체감의 법칙이 작용한다. 이는, 자본과 노동의 추가 투입의 경우 모두 같이 적용된다.

그들에 의하면 노동의 수요는 이전에 말한 소위 한계생산력설에 의하여 결정된다. 한 단위의 노동을 추가로 고용함으로 인하여 증가되는 한계생산물의 가치가 실질임금 수준과 같아지는 수준까지 기업이 노동자를 고용하면 그 기업의 이윤이 극대화된다. 즉, 만일 한계 생산물의 가치가 실질 임금보다 높은 경우에는 기업은 고용을 증가시킬 것이며 반대로 전자가 후자보다 작다면 고용을 줄임으로써 이윤의 극대화를 추구한다. 이때 기업의 고용을 결정하는 변수는 생산함수라는 기술적인 관계에 의하여 결정되는 노동의 한계 생산물, 실질임금수준이다.

반면, 노동의 공급은 개인의 노동과 여가의 선택에 의해, 즉, 개인의 자유의지에 의해 결정된다. 임금이 높으면 노동자는 더 많은 시간을 노동을 하며, 임금이 낮으면 노동을 하는 것 보다는 집에서 여가를 즐기고 노는 선택을 한다고 가정한다. 즉, 그렇게 노동을 하지 않고 놀아도 생활고에 시달리는 노동자는 없다는 천국을 가정한다. 따라서 노동의 공급은 오로지 실질임금의 함수이다.

이러한 노동의 공급과 수요가 만나는 노동시장에서는 만일 주어진 실질임금수준에서 일하려는 노동자가 적으면 실질임금이 상승하고, 만일 과다하면 실질임금은 떨어질 것이다. 이 설명에 의하면, 자연적 법칙에 의하여 고용 수준은 이미 결정되어 있다. 이같은 관계는 **도표 3.2**에서 보여진다.(주의: 임금과 한계생산물의 가치는 모두 물가수준으로 나눈 실질가치로 표

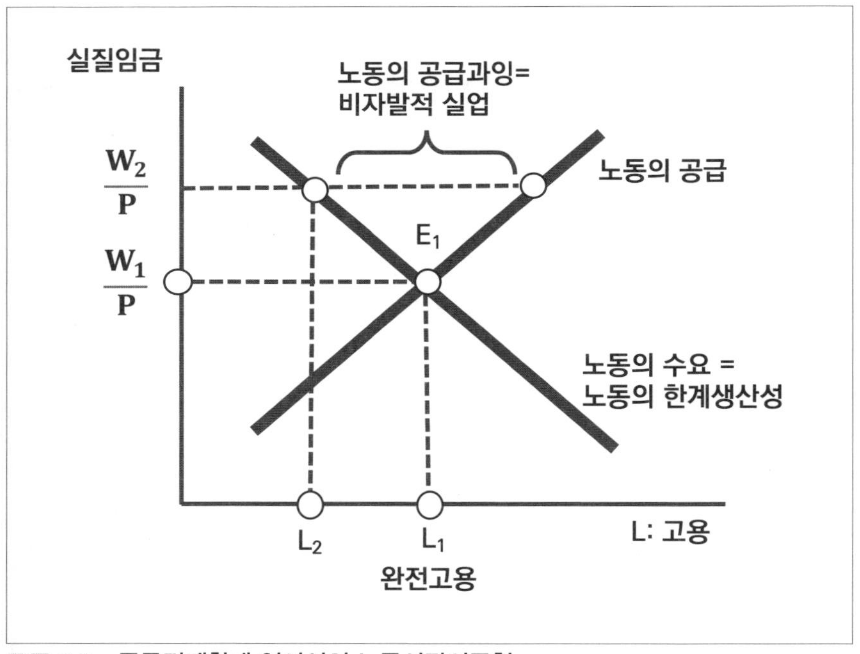

도표 3.2　주류경제학에 있어서의 노동시장의균형

현하였다.) 고용수준을 변화시킬 수 있는 것은 오로지 생산성의 향상이다. 이는 **도표 3.2**에서 노동의 수요곡선이 위로 자리를 옮기는 것을 의미한다. 그렇다면 새로운 균형점에서는 높은 실질임금과 고용수준을 누릴 수 있게 된다.

그렇다면, 고용수준과 실질임금은 노동의 공급과 수요에 따라 위의 그림에서는 $(L_1, \frac{W_1}{P})$ 수준에서 자연적으로 결정되는 것이며 그 임금 수준에서는 일을 하려고 하는 모든 사람들이 고용되는 완전 고용의 상태에 놓이게 되고, 이는 자연적으로 고정되어 있다. 실업이 생기는 원인은 노동조합등의 저항에 기인하여 인위적으로 W_2/P와 같이 실질임금이 높은 수준에서 형성되어 그 높은 수준에서 노동 및 공급 과잉이 생기는 경우 뿐이다. 혹은 고용이 증가할 수 있는 경우는 노동자들의 명목임금이 물가 상승보다 작게 상승하기 때문에 실질 임금이 감소하는 경우이다.

그들이 정의하는 비자발적 실업은 어떠한 실질임금 수준에서 일하려고 하는 의사가 있는 노동자와 실제로 기업이 고용하려는 노동자의 숫자 간의 차이로 정의된다. 즉, 실질임금이 높다면 기업은 더 적은 숫자의 노동자를 고용하려 하는 반면, 그 수준에서 공급되는 노동력은 훨씬 크다. 그 차이가 비자발적 실업이다. 이러한 설명에 의하면 소위 시장의 원칙을 따른다면 비자발적 실업은 발생할 수 없다. 비자발적 실업은 실질임금이 하락하면 해소된다. 그리하여 경제에 비자발적 실업이 존재하는 이유는 오로지 노동자의 탐욕과 노조 등의 방해로 경제의 자연적 질서를 왜곡하기 때문이라고 주장한다. 시장이 효율적으로 작동되는 한 완전고용은 보장되고 비자발적 실업은 없어진다. 따라서 모든 악의 근원은 노동자에게 있다. 그렇기에 그들은 노동시장에서 실질임금이 시장의 법칙을 따라야 한다는 소위 노동시장의 유연성을 강조한다.

　　그런데, 이러한 비자발적 실업의 정의부터 정말 이상하다. 어느 임금 수준에서 일하려는 의사가 있는 노동력의 크기를 어떻게 측정하는가? 노동자의 마음 속에 들어가서 확인하지 않는다면, 그가 일하려는 의사가 있는 지 아닌지를 확인하는 방법은 없다. 그래서, 만일 비자발적 실업이 존재한다면(B), 그것이 바로 주어진 임금 수준에서 일하려는 의사가 있는 노동력이 초과 공급되어 있는 증거, 즉 실질 임금이 너무 높은 증거(A)라고 역추정한다. 즉, "A(높은 실질임금) → B(비자발적 실업)인데, 역도 성립한다. 그런데 B(비자발적 실업의 존재)이다. 따라서 A(실질임금이 너무 높다)이다"라는 논리이다. 즉 비자발적 실업이 존재하는 원인은 오로지 노동 의지가 있는 노동력이 과잉이라는 것, 즉 실질임금이 너무 높기 때문이라는 것만을 의미한다.

　　그런데 이러한 신고전학파 경제학에서의 고용수준 결정과정을 분석해보자. 일단 노동의 공급을 살펴보자. 이 이론에 의하면, 노동자는 자신의 의지에 따라 주어진 임금 수준 하에서 얼마나 일하고 얼마나 여가를 즐길 지를 결정한다. 이 과정에 어떤 강압도 없고, 또한 여가를 즐기는 시간을 늘리고 덜 일하더라도 생계에 지장을 받지 않는다. 노동자가 노동을 하는 유일한 변수는 임금수준이다. 직장 내에서의 인간관계, 자기 실현, 승진 등의 변수는 2차적인 요소일 뿐이다.

　　과연 이렇게 노동과 여가 중에 선택을 할 수 있는 상황에 처해있는 재산을 가지고 있는 노동자가 인구 중에 몇명이나 있을까. 그리고 만약 그러한 행복한 처지에 있더라도, 임금이 낮다는 이유로 일하지 않고 집에서 편히 놀겠다는 노동자가 전체 인구 중에 과연 몇 명이나 존재할까. 아무리 유산을 많이 상속받아서 부유한 개인 노동자에게도 임금 수준보다 개인적 성취, 사회적 평가 등의 비금전적 요소도 노동을 하는 중요한 요소가 아닐까. 반면, 저임금 노동자들 또한 여가를 포기하고 근무를 하는 경우가 많은데, 이는 아마도 임금수준이 너무 낮아서 초과근무를 하여야만 할 경우이다. 즉, 초과근무를 하는 경우는 초과근무 수당이 높아서 일하는 경우보다는 임금 수준이 너무 낮기 때문이 아닐까. 역설적으로 말하자면, 실질임금이 낮다면 생계 유지를 위하여 오히려 노동의 공급이 늘어나는 것은 아닌가. 그리하여 노동의 공급곡선은 실질임금이 낮은 수준에서는 오히려 우하향 하는 형태를 보이지 않을까.

그리고, 직장이라는 곳은 단순히 소득 수입을 얻기 위한 곳은 아니다. 직장은 일종의 '사회적 제도'인데, 많은 사람들은 그 안에서 사회적 관계를 형성하고, 상호간에 경쟁하고 협동한다. 그리고 그 직장 안에서는 케인즈가 언급 하였 듯이 절대적 임금수준보다는, 오히려 승진과 노동자들 간의 상대적인 임금 차이에 더욱 신경을 쓴다.

그리고 노동자들이 더 많은 시간을 일하거나 혹은 전직을 하는 것은 슈퍼에서 사과 혹은 배를 사는 선택의 문제처럼 단순한 문제가 아니다. 즉, 노동자들의 입장에서는 자신의 직장에 연연할 수 밖에 없는데, 왜냐하면 현재의 직장과 같은 적당한 일자리를 찾는 것이 결코 쉽지 않다는 것을 예상할 수 있기 때문이다. "노동자들은 자신이 현재 하고 있는 일에서 느끼는 불만족이 아주 강한 경우에만 더 좋은 직장으로 전직을 고려한다. 마찬가지로 고용주들도 매일 아침에 전체의 노동력을 평가하고, 등급을 매기고, 해고하고 다시 재 고용하는 행위를 반복하지는 않는 것이다"(King 2001:66).

그리고 노동시장에서 고용주는 더 낮은 임금으로 일하겠다는 외부 노동자의 신청이 있다고 하더라도 그를 쉽게 받아들이려는 동기는 없다. 그 이유는 기존 종업원과의 협력관계를 위험에 처하게 하지 않기 위함이다.

또한 간과할 수 없는 중요한 문제가 있다. 노동시장에서 노동력을 팔고 사는 것은 시장에서 물건을 파는 것과는 다른 차원의 이야기이다. 근본적으로 노동자는 기업에 비하여 협상력이 열세이다. 실업의 상황에 처하는 경우, 노동자의 대부분은 가정을 지탱할 수 있는 재력에는 한계가 존재하기 때문에 실업의 기간이 길 수록 불리하다. 고도의 전문적 기술을 가진 노동자들만이 예외이지만 대부분의 경우에는 자신들이 가진 유일한 자산은 노동을 할 수 있는 힘에 불과하기 때문이다. 그리고 이전에 잠깐 언급하였듯이, 호경기에는 노동 시장에서 노동자는 비교적 협상력이 강할 수 있다. 만약 임금 협상이 결렬되면 퇴사하여 다른 직장을 비교적 쉽게 찾을 수 있기 때문이다. 물론 그렇다고 해도 전직은 쉬운 문제가 절대로 아니다. 그런데, 불경기에는 전직이 어렵기 때문에 부당한 임금 삭감도 받아들여야만 하는 처지에 있다. 즉, 노동시장은 항상 경쟁적인 것이 아니며, 경제의 상황에 의하여 노동시장이 지배된다. 그럼에도 불구하고, 신고전학파 경제학 이론은 노동자와 기업간의 권력의 차이는 없다고 보고, 노동시장에서의 고용 결정과 임금협상은 동등한 권력을 가진 자유로운 개인간의 계약으로 간주한다.

포스트케인지언 학파의 시각에서는 실질임금 수준의 결정은 단순히 노동시장에서의 수요와 공급으로 결정되는 변수가 아니라, 다분히 사회적, 정치적, 그리고 역사적으로 결정되며, 그 결정에는 결국 노동자와 기업이 가지고 있는 권력의 역학이 중요하다.

이러한 신고전학파 경제학이론에서 묘사하는 자유를 가진 개인은 전체 인구 중에 재산을 풍부히 가지고 있는 사람인 극소수에 불과하다. 그리고 그들조차도 단순히 임금 수준에 의하여 노동의 공급을 결정하지 않는다. 그런데, 이렇듯 노동과 여가 중에 자유로운 선택을 하고, 외부 환경의 영향도 받지 않는, 앨리스의 이상한 나라에 사는 노동자의 모습이 그들 이론의 핵심가정이다. 이러한 노동자를 가정하여야지만 **도표 3.2**에서 보여지는 우상향하는 노동의 공급곡선이 나오고, 완전고용이 정의된다. 그리고 뒤에 언급하겠지만, 정부의 재정정책이 무용하다는 논리도, 이러한 노동자의 모습에 대한 가정이 없다면 성립되지 않는다.

참고로, 신고전학파 경제학자들은 한개의 기업을 관찰한 후, 그 결과를 경제 전체에 확대하여 적용시키는 합성의 오류를 범하는데, 노동시장에서의 공급 곡선이 그 또 다른 예이다. 어떤 한 기업이 높은 임금을 제시하면, 당연히 그 기업으로 전직하려는 욕구는 존재하기 마련이다. 하지만, 경제 전체로 보자면, 전체적인 고용량은 당연히 불변이다.

노동의 수요곡선도 모순이다. 이미 언급하였듯이 이 곡선을 도출하기 위하여서는 형이상학적인 기계장치 일반으로서의 자본이라는 개념과 그 자본과 노동을 투입하면 제품이 생산되는 생산함수를 가정하여야만 한다. 그런데, 이미 지적한 바와도 같이 그러한 가정에 의하여 도출된 한계 생산물이라는 개념 자체도 이론적으로 모순이다.

주목하여야 할 점은 실제로 기업이 얼마나 판매를 할 수 있을지에 대한 예상은 고용에 영향을 미치지 않는다. 이들이 가정하는 앨리스의 이상한 나라에서는 기업의 판매 예상이 아닌, 생산성이 향상되거나, 실질임금이 감소하는 경우에만 고용이 늘어난다.

이렇듯, 노동시장의 공급과 수요곡선에 의하여 경제의 생산량이 결정된다는 이론은 모순적이거나 비상식적인 가정에 근거하고 있다. 이러한 가정들은 노동시장에서의 균형은 자연적 법칙에 의하여 따른다는 자신들의 주장을 정당화하기 위한 이론적 가정들이다. 그런데, 아베노믹스나 소득주도성장론을 비판하기 위한 신문이나 논문 발표등에서는 이러한 명백히 비상식적인 가정과 모순은 은폐하고 노동시장의 유연성이 실업을 예방하는 유일하는 길이라는 결론만을 강조한다. 그리고, 대중들은 발표자의 권위에 눌려 반론을 제기하지 못한다.[38]

그런데 신고전학파 경제학 내에서도 이같은 고용의 결정과정에 있어서 이견은 존재한다. 특히 종종 불완전주의(imperfectionism)라고 불리워지는 뉴케인지언에 의견에 의하면, 실업이 존재하는 이유는 **도표 3.2**에 의거하여 볼 때, 임금은 일단 결정된 뒤에는 임금 인하에 대하여 노동자들이 저항하기때문에 임금의 하방경직성을 보이고, 이러한 인위적인 제약에 의거하여 실업이 생기는 것이다. 반면, 그들의 의견에 의하면, 노동자들이 물가 상승에도 불구하고 그것을 느끼지 못하는 화폐환상을 가지거나, 혹은 임금교섭이 지연됨 등으로 인하여 임금인상도 지연되어 실질 임금이 하락하는 경우, 고용이 증가하고 생산이 늘어나는 것이 가능하다. 하지만 장기적으로는 다시 생산은 균형점으로 회복된다고 주장한다. 물론 유사한 생각은 케인즈에 있어서도 단편적으로는 보여진다. 하지만 이들 뉴케인지언은 케인즈와는 무관한, 기존의 신고전학파 경제학 이론에 추가하여 시장의 불완전성과 인간의 완전한 전지전능한 합리성에 대하여 제약을 도입하였을 뿐이다. 이러한 논리는 뒤에 언급할 케인즈 경제학의 핵심 이론인 유효수요의 원리와는 상관이 없다.

---

38 경험적으로 볼 때 고용 수준과 실질 임금은 역의 관계를 보여준다. 하지만 이 같은 관계가 통계적으로 보여진다고 하여도 높은 실질 임금이 노동의 수요를 줄이는 원인임을 입증하는 것은 아니고, 따라서 한계생산성 이론을 입증하는 것은 아니다. 신고전학파 경제학 이론과는 전혀 무관하게 기업이 생산비에 적정 마진을 추가하여 가격을 결정하는 경우에도 통계적으로 고용 수준과 실질임금은 역의 관계를 항상 보여준다. 이에 대한 자세한 논의는 Lavoie(2022: 56-67)를 참고할 것.

　　반면 보다 보수적인 견해를 가지는 합리적 기대 가설 등을 지지하는 학자들은 모든 사람들은 합리적이고 현명해서 즉각적으로 실질임금이 하락하고 있음을 알고, 즉각적으로 임금인상을 요구한다. 따라서 고용은 항상 자연적인 수준으로 유지된다고 주장한다.

　　무언가 복잡하다고 느끼는 독자들을 위하여 일언지하에 정리를 하자. 당신이 제빵공장을 운영한다고 하자. 생산 기계 당 노동자의 수는 정해져 있다. 실질임금이 하락하였다고 노동자를 더 고용하겠는가? 실질임금이 상승하였다고 하더라도, 빵 1개당 판매가격이 각종 가변비용을 상회하는 한에 있어서는 고용을 줄일 수 없다. 그래도 빵 1개를 생산하는 것이 이득이기 때문이다. 실질임금의 상승이 고용을 감소시키는 경우는 오로지 한계기업들에만 해당할 수 있다. 그렇다면 고용에 변화를 주는 요인은 무엇인가. 다름 아닌 빵에 대한 수요이다. 빵에 대한 수요가 늘면 고용은 늘어나고, 기계설비도 증설할 것이며, 수요가 줄면 어쩔 수 없이 해고와 시설의 유휴화가 진행될 수 밖에 없다. 그런데 빵에 대한 수요는 어디에서 나오는가? 다름아닌 기업가들이 고용을 할 때, 그로부터 발생되는 임금이다. 케인즈의 유효수요 원리는 복잡한 것이 결코 아니다. 반면 신고전학파 경제학자들에게 있어서의 기업의 고용은 형이상학적이고 동시에 논리적으로도 모순인 소위 노동의 수요곡선과, 실질임금 수준에 의하여서만 노동력을 공급하거나 집에서 노는 것을 선택하는, 파라다이스에서나 존재할 법한 앨리스의 이상한 나라의 노동자들이 만들어내는 노동 공급 곡선과의 교차점에 의하여 결정된다. 그리고 그러한 비상식적이고도 이상한 나라의 노동시장이 바로 그들이 외치는 '노동시장의 유연성'이라는 주장의 이론적 기반이다. 그들의 이론에 의하면 망국의 근원은 노동자의 탐욕이다.

3.4.2. 자본시장에서의 수요와 공급: 대부자금설

이러한 노동시장의 균형 이론과 일란성 쌍둥이 이론이 대부자금설이다. 수식(3.11)을 다시 살펴보자. 이 식은 사후적으로는 항상 설립하는 항등식이다. 그렇다면 만일 사전적으로 좌변과 우변이 불일치할 때 어떤 방식으로 사후에 일치시키는가가 관건이다. 만일 그 일치시키는 방법이 소득의 변화를 통한 것이라면, 위에서 이야기한 완전고용이론과 모순이 생긴다. 그들의 이론을 따르자면, 소득은 변화할 수 없는 것이기 때문이다.

신고전학파 경제학의 견해는, 자금의 공급인 저축과 자금의 사용인 (기계장치) 투자는 이자율(혹은 임대료율)의 조정에 의하여 항상 일치하는데, 저축은 개인들의 소비와 저축 간의 선택에 의하여, 그리고 투자는 자본의 한계생산성에 의하여 도출된 투자함수에 의하여 결정된다고 한다. 그리하여 이자율의 조정에 의하여 자금의 공급과 자금의 수요가 일치하는 점에서 투자와 저축이 균형을 이룬다고 한다(아래 **도표 3.3**에서 E_1이 균형점이며, 이때 투자와 저축은 I_1에 일치하고, 실질이자율(혹은 실질 임대료율)은 R_1/P에서 결정된다. 만일 실질이자율이 R_2/P라면, 그 수준에서는 자금의 초과 공급이 생기고, 따라서 실질이자율은 하락한다). 즉, **도표 3.1**상에서 "?"로 표시된 부분인 저축과 투자를 연결하는 점선이 실선으로 될 수 있다는 주장이다.

따라서 신고전학파 경제학에 의하면 저축과 투자의 결정은 인간의 본성과 생산의 법칙에 따라 자연적으로 결정되는 것이다. 그리하여 이때 균형 상태의 이자율을 자연 이자율이라고 부른다.

이 이론에 의하면, 사람들은 단순히 이자율이 높으면 저축을 더하고 반대로 이자율이 낮으면 저축을 줄이고 소비를 늘린다. 그런데 상식적으로 이런 원칙에 의하여 저축을 결정하는 사람이 존재할까. 저소득층은 저축을 할 여력은 존재하지 않는다. 저축을 할 여력이 있는 대다수의 경우

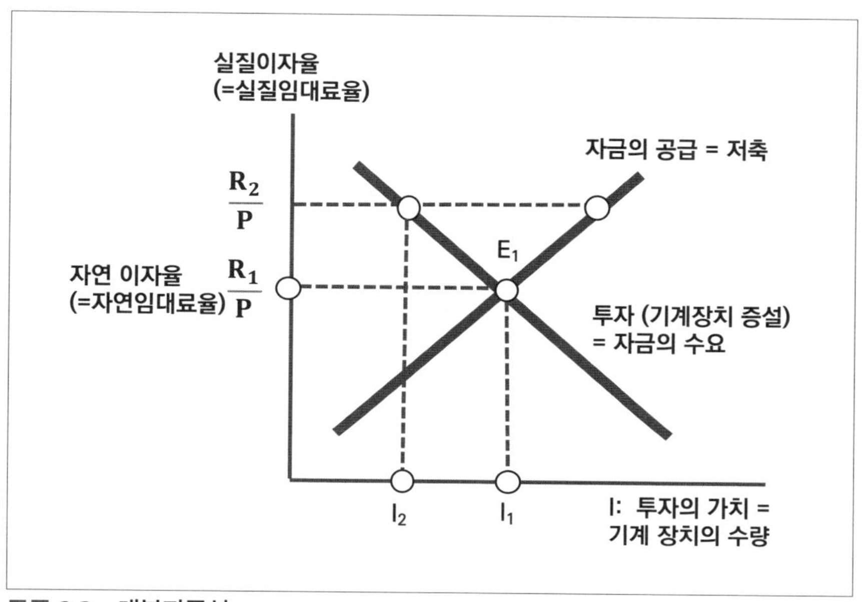

도표 3.3 대부자금설

에는 미래의 불확실성에 대비하여 저축을 하며, 이자율을 인하 시킨다고 하더라도 그 이자율이 낮다고 대신 소비를 늘리지는 않는다. 그리고 일본의 경우, 예금 이자율이 0에 가까워도 사람들은 저축을 한다. 또한 부자들의 경우에는 이미 충분히 소비를 하고 있기 때문에 이자율이 인하되더라도 소비는 더 이상 늘지 않고 반대로 이자율이 인상되는 경우에도 소비를 줄이고 저축을 늘리지도 않는다. 사람들은 일반적으로 소비와 저축 간의 배분을 이자율과는 무관한 다른 방식으로 결정한다. 특히 불확실한 장래, 노후자금, 자녀들의 교육비 등 저축의 이유는 다양하다. 그러한 결정에서 이자율이 차지하는 영향은 크지 않다. 물론 이자율 수준에 따라서 저축하는 방식은 선택할 수도 있다. 즉, 소비하지 않은 소득은 다양한 종류의 자산, 즉, 주식, 채권, 예금, 부동산, 외환 등에 나누어서 투자한다. 하지만 전체 저축의 양은 불변이다. 결론적으로 볼 때, 이자율 때문에 저축을 늘이고 소비를 줄인다는 이론은 비상식적이다.

이 이론은 노동시장에서 노동자들이 임금수준에 따라서 노동과 여가를 선택한다는 이론과 논리적 구조가 동일하다. 즉, 시장에서 주어지는 어떤 신호에 따라 노동자나 소비자가 노동시간과 저축을 선택을 한다는 논리적 구조이다.

그리고 저축을 하면 그 돈이 모두 투자에 사용되는가? 전체 은행 대출 중의 가장 큰 부분은 소비자 금융이다. 또한 중요한 점은 은행 대출은 차입자의 신용력에 의존하는 것이다. 은행은 단지 이자율이 높다고 기업 대출을 늘리는 결정을 하지는 절대로 않는다. 그리고 은행이 제공하는 금융은 신용창조를 통하여 생성되는 것이지, 예금을 받고 그 예금에 기초하여 대출을 하는 것은 아니고, 또한 은행 예금을 중앙은행에 예치한 준비금으로 하여, 대출을 할 수 있는 최대한을 모두 소진시키는 것은 절대로 아니다. 그리고 개인의 저축은 은행예금이외에도 다른 금융자산에 투자될 수 있고, 여타 금융자산에 투자된 금액이 기계설비에의 투자와 직접 연결되지도 않는다. 예를 들어 주식 발행시장에 투자되는 금액은 전체 거래량의 작은 부분이고, 그나마도 설비투자와 직접 연결되지 않으며, 국채나 회사채 채권시장도 마찬가지이다. 비트 코인이나 부동산 투기는 생산설비 투자와는 무관하다. **도표 3.3**에서 보여지는 자금의 공급은 이자율의 함수라는 논리는 사실 허구이다.

그리고 수요곡선을 보자면, 이미 지적한 바와 같이 자본의 한계 생산이라는 개념 자체도 허구이다. 신고전학파 경제학에서 말하는 자본이라는 개념은 논리적 모순이기 때문이다. 따라서 신고전학파 경제학에서 말하는 자금의 수요 곡선 혹은 투자 곡선은 허구적인 개념이다. 결국, **도표**

3.3에 등장하는 공급곡선은 비상식적인 가정에 의존하고, 수요곡선은 모순적인 이론이다. 그 두 곡선의 교차점에서 결정된다는 자연이자율은 단지 공상의 개념이다. 사실 그들이 말하는 자연이자율에는 자연스러운 것이라고는 전혀 없다.

그런데, 이러한 비상식적 가정과 모순은 은폐하면서, 대학교수들이 자연이자율을 이야기하면, 그 권위에 의하여 자연이자율은 일반인은 쉽게 이해할 수 없는 신비한 개념으로 포장된다. 그러한 수사에 현혹되지 말자. 자연이자율이라는 개념은 그냥 엉터리 개념이고 앨리스의 이상한 나라에만 존재한다. 그럼에도 불구하고, 이 자연이자율은 신고전학파 경제학자들이 금융정책을 논의할 때 필수적인 요소이다.

그렇다면, 저축과 투자는 이자율 조정에 의하여 **도표 3.3**에서 묘사한 방식으로 일치되지 않는다. 저축과 투자는 이자율 이외의 다른 요소에 의하여 움직여서 사후적으로 일치하게 될 뿐이다.

신고전학파 경제학에 의하면, 늘어난 저축이 바로 투자로 연결되기에, 소비수요는 줄더라도 그래서 저축된 부분만큼 투자수요의 증가하여 그 부족한 부분을 보완할 수 있다고 주장한다. 하지만 케인즈에 의하면, 이자율에 의하여 저축과 투자가 일치하게 되는 것이 아니다. 즉, 인과관계가 저축에서 투자로 흐르는 것이 아니다.

투자는 기업가가 가진 미래의 예상에 의하여 결정되는 것이다. 그렇게 소비와 독립적으로 결정된 투자에 의하여 유효수요가 결정되면, 그 수준에서 결정된 소득 수준에 따라 저축이 결정된다. 즉, 저축은 이자율의 함수가 아니라 소득의 함수이다. 그리고 소득이 변함에 따라 저축이 변하여, 사후적으로 저축과 투자가 일치되는 것이다.

3.4.3. 앨리스의 이상한 나라에서의 생산과 투자의 결정

노동시장의 균형을 설명하는 방식과 대부자금설은 사실 논리적 구조가 동일하다. 그리고 그 이론들이 주장에 따르면 두 시장에서의 균형점은 자연스러운 상태인데 이는 노동과 여가의 선택, 혹은 소비와 저축 간의 선택 이라는 인간의 본성과, 생산함수에서 도출되는 노동과 자본의 한계 생산물이라는 기술적, 물리적 성격에 의하는 것이기 때문에 자의적으로 정부의 간섭 등으로 바꿀 수 없는 것이다.

즉 이들의 이론에 따르자면 노동시장의 균형에 의하여 이미 생산량은 결정되어 있으며 수요는 이렇게 결정된 생산량에 따라 결정된다. 그리고 자본시장에서의 수요와 공급의 원리에 의하여 이자율(혹은 임대료율)의 조정으로 투자와 저축은 일치하게 된다. 이것이 공급은 수요를 창조한다는 원칙인데, 이 원칙을 세이(Jean-Baptiste Say 1767-1832)가 최초로 주장하였다고 하여, 세이의 법칙이라고 불리워 진다. 그리고, 사전적으로도 저축과 투자는 이자율의 조정에 의하여 자연적으로 이루어 진다.

결론적으로 보자면, 그들의 이론체계의 핵심은 위의 **도표 3.2** 그리고 **도표 3.3**의 두 도표인데, 이는 **도표 3.4**의 만화 그림으로 요약된다.

아래의 그림에서는 앨리스의 이상한 나라에 등장하는 여왕은 생산함수라는 마법의 상자를 가지고 있는데, 그 속에 '자본'이라는 이상한 물질과 노동을 투입하면 제품이 생산된다. 그 마법의 상자가 가지는 자연적 법칙에 의하여 노동력과 '자본'에 대한 수요가 결정된다. 그리고 그 나라의 국민들은 로봇이고, 각기 로봇은 이미 입력되어 있는 프로그램에 의하여 움직인다. 가장 중요한 변수는 임금과 이자율이라는 변수인데, 임금이 낮으면 집에서 놀고, 임금이 높으면 일하러 간다. 그리고 이자가 높으면 저축을 하고, 이자가 낮으면 가진 것을 모두 소비해 버린다. 그 로봇들

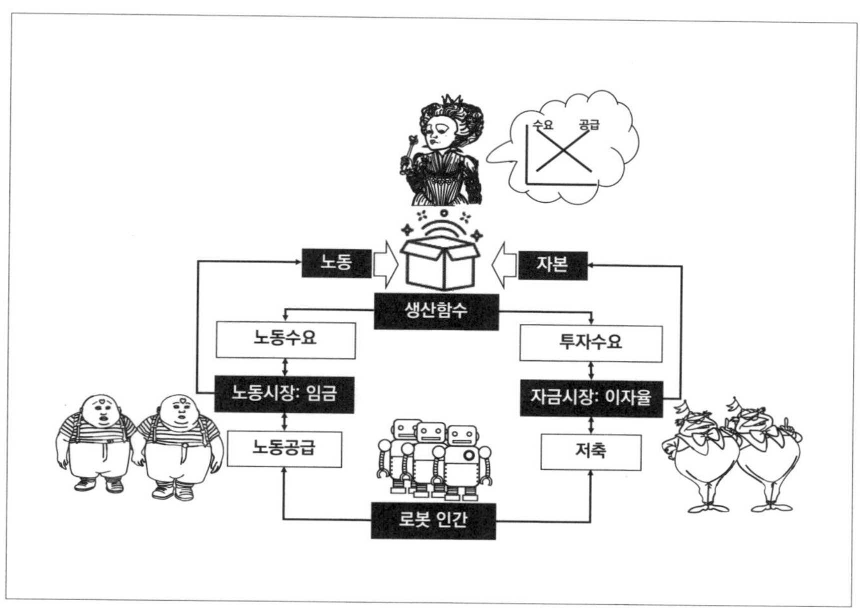

도표 3.4 앨리스의 이상한 나라

은 서로 간에 영향을 주고 받지도 않고, 자기가 원하는 바는 이미 프로그램 되어 있다. 그 여왕의 졸개들은 두가지 부류가 있는데, 수요와 공급의 법칙을 철칙으로 하는 두 종류의 시장을 운영한다. 다소 아둔하게 보이면서 힘을 쓰는 자들은 노동시장을 운영하고, 약삭빠른 졸개들은 자본시장을 운영한다. 이 시장에서는 이미 생산량과 저축, 투자는 자연적으로 결정되어 있는 것이기에, 화폐는 생산과 소비에 어떠한 영향도 미치지 못하는 베일이며, 단순히 교환의 편의를 위한 수단에 불과하다. 그런데 이 앨리스의 이상한 나라는 그 여왕이 가지고 있는 마법의 상자, 즉 생산함수가 엉터리 임이 드러나는 순간 연기처럼 사라져 버릴 운명을 가지고 있다.

주류경제학의 대표적인 베스트 셀러 교과서는 맨키우(Gregory Mankiw)의 경제학 원론과 거시경제론인데(Mankiw 2017), 대학의 경제학과

과정에서는 이 책을 암기하도록 강요하며, 모든 취업 시험은 이 책의 이론에 기반하여 출제되고, 신고전학파 경제학자와 대부분의 재무성/기획재정부 관료들은 이 책을 마치 성서와도 같이 여긴다. 하지만, 그 책은 앨리스의 이상한 나라를 마치 현실인 것 처럼 혼동하면서 서술된 책에 불과하며, 그 책의 전체는 **도표 3.2** 그리고 **도표 3.3**을 부정하는 순간 휴지조각이 되어버린다.

일전에 이 교과서의 이론과는 다른 생각을 가진 경제학과 교수가 어려움을 고백한 바 있다. 모든 취직시험이 이 책에서 출제되기 때문에, 학생들의 취업을 위하여서는 이 책을 교과서로 하여 수업을 하여야만 한다고 이야기하였다. 이 책이 가지는 권력은 중세에 천동설이 가지고 있던 권력과도 비교된다. 그리고 이 책을 철저히 암기한 후 학생들은 각종 취직시험, 고시에 응하게 되고, 결국 이 책의 내용이 한 나라의 경제 정책을 결정하게 된다. 이러한 상황이 웃지 못할 현실이다.

그렇다면 생산을 결정하고, 저축과 투자를 사후적으로 일치시키는 요인은 무엇인가. 케인즈와 그의 후예인 포스트 케인지언학파가 발전시킨 이론을 따르자면 그것은 바로 유효수요라는 것이다. 아베노믹스나 소득주도 성장론이 기반하는 이론은 바로 유효수요의 원리이다. 다음절에서는 이에 대한 설명을 하려한다.

3.4.4. 사생아 케인지언

하지만, 이 유효수요의 원리를 설명하기 앞서, 독자들은 케인즈의 생각을 발전시킨 포스트 케인지언학파들의 이론과 미국에서 말하는 케인지언을 구분할 필요가 있다. 케인즈의 이론을 계승한 조안 로빈슨(Joan Robinson)교수의 말을 빌리자면, 미국의 케인지언들은 케인지언과는 상관 없는 소위 케인즈의 사생아일 뿐이다.

사실 미국식 케인지언을 비롯한 대다수의 신고전학파 경제학자들은 케인즈의 이름은 들어 본 적이 있지만 정작 케인즈를 읽지 않는다. 혹은 케인즈를 읽으면서, 흔히들 그러하듯이 자기가 보고 싶어하는 것만을 보는 확증편향의 오류를 범한다. 즉, 케인즈에서 새로운 발견을 하는 것이 아니라, 이미 자기 자신에게 확고한 믿음 혹은 편견으로 고착되어 있는 바를 케인즈의 저서 중 거두 절미한 단어나 문장에서 발견하고 케인즈를 남용하는 경우도 많다. 그럼에도 자신들을 올드케인지언(Old Keynesian)[39] 과 뉴케인지언(New Keynesian) 등, 케인즈 이름으로 포장하고 있다. 그러나 그들의 이론은 기존의 신고전전학파의 경제학 체계는 온전히 유지한 채, 케인즈가 말한 몇가지 단편적인 이야기들만을 접목시킨 것에 불과하다.

하지만 케인즈가 이룩한 진정한 혁명은 유효수요의 원리에 있으며, 신고전학파 경제학은 이러한 유효수요의 원리를 고려하지 않는다.

3.5. 케인즈의 유효수요의 원리

우선 간단히 경제에서 유효수요라는 것이 의미하는 바를 살펴보고자 한다. 이는 케인즈는, 그가 1936년에 출판한 주저《고용, 이자 그리고 화폐의 일반이론》에서 발표한 원리인데, 아베노믹스와 소득주도 성장론의 핵심을 이루는 원리이다.

아주 간략한 예를 먼저 들어보자. 외부와 차단된 동네에 사업체는 중국음식점 하나 뿐이고, 주인은 종업원들을 고용한다. 그 재료는 무상으로 하늘에서 떨어진다고 가정하자. 그 중국음식점의 손님은 따라서 종업

---

39 이들은 힉스, 모딜리아니(*Franco Modigliani*), 사뮤얼슨 등으로 대표된다.

원들 자신이다. 중국음식점 주인은 월 매출을 1000만원을 희망하는데, 그 중 자신의 20% 이윤을 제외하고 800만원을 임금으로 지불하고 싶다. 그 중국음식점 주인의 희망은 달성될 수 있을까? 당연히 불가능하다. 짜장면을 사먹을 수 있는 돈의 최대치는 800만원이기 때문이다. 그래서 주인은 희망 매출을 800만원으로 하향조정하였는데, 이때도 20% 이윤을 제하려고 한다. 그렇다면 최대 매출은 당연히 640만원에 불과하다.

그렇다면 주인의 희망을 달성하는 방법은 무엇일까. 한가지 방법은 동네 동사무소 직원들의 수요이다. 그들이 월 200만원을 지출하여 짜장면을 사먹는다면, 중국음식점 주인의 매출 희망 1000만원은 달성된다. 또 다른 방법은 만약 주방기구 생산업체도 존재하고, 중국음식점 주인이 주방기구를 200만원을 주고 주문을 하는 경우라면, 그리고 그 주방기구 제작 업체는 노동력만 사용하고 이윤은 0이라고 가정하면, 그 200만원은 모두 직원 월급으로 지불되고 따라서 그 직원들은 200만원 어치의 짜장면을 사먹을 수 있게 되어, 중국음식점 주인의 희망 매출 1000만원은 달성될 수도 있다. 마지막으로 이론적으로 볼 때, 중국음식점 주인이 자신의 이윤인 200만원 모두를 짜장면을 사먹는데 소비하면 된다. 만일 자신의 이윤율을 줄이면, 그 차이는 줄어든다. 예를 들어, 이윤율이 10%로 줄어들면, 수요의 부족분은 100만원으로 줄어든다.

이같이 케인즈의 유효수요의 원리는 복잡하게 생각할 필요가 없다. 아주 당연한 것이고 상식적인 것이다. 단, 기존의 천동설 종교에 심취되어 있는 사람들에게는 보이지 않는 컬럼버스의 달걀과도 같은 이야기이다. 독자들은 케인즈의 유효수요 이론이 복잡하다고 생각하지 말고, 항상 이 중국음식점 이야기를 기억하시기를 바란다. 이것만 제대로 기억한다면, 신고전학파 경제학자들의 궤변에서 자유로워 질 수 있다.

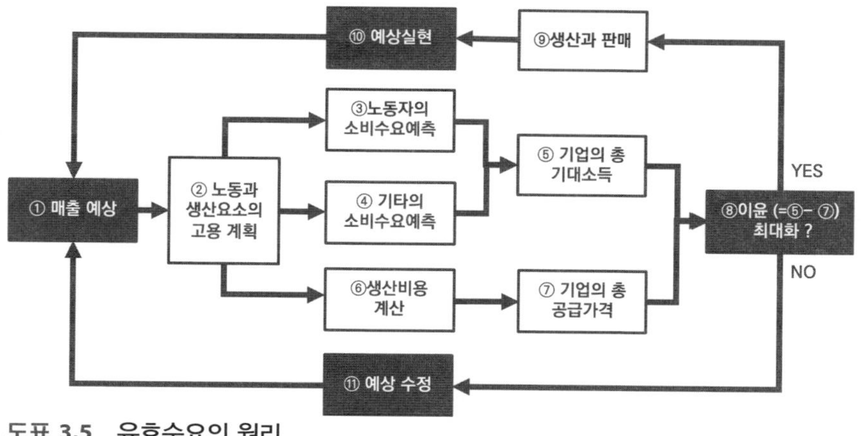

도표 3.5 유효수요의 원리

이 원리를 **도표 3.5**를 통해 보다 자세히 설명하겠다.

논의를 단순화하기 위해서 경제에는 소비재만 존재한다고 가정하자. 그리고 경제에는 단 한개의 기업만 존재한다고 가정하자. 우선 기업은 향후 판매에 대한 예상을 한다(①). 그에 필요한 고용과 기타 필요 생산요소를 계산한다(②). 그 고용 하에서 노동자들이 받는 임금으로부터 노동자들이 지출하는 소비 수요를 예상한다(③). 그리고 기타 수요(즉, 정부 수요, 다른 자본가의 소비 수요 등)도 예측한다(④). 그러한 수요 예상을 기반으로 기업의 매출, 즉 기업의 기대소득을 예측한다(⑤). 반면 생산을 위한 비용도 계산하며(⑥), 이때 기업이 지출하여야만 하는 총 비용은 총공급가격이라고 칭한다(⑦). 그러한 기대소득(⑤)과 총공급가격(⑦)하에서 기업의 이윤이 극대화되는 지의 여부를 파악한다(⑧). 이윤이 극대화 되는 경우에는 생산과 판매를 실행하며(⑨), 이때 초기의 예상이 실현된다(⑩). 만일 그렇지 못하다면, 판매와 생산계획을 수정한다(⑪).

예를 들자면, 소비재만이 존재하는 경제에서 기업가들은 미래의 매출이 2조원이라고 예상할 수 있고, 그 2조원의 제품을 생산하면서 이윤을 극대화하기 위하여 기술적으로 필요한 노동력도 계산할 수 있는데, 예를 들어 100만명이라고 하자. 그런데 그 100만명의 노동자들이 임금을 받아서 소비하는 금액과 기타 경제주체들이 소비에 지출할 수 있는 금액을 합하여 총 소비지출이 1조8천억원이라고 하면, 최초에 생각하던 2조원의 미래의 매출은 달성될 수 없고, 따라서 기업은 고용을 줄이고 매출액의 예상을 수정할 것이다. 그런데 기업이 단순히 예상을 1조8천억원으로 수정하면 모든 문제가 해결되는 것이 아니다. 그렇게 줄어든 기업의 기대소득하에서는 최초에 생각하였던 100만명을 고용하는 것이 아니라, 예를 들자면 90만명을 고용하여만 이윤이 극대화된다. 그렇다면 그들이 지출하는 소비는 더이상 1조 8천억원이 아니고, 예를 들어 1조 7천억원이 될 수 있다(전체 소득이 줄어든다면, 총 임금소득에서 소비지출의 비중이 더 높아진다고 가정하자). 그렇다면 다시 예상과 실제 수요와의 괴리가 생겨서 다시 고용을 줄이는 과정이 반복된다.

반면, 기대되는 매출이 1조원이고, 그 1조원 가치의 소비재를 생산하고 이윤을 극대화하기 위하여 기술적으로 필요한 노동자가 40만명인데, 그 40만명의 노동자와 기타 경제주체들이 지출할 수 있는 금액이 1조2천억원이라고 가정하자. 그렇다면, 기업은 자신의 기대 매출이 과소평가되었다는 것을 알고, 노동자를 추가로 고용하여 생산을 할 것이다. 그런 경우 증가된 고용으로 인하여 발생하는 추가적인 소비수요로 인하여 수요는 최초의 1조2천억원보다 커질 것이고, 따라서 기업은 예상을 지속적으로 수정하게 된다.

결국, 최종적으로 기업이 자신의 이윤을 극대화할 수 있는 매출 금액과 그것을 생산하기 위하여 고용하는 노동자들과 기타 소비자에게서 나

오는 소비수요가 일치하는 점에서 경제는 균형이 달성된다. 이때의 소득수준을 유효수요라고 한다.[40]

신고전학파 경제학의 주장은, 일단 노동시장에서 노동의 한계생산물의 가치와 임금이 일치하는 수준에서 임금이 신축적으로 움직여 고용이 결정되면, 그 때의 생산물은 모두 수요된다고 가정한다(**도표 3.2** 그리고, **도표 3.3**이 그 근거이지만 그 도표는 사실 어떠한 과학적 정당성도 없는 종교적 신념일 뿐이다). 하지만 케인즈의 관점에서는 임금이 신축적으로 움직인다고 하더라도, 그렇게 달성된 균형점에서 생산물이 모두 수요 된다는 보장은 절대로 없다.

이러한 서로 다른 이론이 가지는 근본적인 차이는 인과관계의 방향이다. 신고전학파 경제학의 인과는 개별기업의 생산 결정에서 시작하여 그것을 합산하여 경제전체의 생산이 결정된다. 개별기업의 생산은 노동자의 노동과 여가 간의 선택, 그리고 한계생산력에 의하여 결정되며, 이같은 결정이 '자연의 법칙'으로 주장된다.

하지만, 포스트케인지언의 인과는 반대이다. 경제전체의 유효수요에서 출발하여 개별기업의 생산이 결정된다. 노동자의 노동과 여가 간의 선

---

40 경제학을 전공한 사람들 중 눈치가 빠른 사람들은 놀라게 될 수 도 있다. 이 논리는 소위 시장이 완전하다고 하더라도 성립된다. 케인즈의 유효수요원리는 오로지 시장이 불완전할 때만 성립된다는 일련의 신고전학파 경제학의 주장은 철저한 오해에서 비롯된 것이다. 시장이 완전하고, 가격이 신축적으로 움직인다고 하더라도, 그리고 기업이 철저히 이윤극대화의 원리에 의하여 의사결정을 하더라도, 즉 신고전학파 경제학이 주장하는 시장의 완전성과 합리성이 관철되는 이상한 나라에서 조차 케인즈의 유효수요원리는 성립하며, 그러한 완전성에도 불구하고 경제는 소위 불완전고용과 실업상태에서 균형이 성립된다.

택이라는 비상식적인 가정도 개입되지 않고, 형이상학적인 한계생산력설도 어떤 역할을 하지 않는다.

이러한 상이한 이론들이 가지는 정책적 처방도 반대이다. 예를 들어, 비 자발적 실업이 존재 한다고 하자. 신고전학파 경제학의 이론에 따르자면 그 이유는 실질 임금이 높기 때문이며 따라서 시장원리가 작동 하는 경우 **도표 3.2**에서처럼 실질 임금은 하락하고 고용은 늘어난다(매출이 늘어날 전망이 보이지도 않는데 고용은 늘어나는 기적이 생긴다!). 실질임금의 하락을 막는 것은 노동자의 강력한 저항 때문인데 따라서 정부의 역할은 노동시장의 유연성을 회복하여 실질임금이 하락할 수 있도록 하여야만 하는 것이다. 즉, 노동조합을 무력을 써서라도 분쇄하여야만 한다. 그것이 그들의 애국이다. 하지만 아무리 실질 임금이 하락하더라도 매출의 예상이 늘지 않는다면 고용을 늘릴 어떠한 이유도 없다. 오히려 실질임금이 하락하면 매출의 예상이 줄어서 고용을 줄여야 한다. 신고전학파 경제학에서 말하는 기적은 절대로 발생하지 않고 오히려 모두는 굶어 죽기 마련이다.

반면, 케인즈적인 견해를 살펴보자. 만약 신고전학파 경제학의 처방대로 실질 임금을 하락 시킨다고 하자. 특히 불황기에는 해고당한 노동자는 다른 직장을 찾기 힘들기때문에 고용의 감축 보다는 실질임금의 하락에 동의 하기 쉽다. 하지만 경제 전체적으로 실질임금이 하락 하는 경우에는 소비가 감소하며 따라서 기업의 입장에서는 생산을 줄일 수 밖에 없고 그렇게 줄어든 생산 하에서는 고용을 줄일 수 밖에 없다. 그렇다면 사태는 더욱 악화 된다. 그 줄어든 고용 하에서는 유효수요는 재차 더욱 감소할 것이며 그렇다면 기업은 고용을 더 줄일 것이다. 이런 과정이 반복되어 결국 최종 균형에서는 최초보다 더 많은 실업이 존재할 수 있다.

그런데 그 비자발적 실업 상태는 주어진 유효수요 하에서는 그 기업이 자신의 이윤을 극대화 하고 있는 상태이다. 따라서 개별 기업의 입장에서는 실질 임금을 인상시킬 어떠한 유인도 존재하지 않는다. 개별 기업의 관점에서는 이같은 실질임금의 상승은 당장 이윤을 줄이는 결과를 초래할 수 있기에 반대하기 마련이다. 그리고 사회전체가 동시에 실질임금을 인상하지 않는 경우, 자신 혼자만이 실질임금을 인상하는 것은 경쟁에서 도태될 수 있는 자살행위이다. 즉, 모든 기업들이 실질 임금을 인상하면 모든 기업이 이득을 보지만, 각 기업들의 자발적 의사결정에 의하여는 실질임금은 상승할 수 없다. 이는 합성의 오류의 대표적인 예이다.[41]

따라서 정부가 적극적으로 이러한 실질임금의 상승을 주도하여야만 한다. 이것이 일본의 경우 아베노믹스에서 실제로 실행하였던 방법이었다. 이익이 많이 발행하지만 실물투자를 하거나 임금 인상을 하지 않는 대기업들을 중심으로 정부에서 각종 유인책을 동원하여 실질임금의 인상을 촉구하여 왔으며, 이는 현재도 진행형이다. 그렇게 하여 유효수요가 늘게 되면 기업은 추가적인 생산을 위하여 고용을 늘리게 된다. 이같은 처방은 신고전학파 경제학이 진단하는 방법과는 전혀 반대의 방향이다.

결론적으로 볼 때, 케인즈의 의견에 따르자면 주어진 유효수요 하에서의 고용 상태는 실업이 만연하더라도 이미 균형을 달성한 상태인데 이 균형점이 완전고용 상태라는 것은 우연에 불과하다. 불황과 실업이 존재하는 상태에서 신고전학파 경제학적 견해에 따라 실질 임금을 하락시키거나 재정 확장을 억제하는 것은 자살 행위다. 물론 개별 기업의 차원에서는 실질임금의 하락이 불가피한 경우는 분명히 존재한다. 예를 들어 경

---

[41] 부록에 수록한 "'노동시장의 유연화'는 공멸의 길이다"라는 제목의 칼럼을 참고할 것.

쟁력이 약화되어 구조 조정이 불가피한 한계기업의 경우, 노동자들은 불가피하게도 여러가지 방법의 실질임금의 하락을 수락하지 않을 수 없다. 하지만 전반적인 실질임금의 하락은 경제 전체의 유효수요를 하락시키고 더 많은 기업들을 한계기업으로 전락시킨다.

아베노믹스나 소득주도 성장론이 기업의 실질임금 상승을 유도하고 재정지출을 확대하는 정책을 사용한 것은 이러한 유효수요의 원리에 기반하고 있음을 이해하는 것이 중요하다. 따라서 재차 강조하지만 이제부터는 누구인가가 시장의 효율, 노동시장의 유연성 등을 강조하면, 필자가 위에서 언급한 중국음식점의 우화를 떠올리고 반박하기 바란다. 경제 전체에서 수요가 없으면 고용은 증가하지 않는다.[42]

그런데 참고로 이러한 아베노믹스나 소득주도 성장론적 정책은 결국은 기업의 이윤을 증가시킨다. 이러한 역설적인 상황은 다음과 같이 증명된다. 이는 위의 항등식(3.11)에서 인과관계를 도입하는 경우 명백히 보여질 수 있다. 그 식을 다시 쓰고, 단순화를 위해 경상수지가 균형이라고 가정하면(CAB=0),

$$(S - I) \equiv (G - T)$$

민간부분의 순저축 = 정부의 재정적자

그런데, 저축은 노동자와 자본가의 소득에서 소비되지 않고 남은 부

---

[42] 혹자는 이 대목에서, 임금이 저렴하여지면, 같은 생산을 하더라도 자본을 덜 사용하고 노동력을 더 고용한다고 반론을 제기할 수 있다. 그런 종류의 노동과 자본의 대체는 현실적으로 발견하기 어렵다. 대부분의 생산 공정에서는 효율적인 노동과 기계장치의 비율은 정해져 있기 마련이다.

분이다. 만일 노동자는 모두 소비하고 저축이 없다면, 저축은 자본가의 저축, 즉, 이윤에서 자본가 소비와의 차액이다. 따라서, 위의 식은,

$$자본가이윤 - 자본가소비 - 투자 = 정부적자 \qquad (3.12)$$

이를 다시 정리해서 쓰자면,

$$자본가이윤 = 자본가 소비 + 투자 + 정부적자 \qquad (3.13)$$

이때 인과관계가 중요하다. 칼레츠키(Michael Kelecki)[43]의 말에 따르자면 기업은 이윤을 자기 마음대로 결정하지 못한다. 왜냐하면, 이윤의 크기는 기업이 통제할 수 없는 여러 경제 상황에 의존하기 마련이다. 반면, 자본가는 자신의 소비와 투자를 자신 스스로 결정한다. 그리고 정부적자규모는 정부가 결정할 수 있다. 그렇다면 인과는 우변에서 좌변으로 흐른다. 즉, 정부재정지출의 증가는 필연적으로 기업의 이윤을 증대시킨다. 물론 그 과정에서 생산이 늘고 고용이 늘기에 노동자의 복지도 증가된다.

그런데 아이러니하게도, 현실에서는 기업들은 정부의 재정적자를 반대하는데, 이는 자신들의 이익을 스스로 부정함에 다름아니다. 그러한 자기부정은 다분히 신고전학파 경제학적 이론에 의한 세뇌의 결과이다. 이

---

43 폴란드의 경제학자(1899-1970). 케인즈의 유효수요 이론을 유사한 시기에 발견하였다. 후에 영국으로 건너가 케인즈와 교류하였고, 케인즈의 이론에 마르크스의 시각을 접목하여 유효수요 이론을 발전시켰다. 칼레츠키의 이론을 계승한 칼레츠키 학파는 현대의 포스트케인지언 학파에서 중요한 위상을 차지한다.

데올로기가 무서운 이유가 바로 이 점에 있다.

반면, 노동자들이나 서민들은 아베노믹스의 결과로 기업만 배가 부르게 되었다고 비난한다. 그런데, 기업이 이윤은 하늘에서 떨어지는 것이 아니다. 기업이 이윤을 창출하는 과정에서 고용이 증가되고, 소비가 증가되고, 마을의 중국음식점도 유지가 된다. 사실 아베노믹스나 소득주도 성장론은 자본가와 노동자가 같이 이익을 누리고자하는 정책이다.

3.6. 유효수요의 원리의 확장: 소득 분배의 중요성

마지막으로 언급해야만 할 세간의 오해는 아베노믹스나 소득주도 성장론에 의한 실질임금의 인상은 분배의 정의만을 강조한 나머지 기업의 자발성을 침해하고 따라서 경제성장을 저해한다고 한다. 심지어 아베노믹스나 소득주도 성장론을 지지하는 사람들도 분배의 정의와 경제성장은 역의 관계가 존재하는데, 전자를 위해서는 후자는 어느 정도 희생시켜야만 한다고 주장한다.

하지만 이는 케인즈가 말하고, 아베노믹스나 소득주도 성장론이 계승한 이론에 대한 전적인 무지와 오해, 그리고 편견에서 비롯된 생각이다. 아베노믹스나 소득주도 성장론은 실질임금의 상승을 통하여 경제를 성장시키고 동시에 기업의 이윤을 증대시킬 수 있다는 케인즈의 주장을 계승한 것이다.

그런데 신고전학파 경제학자들은 자신들이 믿는 이상한 앨리스의 나라에서만 적용되는 이론을 근거로 아베노믹스나 소득주도 성장론을 어떤 근거도 없는 미신이며 비과학적이라고 혹평을 하고 있다. 그들 중의 일부는 스스로 케인즈 학파라고 지칭하고는 있지만 사실 케인즈와는 무관한 종교를 믿을 뿐이다.

신고전학파 경제학에서는 사회는 모든 사람은 소득과 부가 동일하다는 합리적 대표적 개인, 즉, RARE인 인간 로봇의 단순 합이다. 하지만 사회는 상이한 부와 소득을 가진 다양한 계층으로 구성되어 있다. 따라서, 소득 분포가 경제에 미치는 영향을 필히 고려하여야만 한다.

케인즈를 계승하는 포스트 케인지언학파의 관점에서는 소득의 분배 상황이 중요하다. 저소득자의 경우, 소득의 대부분은 생필품에 소비되고 저축을 하거나 사치재를 구매할 수 없다. 하지만 고소득자의 소득에서 생필품이 차지하는 비중은 작다. 따라서 저소득층의 임금이 인상되는 경우, 평소에 소비를 자제하였던 상품을 구매할 수 있다. 집에서 사용하던 구식 가전제품이나 가구들을 교체할 수도 있고, 오랜만에 외식을 즐길 수도 있다. 하지만 부자의 경우 소득이 늘어나면 사치재를 구입하거나 혹은 저축을 한다. 즉 소득이 증가하였을 때 저소득층이 소비에 추가적으로 지출하는 비율은 부자가 소비에 지출하는 비율보다 큰 것이 당연하다.

이같은 결과는 수식(3.8)을 자세히 보면 나올 수 있다. 신고전학파 경제학의 일반적인 가정과는 달리, 소득층을 노동자로 대표되는 상대적인 저소득자와 자본가로 대표되는 고소득 층으로 나눠보자.

소득이 늘어났을 때 소비가 늘어나는 비율을 한계소비성향이라고 한다. 노동자의 한계소비성향은 자본가의 한계소비성향보다 크다. 그렇다면 노동자에게로의 분배가 늘어날수록 사회 전체의 평균 한계소비성향은 늘어나기 마련이다. 그렇다면, 저소득층의 소득이 향상될 수록 유효수요가 커지는 것이 당연하다.

신고전학파 경제학자 뿐만 아니라 많은 진보 경제학자들이 혼동하고 있는 것처럼 저소득층의 소득을 향상시키는 것은 단순히 사회의 분배 정의를 달성하기 위한 것은 아니다. 분배를 통해 유효수요가 늘고, 경제의 성장을 촉진하며, 결국은 기업의 매출이 늘고, 기업은 늘어난 수요에 부응하여 생산시설을 확장하고 고용을 늘린다. 그 과정에서 기업의 이윤도 증가한다. 즉, 저소득층의 소득을 향상시키는 것은 부자의 재화를 빼앗아서 빈자에게 분배하는 것이 아니고, 빈자와 부자 모두 보다 풍요하게 만든다.

하지만 신고전학파 경제학의 관점에서 본다면, 생산성이 향상되지 않는 한 저소득 노동자의 실질임금을 상승시키는 것은 경제를 망하게 하는 길이고, 실업을 증가시키고, 이는 단순히 부자의 것을 강탈하는 것이고 경제를 몰락시키는 것이기에 사회악이다. 이러한 결론은 그들의 이론이 앨리스의 이상한 나라에 대한 가정에서 출발하기 때문이다. 그러한 이상한 가정에 대하여 제대로 파악하는 경우, 신고전학파 경제학의 이상한 결론에 현혹되지 않는다.

3.7. 임금인상과 해외경쟁력

실질임금의 상승에 관한 주장에 반대하여, 신고전학파 경제학에서는 실질 임금의 상승은 수출재의 가격을 상승시키며 따라서 수출경쟁력을 감소시킨다고 한다. 부분적으로는 맞는 이야기이다. 하지만 이같은 견해가 성립하기 위해서는 적어도 두 가지의 전제가 필요하다.

(1) 수출하는 제품들 중에는 오로지 가격경쟁력에 의지하는 단순 제품이 많다.
(2) 경제에서 수출이 차지하는 비중이 상대적으로 높다.

이러한 조건을 만족시켜서 실질 임금의 상승이 경제의 소득을 감소시킬 수 있는 경제를 '이윤주도형 체제'(wage led regime)라고 부르며 반대로 실질 임금의 상승이 유효수요를 증가시켜 소득을 증가시키는 경제를 '임금주도형 체제'(wage led regime)라고 한다.

이에 관하여서는 오나란(Onaran & Galanis 2012)이 국제노동기구(ILO)에서 발표한 G-20국가에 대하여 행한 실증연구분석은 많은 시사점을 제공한다. 대부분의 모든 국가는 실질 임금의 상승으로 인하여 국내 수요가 증가되는 결과를 보여준다. 이와 더불어 수출에 미치는 영향을 감안했을 때 인도, 중국, 멕시코, 호주 등은 이윤주도형 체제이다. 반면 미국, 독일, 프랑스, 일본, 한국 등은 임금주도형 체제이다. 그리고 최근의 연구 자료에 의하면 중국도 이제는 임금주도형 체제로 변화되었다(Jetin & Ortiz 2020).

3.8. 소비 이외의 유효수요의 원천

제품에 대한 수요는 단지 소비재에 국한되는 것은 아니다. 재화는 크게 두가지 부문으로 나뉘어질 수 있다. 소비재의 생산과 투자재의 생산 부문이다. 각 부문이 기여하는 역할은 다르다. 이같은 분류는 사실 새로운 것은 아니다. 경제를 두 부문으로 나누어서 분석하는 것은 이미 마르크스가《자본론》에서 시도되었고, 케인즈도 그의 저술《화폐론》에서 이같은 분석을 시도한 바 있었다.

두 부분의 관계는 상식적으로도 충분히 이해할 수 있다. 예를 들어 소비재의 매출 전망이 증가한다고 하자. 그렇다면 소비재 제조업체는 설비 장치의 주문을 늘릴 것이고, 따라서 투자재 부분의 매출과 고용이 증가될 수 있다. 그렇다면 투자재 부문에서도 자신의 생산을 위한 설비를 증설하게 되고 따라서 다른 투자재 생산기업에서도 고용이 증가한다. 그리고 주문된 투자재가 소비재 제조업체에게 납품되어 소비재 생산이 증가하고, 그에 따라 소비재 부문의 고용도 다시 증가하게 된다. 이 같이 두 부문은 서로 상승 작용을 일으키면서 고용을 창출한다. 그리고 이 같은 과정은 계속하여 반복이 된다.

이같이 투자재에 대한 수요, 즉 투자의 수요도 유효수요를 만들어 내는 중요한 원인이다. 그리고 투자수요는 소비재 생산에 필요한 투자수요와 투자재 생산에 필요한 투자수요의 합이다.

정부의 지출도 중요한 유효수요를 결정한다. 정부가 민간으로부터 구매하는 지출이 커지면 당연히 기업의 예상 매출이 증가하고, 그에 따른 고용과 투자수요가 창출된다. 혹은 코로나 지원금처럼 정부가 민간에게 보조금을 지급하는 것도 유효수요를 창출할 수 있다.

마지막으로 해외수출의 증가이다. 해외에서의 수요의 증가는 국내에서의 고용과 투자를 촉진한다.

이와 같이 국내의 기업에 영향을 주는 유효수요는 소비, 투자, 정부지출 그리고 수출수요이다. 물론 이때 소비, 투자, 정부지출은 내국에서 생산되는 제품에 대한 수요를 말한다. 이 각 요소들을 증가시키는 요소들은 유효수요를 증가시킨다. 이러한 투자와 정부 지출, 그리고 수출 수요에 대하여서는 다음의 장에서 자세히 논의하겠다.

3.9. 이 장의 요약

거시 경제현상을 분석함에 있어 쉽게 빠지기 쉬운 오류는, 일개 경제주체의 행동을 관찰한 후, 그것의 단순 합으로서 전체 경제현상을 분석하는 자세이다. 합성의 오류에서 보여지는 바, 경제주체들의 의도와는 달리 모든 경제주체들이 자신들의 이익을 추구하는 경우 거시 경제적으로는 자신들의 이익에 오히려 반하는 결과가 초래될 수 있다.

주류 경제학적 방법론이 주장하는, 모든 것을 개인의 행동으로부터 연역하려는 사고, 즉 거시경제학의 미시적기초는 이러한 합성의 오류에서 자유로울 수 없다.

거시 경제현상을 분석함에 있어 대안적인 방법론은 국민소득계정에서 보여지는 일련의 항등관계에서 시작하는 것이다. 본 장에서 설명한 국민 소득의 순환과정이 그 것이다. 그 항등관계는 소득의 발생-분배-지출이라는 세가지 측면을 상호 연결하고 있다. 특히 중요한 것은 소득의 분배인데, 경제의 경제주체들을 일률적으로 동질적으로 간주하기보다는 크게는 노동자-자본가로 나누는 것이 향후 경제 분석을 위한 보다 유용한 도구를 제공한다. 또한 그 항등관계에 인과관계를 부여하는 경우 들어나는 중요한 사실은, 자본가의 이윤의 원천은 자신들의 소비, 정부지출 그리고 대외 경상수지의 흑자이다.

주류경제학의 이론체계는 허구적인 자본의 개념에서 시작하여, 생산함수를 정의하고, 그 생산함수에서 노동과 자본의 수요곡선을 도출하며, 완전 고용과 자연 이자율이라는 개념을 정의한다. 하지만 이 모든 것들은 절대로 자연적인 법칙은 아니고, 현실에서 존재하지 않는, 앨리스의 이상한 나라에서만 존재하는 형이상학적인 개념인데, 그 근본은 그릇된 자본이라는 개념에 있다. 따라서 그들의 주장하는 노동시장의 유연성이라는 개념은 현실의 불완전 고용상태를 치유하는 어떠한 해결책을 제시하지 못하는 종교적 미신이자 이데올로기에 불과하다. 또한 자본시장에서의 수요와 공급이 만나는 점에서 결정된다는 소위 자연 이자율도 모순적인 자본의 수요라는 개념에 입각하여 있기에 모순적인 개념이고 현실에 존재하는 개념이 아니다.

케인즈와 그 후예인 포스트 케인지언들이 주장하는 유효수요는 이러한 주류 경제학적 사고를 정면으로 거부하는 코페르니쿠스적 발상의 전환이다. 유효수요 이론에 따르면, 기업의 노동에 대한 수요는 모순적인 개념인 한계생산성에 의하여 결정되는 것이 아니라, 기업가의 미래 수요에 대한 예상에 달려있다. 그리고 그 수요는 결국 경제 주체들의 소비와 투자, 정부 지출, 그리고 수출에 의존한다. 투자, 정부 지출, 그리고 수출은 외부적으로 결정된다는 의미에서 외생변수이고, 반면 소비는 경제 주체들이 벌어들이는 소득에 의존하는 내생변수인데, 특히 노동자들의 소득이 소비의 크기를 결정하는 중요한 변수이다.

그렇다면 노동자들의 소득, 그리고 기타 외생 변수들이 미래 수요를 결정하고 그것이 다시 고용의 기회를 결정하는 상호 관계가 성립된다. 임금 상승은 수요를 증가시키고 고용을 다시 늘리는 선순환 구조를 가질 수 있다.

또한 주류 경제학에서 이야기하는 시장의 항상 완전고용상태를 항상 유지한다는 어떠한 보장도 없다. 불완전 고용상태의 균형이 지속 될 수 있으며, 이는 가격과 임금이 신축적으로 움직이더라도, 그리고 시장 형태가 불완전 경쟁상태임에도 불구하고 그러하다. 이같은 결론은 주류 경제학에서 주장하는, 시장의 원칙, 즉, 가격과 임금의 신축적인 움직임과, 경쟁이 존재하는 경우 경제는 항상 완전고용을 달성할 수 있다는 종교적 신념과 정면으로 배치된다.

3.10. 부록: 균형 유효수요의 결정(Z-다이어그램)

[고급-이 절과 다음절은 관심이 있는 독자들을 위하여 이론적인 면을 보다 상세히 다루었다. 따라서 이론적인 면에 큰 관심이 없거나 혹은 바쁘신 독자들은 이 두 절을 건너 뛰어도 무방하다.]

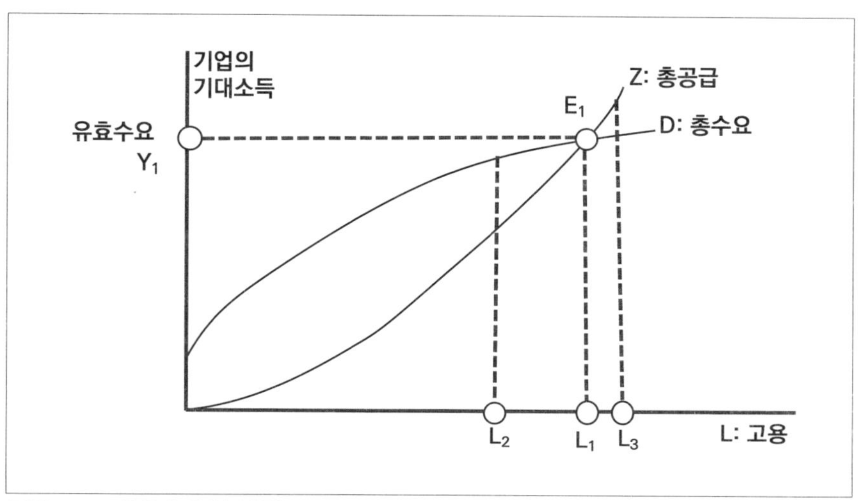

도표 3.6 유효수요의 결정

위의 논의는 **도표 3.6**에서 보여지는 소위 Z-다이어그램으로 알려진 도표로 설명할 수 있다. 이 도표는 케인즈가 제시한 것은 아니고, 케인즈적 견해를 따르는 학자 들 중 와인트롭(Sidney Weintraub)이 제시한 것이다.

총수요는 주어진 고용수준에서 경제전체에서 제품에 대한 수요이다. 고용이 적더라도 생계를 유지하기 위한 생필품의 수요는 존재하며, 정부 지출로 인한 수요는 존재한다. 그런데, 고용과 소득이 늘면서 점차 저축의 비중이 커지고, 따라서 제품 수요의 증가는 완만해 진다. 이 관계가 D 곡선으로 표현되어 있다. 고용이 0이라도 생존을 위하여서는 과거 저축의 사용이나 혹은 정부 지원들을 통한 최소한의 수요는 존재한다. 따라서, D 곡선과 Y축과의 절편은 양수이다. 그런데, 고용이 증가하고 소득이 늘 수록, 늘어난 소득 증가분 중에서 소비지출의 비중은 줄어들게 된다. 즉, 한계소비성향이 감소하게 된다. 따라서, 이 곡선의 경사도는 점차 완만하여 진다. 이같은 관계는 위의 D곡선으로 잘 표현되어 있다.

반면 Z 곡선은 주어진 각 고용수준 하에 생산을 하는 경우 기업의 이윤을 극대화하기 위하여 실현되어야만 하는 제품의 가치이다. 이를 총 공급가격이라고 부른다. 고용수준이 증가함에 따라 수확체감의 법칙이 작용하고, 비용이 상승하고, 따라서 동일한 노동자 1인을 추가로 고용함으로 인하여 기업이 판매하여야 하는 가격은 상승한다. 생산이 0이면 비용도 0이므로, 이 선은 원점을 통과한다. 그리고 수확체감의 법칙은 더 크게 작용하기 때문에 이 곡선의 기울기는 점점 가파르게 된다.

따라서 이 두 곡선은 어느 점에서 만나고 되고, 바로 그 점에서의 소득이 유효수요이다.

예를 들어, L_3의 고용수준에서는 경제에서 제품을 구매하려는 수요에 비하여 총공급가격이 크며, 따라서 기업은 생산을 줄일 수 밖에 없다. 반면 L_2에서는 초과 수요가 생긴다. 따라서 기업은 생산을 늘린다. 균형점은 L_1에서 형성되고, 이때 유효수요는 L_1에서 형성된다. 그리고 이때 균형점이 신고전학파 경제학자들이 말하는 소위 완전고용상태가 되는 것은 우연에 불과하며, 비자발적 실업은 존재할 수밖에 없다(물론 그 완전고용 상태라는 것의 정의조차 다분 종교적이다). 실질임금이 하락한다고 문제는 해결되지 않는다. 실질임금 인하는 전체의 유효수요를 하락시키며, 따라서 오히려 전체의 소득을 감소시킬 뿐이다.

3.11. 부록: 유효수요이론에 대한 반론(실질잔고효과)

[고급] 신고전학파 경제학자들이 케인즈의 유효수요 이론에 대하여 종교적으로 강렬히 거부하면서 만들어낸 궤변 중에 실질잔고효과(real balance effect)가 있다. 이 이론에 의하면, 물가가 변하면 자산의 실질 구매력이 변한다고 주장한다. 즉, 물가가 상승하면, 자산의 실질 가치가 하락하

여 소비가 줄고, 반대로 물가가 하락하면 소비는 늘어난다고 주장한다.

따라서 경제가 침체상태에 빠지면 물가와 하락하고, 소비는 늘어나서 경제는 다시 완전고용상태가 균형을 달성한다고 한다. 이것이 소위 경제학자 피구(A.C. Pigou)가 주장한 피구 효과(Pigou effect) 혹은 실질잔고효과(real balance effect)이다.

일단 이 가설은 경험적으로 검증된 바가 없다. 그리고 대부분 경제주체들은 자산만 가지고 있지 않고 반대로 부채도 가지고 있다. 따라서 물가의 변화는 자산에만 영향을 미치지 않고 부채에도 영향을 준다. 예를 들어 만일 물가가 하락한다면, 소비자 중의 순 채무자는 실질 부채가 증가하게 되고, 따라서 이 논리에 의하면 오히려 소비를 줄이게 되고 반대로 순 채권자인 은행, 혹은 한계소비성향이 작은 자산가들은 소비를 늘일 여지는 없다.

즉, 이는 순 채무자인 저소득층으로부터 순 채권자인 고소득층 혹은 은행에게 부를 이전시킬 뿐이다. 반대로 물가의 상승은 순채무자의 자산을 늘리고, 반대로 순채권자의 순자산을 줄인다. 따라서 이론적으로도 이 주장은 설득력을 잃는다.

4. 투자의 결정

4.1. 들어가기

유효수요를 이야기하면서 예로 들었던 중국음식점으로 다시 돌아가 보자. 매출 1000만원을 희망하는 음식점 주인의 희망은 그 음식의 소비자인 직원들에게 단지 800만원을 임금으로 지불하는 한 영원한 달성될 수 없다. 자신의 이윤 200만원을 실현하기 위해서는 다른 누군가에게서 그 200만원 만큼의 음식 수요를 찾아야만 한다. 만일 동사무소가 없는 경우, 그리고 직원들의 임금을 인상할 생각이 없는 경우에는 그 200만원 만큼의 수요는 자신 스스로에게 찾을 수 밖에 없다. 스스로 자기 가게에서 소비하는 것이 물리적으로 불가능하다면 다른 방법은 무엇인가. 그 해답이 투자이다. 예를 들어 사람을 추가로 고용하여 가게를 새단장하고, 그 임금으로 200만원을 지급한다고 하자. 그 경우 자신의 예상 매출과 이윤이 모두 달성될 수 있다. 이때 추가로 지급하는 200만원이 투자이다.

하지만 왜 갑자기 이 200만원을 투자할 유인이 생기는가. 주인의 입장에서 볼 때, 그 200만원을 투자해야지만 매출이 생긴다는 고차원적인 분석을 하기 때문에 투자하는 것은 절대로 아니다. 현대의 어느 기업도 자신이 투자하여야지만 자신의 매출이 실현된다고 생각하고 투자를 집행하지 않는다. 결론적으로 그렇게 될 뿐인데, 인과는 오히려 반대이다. 즉, 어떤 이유에서인지 매출이 늘어날 것을 예상하기 때문에 투자하는 것이다. 그리고 그렇기에 그 투자로 인하여 매출 예상이 실현되는 것이다.

주류 경제학의 분석은 이 경우 단순히 200만원을 투자하였다는 점에만 주목하고, 그것도 200만원 만큼의 기계 내지 설비장치로서의 '자본'을 설치하였다고 주장한다. 하지만 그들의 이론에 따르자면 매출이 일정하다면 추가로 설치된 '자본'만큼 불필요한 직원을 해고 해야만 한다. 그런데, 그렇다면 위의 중국음식점 경제의 경우에는 직원 해고에 따라 수요가 감소하고, 따라서 또다시 주인의 매출 예상은 달성될 수 없는 난관에 봉착한다. 결국 어느 경우를 보거나 우선적으로 매출 증가의 예상이 먼저 선행되고, 그 이후 투자가 결정되고, 그 투자에 의하여 주인의 매출 예상이 실현되는 셈이다.

그렇다면 그 매출증가를 예상하게 하는 원인은 무엇인가. 이것이 투자이론에 있어서의 핵심과제이다. 놀랍게도 투자에 대한 이론만큼 경제학에서 제대로 정립되지 않는 분야도 없다.

주류 경제학 이론 체계에서는 매출에 대한 예상이라는 핵심적인 변수를 무시하고 이자율이나 각종 투자에 필요한 비용이 인하되면 자연적으로 투자가 늘어나는 기적이 생긴다고 주장되어 왔다. 그리고 그 투자로 인하여 추가로 창출되는 유효수요는 고려하지 않고 있다.

즉, 주류경제학의 경우 가장 핵심은 또다시 모순적인 자본의 개념이다. 반면 포스트 케인지언은 기업가의 투자의욕을 진작시키기 위하여는 유효수요가 중요하다는 점을 강조한다. 본 장에서는 이러한 주류경제학적 이론이 가지는 비 상식성과 모순을 지적하고, 그 대안으로 포스트케인지언에서 주장하는 투자 이론을 간단히 정리하고자 한다. 그로써 세간에 근거없이 주장되어 온 이자율의 함수로서의 투자에 대한 이론, 기업가의 이윤이 매출에서 차지하는 몫이 증가하면 투자가 증가한다는 논리 등이 가지는 오류를 지적할 수 있다.

마지막으로 강조하여야만 할 점은 본 장에서 말하는 투자는 금융자산에 대한 투자와 구별되어야만 한다. 본 장에서의 투자는 기존에 기업이 가지고 있는 유동성이 높은 화폐자본을 유동성이 떨어지는 생산을 위한

다른 자산으로 변환시키는 행위, 즉 실물투자이다. 즉, 투자는 불가역적인 성격을 가진다

그렇기에 쉽게 실물투자는 유동화할 수 있는 자산을 취득하는 것에 비하여 유동성 위험이 현저히 높다. 즉, 원하는 시점에서 손해없이 현금화할 수 있는 가능성이 금융자산의 취득에 비하여 현저하게 떨어지며, 더욱이 투자를 위하여 차입을 하는 경우, 투자 예상이 틀리게 되는 경우 파산의 위험이 존재하게 된다. 따라서 기업이 투자결정을 하는 경우 불확실성을 고려하지 않을 수 없다.

4.2. 신고전학파 경제학의 이상한 나라의 투자결정이론

4.2.1. 고전파경제학의 투자결정이론의 출발점: 대부자금설

우리는 이미 대부자금설을 살펴보았다. 고전파 경제학에서는 투자는 근본적으로 대부자금설이라는 이론에 기반하고 있는데, 그에 의하면 투자에 대한 수요와 저축을 통한 자금의 공급이라는 수요와 공급이 일치하는 점에 의하여 투자가 결정되고, 그 수요와 공급은 이자율의 조정을 통해서 일어난다. 그리하여 앞에서 말한 바 있던, **도표 3.1**의 점선(?로 표시된 부분)이 실선으로 연결된다.

자금의 수요는 주어진 이자율 수준에서의 각 기업의 자본의 한계생산에 결정되는 각 기업의 투자에 대한 수요를 경제 전체로 합산하여 결정된다. 반면 대출하는 자금, 소위 대부자금의 공급은 화폐 저축, 신규 화폐의 발행, 혹은 금고 속에 축장(hoarding)되어 있던 돈으로부터 나온다.

만일 공급이 수요보다 많은 경우에는 이자율이 하락하고, 수요가 공급보다 많은 경우에는 이자율이 상승하여 공급과 수요를 일치시킨다. 이러한 수요와 공급이 일치하는 점에서 이자율이 결정되고(소위 '자연이자율'), 경제 전체의 투자가 일어난다는 것이다.

4.2.2. 신고전학파 경제학의 투자결정 이론 1: 조르겐슨 모델

현대 신고전학파 경제학에서는 이자율은 대부자금의 수요와 공급에 의하여 결정되는 것이 아닌, 화폐의 공급과 수요에 의하여 결정된다는 케인즈의 견해를 일단 수용한다. 하지만 일단 이렇게 이자율이 결정되면, 투자는 대부자금설에서 설명한 방식대로 한계생산성의 원칙에 의하여 발생한다.

현대 신고전학파 경제학의 투자결정이론은 조르겐슨(Dale Weldeau Jorgenson, 1933-2022)이 어빙 피셔(Irving Fisher,1867-1947)의 모델을 기본으로 정치화시킨 이론(1963)에 의존한다.

이 이론에 의하면 기업은 주어진 생산함수 하에서 자본의 한계생산물의 가치와 비용이 일치할 때까지 자본을 조정하는 것이 이윤을 극대화한다고 가정한다. 이때의 비용은 자본을 사용하는 기회비용, 즉 이자율(앞서 말한 기계장치 임대료율), 그리고 자본의 마모(감가상각비), 그리고 미래의 자본재의 가격에 대한 예상도 포함한다. 이러한 기계 장치 규모의 조정은 순식간에 일어나고, 이때 최적 자본 규모의 변화가 투자이다.[44] 그리고 이러한 개별기업의 투자원칙을 경제 전체에 적용시켜 경제에서의 투자가 결정된다. 그렇다면 투자가 늘기 위해서는 차입금리의 하락등의 비용의 하락, 혹은 자본의 한계생산물의 가치가 상승하여야만 한다.

이러한 모형에 내재된 문제점은 이미 지적한 바 와도 같다. 그들이

---

[44]　다시 말하자면 현재 기계장치 임대률이 5%인데, 만일 그 임대료율이 4%로 낮아지면, 기계설비를 렌탈회사에서 임대하여 설치하고 그 대신 불필요하게된 노동자를 해고한다! 그런데 만일 임대료율이 6%로 상승하면 기계설비를 줄이면서 잉여 기계설비를 즉각 렌탈회사에 반납해버리고, 노동자를 다시 고용한다!

사용하는 자본이라는 개념, 그리고 그 자본을 이용한 생산함수는 모순적인 개념이다. 그리고 여기서도 마찬가지로 유효수요와 불확실성이 차지하는 역할은 없다. 기업의 생산량은 기업은 임금과 이자율이라는 외부에서 오는 신호에 따라서 적정 자본(=기계)량을 계산하고, 그에 따라 자본을 증감한다. 필요에 따라서 순간적으로 쉽게 자본(=기계)의 양은 늘거나 줄어든다. 그러한 면에서 투자는 가역적이며, 실물투자 행위는 주식 시장에서 주식을 팔고 사는 행위와 본질적으로 다를 바가 없다.

그리고 반면 금융방식은 투자결정에 영향을 주지 않는다.[45] 투자에 있어서 금융이 차지하는 역할은 단순히 이자율 이외에는 없으며, 기업이 그 금융을 조달하는 측면은 철저히 무시되어 있다. 그 이외에도 많은 비현실적 가정들이 그 이론을 정당화하기 위하여 사용된다. 물론 후대들은 이 이론의 그 비현실적 가정들을 제거하기 위하여 노력하였다. 하지만, 핵심적인 모순은 자본의 한계생산성이라는 개념이고, 이 모순은 여러 가정들을 완화하여도 해결되지 않는다. 그리고 여전히, 그 가정의 비현실성은 그 이론이 가지는 경험적 예측력에 의하여 적용된다는 주장이 반복되는데 사실 그 이론이 경험적으로 검증된 바는 없고 오히려 부정적이다 (Baddeley 2003:66-7).

아이러니 하게도 실질임금이 상승하여 기업의 이윤이 줄어들기에 투자가 감소한다는, 신문 지상에서 그들이 강조하는 통상적 논리는 자신들

---

45 이를 모딜리아니-밀러 정리(Modigliani – Miller theorem)라고 부른다. 이에 의하면, 완전경쟁인 자본시장에서는 금융조달 방법은 금융비용에 영향을 미치지 않고, 따라서 투자결정에 영향을 주지 않는다. 물론 이같은 이론은 현실과는 괴리된 무수한 비상식적인 가정들에 의존하고 있다.

이 주장하는 이러한 투자이론과는 모순적이다. 왜냐하면, 그들의 이론에 따르자면 임금의 상승으로 상대적으로 자본이 저렴하여지고 따라서 적정 자본 규모를 증가시키는 대체효과가 있고 따라서 오히려 투자가 늘어나야 한다.

이때 법인세가 증가한다면 어떤 투자에 미치는 영향은 어떨까. 흔히들 언론에서 주장하는 바와는 달리, 이 이론 자체로 본다면 법인세를 감소시킨다고 하여도 투자에 직접적인 영향을 미치지 않는다. 왜냐하면 투자를 결정하는 주요한 요인은 비용(이자, 감가상각, 그리고 자본가치의 변화)과 자본의 한계생산물의 가치가 전부이기 때문이다. 물론 회계상 향후 투자한 자본재를 재평가하여 실현되지 않는 자본소득에 대하여 세금을 부가하는 경우에는 결국 투자의 비용이 증가하고 따라서 투자가 감소할 수 있다.

결국 이 이론을 지탱하기 위하여서는 종교의 힘이 필요하다. 즉, 실질임금의 상승은 투자를 감소시키고, 법인세의 인하는 투자를 증가시켜야만 그들의 종교적 믿음이 흡족하게 되는 셈인데, 문제는 그러한 종교를 지탱하는 이론은 없거나 이론은 오히려 종교 교리와는 모순적이다.

어찌되었건 그들에게 중요한 것은 단 한가지 사실이다. 이자율이 떨어지면 투자는 자동적으로 늘어나고, 이자율이 낮아지면 투자는 줄어들어야만 한다. 그래야지만 투자의 수요곡선이 우 하향하는 형태로 보여질 수 있고, 저축과 투자는 이자율을 통하여 균형에 도달할 수 있다. 그들의 종교에서 가르치는 섭리를 관철시키기 위해서는 꼭 그래야만 한다!

그런데 이러한 주장은 경험적 근거가 없다. 독자들이 상식적으로 생각해 보면 그 이유를 쉽게 알 수 있다. 동네에 중국음식점을 개업할 생각이 있다고 하자. 가장 중요한 요소가 무엇일까. 대체로 투자를 결정하려면 시중에서 차입할 금리보다 훨씬 높은 수익율을 예상하기 마련이다. 현재 차입금리가 5%라고 하자. 그렇다면, 예상 수익율이 6%인 사업에 투자를 감행하겠는가? 대부분의 사업은 미래에 대한 불확실성에 직면하고 있기에, 대체로 최소한 15-20%의 평균 수익율을 생각하지는 않을까. 참고로, 안전투자를 우선시하는 인프라 투자에 전업하는 사모펀드들은 정부기관으로부터의 시설 사용에 대한 보장이 있더라도 대체로 10%의 투자수익율을 기대한다. 물론 이자율이 5%에서 20%로 상승하는 경우 투자는 확실히 영향을 준다. 하지만, 사실 가장 중요한 요소는 매출의 확실성이며 투자는 차입 금리에는 덜 민감하다. 한계생산력설에 내재하는 모순을 차지하고라도 조르겐슨 류의 신고전학파 투자 이론의 난점은 이러한 상식을 무시한다는 점에 있다.

4.2.3. 신고전학파 경제학의 투자결정 이론 2: 토빈의 q이론

이러한 조르겐슨 류의 모델이 간과하고 있는 미래에 대한 기업가의 예상을 보완하는 모델이 노벨 경제학 수상자인 제임스 토빈(James Tobin)이 주장한 q 이론이다. 이 이론은 일단 주식시장은 회사가 사용하고 있는 자본재의 가치를 올바르게 평가하며, 한 기업이 사용하는 자본재는 모두 동질적인 것이라고 가정한다. 만일 그 자본재의 가치가 그 자본을 설치하는 비용보다 높다면 기업은 자본재의 구입을 늘리는 투자를 한다고 주장한다. 이때 주식시장에서의 기업가치[46]와 자산의 대체 비용의 비율을 q 비율이라고 하며 다음과 같이 표시된다.

---

[46] 이때,기업가치(Enterprise Value)는 많은 교과서에서 잘 못 파악하고 있는 바와는 달리 단순히 주식의 가치에 의하여 결정되는 시가총액이 아니며, 시가총액과 순 금융 부채를 합한 금액이 되어야만 한다. 많은 주류 경제학자들이 이에 대하여 혼동을 하고 있다.

$$q = \frac{\text{기업가치}}{\text{자산의 대체비용}} \qquad (4.1)$$

이 이론은 단순하여 직관적으로 이해가 쉽다. 그리고 주식시장의 평가를 통하여 미래의 예상을 반영한다. 하지만 과연 주식시장에서의 평가가 정확한 지의 여부는 이전의 장에서 이야기한 비현실적인 효율시장가설에 대한 믿음에 달려있다. 특히 주식시장에서의 평가는 시시각각으로 변하는 반면, 투자에는 상당한 준비기간과 설치 기간이 필요하기 마련이다. 그렇다면 기업은 급변하는 현재의 주식가격에 근거하여 비가역적인 장기적인 투자결정을 내릴 것 같지는 않다. 그리고 모든 기업들이 주식시장에 상장되어 있는 것도 아니고, 모든 기업은 그 운영에 있어서 상이하기에 많은 기업의 경우 유사한 상장기업들을 찾는 것은 실무적으로 아주 힘들다. 더욱이 한 기업 내에서 사용하는 자본재도 모두 동질적인 것도 아니기에, 그 기업에 대한 주식시장의 평가에서 어떤 특정 자본재를 투자하는 결정에 대한 평가를 분리하여 특정하기는 쉽지 않다. 그리고 이 이론은 경험적인 근거가 희박하다는 결정적인 문제를 가지고 있다.

4.2.4. 신고전학파 경제학의 투자결정 이론 : 이윤이 투자에 비치는 영향

모든 자본주의 기업은 이윤을 극대화하기 위한 선택을 한다. 신고전학파 경제학에서의 투자 이론은 그러한 최적화된 이윤을 달성하기 위하여 각 생산요소를 가장 효율적으로 결합한다는 가정 하에 성립되어 있다. 그런데 이때 이윤과 투자결정간의 인과관계를 주목할 필요가 있다. 이 이론에 의하면 생산요소의 효율적인 결합을 통해 극대화된 이윤이 창출된다. 물론 신기술의 도입 등으로 인하여 자본의 한계생산이 늘어나고, 따라서 생산성의 향상을 통해서 이윤이 날 수도 있다.

그런데 그들의 이론에 있어서는, 케인즈가 주장하였 듯이 미래의 유효수요에 대한 예상을 바탕으로 하거나 혹은 슘페터가 강조한 바와 같이 어떠한 초과 이윤을 예상하여 그에 맞추어 투자결정이 일어나는 것이 아니다. 즉, 그들의 이론에 있어서 이윤은 자본(=기계)량과 고용을 한계생산성의 원칙에 따라 조정함으로써 달성되는 결과이고, 유효수요나 이윤의 예상을 기반으로 그 예상을 달성하기위하여 투자를 하는 것이 아니다.

그리고 그 이윤이 미래의 성장을 투자를 조달하기 위한 원천이라는 아주 중요한 역할은 무시한다. 그런데 기업의 이윤은 전략적인 목적을 가진다. 이윤은 투자를 위한 내부금융임과 동시에, 외부차입을 위한 기반이다(Harcourt & Kenyon 1976; Wood 1975).

4.3. 포스트 케인지언에 있어서의 투자결정 – 유효수요의 중요성

4.3.1. 케인즈와 자본의 한계효율

위에서 살펴본 바 와도 같이, 신고전학파 경제학에서의 투자결정에 절대적으로 영향을 미치는 요소는 소위 자본의 한계생산성과 투자비용, 특히 그 중에서도 이자율이 핵심적인 요소이다. 하지만 누누히 강조하듯이 신고전학파 경제학에서의 자본의 한계생산성이라는 개념은 모순적이다. 케인즈는 이러한 모순적인 기계장치로서의 자본을 사용한 자본의 한계생산성이라는 개념 대신, 화폐로서의 자본을 투자함으로 써 얻을 수 있는 화폐 수익율을 사용하여 자본의 한계 효율성(MEC; marginal efficiency of capital)이라는 개념을 사용하였다.

이 개념은 실무적으로 많은 기업에서 투자를 평가할 때 사용하는 내부수익율(IRR; internal rate of return)과 동일하다. 이제부터 우리는 MEC대신 실무적으로 친숙한 부호인 IRR로 사용하겠다. 이 IRR는 다음의 공식을 만족시키는 할인율 r로 표현된다[47]: 즉, 투자비용을 I라고 하고, t년의 투자수익을 Y_t라고 표현하고, 그 투자수익을 r로 할인하였을 때, 투자비용 I와 같게 만드는 할인율 r이다. 즉, 케인즈는 아래의 공식을 만족시키는 할인율 r을 자본의 한계 효율성이라고 지칭하였다.

$$ I = \frac{Y_1}{1 + r} + \frac{Y_2}{(1 + r)^2} + \frac{Y_3}{(1 + r)^3} + \cdots $$

논의를 단순하게 하기 위하여 매년의 수익(보다 엄밀하게 말하자면 각종 현금 지출을 차감한 현금흐름) $Y_t = Y$로 일정하다고 가정하고, 고등학교 수학에서 배운 무한등비급수의 합의 공식을 이용하면,

$$ I = \frac{Y}{r} \iff r = \frac{Y}{I} $$

즉, 예를 들어 1억원을 투자한 사업에서 매년 순 현금수익 1천만원이 영원히 나오는 경우, $r = 10\%$이다. 따라서 이 IRR을 결정하는 핵심적 요인은 기업이 향후 매출에서 발생하는 순현금흐름의 플로우에 대한 예상이지 신고전학파 경제학에서 말하는 기계장치의 생산성은 아니다. 그리고 이 때 투자비용 I는 비단 기계장치의 설치비용 뿐만 아니라, 투자 초기에 들어가는 각종 비용, 즉, 사업개발비, 용역비, 그리고 초기 운영 시 필요한 임금 등의 운전자금도 모두 포함된 화폐적 개념이다.

---

47 위에서 신고전학파 경제학을 말할 때 사용한 R(기계 임대료)이라는 부호 대신, 그와는 구분하기 위하여 소문자 r을 사용하였다.

실무적으로 볼 때 현대의 기업 중 어느 회사도 조르겐슨 모델이나 토빈의 q와 같은 방식으로 투자를 하지는 않는다. 석탄화력 발전소에서 석탄을 나르는 방식은 컨베이어 벨트를 설치하거나 혹은 인력으로 나르는 방식이 있다고 하자. 기업은 이 두가지 경우에 있어서 각각의 내부수익율 IRR을 계산하고 서로 비교한다. 그러한 결정에는 자본의 한계 생산성이라는 신고전학파 경제학의 형이상학적 이론은 등장하지 않는다.

도표 4.1에서 IRR은 임의로 그린 것이다. 최초에는 규모의 경제에 의하여 상승하고, 이후에는 하락하는 모양을 보인다고 가정하였다. 케인즈는 이 IRR이 이자율보다 높아야지만 투자가 일어난다고 하였다. 아래의 도표에서 최대한 발생할 수 있는 화폐자본의 투자액은 K_1이다(직선 A가 MEC와 만나는 교점인 E_1). 단, 잊지 말아야만 할 중요한 점은 이러한 조건은 '최소한의 필요조건'에 불과하며, 이 조건을 만족시킨다면 자동적으로 투자가 일어나는 충분조건은 절대로 아니라는 점이다.

그리고 다음과 같은 현실을 고려하여야만 한다. 투자라는 것은 유동성이 강한 화폐자본을 유동성이 제약되는 설비 등으로 바꾸는 결정이고, 따라서 투자로 인한 이윤이 투자비용을 상당한 정도 초과하지 않으면 투자결정은 불가능하다. 이미 이야기한 바 처럼 사업에서 기대하는 통상적인(자기자본투자에 대한) IRR는 아주 안정적인 사업의 경우라고 하더라도 최소한 10%이다. 반면 차입금리는 5% 내외라고 가정하자. 따라서 투자수익율과 차입금리 사이에는 상당한 격차가 이미 확보되지 않는 경우 그 어느 누구도 투자를 하지 않는다. 왜냐하면 금융투자와는 상이하게 실물투자는 비가역적이고 불확실성에 좌우되기 때문이다. 따라서 기업은 투자하는 사업에 따라 시중 금리보다는 훨씬 높은 수준에서 일정한 최소한의 IRR을 정하여 놓기 마련이다(그림에서 B). 따라서 아래의 그림에서 기

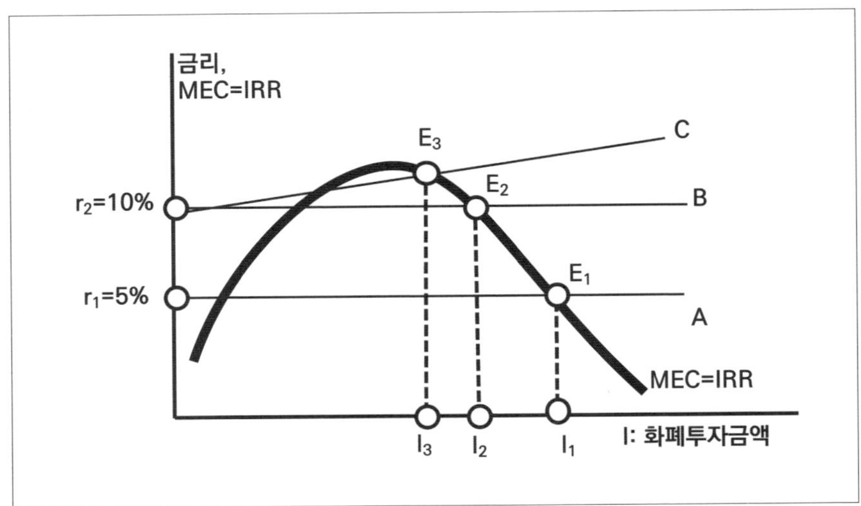

도표 4.1   자본의 한계효율과 투자의 결정

업은 시중 금리와 MEC가 만나는 점인 I_1가 아니라, 실제로 I_2까지만 투자를 하기 마련이다(직선 B가 MEC와 만나는 교점인 E_2).

신고전학파 경제학에서는 간과하고 있지만 그 이외에도 중요한 요소가 있다. 위의 그림은 투자금액에 상관없이 그 비용은 항상 일정하다고 가정한다. 하지만, 투자금액이 커질수록 그 자금의 조달 비용은 상승하는 것이 당연하다. 또한 기업의 입장에서도 위험성이 증가하기에 심리적으로 더 많은 부담이 된다.[48]

따라서 기업이 최소한 확보하기 원하는 수준의 IRR은 위의 직선 C처럼 투자자본이 커질수록 상승하기 마련이다. 그렇다면, 최대한 투자 가능한 화폐자본은 우상향하는 직선 C 와 MEC가 교차하는 E_3이며, 투자액

---

48   이같은 원칙은 포스트 케인지언학파 칼레츠키(Kalecki)가 주장하였는데, 이는 위험 증대의 원리(the principle of increasing risk)로 불리운다.

은 I_3가 된다.

또한 미래는 불확실하기 때문에 기대 수익율에 대한 예상은 통계학적으로 말하자면 소위 편차 값이 크다. 따라서 위의 그림에서 MEC 곡선은 변동이 심하다. 기업가가 사업에 대하여 낙관적으로 생각하는 경우 미래의 현금흐름이 크다고 느낄 수 있고, 따라서 그 곡선은 갑자기 위로 상승할 것이고, 만일 어느 순간 비관적인 분위기에 사로잡히는 경우 갑자기 아래로 움직일 것이다. 그에 따라 I_3도 좌우로 심하게 변동될 수 있다. 위의 MEC곡선은 물론 생산과정의 물리적 성질도 물론 반영한다. 하지만 보다 중요한 요인은 생산물의 판매 가능성과 그로 인하여 창출되는 미래의 수익인데, 그것들은 궁극적으로 기업가의 예상에 달려있다.

4.3.2. 투자의 결정요인

그렇다면 이자율이 투자의 결정요인이 될 수 있을까? 위에서 설명했듯이 이자율은 단순히 최소한의 조건에 불과하다. 현실에서의 투자는 위 그림에서 E_1에서 결정되는 것이 아니라 E_3에서 결정된다. 이자율은 단순히 IRR의 최소값을 결정할 뿐이다. 대부분의 교과서에서는 아무 생각 없이 IRR과 이자율이 만나는 지점인 I_1 수준에서 투자가 결정된다고 말하며, 투자는 이자율의 함수라고 말한다. 하지만 이는 근본적인 이해 부족에서 비롯된 이야기다. 중요한 것은 미래의 유효수요와 이익에 대한 기업가의 기대, 그리고 위의 그림 상, C직선으로 표현되는 재무적 제약이다.

4.3.3. 불확실성과 기업가의 야성적 충동

투자는 이자율이라는 변수에 의존하기 보다는 이윤에 대한 기대, 따라서 야성적 충동(*animal spirits*)에 절대적으로 의존하고 있으며 이러한 기대가 변할 때마다 그 MEC곡선은 현저하게 변화될 수 밖에 없다.

자본주의 경제는 미래 비용과 수입의 정확한 계산이 아닌 투자자의 야성적 충동에 의하여 이끌려 지고 있다. 많은 인간의 활동과 마찬가지로 투자 결정은 "이윤의 수학적 기대보다는 자발적 낙관주의에 의존한다"(Keynes 1936:161).

"아마도 충분한 결과가 미래의 수일 후에 발생하는 어떠한 것을 하는 우리의 결정들은, 야성적 충동의 결과로 취하여지는 것이다. 즉, 비행위가 아닌 행위를 하고자 하는 자발적 충동에 의하는 것이며, 어떤 계량적인 확률과 계량적인 이익을 곱한 기대 값의 결과가 아닌 것이다. […] 그 사업에서 취할 수 있는 이득을 예상 함에 있어서는 마치 남극 탐험에서 얻을 수 있는 것을 예상함과 다를 바 없다. 따라서, 만약 야성적 충동이 빛을 바래고 자발적인 낙관주의(the spontaneous optimism)가 주춤거리고, 그리고 단지 수학적 기대 값에만 기업의 결정을 의존하는 순간, 기업은 시들고, 결국 사멸한다. 손실을 입을 공포감이 전에 가지고 있던 이윤을 창출할 희망보다 더 이성적인 것은 물론 아님에도 불구하고 말이다."(Keynes 1936: 161-162).

독자들은 이때 케인즈의 사용한 개념을 주목하여 살펴볼 필요가 있다. 이전에 설명한 것처럼, 계량적인 확률로 계산될 수 있는 사태는 제약적이다. 계량적인 확률이 지배하는 세계는 에르고드성이 지배하는 앨리스의 이상한 나라인데, 케인즈는 이러한 에르고드성을 부정한다. 결국 모든 것은 기업가의 심리이다. 그렇다면 기업가의 낙관적 기대는 어떻게 형성되는가. 이것이 가장 어렵고도 중요한 문제이다.

이에 대한 자세한 설명은 본서의 범위를 넘는다. 하지만 인간은 환경과 집단 심리에 의하여 지배된다. 기업가도 마찬가지이다. 기업가가 어느 날 아침에 갑자기 낙관적 심리를 가지게 된다고 기대하여서는 안된다. 그 낙관적 심리가 지배적인 집단심리가 되어야만 한다. 결국, 집단심리의 형성과정에 대한 이해가 필요하다. 그런데 많은 경우, 그러한 집단심리의 형성에는 어떠한 계기가 필요하다.

여기에서도 정부의 적극적인 역할이 필요하다. 예를 들자면(물론 가상적 상황이지만), 일본이나 한국의 정부가 아시아의 대형 개발도상국과 경제 통화 블록을 형성할 수 있다면, 이는 기업가의 기대를 충분히 자극할 수 있고, 투자를 자극하며, 선순환의 시작이 될 수 있다. 실질임금의 인상을 통한 소비의 자극도 기업의 투자를 자극시키는 동기가 된다. 대규모 정부의 재정투자 사업도 그러한 계기가 될 수 있다. 그런데, 이에는 매스컴의 역할이 중요하다. 매스컴이 기존의 신고전학파 경제학에 세뇌된 학자들과 연합하여 이러한 정부의 부양 정책에 대하여 '비평을 위한 비평'을 하면 어떤 정책도 무용하다. 대부분의 기업가들은 신문 보도에 민감하다. 비관적 여론이 형성되어 지배적 의견이 되면, 기업가도 그에 따라 투자 감축을 결정한다.

4.3.4. 유효수요의 중요성

슘페터가 이노베이션을 통한 초과이윤의 창출이 자본주의를 움직이는 원동력이라고 강조하였듯이 초과이윤의 존재가 투자를 자극하는 것은 사실이다. 그런데 신규투자가 일어나기 위해서는 신규 투자된 사업에서의 이윤에 대한 예상이 중요한 것이며, 기존의 생산시설에서 창출되는 이윤은 단지 신규투자를 위한 금융을 제공할 수 있는 기반일 뿐이다.

기업의 신규사업을 기획하여 본 실무자들은 신규사업에서의 이윤의 크기에 절대적 영향을 미치는 요소가 매출액 임을 쉽게 인정한다. 그 이유는 다양하다. 투자에는 항상 최소한의 투자 단위와 최소한의 고정비용이 존재한다. 따라서 매출이 작은 경우에는 그 시설의 가동율이 낮을 것이고, 고정비용은 일정하므로, 그만큼 매출 대비 투자비용이 크다. 매출이 어느 일정 수준을 넘어서는 순간 비약적으로 수익성은 상승하기 마련이다.[49]

그런데 생산과정의 선택, 투자에 소요되는 비용, 그리고 제품의 생산에 소요되는 비용은 매출 규모에 따라 변하는데 이러한 요인들은 비교적 예상하기가 쉽다. 가장 어려운 예상은 수요의 예측이다. 하지만 매출 규모가 가장 이윤을 결정하는 가장 핵심적 요소이다.

아베노믹스의 경우에는 투자를 유인하기 위하여 일련의 정책들을 고려하였다. 장기적으로는 유효수요의 증대를 통한 기업가의 매출 예상의 증대였다. 예를 들어, 실질임금의 인상은 소비수요를 증대시키고, 그로서 고용이 늘고 또한 생산시설의 확장이 이루어지면 투자재 부분의 생산이 촉진되고, 생산재 부문이 고용과 투자가 늘어나는 선순환 구조를 실현가능하다. 이러한 선순환구조는 **도표 4.2**로 요약할 수 있다.

임금이 상승하면(①) 소비재 부분의 수요가 증가하고(②), 그럼으로써 소비재 산업에서 설비를 보다 도입하려고 할 것이며(③), 이는 설비재를 생산하는 기업이 생산과 그를 위한 설비 투자를 촉진시킨다(④). 따라서

---

[49] 이는 독자들도 쉽게 확인할 수 있다. 투자액이 100원인데, 매년 고정비용(기계 감가상각 비용 포함)이 70원, 그리고 가변비용은 매출의 20%라고 가정하자. 매출이 100원인 경우, 세전 순이익은 100-70-20=10원이다. 그런데, 매출이 150원으로 늘면 세전 수익은 150-70-30=50원으로 비약적으로 증가하게 된다.

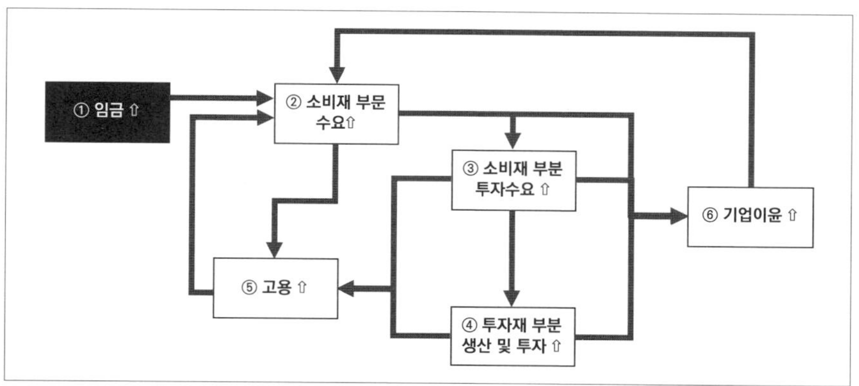

도표 4.2   임금 인상에 의한 투자증가

이 과정 중에서 소비재와 생산재 부분의 고용은 늘게 되고(⑤) 기업의 이윤은 증가하게 된다(⑥). 그리고 고용이 늘어남에 따라 이같은 선순환 구조가 반복이 된다.

하지만 이러한 임금상승에 의한 유효수요의 증대를 통한 투자의 증대는 시간이 걸리기 마련이다. 따라서 아베노믹스의 경우에는 기업이 가지고 있는 이익잉여금에 대한 과세를 통한 강제적인 실물투자 확대의 방법도 동원하였다. 하지만 결국 중요한 요소는 기업가의 낙관적 심리이다.

4.3.5. 실질임금의 인상과 법인세 인하가 투자에 미치는 영향

아베노믹스의 경우 그에 반대하는 입장에서는 임금의 상승은 기업이 투자에서 얻는 이윤을 줄이고, 따라서 기업의 투자를 감소시킨다고 주장한다. 또한 감세를 통하여 투자를 증가시켜야 한다고 주장한다. 그런데 이미 언급하였듯이, 이러한 주장들은 어떠한 이론적 기반도 없다. 심지어 이러한 강변들은 신고전학파 경제학 이론과도 모순된다.

그들의 이론에 의하여 지지되지는 못하더라도 그들은 실질임금 상승은 투자의욕을 감소시키고, 법인세의 감소는 투자의욕을 진작시킨다는 이야기를 믿고 싶어한다. 이론을 떠나서 과연 이러한 이야기는 현실적인 타당성이 있을까.

일단 법인세의 감세는 투자를 늘린다는 주장을 보자. 현행 일본의 법인세율은 일반적으로 23.2%이다. 법인세를 만약 10% 포인트 만큼 인하하여 13.2%로 대폭 줄인다고 하자. 그리고 두가지 극단적인 경우를 보자. 일단(세전) IRR이 10%인 경우, 원래의 세후 수익율은 대략 7.7%인데, 법인세 인하로 인하여 세후수익율은 8.7%로 대략 1% 상승한다. 과연 이 1%만큼의 차이가 투자 의욕에 결정적 역할을 할 수 있을까. 이미 말한 것처럼 기업이 투자계획을 할 때 예상 수익은 불확실성에 좌우되고, 따라서 그 예측의 편차는 아주 심하다. 따라서 이 1%는 일반적인 편차의 범위 내의 숫자에 불과하다. 만일 IRR이 50%인 사업을 보자. 이때 10% 법인세 인하는 5%의 세후 수익율의 차이를 초래하는데, 애당초 50%의 내부 수익율이라는 숫자 자체가 아주 매력적이니만큼 이 사업의 원래 매력도에 비하면 사실 이 5%는 전혀 고려사항이 될 수 없다.

이미 언급하였듯이 신고전학파 경제학의 이론 내에서도 법인세의 크기는 투자에 직접적인 영향을 주지 않는다. 법인세의 절감으로 인하여 기업내부에 유보된 이윤이 많아지는 경우 미래의 투자를 위한 금융재원으로 사용할 수 있지만 반대로 당장 주주들에 배당을 할 수도 있고, 부동산에 투기를 하기 위하여 사용할 수도 있기에 그 절감된 세금이 실물 투자로 연결된다는 보장은 전혀 없다. 따라서 일률적으로 법인세를 인하하는 것 보다는 특정 전략 산업에 한하여 투자를 촉진시키기 위한 각종 보조금이나 낮은 금리의 금융 등을 제공하는 것이 정부의 재원을 현명하게 사용하는 방법이다.

과연 실질임금의 상승이 국가 전체가 아니라 심지어 개별 기업의 투자에 큰 악영향을 줄 수 있을까. 실질임금의 상승이 투자 수익율에 미치는 영향은 전체 생산비에서 임금이 차지하는 비율에 따라 달라진다. 고도의 노동 집약적인 사업에서는 당연히 임금 상승은 투자 수익율에 큰 영향을 준다. 하지만, 대규모 투자를 요하는 자본 집약적 사업에서는 투자 수익율에 미치는 영향은 제한적이다. 따라서 실질임금 상승이 투자에 미치는 악영향은 주로 생산원가에서 임금이 차지하는 비중이 높은 산업에서 보여질 수 있는데, 사실 그러한 사업들은 개별적으로 볼 때는 자본재의 투자 규모가 크지 않은 중소기업인 경우가 많다. 아래의 표에서 볼 수 있듯이, 일본의 경우 2021년의 경우 금융산업을 제외한 국가 전체 기업의 매출에서 인건비가 차지하는 비율은 대체로 14.3%였다.

표 4.1 년차별 법인기업 통계조사(2021년도)

(단위: 조엔)	합계	매출대비 비율	자본금별			
			10억엔 이상	1~ 10억엔	1천만~ 1억엔	1천만엔 미만
모집단 기업의 수			4,807	25,885	886,860	1,972,504
매출	1,447.9		543.6	282.6	496.0	125.7
인건비	206.6	14.3%				
영업이익	54.2		34.8	11.9	10.0	(2.5)
영업이익율		3.7%	6.4%	4.2%	2.0%	−2.0%
지급이자 등	6.9	0.5%				
경상이익	83.9		49.5	14.0	17.9	2.5
경상이익율		5.8%	9.1%	5.0%	3.6%	2.0%
조세 공과	10.2	0.7%				
설비투자	45.0	3.1%	21.2	7.4	12.2	4.2
설비투자 비중			47%	16%	27%	9%
회사별 평균설비투자 (백만엔)			4,412.8	284.4	13.8	2.2

  10%의 세전 영업이익율을 목표로 하였던 신규 사업의 만일 인건비
가 5%인상된다면 세전 이윤은 대체로 0.7% 감소하여 9.3%가 된다. 평균
적으로 볼 때는 최초 수익율 예상의 편차 범위 이내의 숫자이다. 신규사
업에서 예상하는 세전 영업이익율이 그보다 높은 경우, 혹은 대규모 장비
투자가 필요한 사업에서는 인건비 인상이 전체 수익율에 미치는 영향은
더욱 제약적이다.

  물론 보다 노동집약적인 소규모 기업의 경우에는 그 차이가 클 수 있
다. 일본의 경우 2021년의 경우 자본금이 천만엔 이하의 대략 2백만개의
기업이 행한 설비투자는 전체 설비투자의 대략 9%이고, 1개회사 평균 투
자금액은 대략 220만엔이다. 그리고 자본금 규모 1억엔 이하의 대략 88
만개의 회사는 전체 설비 투자의 대략 27%를 점하고, 이들은 평균 1,300
백만엔의 설비투자를 행하였다. 이들 중소기업들 중 인건비의 비중이 높
은 회사들은 실질임금 인상으로 타격을 받을 수도 있다. 하지만 아베노믹
스에서 우선적으로 실질임금의 인상을 요구하였던 대기업의 경우에는 그
영향이 크지 않을 듯 한데, 사실 그들이 실질임금 인상에 대하여 투자 의
욕 감소 등을 이유로 가장 큰 반대를 한다.

  이는 개별 기업들에 국한된 경우이다. 하지만 경제 전체의 전반적 실
질임금 상승은, 실질임금의 상승으로 인한 투자의욕의 감소를 주장하기
보다는 그 실질임금의 상승으로 인하여 전체 유효수요가 증가하고, 그로
써 기업가의 야성적 충동을 자극하기 때문에 보다 효과적인 수단이라는
점을 잊어서는 안된다.

4.3.6. "자본가들은 그들이 소비한 만큼 벌어들이고, 노동자들은 벌어들인 만큼 소비한다"

이 어려운 말의 의미는 수식(3.13)을 보면 파악이 된다. 단, 이 때의 소비란 자본가들의 소비재 지출과 투자를 통칭한다. 이 식에 따르자면 이윤은 자본가의 지출(자본가의 소비 + 투자), 그리고 정부의 재정지출의 합이다.

이 말은 케인즈를 계승한 칼도가 한 말인데("Capitalists earn what they spend, and workers spend what they earn"), 그의 동료인 칼레츠키가 한 말로 잘못 알려져 있다. 하지만 칼레츠키도 같은 맥락에서, "(자본가들)의 투자와 소비의 결정이 자신들의 이윤을 결정하는 것이며, 이윤 때문에 소비와 투자가 결정되는 것이 아니다"라고 언급한 바 있다. 케인즈는 이를 비워질 수 없는 과부의 항아리[50]라고 비유하였고, 반대로 자본가들이 소비와 투자를 줄인다면, 그 때는 결코 채워질 수 없는 다나이드의 항아리(Danaid jar)[51]가 된다고 하였다.

물론 개별기업 차원에서의 기업은 투자를 하기에 앞서서 이윤을 예상한다. 그러한 의미에서 이윤에 대한 추구가 그들의 행동의 동기가 된다.

---

50 성경에 나오는 일화. 선지자 엘리아가 사르바토에 사는, 이제는 항아리에 마지막 한끼 먹을 곡식 밖에 없는 가난한 과부를 만났다. 그는 과부에게 그 마지막 곡식을 이용해 빵을 만들어 자신에게 달라고 말한다. 그러면 여호와 하나님께서 그녀의 항아리를 영원히 비워두지 않으실 것이라고 하였다. 그 과부는 그 말을 믿고 마지막 남은 곡식을 이용해 빵을 만들어 엘리아에게 제공했는데, 실제로 항아리는 그 후로 비지 않게 되었다고 한다.

51 그리스 신화에 등장하는 아르고스의 왕 다나이데스의 49명의 딸들에 관한 일화. 그들은 모두 남편을 살해한 죄로 저승으로 끌려가 구멍이 뚫린 항아리에 물을 계속 담는 형벌을 받게 된다.

하지만 그렇다고 하여서 이윤이 그들의 예상과 같이 실현되는 것은 아니다.

신고전학파 경제학이 관점에서는 경제 전체의 이윤은 개별기업의 이윤의 합이고, 개별기업의 이윤은 자본의 한계생산성에 의하여 결정된다. 하지만 케인즈나 칼레츠키의 관점에서는 놀랍게도 경제전체의 이윤은 오히려 투자에 의하여 결정된다. 이는 개별기업의 논리가 경제전체에는 적용되지 않음을 보여주는 또 하나의 좋은 예이다.

그렇다면 왜 그럴까. 단순화시켜서 노동자는 벌어들인 돈을 모두 소비에 지출하고, 자본가는 소비를 하지 않는다고 하자. 그리고 정부 지출도 없고 무역도 없다고 하자. 그러한 경제에서의 총 지출은 노동자의 소비재 구입과 자본가의 투자재의 구입이며, 총 소득은 임금과 자본가의 이윤으로 구성된다. 노동자의 임금과 소비재 구입액은 같으므로, 결국 투자재의 구입은 자본가의 이윤과 같을 수 밖에 없다. 이때, 이미 언급하였던 바, 인과관계가 중요하다. 자본가는 투자재 결정을 할 수 있지만, 이윤은 마음대로 결정하지 못한다. 즉, 자본가의 투자재 구입 결정이 이윤을 결정하는 것이다.

경제 전체로 보았을 때는(정부 재정이 균형을 이루고 있다는 가정 하에서는) 투자액 만큼 결국 자본가의 이윤이 생겨난다. 하지만 개별 자본가들의 입장에서는 이러한 원리를 이해하지 못할 뿐이다. 그리고 자신이 투자한 액수는 자신의 이윤으로 돌아온다는 점을 쉽게 이해하지 못한다.

물론 투자 활동은 기업가의 자발적인 야성적 충동에 의존한다. 하지만, 그들의 야성적 충동은 변덕이 심하다. 또한 군중심리에도 크게 의존한다. 이에 정부의 역할이 중요하다. 직접적으로 투자의 대상을 지정하는 역할을 말하는 것이 절대 아니다. 투자를 할 수 있는 환경을 고조시키는 것이 그 중요한 역할인데, 이는 멀고도 험난한 길 임에는 틀림없으나 그럼에도 불구하고 어디에선가는 시작하여야만 한다. 가장 가까운 것은 생산적 분야에 대한 정부에 의한 투자, 아베노믹스가 현재 추진하여 온 바와 같이 민간기업의 생산적 부문에 대한 투자 유인, 그리고 사회의 전반적 실질임금의 상승이다.

4.4. 이 장의 요약

이장에서는 경제학 이론 중 가장 가장 논란 거리인 투자이론에 대한 간략한 소개를 하였다. 특히, 주류 경제학인 신고전학파 경제학의 투자 이론 중 가장 대표적인 조르겐슨 모델과 토빈의 q이론을 고찰하였다. 전자는 자본이라는 모순적인 개념에 또 다시 의존하고 있고, 매출이 불변함에도 불구하고 이자율이 변함에 따라 노동에 비하여 상대적으로 자본이 보다 저렴하여지기 때문에 자동적으로 투자가 늘어난다는 비상식적인 논리를 포함하고 있다. 그런데 그런 경우 고용이 감소하기 때문에 오히려 매출은 감소할 수 있다. 이 이론은 이론적으로도 모순일 뿐만 아니라 투자를 하는 동기에 대하여서도 전혀 설명하지 못한다.

토빈의 q이론은 주식시장을 통한 평가에 의존하여 투자가 발생한다는 주장을 한다. 그 이론은 단순성과 강한 직관적 호소 때문에 많은 호응을 받아 오긴 하였지만, 이 또한 상식과는 부합되지 않으며 현실적인 적용에는 너무도 많은 무리가 따른다. 실무적으로 볼 때, 상장되어 있는 회사는 많지 않고 모든 회사는 상이하기에 유사한 비교 대상을 찾는 것은 어렵고, 주식시장에 상장되어 있는 회사들의 기업가치는 시시 각각 변하기에 장기적인 투자의 지표로 이용하기에는 분명 난점이 존재하며, 설사 상장되어 있는 회사라고 하더라도 다양한 이질적인 사업 부문이 존재하기 마련이다.

포스트 케인지언의 투자이론의 출발점은 케인즈가 이야기한 자본의 한계효율이라는 개념이다. 이는 주류경제학에서 사용하고 있는 모순적인 자본이라는 개념과 자본의 한계생산성에 의존하지 않는데, 이 때 투자는 사업을 하기 위하여 먼저 지출되는, 노동과 기계장치를 구입하기 위한 화폐액수이지 비단 기계장치의 증설이 아니다. 이러한 투자 평가 방식은 사실 현실에서 실무적으로 가장 광범위하게 사용되고 있으며, 다분 가장 상식적인 접근 방법이다. 그리고 투자 결정에 있어서 가장 핵심적인 요소는 매출의 전망인데, 그 매출 전망은 기본적으로 기업가의 야성적 충동에 의존한다.

또한 시중 이자율은 투자를 결정하는 직접적인 요소는 아니고, 단지 최소 필요조건일 뿐이다. 기업은 투자를 함에 있어서 우선적으로는 매출 전망을 한 후, 그 매출을 달성하기 위한 금융에 있어서 시중 이자율을 고려하는데, 단 그 이자율과 예상 수익율과는 상당한 버퍼가 있어야만 불확실성에 지배되는 비가역적인 투자를 집행할 수 있다. 또한 투자의 규모가 커질 수록 그에 수반되는 실질적 및 심리적 금융 비용이 커지기에 보다 높은 수익율 전망이 필요로 된다.

그렇다면 어떻게 낙관적인 전망을 기업가에게 심어줄 것인가. 분명 이같은 질문은 본서의 범위를 넘어서 사회심리에 대한 심도 깊은 분석을 요구한다. 하지만 정부의 재정 지출의 증가, 새로운 해외 판로의 등장, 그리고 근로자들의 실질 소득 향상으로 인한 전반적 소비 진작 등은 기업가가 가진 미래의 매출 전망에 큰 영향을 미치는 것이 사실이다. 이에 강조하고 싶은 바는 낙관적 전망을 형성함에 있어서의 정부의 역할이다. 낙관적 전망은 어느 한순간에 기적적으로 생기는 경우는 드물고 민간이 스스로 형성시켜 나가기도 쉽지 않기 때문이다. 그렇다면 정부가 최초의 단서를 제공하여야만 하는 것은 아닐까.

5. 정부지출과 재정적자의 문제[52]

5.1. 들어가기

이 장에서는 현재 세간에 서로 서로 다른 견해로 팽팽히 대립되고 있는 재정 지출의 영향에 대하여 논의하려 한다. 재정 지출의 필요성은 3장에서 유효수요의 원리를 설명하면서 이미 언급한 바 있다. 이에 추가로 정부 재정 지출과 세입이 균형을 이루는 경우 경제 전체의 소득에 미치는 영향을 균형재정승수라는 개념을 통하여 설명하고자 한다. 그 후 세간에 제기되는, 재정지출에 대한 각종 반론에 대하여 세밀하게 검토할 예정이다. 그리고 정부 재정 균형 상태와 민간의 부채와의 관계를 설명한 후, 재정 준칙을 강조하는 건전 재정 원칙과 기능적 재정 원칙을 비교 평가하고, 효율적인 정부 지출에 대하여 논의하려 한다. 마지막으로 케인즈가 말한 바 있던 보충성원리를 설명하며, 정부지출의 증가는 민간의 영역을 침범하는 것이 아니라, 민간이 수행할 수 없는 역할을 정부가 수행함으로써 민간 경제를 활성화시키는 것임을 강조하고자 한다.

5.2. 정부지출의 효과

5.2.1. 정부 재정지출은 왜 필요한가

3.6장에서 이야기한 중국음식점의 예를 살펴보자. 중국음식점이 유일한 산업인 경제에서 주인의 매출 예상이 1000만원인 경우, 임금 800만

---

[52] 본장에 들어가기 앞서서, 저자가 초보자들을 위하여 게시한 "재정긴축론의 오류-잘못된 비유가 갖는 권력과 꼭 그래야만 한다는 논리"라는, 본서의 부록에 수록된 컬럼을 먼저 읽어보기를 권한다.

원을 지불한 후 적정 이윤 200만원을 달성하는 것은 논리적으로 불가능하다. 경제 전체에 존재하는 수요는 최대한 800만원에 불과하기 때문이다. 기업가가 이윤을 향유하고, 동시에 그 이윤은 소비에 사용되지 않고 저축된다면 주인의 매출 예상은 영원히 달성될 수 없다. 이미 이전에 이야기 바 해결책 중의 한가지는 동사무소 직원이 200만원의 매상을 올려주는 길이다. 이에 경제를 균형시키고 기업가의 이윤에 대한 예상을 충족시키는 방법이 정부 지출임을 알 수 있다. 이같은 관계는 식(3.13)에서 확인가능하다. 다시 쓰자면,

$$\text{자본가이윤} = \text{자본가 소비} + \text{투자} + \text{정부적자}$$

즉, 자본가의 소비가 낮고, 투자 수준이 낮다면, 자본가의 이윤을 유지시키면서 균형을 달성하는 유일한 방법은 정부의 적자, 즉 재정지출이다.

하지만 단순히 균형을 달성하는 목적으로만 정부 재정 지출이 필요한 것이 아니다. 경제 내에 유효수요를 증가시킴으로써 보다 경기를 부양하고 소득을 진작하는 목적이 있다. 정부 재정 지출은 기업의 매출을 직접적으로 증가시키거나 혹은 정부지출을 가계에 대한 보조금으로 지급하는 경우 가계의 소득을 늘리고, 그로 인하여 소비를 증가시킴으로써 기업의 매출을 증가시킨다. 이렇게 증가된 기업의 매출은 다시 고용을 촉진시키고 개인의 소득 증가로 이어지는 등의 일련의 긍정적인 연쇄 반응을 유발한다.

예를 들어 위의 중국음식점의 예에서 보자면, 최초 음식점이 예상하던 매출이 1000만원이고, 그 중 800만원은 임금인데 이때 직원들은 그 800만원을 모두 소비에 지출하며, 그 20%인 200만원의 이윤에 해당하

는 수요 부족 분은 동사무소 직원들의 소비 200만원으로 충당된다고 하자. 그런데, 만일 정부가 300만원의 추가 재정지출을 하여 음식에 소비한다고 하자. 이제 음식점은 자신의 예상을 총 1300만원으로 수정하고 고용을 늘린다. 하지만 여기에서 그치는 것은 아니다. 그 경우 늘어난 매출액 300만원 중, 자신의 이윤 20%를 제외한 240만원을 임금으로 지급한다면 그 임금은 다시 소비로 사용되고, 총수요는 초기 예상한 1300만원이 아닌 총 1540만원이다. 그렇다면 고용을 다시 늘리고 등등, 이러한 과정이 계속 이어진다. 결국 300만원의 정부 지출로 인하여 늘어나는 총 소득은 300+240+192+ ⋯ = 1500만원이다. 물론 이 예는 아주 단순화시킨 설명이다. 실제로는 생산이 늘어남에 따라 한계 생산 비용은 상승하기 마련이고 따라서 효과는 반감되기 마련이지만, 정부 지출로 인하여 경제 전체의 소득이 상승하는 효과는 충분히 기대할 수 있다.

또한 정부지출은 단순히 현재의 기업의 매출이나 소비를 진작시키는 것만은 아니다. 정부 지출로 인하여 소비 수요가 늘어나고 기업가들이 낙관적 심리를 가지게 되면 그로 인하여 위의 예에서 중국음식점이 자신의 이윤으로 비축하여 놓았던 자금을 투자로 전환시키거나 혹은 그것이 부족한 경우에는 은행에서 차입을 하게 된다. 이렇게 하여 투자재에 대한 수요가 늘면서 그에 따른 고용이 증가하고, 그 증가된 고용은 다시 소비의 증가로 이어지는 선순환이 개시될 수 있다.

마지막으로, 이 같은 정부의 재정지출은 그 늘어난 소득으로 인하여 동시에 세수의 증가로 이어지면서 최초의 재정적자를 보전할 수 있게 된다.

혹자는 이같은 설명에 대하여 정부 지출은 민간의 투자를 위축 시킨다거나, 그 적자가 지속적으로 누적이 되어 재정의 파탄을 초래하거나, 혹은 부채는 상속될 수 있다는 등의 각종 우려를 표명한다. 혹은 정부재정 지출이 인플레이션을 야기할 수 있다고 강조한다. 이와 같은 각종 우려에 대하여서는 본 장에서 차후 다룰 예정인데 단, 인플레이션에 대한 우려에 대하여서는 제 7장에서 보다 상세히 논의하도록 하겠다.

우선, 부채 규모의 증가에 대한 우려를 불식시키기 위하여 다음의 장에서는 정부지출과 세입이 균형을 이루는 경우 정부 지출 대비 증가된 소득의 비율을 이야기하는 균형재정승수에 대하여 간략히 소개를 한 후, 그 이후 세간에 제기되고 있는 각종 반론에 대하여 자세히 살펴보고 반박하도록 하겠다.

5.2.2. 승수효과

정부가 1조원의 정부지출을 하고, 동시에 1조원의 세금을 징수하면 소득 증가에 기여하는 순 효과는 어떻게 될 것인가. 일반인의 상식은 당연히 소득 증가는 0이라고 생각한다. 그런데 여기에 상식의 헛 점이 있다. 물론 세금을 징수하는 방법 여하에 달려있지만 정답은 1조원이다. 즉, 지출과 세입이 동일하기에 정부의 예산은 균형을 달성하지만, 그럼에도 불구하고 소득은 늘어나는 기적이 생긴다. 정부 지출은 이 같은 기적을 시현한다. 정부지출의 증가는 재정 적자와 정부 부채의 누적, 그리고 국가 부도에 이어진다는 세간의 주장들은 단지 그들 자신의 종교에 경도되어 외치는 억측일 수도 있다는 이야기이다. 이같은 기적의 시현이 가능한 이유는 이하에서 설명하겠다.

통화주의자를 제외한 신고전학파, 그리고 포스트 케인지언학파에서 공통적으로 인정하는 바는 소위 승수효과(multiplier effect)의 존재이다. 이는 정부 지출이 1조원 증가하였을 때, 소득의 증가는 1조원에 그치는 것이 아니라, 그 지출의 증가로 인하여 연쇄적으로 소비가 늘어나는 과정이 계속 반복 됨으로써, 실제로 더 큰 효과가 보여진다는 개념이다.

예를 들어, 정부가 1조원의 재정지출을 증가시키는 경우에는 그 돈은 어느 누구의 주머니로 들어가고, 그것이 기업에 지출되는 경우에도 마찬가지로 결국 그 기업의 근로자 내지는 기업가의 소득으로 귀착된다. 물론 그 기업은 생산 원료를 이용하겠고, 따라서 그 부분은 직접적으로 최초에 돈을 받는 기업과 관련된 사람들에게 들어가는 것은 아니지만, 그 재료를 공급하는 회사로, 그리고 그 회사의 근로자와 기업가의 소득이 되며, 결국 경제전체적으로 보면 누군가의 소득이 되는 셈이다. 즉, 당장 1조원의 소득증가가 나타난다. 그런데 그 1조원의 소득이 발생한 후, 그 소득을 얻은 사람들은 그 소득 중의 일부를 소비에 지출하기 마련이다. 예를 들자면 한계소비성향이 70%라고 가정하고, 소득의 70%인 7천억원이 소비에 사용된다고 가정하자. 그렇다면, 그 7,000억원의 소비 지출은 또다시 누군가에 있어서 7,000억원의 소득을 발생시키기 마련이다. 그리고 그 7,000억원의 70%인 4,900억원 만큼이 다시 소비로 사용되고, 이 같은 과정은 무한히 지속된다. 그렇다면, 정부재정 지출의 증가로 인하여 증가되는 소득은 수학적으로 다음과 같이 3.33조원이다. 이때 이 3.33 = 3.33조원/1조원을 재정승수 혹은 예산승수라고 지칭한다. 즉,

$$1 + 0.7 \times 1 + 0.7 \times 0.7 \times 1 + \cdots = \frac{1}{1 - 0.7} = \frac{1}{0.3} = 3.33$$

이를 일반화하면, c가 한계소비성향인 경우,

$$재정승수 = \frac{1}{1 - c} \tag{5.1}$$

사실 이 같은 결론은 기적이 아니며, 너무 당연한 것이다. 경제란 서로 연결되어 지속적으로 영향을 주기에 나타나는 필연적인 결과에 불과하다.

5.2.3. 균형재정승수, 혹은 균형예산승수

이제 위에서 설명한 재정승수라는 단어의 앞에 '균형'이라는 수식어를 첨가한 개념을 설명하고자 한다. '균형'이라는 말을 사용한 이유는 앞서 말한 재정지출금액을 '세입'의 금액과 같게 만든다는 의미이다. 즉, 1조원 재정지출을 하면서 동시에 1조원 만큼 세금을 징수한다는 이야기이다. 그러한 경우, 1조원의 재정 지출과 대비하여 얼마나 국민의 소득이 증가 하는가를 표시하려 할 때, 이 '균형재정승수'라는 어려운 말을 사용한다. 앞서 언급 하였 듯이, 이 '균형재정승수'는 0이 아니다.

직관적으로 생각하면, 정부지출만큼 세금이 증가되었으므로 이 승수는 0이 되어야 한다. 하지만 결론적으로 말하자면 일단 모든 세금이 소득에 비례하는 비례세가 아닌 정액세의 형태로 부과되는 경우에는, 그 균형재정승수는 1이 된다. 이 같은 주장은 얼핏 궤변같이 여겨질 수도 있다.

조금 더 신중하게 그 이유를 생각해 보자. 정부에서 내가 운영하는 베이커리로부터 빵을 100만원에 구매하였다고 하자. 그런데 그 이후 만일 정부가 정액세의 형태로 100만원을 징수하였다고 하자. 그 세금 징수로 인하여 줄어드는 소비는 내가 100만원을 가지고 있을 때 그로부터 추가로 소비지출을 하려고 한 70만원이다. 즉, 위의 재정승수를 논하면서 이야기한, 추가적으로 일어나는 소비지출의 연쇄만이 차단되는 셈이다. 그렇지만 애당초 정부가 100만원을 지출하였을 때 발생하였던 소득은 엄연히 계속 존재한다.

즉, 정부가 지출만큼 정액세를 부가한다고 할 때, 내 구좌에서 세금으로 돈이 빠져나가는 것은 당장 누군가의 소득을 감소시키는 것은 아니고, 내가 그 돈을 가지고 있을 때 할 수 있는 소비 지출이 줄어들기 때문에 그 소비재를 판매하는 사람의 소득이 그만큼 줄어드는 것이다.

따라서 세금을 소득에 비례하는 비례세가 아니고 재정지출 금액과 동일하게 정액세로 징수한다고 가정한다면(예를 들어, 인두세, 혹은 각 계층별로 차등을 두더라도 1회성의 정액세로 부과), 1조원의 세금의 증가로 인한 최초의 소비의 감소는 1조원이 아니라 1조원의 70%인 7000억원이다. 그 7000억원의 감소로 인하여 다시 그 금액의 70%가 소득의 감소로 이어지고 이 과정이 반복된다. 따라서, 위의 계산과 동일한 논리를 적용하면, 소득의 감소는 2.33이 된다. 이는 다음과 같은 계산에 의거한다. 이때 이 2.33을 조세승수라고 지칭한다.

$$\text{조세승수} = \frac{1}{1-C} = 0.7 \times 1 + 0.7 \times 0.7 \times 1 + \cdots =$$

$$\frac{1}{1-0.7} = \frac{0.7}{0.3} = 2.33 \tag{5.2}$$

균형재정승수는 재정승수에서 조세승수를 차감한 수이다. 즉, 정부지출과 예산이 동일한 경우 소득의 증가율을 나타낸다.

$$\text{균형재정승수} = \text{재정승수} - \text{조세승수} = \frac{1}{1-C} = \frac{C}{1-C} =$$

$$\frac{1-C}{1-C} = 1 \tag{5.3}$$

결론적으로 볼 때, 정부 재정지출이 1조원 증가하고, 세금을 정액세의 형태로 1조원 증액 시켰다고 가정하였을 때, 정부의 예산은 균형을 유지한다. 그럼에도 불구하고, 국민소득은 정부지출의 증가만큼 1조원이 증가한다. 만일 소득에 비례하는 비례세를 도입하면, 이 균형재정승수의 크기는 작아지지만, 여전히 양수이다. 따라서, 정부적자를 증가시키지 않고서도 정부재정지출은 국민소득을 증가시킬 수 있다.

참고로, 만일 소득에 비례하는 비례세가 존재하는 경우, 혹은 소비세를 부과하는 경우에는 당연히 이 승수의 크기는 더 작아진다(하지만 그 효과는 0보다 크다).

그런데, 아베노믹스를 실행하면서 지속적으로 소비세는 인상이 되어 왔고, 그에 대하여 정책이 모순된다고 지적되어 왔다. 소비세가 10%인 경우 수식(5.1)의 재정승수는 3.33이 아닌 2.7로 줄어든다.[53] 이는 장작에 불을 붙이면서 동시에 물을 끼얹는 것과도 같았다. 하지만 이같은 모순은 무지에 의한 것이 아니라, 오히려 정치적 타협의 결과였다. 기존의 종교적 신념으로 무장된, 재정확장에 반대하는 재무성과 일부 정치인들의 반대를 조용하게 만들기 위한 수단이었다.

5.3. 재정확장론 대 재정긴축론

아베노믹스나 소득주도 성장론은 재정지출 확대 정책으로 알려져 있고, 위와 같은 승수효과에서 그 근본원리를 찾는다. 아베노믹스의 경우에 있어서는 다음과 같은 다양한 반론의 주장이 제기되었다.

---

[53] 재정승수 = $1/(1-0.9\times0.7)=2.70$

1. 어떤 가시적인 효과가 보이지 않았다.

2. 아베노믹스의 재정지출은 기업과 부자만을 배부르게 하였다.

3. 정부에 의한 재정지출의 증가는 특히 민간의 투자를 감소시킨다. 따라서 자유주의 시장경제의 원리를 부정하는 정책이다.

4. 정부의 재정지출은 효과가 없다. 민간은 향후 증세를 예상하기 때문에 지금부터 저축을 한다.

5. 재정지출은 경제를 망치고, 재정적자가 커지면 일본은 망한다. 현재 재정적자 규모는 심각하다.

6. 정부에 의한 재정지출 증가로 인하여 외환시장에서 엔화의 약세가 지속되고, 수입물가가 오르기에 전반적으로 물가상승이 심하다.

7. 세계의 모든 국가들은 긴축재정을 하고 금리를 인상하는데, 일본만이 반대로 행하고 있다. 고로, 일본만 바보이다.

8. 그리고 낮은 물가 상승률을 유지하였던 일본에서는 해당하지 않지만, 정부에 의한 재정지출 증가는 일반적으로 인플레이션만 초래하고 효과가 없다고 신고전학파 경제학 이론은 이야기한다.

소득주도 성장론에 대한 비판도 사실 아베노믹스에 대한 반론과 거의 유사하다. 따라서 아베노믹스에 대한 비판에 대한 오류를 지적하는 경우, 기존의 소득 주도성장론에 대한 비판이 가지는 오류도 지적하는 셈이다.

첫번째 종류의 비판은 일반적으로 아베노믹스의 재정확장 정책을 비난할 때 범하기 쉬운 오류로서 소위 회피비용 간과의 오류(the fallacy of overlooking averted costs) 혹은 부차적 효과 간과의 오류(fallacy of overlooking secondary consequences)이다. 예를 들자면, 이러한 오류는 화재 방지 시설과 같은 예방적 노력을 하였기 때문에 그로 인하여 화재가 발생하지 않았음을 간과하고 단순히 화재가 일어나지 않았기에 그 시설에 투자한 것을 낭비라고 생각하는 오류와 동일하다. 그런데 화재가 발생하지 않았음은 그 이전의 노력과 비용의 결과이다. 즉, 어떤 노력으로 인하여 '회피된' 피해는 가시적이지 않기 때문에, 사후적으로 그 노력을 낭비라고 생각하기 쉽다. 만일 COVID와 우크라이나 전쟁의 상황에서 재정지출 정책을 시행하지 않았다면, 경제는 심각히 타격을 받았을 수 있는데, 확장적 재정지출 정책으로 인하여 현상은 유지할 수 있었다면, 그 노력은 헛된 것은 아니다. 하지만, 아베노믹스를 비판하는 대부분은 당장 가시적인 효과가 보이지 않음 만을 강조하지, 현재와 같은 세계적 위기에서 일본경제가 현상을 유지하고 있었음은 정부의 적극적인 정책의 결과였음은 평가하지 않으려고 한다.

두번째의 비판은 주로 저소득계층에서 나온다. 정부는 재정지출을 늘렸다고 하는데, 현실적으로는 체감을 하지 못하는 경우 불만이 표출된다. 특히 COVID나 우크라이나 전쟁으로 인하여 정부의 재정 지출에도 불구하고 현저한 소득의 개선이 없거나, 혹은 오히려 소득이 감소할 수 있다. 이경우 불만은 정부의 정책을 향하기 마련이다.

나머지의 비판들은 신고전학파 경제학자들, 재무성 관료들, 그리고 언론이 주도를 하며, 자민당 내의 일부 정치인들, 공명당, 그리고 입헌민주당의 일부 정치인들도 이같은 비판에 가세한다. 그리고 그리고 정부 지출로 이익을 얻는 기업인들도 이같은 반대 세력에 가세한다. 그런데 이들의 주장들은 무지에서 비롯된 것이다. 엄밀히 말하자면 본서에서 이야기한 광신적 믿음에서 비롯된 것이고, 그에는 어떠한 과학적 근거나 경험적 근거도 없다. 그런데 대학교 교수라는 권위를 가진 학자들이 방송이나 신문에서 아베노믹스를 비판하면, 그들의 권위에 압도되어 일반인들은 그 이야기를 과학이며 진실로 믿게 된다.

일전 야노 코오지(矢野康治) 재무성 차관은 재정적자 문제를 거론하며, 아베노믹스에 대하여 반대하는 주장을 재임 중에 잡지에 기고하여 논란의 중심에 서 있었다. 물론 그의 발언은 자신의 소신에 근거하였다. 하지만 그의 소신은 다름아닌, 그가 4년간 대학교 경제학부에서 배운 신고전학파 경제학의 종교적 교리, 그것도 초보적 수준의 교리에 따른 것이었다. 우리는 그 이론들이 가지는 가정의 비상식성과 허구를 지적한 바 있다. 하지만 광신도들은 자신들의 종교가 가진 문제점들을 파악하지 못한다. 그는 자신의 종교를 주장하기 위한 거룩한 순교의 길을 택한 것 뿐이다. 이는 옴진리교도가 자신들의 믿음을 주장하기 위하여 기꺼이 목숨을 바친 것과도 같다.

아래에서는 그들의 이야기를 분석하고, 왜 그들의 주장이 잘못된 것이며, 사실은 광신적인 믿음에 불과하다는 점을 재차 설명하고자 한다. 사실 그들은 정부재정지출에 반대하여야만 한다는 그들의 신념을 옹호하기 위하여 모든 상상력을 동원하여 억지로 이유를 만들어 내는 것에 불과하다.

5.3.1. 아베노믹스나 소득주도 성장론은 기업가의 이윤만을 증가시키는 정책인가?

기업의 투자결정과도 같이 사실 정부의 재정적자는 그 재정 적자액만큼 기업가의 이윤을 증가시킨다. 이미 언급하였던 수식(3.13)을 다시 반복하여 적어본다.

자본가이윤 = 자본가소비 + 투자 + 정부적자

이때 인과는 우변에서 좌변으로 흐른다. 만일 투자가 부진하고, 자본가의 소비가 적다면, 자본가의 이윤의 원천은 정부적자이다. 이는 자본주의 경제에서는 어쩔 수 없는 진실이다.

따라서 정부재정적자만큼 기업의 이윤은 커진다. 그런데, 신고전학파 경제학 교과서의 내용에 세뇌되어 있는 기업인들은 자신의 이익과 반하여 정부 재정 지출에 반대한다. 이것이 종교가 가진 힘이다.

그리고 재정지출이 기업만을 부유하게 만든다는 세간의 주장은 완전한 진실은 아니다. 정부의 재정 지출로 인하여 기업만이 돈을 버는 경우는, 정부가 기업에게 무상으로 화폐를 이전하는 경우 뿐이다. 대부분은 기업으로부터 구매를 하며, 따라서 기업은 생산을 하고, 그를 위하여 고용을 창출한다. 그리고, 그럼으로써 투자가 자극되는 등의 일련의 과정이 반복되는데 그 과정에서 정부의 지출만큼 기업의 이윤이 증대되는 것 뿐이다. 정부가 무상으로 모든 국민에게 코로나 보조금을 지급하는 경우도, 직접적인 수혜자는 개인들이지만, 그 개인들이 소비를 함으로써 기업의 매출이 증대되고 마찬가지의 순환이 발생하며, 결국 그 지급한 보조금만큼 기업의 이윤이 증가된다.

따라서 아베노믹스나 소득주도 성장론은 기업만을 위한 정책이라는 세간의 믿음은 어떠한 근거도 없는 것이다. 기업도 이익을 보지만 그 기업이 이윤을 창출하기 위하여 생산을 하는 과정에서 노동자의 소득도 증가한다. 혹은 실질임금은 상승하지 못하더라도, 최소한 경기후퇴로 인한 실업은 회피할 수 있다. 후자의 경우에는 위에서 언급한 소위 회피비용 간과의 오류를 범하기 쉽다.

5.3.2. 정부재정 지출의 증가는 민간 투자를 감소시키는가?

이 논리는 신고전학파 경제학 교과서에서 빠짐없이 등장하는 이론이고, 이 논리를 이용하여 그들은 정부재정 정책이 무용하다 못해 해악이라는 자신들의 신념을 증명하였다고 기뻐하였다. 그렇지만 이 이론은 허구에 불과하다.

그들의 기본적인 논리는 다음과 같다. 정부가 재정지출을 하기 위하여 국채를 발행하면, 시장에는 국채의 공급이 많아지고, 따라서 국채의 가격이 하락한다고 한다. 그런데, 국채의 가격 하락은 채권의 유통 금리의 인상을 의미한다. 예를 들자면 다음과 같다. 100원짜리 국채가 지불하기로 약속한 이자는 매년 1원이라고 가정할 때, 표면 금리는 1%이다. 하지만 만약 시장에서 국채의 가격이 50원으로 하락하면, 그 50원의 시장가격에 대하여 1원의 이자가 지불되는 것을 의미하기에, 시장금리는 2%로 인상되는 것이다.

우선, 정부가 채권을 발행하여 재정지출을 하면 시장금리가 상승하는가? 이 논리가 옳다면, 일본의 금리는 아주 높은 수준에서 형성되어야만 한다. 하지만 저금리 기조는 지속적으로 유지되어 왔다. 즉, 고등학교 시간에 배운 수요와 공급 곡선을 그대로 적용하여 시장금리가 결정된다고 믿어서는 안된다.

금리 결정 이론은 경제학에서도 가장 어려운 부분이다. 금리의 결정 이론은 사실 다양하고 모두가 동의하는 정론이라는 것은 없다. 본서에서는 이에 대한 자세한 논의는 생략하겠다. 하지만 강조할 점은 다음과 같다.

1. 금리는 신고전학파 경제학이론의 핵심이라고 할 수 있는 대부자금설에 따라서 결정되지 않는다. **도표 3.3**에서 언급한 대부자금설은

사실 허구적 상상의 소산 임은 이미 이야기한 바 있다.

2. 물론 시장에서의 경쟁이 중요한 요소이긴 하지만, 중앙은행의 정책이 단기 금리결정에 있어 가지는 영향력은 막강하고, 장기금리에도 다양한 수단을 동원하여 영향을 미친다.

3. 수요와 공급이라는 설정은 사실 제품의 수요자와 공급자가 엄연히 구별되어 있고, 제품의 투기적 수요가 없는 상품시장에 해당되는 이야기이다. 따라서, 그와는 달리 오늘의 수요자가 내일이 공급자가 될 수 있는 금융상품 시장을 분석하는 경우에는 특별한 주의가 요구된다. 채권시장에서의 공급은 단순히 정부채의 신규발행만이 아니고, 기존에 존재하던 채권을 파는 공급이 그 규모가 훨씬 크다. 예를 들자면, 이자율이 미래에 상승할 것 같다는 예상을 사람들이 가지게 되거나, 혹은 어떤 나라의 환율이 향후 약세가 될 것 같다는 미래에 대한 예상을 사람들이 공유하는 순간 과거 채권의 수요자가 갑자기 공급자로 위치를 바꾸고 채권을 팔기 시작하면서 시장을 뒤흔든다. 반면 기존의 기관투자가들이 미래의 불확실성을 많이 느낀다면, 회사채보다 국채를 더욱 매집하게 되고, 정부의 신규 채권 발행이 아무리 많다고 하더라도 오히려 수요가 더 많이 늘어 채권가격은 상승하고 이자율은 오히려 떨어진다. 과거 십 수년 동안의 경험을 보자면, 끊임없이 늘어나는 정부 채무에도 불구하고 미국 국채의 금리는 계속 하락하였는데, 가장 중요한 이유 중의 하나는 중국이나 중동의 돈들이 갈 곳을 찾지 못하고 안전자산인 미국 채권으로 몰린 것이다. 저금리 기조에도 불구하고 일본에서는 기관투자자 및 은행이 계속 국채를 매입하였는데, 따라서 국채의 신규 발행이 금리와 어떤 직접적 영향이 있다는 수요와 공급

의 논리는 이론적으로 경험적으로도 의문 투성이인 주장이다. 그리고 예를 들어, 정부가 채권 발행을 통하여 재정지출을 늘려서 기업이 이윤이 증가하였다고 하자. 그런데 기업은 그 이윤을 투자할 생각을 하지 않고, 그냥 안전하게 국채에 투자한다고 하자. 그렇게 되는 경우 수식(3.13)에서 볼 수 있는 바 처럼, 신규 국채발행액 = 기업 이윤 = 신규 국채 수요액이 된다. 결론적으로 말하자면, 장기 금리의 형성은 신고전학파 경제학자들이 상상하는 것처럼 **도표 2.8**(A)의 수요 공급 곡선으로 절대로 설명될 수 없다.

하지만 일보 양보하여서, 금리가 오른다고 하자. 그렇다면 투자가 감소하는가? 이 이론에서는 투자는 이자율의 함수라고 믿는다. 따라서 금리의 인상은 투자를 감소시킨다. 즉, 정부지출의 증가는 민간 투자를 줄이는 결과를 가져오는데, 그들은 이같은 효과를 구축효과(Crowding Out Effect)라고 지칭한다.

그런데, 이미 살펴본 바와 같이 투자가 이자율에 민감하다는 이론은 미신에 불과하다. 일단 신고전학파 경제학자들이 가정하는 자본의 한계생산성 이론은 오류이고, 자본의 한계생산성과 이자가 일치하는 점까지 투자가 일어난다는 이야기도 오류이다. 케인즈적인 견해에 있어서도 투자에서의 IRR이 이자율을 넘어야만 한다는 것은 투자를 하기 위한 최소한의 조건에 불과하다. 기업가가 예상하는 최소한의 IRR 은 시장 금리와 현저한 갭이 존재한다. 심지어 1-2%정도의 금리차이라도 투자계획을 수정하지 못한다. 투자는 기본적으로 미래의 수익에 대한 기업가의 예측에 달린 문제이기 때문이다. 그리고 금리가 투자에 영향을 준다는 경험적 증거도 없다.

사실 이 구축효과라는 것은 어떠한 과학적, 이론적 근거도 없이 단지 재정지출은 악이라는 믿음 하에 그 믿음을 정당화하기 위하여 만들어낸 궤변에 불과하다.

5.3.3. 개인들은 합리적 이기에 미래 세금의 증가에 대비하여 저축을 늘이고 소비를 줄이는가 – 소위 리카도의 등가정리

일전에 어느 일본의 재무성관리는 재정지출 증가의 무용론을 주장하면서, 거창하게도 리카도의 등가정리(Ricardian equivalence theorem)라는 신고전학파 경제학의 이론을 그 근거로 내세웠다. 일반인들은 자신들이 모르는 그 유식한 개념이 가지는 권위에 눌려서 그 재무성 관리의 주장에 승복할 수도 있다.

하지만 그 이론의 기본 생각은 아주 단순하다. 정부가 지출을 늘리면 미래에 세금을 더 징수할 것이고, 개인은 모두 철저히 합리적 이기 때문에 이러한 점을 이미 알고 있다. 따라서 그에 대비하여 지금부터 소비를 줄인다는 이론이다. 반대로 재정흑자를 추구하는 정부의 긴축정책은 유효수요를 감소시키지 않는다. 왜냐하면 미래에 세금이 감소되기에, 따라서 지금부터 지출을 한다는 것이다.

정부 지출이 증가하면 미래의 세금부담이 걱정이 되어 당장 하루의 생계를 걱정하는, 편의점에서 파트타임으로 일하는 직원이나, 건설 현장의 노동자, 그리고 저소득 노동자들이 과연 소비를 줄일까? 과연 사회의 빈자 들에게 더 이상 소비를 줄일 수 있는 여지가 존재할까? 그리고 과연 부자들도 걱정이 되어 소비를 줄이는가? 일본정부는 코로나 사태 이후 각 개인에게 10만엔의 보조금을 지급하였는데, 국민들은 향후 세금이 증가할 것을 합리적으로 예측하였기에 그 돈을 미래에 세금을 내기 위한 예비금으로 모두 저금하였을까? 미래에 자신의 소득이 증가한다고 예상한다면, 현재의 정부 재정지출로 인하여 미래에 부담하는 세금은 자신의 늘어난 소득에 비하여 상대적으로 작을 수 있지않는가. 각 개인이 정말로 로봇과도 같은 계산 능력을 가졌다면, 향후 자신의 소득증가를 확률적으로 계산할 수도 있을 것이고, 그렇다면 향후에 부담할 세금의 증가분에 대하여 별로 중요하게 생각하지 않을 수도 있다. 더욱이 이 이론은 실증적으로도 검증된 바가 전혀 없는, 비상식적인 인간 심리에 대한 가정에 기반한 그냥 공상과학소설과도 같은 이야기일 뿐이고, 재정지출을 억제하고자 하는 소위 시장 주의자들이 만들어 낸 궤변에 불과하다. 이 이론을 긴축재정이 필요하다는 근거로 제시하는 그 재무성 관료 조차도 자신의 소비 결정을 이러한 원칙에 의존하여 내릴 것 같지는 않다.

리카도도 이에 대하여 회의적이었다. 리카도의 등가정리라는 것은 리카도에 의하여 2세기 전에 주장되었는데, 그 때는 나름의 정당한 이유도 있었다. 즉, 1815년 영국 정부의 부채는 GDP의 300%에 달하였고, 연간 이자 지급은 국민소득의 10%를 차지하였으며, 부유층들은 만일 필수품에 대한 과세가 더 늘어나는 경우 노동자 계층이 강한 저항을 할 것이라는 위협을 느끼고 있었으며, 동시에 그들 부유층 자신이 미래에 더 많은 세금을 지불하여야만 할 것이라는 걱정을 가지고 있었다. 그런데, 심지어 이러한 극단적인 상황에 있어서도 리카도는 현대에서 그의 이름의 딱지가 붙여진 리카도의 등가정리에 대하여서는 회의적이었다. 그의 생각에 의하면, 심지어 아주 교육수준이 높은 사람이라도 이러한 원칙을 절대로 이해하지 못할 것이라고 믿었다. 그리고 간과하면 안되는 중요한 차이는, 그 당시에는 금본위 제도였다. 현재와는 철저히 다른 화폐 제도였다.

현실적인 인간은 리카도의 등가정리에서 말한 바처럼 행동하지 않는다. 실제로 세금이 부과되는지 확정조차도 되지 않은 미래의 세금에 대하여 자신의 소득이 현재 수준에서 불변한다고 가정하고, 지금부터 세금 부담을 걱정하여 저축을 하는 인간이 지구상에 존재한다는 이야기를 저자는 단 한번도 들어본 바가 없다. 그 이론이 단지 또다른 궤변에 불과하다는 사실의 증거는 그 이론을 주장하는 학자 혹은 일본 재무성 관료들의 저축과 소비 생활이 자신이 믿는 이론에 따르는 지를 관찰하면 된다.

5.3.4. 재정적자의 규모는 과다한가?

일본의 경우에 있어서 신고전학파 경제학자들은 일본 경제의 재정적자 규모가 세계 최고라고 걱정을 표명한다. 2021년 현재 일본의 정부 총 채무잔고액 대 GDP의 비율은 263%로서 세계 1위이다. 그 다음으로는 베네주엘라(240%), 그리스(199%) 등이며, 선진국 중에서는 6위 싱가폴(160%), 7위 이탈리아(151%), 12위 미국(128%) 등이다(**도표 5.1** 참고).

그래서 신고전학파 경제학자들은 일본이 곧 망국으로 향할 것이라고 경고한다. 재무성 관료들도 이에 동조하고, 언론도 마찬가지기 때문에 일반인들은 정부의 재정 확장 정책에 대하여 분노한다.

그런데 이러한 주장은 단지 종교적 신념의 소산일 뿐이고, 어떠한 과학적 근거도 없다. 광신에 빠진 사람들은 자신들의 종교가 가진 모순은 은폐하고 자신들이 가진 편견에 대하여 반대하는 목소리에 대하여서는 사실을 은폐하고 거짓을 날조하더라도 공격하기 마련이다.

일단 주목해야만 할 이러한 은폐의 증거는 바로 재무성의 발표자료이다. 실재로 일본 국채의 보유 비율을 보면 2022년 9월 말 현재, 일본은행이 전체의 45%를 보유하고 있다. 즉, 일본은행이 보유하고 있는 국채는 실제로는 정부의 부채가 아니다. 하지만 재무성이 정부부채가 심각하

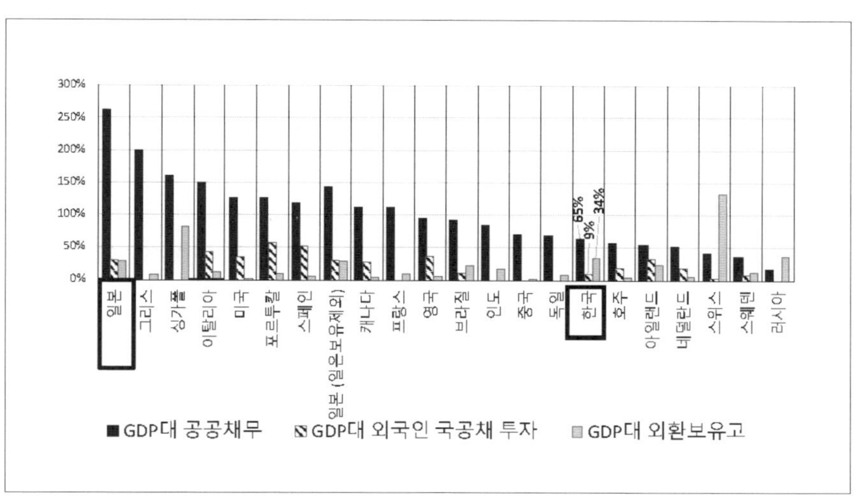

도표 5.1　GDP대비 공공부채

자료: 2001년말 현재. 세계은행, IMF 자료 및 저자의 추정치

다고 주장할 때는 일본은행 보유의 국채도 마치 민간이 가지고 있는 부채로 간주하고 GDP대비 정부부채 비율을 과장한다. 일본 은행 보유 국채를 제외하는 경우, 일본의 정부 부채 비율은 144%로서, 싱가폴(160%)이나 이탈리아(151%) 보다 낮다. 그리고 미국보다는 약간 높은 편이다. 그리고 중앙은행이 보유한 여타 민간 채권을 제외하고 계산한 GDP대비 순공공부채비율을 대략 50%인데, 이는 다른 선진국보다도 절대로높은 수준이 아니고 오히려 낮다(**도표 5.1** – 일은보유제외로 표시된 부분).

　일본의 재무성 관료나 신고전학파 경제학자, 언론 중에 싱가폴의 채무비율이 높다거나, 미국의 비율이 높다고 우려하는 사람들은 거의 없다.

　도대체 그렇게 과장하고 사실을 왜곡하는 동기는 무엇인가. 물론 그 관료들의 심리 상태에 대하여 저자가 분석할 입장은 아니지만, 하지만 분명 확증편향에 사로잡혀 있는 것은 사실이다. 즉, 자신의 믿음을 정당화하기 위해서는 사실을 왜곡하여 주장하는 심리가 존재한다.

노벨 경제학 수상자이며, 신고전학파 경제학계에서도 가장 명망이 높은 스티글리츠(Joseph Stiglitz)교수는 2017년 3월, 일본의 높은 부채비율을 단 1분만에 줄이는 방안을 제시하였다. 그 내용은 사실 상식적으로도 너무도 당연한 이야기이다. 일본은행이 가지고 있는 국채를 소각하면 부채비율이 반으로 줄어든다는 이야기이다. 그런데, 이 방안은 재무성 관료들에게는 너무도 파격적인 이야기로 들릴 수 밖에 없고, 이러한 방안이 실현되면 자신들이 평소에 정부 재정 지출에 반대하며 사용하였던 논리의 효과가 경감된다. 따라서 그들 모두는 스티글리츠의 이야기를 무시한다. 마찬가지로 신고전학파 경제학자들은 일본 은행이 보유하고 있는 정부 채권의 비율은 무시하고, 전체 채권 액수 만을 논의한다.

또한 신고전학파 거시경제학에 있어 석학인 블랑샤르 교수도 최근의 저서에서 비록 일본의 채무비율은 높지만, 일본의 부채는 지속 불가능한 상황에 처하지는 않았다고 밝힌 바 있다(Blanchard 2023). 단순히 부채비율의 절대 수치를 가지고 불안감을 조성하는 것은 일본의 경제학자, 재무성 관료, 그리고 언론이다.

한국의 경우에는 표에서 볼 수 있듯이, 일단 여타 선진국에 비하여 GDP대비 공공채무 비율은 높지 않은 편이다 한국(오른쪽 끝에서 7번째). 그리고 외국인의 국공채에 대한 투자도 GDP 규모에 비하여 낮은 편이고, 반면 GDP대비 외환보유고는 높다. 최근에 한국에서는 정부부채 규모를 우려하는 이야기가 많은데, 단순히 이전 정권의 정책이 실정(失政)이라는 주장을 하기 위하여 부풀린 이야기인지, 아니면 어떤 사실적 자료에 근거한 것인지 필자는 그 이유가 잘 이해되지 않는다.

5.3.5. 정부는 파산날 수 있는가?

메르켈 독일 수상은 근검절약으로 유명한, 독일 슈바벤 지역의 "모든 주부들은 수입을 초과하여 살 수 없다는 것을 너무 잘 알고 있다"고 말한 바 있는데, 이는 후대에 슈바벤 주부의 논리(Swabian housewife logic)라고 불리워졌다. 분명히 개별 가계에서는 메르켈의 이야기가 옳다. 그런데 과연 경제 전체에서도 같은 논리가 적용될 수 있을까? 하지만 개별에 적용되는 논리를 그대로 전체에 적용할 수는 없으며, 슈바벤 주부의 논리는 사실 합성의 오류를 범하고 있다. 슈바벤의 주부는 가계의 부채를 상환하기 위해서는 필히 어디에서인가 채무변제의 수단인 화폐를 구해야만 한다. 자신이 스스로 화폐를 발행하지 못하기 때문이다. 하지만, 국가는 스스로 화폐를 발행한다.

현대 신용화폐경제에서는 정부의 파산은 이론적, 논리적으로 불가능하다. 국가는 채무를 어떻게 상환하는가? 현대 국가는 채무를 금이나 쌀로 상환하는 것이 아니며 국가는 자신이 발행한 화폐를 지급할 뿐이다. 따라서 국가가 파산에 직면하는 경우에는 모든 인쇄소가 파업을 단행하거나 혹은 전산 체계가 마비되어 종이 화폐를 인쇄할 수도, 전산적으로도 화폐를 발행할 수 없는 상황이 유일하다. 이는 내국인 뿐만 아니라 외국인이 소유한 일본정부가 발행한 엔화로 표시된 국채에도 해당되는 이야기이다. 채무자로서 정부의 의무는 만기일에 화폐를 발행하여 채무를 상환하는 것 뿐이다. 즉, 정부 채권이라는 국가의 채무는 화폐라는 형태의 또 다른 형태의 채무와 바꾸면 된다(엄밀하게 말하면 화폐는 채무가 아니다. 화폐를 무엇으로 상환한다는 약속이 없기 때문이다).

"정부는 가령 세금으로 자금을 조달하고 싶지 않은 경우라도, 다른 국민으로부터 자금을 빌리거나 혹은 화폐를 발행하면, 어느 국민에 대한 채무도 반드시 변제할 수 있다. 국가는 채무자라는 감옥에 갇히거나 혹은 파산명령으로 인하여 그 자격이 박탈될 수도 없다. 많은 국내 부채를 가지고 있는 국가가 파산한다고 하는 기묘한 환상은 자본가들이 자신들이 생각하는 허구의 방식대로 국가에 대한 이미지를 날조하여 만든 다음, 이러한 자본주의자들의 신화를 그 자본주의 사회의 다른 구성원들에게 각인시킨 결과라고 밖에 설명할 수 없는 것이다(Lerner 1944: 304)

그렇다면 최초부터 그냥 화폐를 발행하면 되는 것이 아닐까? 정부 국채를 발행하고 이자를 지불할 이유가 있는가? 사실 그 이유는 없다. 유일한 이유는 처음부터 화폐를 발행하여 정부지출을 하게 되면 그 화폐는 속성상 유통이 되는데, 이러한 경우, 화폐 증가는 물가 만을 상승시킨다는 잘못된 믿음을 주장하는, 화폐수량설에 경도 되어 있는 사람들의 반발에 대한 직면할 수 있기에 그에 대한 일종의 타협안에 불과하고, 또한 아주 오래 전 유럽에서 중앙은행이 설립되었을 때는 화폐의 발행권을 영란은행과도 같은 민간이 가지고 있었음에 기인하는 일종의 관행에 불과하다. 즉, 화폐의 발행량이 증가하면 강력한 반발을 하는 학자들, 특히 1차대전 이후 독일에서 발생한 하이퍼 인플레이션이 화폐의 남발에 기인한다는 주장을 신념으로 믿고 있는 사람들을 안심시키기 위한 눈속임에 불과하다. 하지만 앞서 언급한 스티글리츠 교수도 필자와 동일하게 국가채무비율이 높다고 비난하면, 화폐를 발행하여 기존 채무를 소각하면 된다고 주장을 한 바 있다.

일본 정부가 파산이 나는 유일한 상황은 일본 정부가 발행한 외화 표시 국채의 만기일에 일본 정부가 외화를 획득하지 못하는 경우 뿐이다.

그런데 일본의 경우에는 일본정부가 보증을 하거나 직접 발행한 외국통
화로 표시가 된 정부채는 GDP에 대비하여 무시하여도 적을 정도로 작
다.[54]

5.3.6. 쌀곳간설, 후대에 부채를 상속한다는 우화

비유를 사용하는 설명은 대중에게 쉽게 전달되는 장점이 있다. 하지
만 적절하지 못한 비유는 해악을 초래한다. 잘못된 비유는 눈속임을 위하
여 사용되기 때문이다. 그 적절하지 못한 비유 중 정부 재정 지출과 관련
된 대표적인 우화가 두가지가 있다. 첫번째의 비유는 정부재정 지출이 증
가하면 나라의 쌀곳간이 빈다는 '쌀곳간의 비유'이다. 두번째 비유는 정부
재정지출이 증가하면 채무를 상속받는 후손들의 부담이 커진다라는 비유
인, 일찍이 아이젠하워 미국 대통령이 주장하여 잘 알려진 '부채상속론'이
다. 이 두가지의 비유는 신고전학파 경제학자들과 언론이 너무도 즐겨 사
용하고, 따라서 대중들도 쉽게 기억하면서 언제든지 친구들과의 대화 중
에 사용할 수 있는 전가(傳家)의 보도(寶刀)와도 같은 이야기들이다. 그런
데 그 두가지 비유 모두 앞에서 언급한 슈바벤 주부의 논리와도 같은 종
류의 오류이다. 독자들은 이제 왜 이 두가지 비유가 모두 오류인가를 쉽
게 판단할 수 있을 것이다.

일단 현대 신용경제에서 국가가 채권을 발행하는 것은 국가가 발행
한 화폐로 상환하는 것이지, 쌀이나 금으로 상환하는 것이 아니다. 즉, 쌀
곳간에 쌀이 가득 차 있어야만 상환하는 것이 아니다. 국가에 창고가 있

---

54 대표적인 외화 표시 채권 발행 기관인 일본 국제협력은행(한국의 수출입 은행과
같은 기능)의 경우, 2022년 3월을 기준으로 외화표시 채권은 약 5.5조엔에 불과하다.

다면, 종이 지폐를 인쇄하기 위하여 종이를 보관하는 목적으로 창고가 필요할 뿐이다.

국가의 채무가 증가하면 후대에 채무를 상속하는 것인가? 일단 국가의 채무는 종이 화폐로 상환한다. 그리고 이론적으로 볼 때 채무는 국가가 상환하는 것이지 국민이 상환하는 것이 아니다. 물론 혹자는 후대에 세금 부담이 늘어난다고 주장한다.

사실 이 논리는 신고전학파 경제학에 있어서도 주류적 견해는 아니었다. 사뮤얼슨과 같은 대경제학자들은 이러한 '후대에의 부채 상속'의 논리를 부정하였는데, 반면 이 논리는 주로 프리드먼과 같은 통화주의자, 그리고 현대에 들어서는 소위 동태확률일반균형(DSGE)과 같은 허구적 이론에 의하여 지지를 얻고 있다(Terzi 2023). 그런데, DSGE등의 이론들은 이 결론을 도출하기 위해서는 역시 비현실적인 가정을 도입한다. 그리고 이 이론을 저명한 학자들이 이야기하면, 일반인들은 결론만을 기억하고 믿게 되고, 그 결론을 도출하기 위한 비상식적 가정은 알려고 하지 않는다.

그런데 그 이론을 지탱하는 두가지 논증은 두가지가 있는데, 중 첫번째 것의 핵심 가정과 결론은 다음과 같다:

1) 정부가 새로 화폐를 발행하여 채무상환을 하는 방법은 없다고 가정하자.
2) 따라서 국가 채무는 오로지 미래 세금으로만 상환한다.
3) 만일 세금으로 상환하지 못하는 경우는 국가가 파산한다.

즉, 이 주장의 가정에는 이미 결론이 이미 존재한다. 그리고 이 가정들은 국가도 개인들과도 똑같은 방식으로 예산제약이 있다는 것이다. 이는 전술한 슈바벤 주부의 논리를 그대로 적용시킨 것이다. 이러한 가정을 도입하면, 국가의 채무도 마치 개인들의 채무처럼 후대에 상속될 수 밖에 없다.

그들이 주장하는 두번째 논리는 다음과 같다.

1) 국가는 개인과 똑같다.
2) 개인의 부채는 후대에 상속된다.
3) 따라서 국가의 부채도 후대에게 상속된다.

일단 명제 1)은 틀리다. 국가와 개인은 같지 않다. 그리고 도대체 왜 금본위제도도 아닌 현대 신용화폐 경제에서 정부는 화폐를 발행하여 부채를 상환하지 못하는가? 이에 대한 논리는, 결국 화폐를 발행하면 바로 물가가 상승하고, 그렇다면, 화폐가치가 하락하는데, 평가절하된 화폐로 부채를 상환하는 것도 일종의 파산이라는 주장이다. 즉, 이들은 파산의 정의를 새롭게 내리고 있다. 하지만 일단 개인과 국가는 다르고, 화폐량이 증가되면 물가가 오른다는 이론적, 경험적 증거도 미약하며, 이 이론은 정부 재정 지출로 인하여 생기는 승수효과와도 같은 것은 염두에 두지도 않고 있다. 이는 이미 결론을 정해놓고, 그 결론을 정당화하기 위하여 필요한 가정을 선정한 것에 불과하다.[55]

그 논리가 적용되기 위해서는 정부가 재정 지출을 낭비적인 용도로 사용하여야만 한다. 그런데 국민이 소비지출에 사용하는 것은 낭비가 아니다. 소비가 늘면, 그만큼 소비재 생산이 늘고, 그에 따라 설비 투자도 증가하며, 고용도 창출된다. 낭비의 전형적인 예는 정부지출을 통하여 해외

---

55   이에 대한 보다 자세한 최근의 논의는 Terzi(2023)을 참조.

로부터 사치품을 수입하는 경우와도 같이, 국내의 생산과 고용에 전혀 도움이 되지 않는 지출이다. 아르헨티나의 대중영합주의적 정부는 외채를 끌어다가 국민들이 해외여행을 하는 지원금으로 사용하였다는 일화가 있다. 그렇지 않은 경우, 소득의 증가에 따라 세수도 자연스럽게 증가한다. 앞서 말했듯이 균형재정승수는 1이다. 즉, 정부의 재정지출은 재정균형이 달성되어도 그 재정 지출만큼 소득을 증가시킨다. 따라서, 지출의 용도를 신중하게 계획하는 한, 세금부담이 늘어날 가능성은 없다.

아니러니하게도 정부부문의 채무가 후대에 부담으로 남아있는 경우는 일본에서 보여진다. 대표적인 예는 고속도로 요금이다. 과거의 채무를 향후 수년 동안 높은 고속도로 요금을 통하여 모두 상환하겠다는 정부의 계획 때문에 결국 후대는 선조들의 채무를 갚아야한다. 그런데, 과연 왜 그 채무를 지금 세대가 모두 상환하여야만 하는가? 이는 재무성 관료들의 이상한 믿음의 결과가 만들어 낸 촌극이다. 지금 당장 상환해야만 할 아무런 정당한 이유는 없다. 그 채무를 현상태로 유지하고, 단지 이자만 요금에 반영하면 되지 않을까. 이에 대하여서는 이하에서 다시 논의하겠다.

5.3.7. 높은 정부채무비율이 문제가 되는 상황

위와 같이 이야기하면, 혹자는 무한정 정부부채를 늘려도 된다는 이야기로 오해할 수 있다.

정부의 채권은 논리적, 이론적으로 파산이 날 수 없다. 원칙적으로는 아르헨티나나 베네주엘라의 자국 통화로 표시된 정부 채권도 파산이 날 수 없다. 이것은 수학에서의 공리와도 같은 불변의 진리이다. 하지만 높은 정부 부채는 다양한 문제를 발생시킬 원인은 될 수 있다.

1) 외환위기

외국인이 엔화로 표시된 정부채권을 다량으로 보유하고 있을 때, 그들이 그 채권의 만기에 원금과 이자를 상환받거나 혹은 그 이전에 매각하고 엔화를 외환으로 환전하는 경우, 일본이 보유한 외환이 부족하여 환전이 불가능하거나, 혹은 엔화를 시장에서 대량 매각하는 경우 엔화가 급격히 평가 절하될 위험이 존재한다. 이같은 상황은 과거 남미국가들에 있어서 빈발하였고, 1998년과 2008년의 아시아 금융위기에서도 보여졌다.

하지만 일본은 적어도 이러한 위험에서는 자유롭다. 2022년 9월말의 경우, 외국인이 보유한 엔화표시 일본 국채는 전체의 14.1%에 불과하며 이중 56%은 단기채권이다. 일본국채의 금리는 다른 국가에 비하여 현저히 낮고, 외국인들의 투자 이유도 각국의 중앙은행의 경우에는 자신들의 외화자산의 통화 별 포트폴리오 관리를 하기 위한 경우가 대부분이며, 기타 기관투자가도 유사한 이유에서 보유하고 있다고 생각된다. 재무성의 보고서에 의하면, 일본 국채 투자가들 중, 헤지펀드의 비중은 낮고 대부분 기관투자가라고 한다. 따라서 급격히 일본국채를 매각하고 송금을 하기 위하여 환전을 함으로써 환율을 교란시킬 위험은 크지 않다.

2) 적정 국가 채무비율

흔히들 적정 국가 채무비율이라는 것을 이야기한다. 그들의 견해에 의하면, 선진국의 경우는 대체로 100% 내외, 그리고 개발도상국은 대체로 50% 정도가 적정하다는 것이다. 이에 근거하여 일본의 263%는 위험수준이라는 주장을 한다.

그런데, 그러한 비율이 적정하다는 근거는 어디에도 없다. 그저 주관적인 평가일 뿐이다. 예를 들어 국가부채 중 외화로 표시된 부채가 많은 나라는 그만큼 위험할 수 있다. 그리고 외환보유고가 작은 나라도 마찬가지로 위험할 수 있다. 하지만, 자국 통화로 표시된 채권이 대부분인 일본의 경우에는 국가 파산의 위험은 존재하지 않는다. 또한 외국인 투자자의 대량 매도로 인하여 외환이 평가절하될 위험도 크지 않다.

일본의 경우에 만일 일본은행 보유 국채를 계산에서 제외하는 경우, 부채비율은 단지 144%로서 싱가폴보다도 낮다. 그런데 싱가폴은 작은 도시국가이고, 내수시장이 작고, 해외경제의 상황에 지극히 민감한 국가이다. 싱가폴이 AAA 신용등급을 가지고 있는 안전한 나라라고 간주된다면, 일본은 A를 하나 추가하여 AAAA 라고 평가되어야만 한다. 하지만 미국의 신용등급회사에서 근무하는 분석가들은 몇가지 지수 만을 종합하고, 특히 국가부채비율에 근거하여 국가의 위험도를 평가한다. 사실 보다 엄밀한 평가기준은 GDP대비 외화표시 정부 채권과 자국 통화 채권 중 외국인이 보유한 부분에 기준하여 평가되어야 되는 것이 당연하다.

일본의 경우, 전체 정부채권중에서 외국인 투자자의 비율은 대략 14.1%이고, 외화 표시 채권은 크지 않다. 세계은행의 통계자료에 의하면, 공공채무에서 외국인투자자는 GDP대비 대략 31%인데(**도표 5.1**), 이는 다른 선진국과 비교하여 그다지 높지 않은 수준이다. 그리고, 현재 일본이 가지고 있는 외환보유고는 GDP대비 대략 29%로서, 두 숫자는 대략 일치한다. 외환보유고의 수준까지 고려하면, 일본은 다른 선진 국가에 비하여 국가채무구조는 훨씬 안정적이다. 이러한 자세한 질적인 측면에 대한 고려는 전혀 하지 않고, 무조건 263%라는 GDP대비 총 공공채무비율만을 외치는 것은 기만이다.[56]

---

[56]　한국의 경우에 대한 간단한 분석은 본서 부록 "재정긴축론의 오류-잘못된 비유

3) 국가에 대한 신뢰

어느 한 국가에 있어서 적절한 국가 채무비율만을 타국의 숫자와 비교하여 순위를 정하고, 그에 의하여 평가하는 자세는 무의미함을 넘어서 해악이다.

그렇다면 무제한으로 국가가 재정적자를 누적시켜도 된다는 주장은 절대로 아니다. 한도는 있다. 그런데 그 한계는 단순히 숫자로 표시되는 것은 아니다. 그 한계는 어떠한 국가에서 발행한 외화표시 국채를 상환하기 위한 외환보유고, 그리고 외국인 투자가들이 보유한 내국 통화의 국채를 시장에서 팔고, 외환으로 환전하였을 때 환율에 영향이 크지 않을 수준이다. 또한 자국민들에 판매하는 내국 통화 표시 국채의 수준은 그 국가의 통화가 자국민들에게 충분한 신뢰를 유지하고 있는 한에서는 문제가 없다. 왜냐하면 만기에는 정부는 화폐를 발행하여 상환을 하기에, 채권을 발행할 당시에 국민들이 그 채권 만기에 자국의 독립성과 화폐제도가 계속 유지된다는 확신만 있다면 정부 국채는 시장에서 소화가 되기 때문이다. 이전에 말하였듯이, 정부의 국채와 정부 통화는 질적인 면에서의 차이는 없다. 단지 국채는 이자를 지불한다는 차이점만 존재할 뿐이다.

그렇다면 자국통화에 대한 신뢰는 어떻게 유지되는가. 결국은 국가 주권 자체에 대한 믿음에 의존한다. 즉, 자국 통화에 대한 신뢰, 자국 정부가 발행한 채권에 대한 신뢰는 그 통화나 채권발행의 절대 액수에 의존하는 것이 아니다.

그런데 일본 국채시장에서 외국인 투자자의 비중이 낮다는 점, 일본이 가지고 있는 외환보유고 및 해외의 자산 규모, 그리고 대외적으로 국

가 갖는 권력과 꼭 그래야만 한다는 논리"를 참고할 것.

제사회에서 일본이 가지는 위상, 마지막으로 정부에 대한 국민의 신뢰를 근거로 판단한다면, 일본의 정부 국채의 발행은 절대로 위험한 수준이 아니다.

그럼에도 불구하고 어떠한 근거도 없이 일본의 국가채무비율이 높기에 위험하다고 주장하는 학자, 관료 혹은 언론인들은 무지하거나, 아니면 무조건 작은 정부를 지향하여야만 한다는 종교적 광신에 사로 잡혀있는 사람들이다. 정부 지출이 문제를 야기하기 보다는 오히려 그들의 발언이 사회적 불안감을 조장시키고, 정부의 재정지출이 긴요한 분야에 정부의 지원을 억제한다는 면에 있어서 사회악이다.

단기적으로는 자국 통화를 가진 국가에서의 차입할 수 있는 신용 한도 라는 것은 없다. 추가 통화나 국채는, 단기 혹은 장기 등의 기간을 불문하고, 국민이(혹은 외국인 투자가가) 그것들을 보유할 의지가 있는가의 여부이며, 이때 국채는 단지 국내 통화에 대한 대체 수단으로, 자국 통화로 표시된 이자를 지불하는 것 뿐이다.

다시 한 번 강조하지만, 그렇다고 해서 무제한으로 빚을 늘릴 수 있다는 이야기는 아니다. 그러나, 재정의 지속가능성은 재정이 균형을 이루어야만 한다는 것을 의미하지는 않는다. 채무가 지속적으로 늘더라도, 그것은 지속가능할 수 있다.

이러한 지속가능한 재정적자의 규모에 대하여서는 여러 논의가 있는데, 신고전학파 경제학자 중 비교적 진보적인 견해를 가진 블랑샤르 교수는 실질성장률이 실질이자율보다 크다면 문제가 없다고 보았다(Blanchard 2023). 포스트 케인지언학파의 빌름 뷔터는 정부가 소위 폰지금융, 즉, 기존의 채무에 대한 이자를 다시 차입에 의존하여 상환하는 형식만을 피하면 된다고 설명한 바 있다(Willem Buiter 2010). 포스트 케인지언인 존 킹교

수는 GDP대비 순공공부채의 비율을 일정하게 유지하거나, 혹은 그 비율이 증가하더라도 증가하는 속도가 서서히 줄어들면 지속가능하다고 생각한다(John E King, 2015).

5.3.8. 재정적자와 환율

2023년 1월 구로다 일은총재의 후임으로 우에다 카즈오(植田和男)가 선임이발표되자, 종래의 아베노믹스는 종식되고, 이제는 건전재정으로 선회할 것이라는 기대로 외환시장에서의 엔화의 가치는 하락을 멈추고 상승하기 시작하였다. 그런데, 우에다 카즈오가 구로다의 기존의 정책을 유지할 것이라고 말하자, 엔화 가치는 다시 하락하였다.

따라서 신고전학파 경제학자, 언론은 이구동성으로 아베노믹스는 틀렸다는 증거가 나왔다고 환호하였다. 그런데 그들의 판단 근거는 효율적 시장가설이다. 그 이론에 따르자면 시장은 항상 옳은데, 엔화가치의 하락은 아베노믹스가 틀렸다는 것을 입증한 것이라고 주장한다. 이전에 언급하였던 것처럼, 이 효율적 시장가설은 공상적인 가정에 의한 이론이며, 경험적 증거도 없다.

환율의 결정에 대한 논의는 후속 장에서 다룰 예정이다. 여기에서는 엔화가치의 하락은 아베노믹스에 의한 것이 아니라, 엔화가치가 하락하여야만 한다는 신고전학파 경제학자의 이론이 외환시장을 불안하게 만들었기 때문이라는 점을 간단히 이야기하고자 한다.

시장이 이데올로기와 경제이론에 의하여 움직인다는 사실은 이미 잘 관찰되고 있다(MacKenzie 2006, 2009). 즉 그들의 믿음이 현실이 되는 '자기 성취적 예언' 인 것이다. 특히, 그들은 263% 정부채무비율이라는 의미 없는 숫자에 사람들을 주목하게끔 하면서 사람들을 불안하게 만들고, 개

인투자자를 지칭하는 소위 와타나베 부인들을 자극하여 엔화를 매도하게
만든다. 일본의 환율시장에서 와타나베 부인의 영향력은 잘 알려져 있다.

이러한 분위기를 조성함에 있어서는 언론의 역할이 크다. 예를 들어,
2023년 2월20일에 일본경제신문과 NHK는, "지난 1월 외국인의 국채매
도액은 과거 최대인 4.1조엔을 초과하였다"라고 보도하였다. 이 기사는
와타나베 부인들을 자극하여 서둘러 달러를 매입하도록 자극을 주기에는
충분하다.

그런데, 일본증권업협회가 발표한 투자가별 공사채의 매매동향의 자
료를 요약한 **도표 5.2**에서 외국인 투자가의 동향을 볼 수 있다. 단기 채권
과 합하면, 실제로 외국인은 24.6조엔의 국채를 매입하였다.[57] 그리고, 전
체 장기국채 거래량에 대비하였을 때, 4.1조엔은 단지 0.35%에 불과하다.
그저 흔히 볼 수 있는 변동폭에 불과하다. 즉, 2023년 1월의 외국인 국채
보유 변동 상황은 실제로 아무 뉴스도 아니다. 그런데 신문과 방송사의
과장 보도에 의하여 충격적인 사실로 바뀌고, 이는 와타나베 부인에게 서
둘러 달러를 사라고 자극한다.

그렇다면 재정적자와 환율은 어떤 상관이 있는가. 이에 대한 자세한
내용은 후속 장에서 환율을 논하면서 다룰 예정이다.

---

[57]　미국의 금리 인상 이후의 한국에서의 외국인에 의한 채권 투자의 동향에 대한
미국의 금리 인상 이후의 한국에서의 외국인에 의한 채권 투자의 동향에 대하여서는
마찬가지로 본서 부록 "재정긴축론의 오류-잘못된 비유가 갖는 권력과 꼭 그래야만
한다는 논리"를 참고할 것.

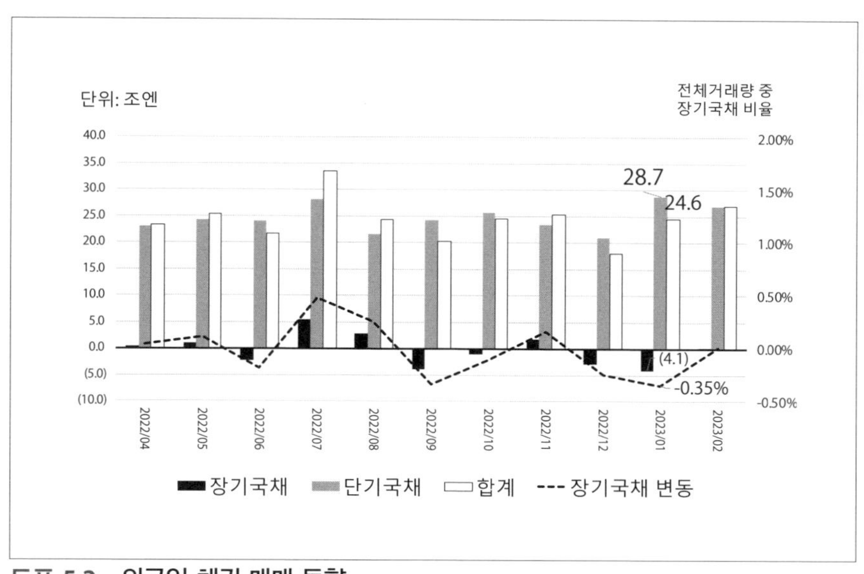

도표 5.2 외국인 채권 매매 동향

5.3.9. 선진국과는 반대의 정책이라는 비판에 대하여

이러한 주장의 오류는, 백인들이 주장하면 무조건 옳은 것이라는 사대주의적 발상이 아닐까. 본서에서 강조한 바처럼, 신고전학파 경제학 이론 체계는 백인들이 발전시켰는데, 그 이론 체계에는 무수한 오류가 존재한다. 선진국들의 경우 그러한 이론이 가지는 권력이 강해서 정부 정책은 그 이론에 의하여 결정된다. 그런데 그들을 모방할 필요가 있는가?

아이러니 하게도, 긴축정책과 고금리정책을 주장하던 미국도, 최근에는 재정 확장을 시작하는 듯하다.

5.4. 정부 흑자는 민간의 부채를 늘린다

정부 재정과 관련하여 언급하여야만 할 중요한 점이 있다. 정부의 재정 각자는 민간의 부채를 증가시키며 반대로 정부의 재정적자는 민간의 부채를 감소시킨다. 이 명제는 직관적으로 쉽게 이해 될 수 없다. 또한 신고전학파 경제학에서처럼 미시적 차원에서 개인과 기업의 행동을 분석함으로써 출발하면 결코 이해될 수 없는 거시적 결과이다. 하지만 이미 설명한, 항등식인 수식(3.11)에서 이 결과는 쉽게 볼 수 있다. 수식(3.11)은 다음과 같이 다시 쓸 수 있다.

$$(S - I) \equiv (G - T) + CAB$$

(자본가저축 + 노동자저축) – 투자 = 재정적자 + 경상수지흑자

좌변은 민간부분의 흑자, 즉 민간부분의 순저축이다. 경상수지가 균형일 때(CAB=경상수지흑자=0), 정부재정적자는 민간의 부채를 감소시키고, 반대로 정부의 재정흑자는 민간의 부채를 증가시킨다.

특히 경제가 불황인 경우 정부가 재정 흑자를 목표로 하는 경우에는 민간부분은 부채가 늘게 되고, 이렇게 늘어난 부채는 오히려 경제의 건전성을 해칠 수 있다. 이는 한국의 경우에 큰 시사점을 제공한다. 정책 당국은, 한편으로는 민간의 부채 증가를 문제 삼으면서 다른 한편으로는 긴축재정을 실시하고 있는데, 이 두가지 정책은 상호 모순적 임이 쉽게 보여진다. 긴축재정은 민간의 부채를 증가시킨다.

5.5. 건전 재정, 재정준칙(fiscal rule), 그리고 기능적 재정

신고전학파 경제학자들과 언론에서는 정부는 예산의 균형을 맞추거나 건전재정을 주장하고 혹은 일정 범위내에서의 적자 만을 허용하는 규칙으로서의 재정준칙을 주장한다. 이미 앞서 살펴보 것 처럼 이러한 주장의 이론적 기반은 아주 취약하거나 없다. 단순히 종교적 신념에 의하여 경도된 외침이다.

반면 본 장에서 저자가 강조하는 바는 이와는 대립되는 기능적 재정이다. 이 원리는 물론 케인즈에 기초하고 있지만, 이를 정리한 것은 러너(Abba P. Lerner)이다. 그가 말한 기능적 재정의 원칙은 완전고용을 유지하기 위한 민간부문의 지출이 부족할 것으로 예상될 경우 정부는 적자 재정을 통하여 부족한 민간의 지출을 보완하고, 반대로, 민간부문의 지출이 과다하여 수요견인형 인플레이션을 일으킬 것으로 예상될 경우 정부는 흑자재정을 목표할 것을 요구하고 있다. 만일 불황에도 불구하고 균형재정을 주장한다면, 그것은 자멸적인 결과만을 초래할 수 있다. 즉, 이는 유효수요를 줄이고 따라서 세수도 줄이기 때문에 오히려 재정적자를 확대할 수 있다. 대표적인 예가 1930년대의 대공황이다.

아직 단정하기에는 이른 감이 있지만, 한국의 경우 최근 문제시되는 급격한 세수의 감소의 원인 중의 하나는 정부 재정 지출의 감소로 인한 유효수요의 부족, 그리고 기업 실적의 악화에 있지 않을까 우려된다.

기능적 재정에 대한 러너의 관점은 크게 세가지로 요약된다.

첫째, 재정적자나 흑자 그 자체는 옳거나 틀리거나 하는 것이 아니다. 중요한 점은 어떤 재정적 적자나 흑자 등의 상황을 달성하는 것이 목표가 아니라, 인플레이션이 없는 완전고용을 달성하기 위한 것이다.

두번째로 정부는 무력한 존재가 아니라, 정부는 무한한 재정적 힘을 가지고 있으며, 화폐라는 것은 국가가 창조하는 것이다. 따라서 외환시장에서 자국 통화가 평가 절하될 위험이 없는 한, 정부의 돈은 고갈되지않는다(그러나, 예를 들어 남미의 국가들에게는 타당하지 않는 이야기이다). 이점은 러너의 후계자라고도 할 수 있는 현대통화이론(MMT)의 견해와 일치한다.

세번째로는 정부의 부채는 무한히 증가하는 것이 아니라, 정부지출로 인한 소득 증가, 이자 지급 증가로 인한 소비의 증가, 그리고 세수의

증가 등으로 인하여 결국은 어떤 수준으로 수렴될 것이다. 즉, 정부 부채
는 '지속가능(substainable)'하다.(물론 이는 미국과 같은 대외 의존도가 낮은 경제
에 적용되는 이야기이다).

5.6. 효율적 정부지출

그럼에도 불구하고 정부지출은 현명하게 계획되어야만 한다. 그 가
장 중요한 이유는 현재 발행가능한 국채의 한도가 정하여져 있기 때문은
절대로 아니다. 방만한 정부 재정은 국민들의 신뢰를 잃을 수 있는 위험
이 있기 때문이다. 정부재정은 적어도 중기적으로는 세수의 균형을 회복
하고, 그 재정지출의 효과를 국민들이 느낄 수 있도록 설계되어야만 한다.

국민은 실제 정부지출과 채무가 계속되는 경우의 누적된 채무에 불
안감을 느낄 수 있기 때문이다. 이들은 그러한 정책으로 인하여 실제로
'회피된(averted)'소득의 손실과 고용의 손실, 그리고 '회피된' 차입의 증가
를 볼 수 없다. 즉, 이전에 말한 바 있는, 회피비용 간과의 오류에 빠지기
쉽다. 그리하여 가시적인 효과를 볼 수 없는 채무의 증가는 국민의 신뢰
를 얻을 수 없고, 곧 바로 긴축재정으로의 전환을 가져올 수 있다.

또한 소비는 그 자체가 목적인데 반하여 투자는 향후 수익을 창출한
다. 어느 유형의 지출이건 현재의 소득을 창출할 수는 있지만, 투자의 경
우는 그에 더하여 미래의 소득을 창출하는 것도 기대되고 있다. 이러한
당연한 원칙은 국가에서도 어느 정도는 준수하여야만 한다.

단, 정부의 투자사업에서 자체 소득을 창출하는 것이 중요하지만 부
담할 능력이 없는 사람들을 편익에서 배제하지 않는 것 또한 중요하다.
정부가 집행한 공공투자의 경우, 편익의 전가에 대한 문제가 발생한다.
예를 들면, 새로운 도로가 건설되면, 건설자에게 수입이 주어지고 이용자

에게는 추가 편익이 발생 된다. 만일 통행료를 청구하지 않는다면, 그 편익은 이용자만 누릴 수 있으며, 정부에게서 발생하지는 않는다. 그런데 정부의 투자로 인하여 발생하는 편익을 개인에게 전가할 수 없는 경우도 있고 개인이 얻는 편익을 계산할 수 있는 경우라고 할지라도 개인에 따라서는 그 비용을 부담할 수 없는 경우도 있다. 하지만 부담할 능력이 없는 개인을 그 투자로부터의 편익으로부터 배제하는 것은 사회적 공평성 차원에서 바람직하지 않을 수도 있다.

하지만 공공 지출은 영원히 경상수지적자에 의존하여 조달할 수만은 없다. 현대통화이론(MMT)을 주창한 케인지언들이 자국 통화를 가지는 국가는 무제한적인 신용한도를 가진다고 주장하였는데, 그 점은 맞다. 그렇다고 그 무제한 신용한도는 무제한적으로 지출을 하여도 좋다는 이야기는 절대로 아니다. 국민이 그 국가에 대하여 신뢰를 가지고 있는 한에 있어서만 국가가 가지고 있는 신용한도는 무제한적인 것이다. 그 효과가 가시적이지 않고, 적자만이 누적되는 사업은 이미 말하였듯이 국민들의 피로감을 누적시키고, 국민들의 신뢰를 저하시키며 결국 신자유주의자들의 작은 정부를 옹호하는 의견에 국민들은 귀를 기울이게 된다.

따라서 그 정부 투자 사업에서 발생하는 수익, 재정승수효과를 통하여 미래에 창출할 수 있는 세수의 증가, 사회적 편익의 증가, 그리고 사회적 공평성 하에 저소득층이나 사회적 약자들도 그 투자로 인한 편익을 누릴 수 있도록 하는 배려 등을 균형적으로 고려하여 투자를 계획하여야만 한다.

하지만 그 투자 사업에서 발생하는 편익의 분석은 민간사업을 평가할 때 적용하는 기준과는 다른 기준을 적용하여야만 한다. 예를 들자면, 민간의 경우에는 가장 안정적인 투자사업의 경우에도 자본에 대한 투자

수익률로서 최소한 10 %를 요구한다. 또한 편익에 대한 지불능력이 없는 사용자는 철저히 배제하는 원칙을 적용할 수밖에 없다. 하지만 정부의 수익성 평가 기준은 예들 들어 3% 금융비용 등을 공제한 이후의 자본 수익율이 아주 작은 수준을 유지하고 반면 사회적 편익을 극대화하도록 설정할 수 있다. 그럼으로써 사업 자체에서 발생하는 현금흐름은 최소한 그 사업의 금융비용을 만회할 수 있고 따라서 그 사업 자체는 지속가능할 수 있다. 또한 통상적으로 요구되는 자본 수익율과 공공사업의 수익율과의 차이는 사회적 편익의 증가와 그 투자가 창출하는 외부성으로 인하여 소득이 향상되어 향후 증가될 세수, 또한 사회적 약자에 대한 배려라는 금전적으로 직접 평가되기 힘든 이익으로 상쇄될 수 있다.

또한 이렇게 함에 있어서 각 사업은 독립 채산제로 운영하여 관리할 필요가 있다. 이는 그 사업을 민영화한다는 것을 의미하는 것은 아니다. 그 사업을 보다 효율적으로 평가하고 관리, 통제함으로써 지속가능한 사업으로 유지하기 위한 목적일 뿐이다.

강조하고 싶은 것은 비단 민간기업만이 경영의 우수 사례를 독점적으로 시현하고 있는 것은 아니라는 것이다. 이후 민영화를 논하면서 이야기하겠지만, 민영화된 거대 기업과 대형 정부 기업은 그 구조에 있어서 차이점은 없다. 만약, 대형 정부기업에서 소위 주인-대리인 문제(Princi-pal-agent problem)가 발생한다면, 민간의 대기업도 동일한 문제에 직면한다. 이 문제는 가내 수공업을 하는 소규모의 기업에서 사장이 직원의 모든 행동을 감시할 수 있는 경우에만 해결 가능한 것이며, 거대화된 기업에서는 그것이 공기업이거나 아니면 민간기업이거나 상관없이 발생한다. 조직이 거대화 되는 경우, 필연적으로 권력을 위임할 수 밖에 없고, 이렇듯 권력을 하부로 위임하는 피라미드는 필연적으로 발생한다. 그 정점과

하부의 거리가 멀 수록 소통과 감시 기능은 약해질 수 밖에 없다.

주식시장에서의 평가를 도입하여 이러한 문제를 해결할 수 있는 것은 아니다. 이는 민간투자를 평가하는 기준에 불과하며, 사회적 편익, 공평성의 문제에 대하여서는 외면한다.

5.7. 보충성원리에 기반한 정부 투자

이러한 투자는 민간의 투자와 경쟁하는 것은 아니며 공공투자와 민간 투자는 서로 공존할 수 있다. 이에 관하여 케인즈는 아래의 글에서 볼 수 있듯이 소위 보충성원리(the principle of subsidiarity)[58]를 지지하였던 것처럼 보인다.

"국가 계획의 본질이라는 것은 그 성격에 있어서 개인의 역량의 범위를 넘어서는 것을 국가가 하는 것이다. 그것은 사회주의나 공산주의와는 다른데, 왜냐하면 그 자체의 목적만을 위하여 국가의 영역을 강화하는 것을 추구하는 것이 아니기 때문이다. 그것은 개인에게 보다 적합한 영역에 있어

---

[58] 1891년 교황 레오 13세가 무조건적인 자유방임주의와 다양한 형태의 공산주의 사이의 절충적 형태를 주장한 원칙이다. 이 원칙은 이후 1931년 교황 피오 11세가 사회문제에 대한 선언문인 《노동헌장 반포 40주년을 기념하여(Quadragesimo Anno)》를 공표함으로 이어졌다. 이 원리는 "개인들이 자신 스스로의 기획이나 근면으로 달성할 수 있는 바를 [국가가] 빼앗거나, 혹은 그에 대하여 국가가 의지를 표명하여서는 안된다는 것이 사회 철학에 있어서 고정 불변의 원칙이다"라는 것이다. 즉, "높은 수준의 정부가 개입하는 것은 작은 공동체로부터 모든 권한을 박탈하는 것이 아니라 좀 더 지원하는 것이어야 한다"라는 것이다. 이는 소극적으로는 상위 정부가 해서는 안 될 것을 정하는 것이며, 적극적으로는 국가에게 하위의 작은 구성 단위가 일차적으로 할 수 있는 조건을 마련해 줄 것을 요구하는 것이다

서까지 국가가 개인을 대체하려고 하는 것이 아니며, 혹은 임금 체계를 변혁하거나, 이윤을 추구하는 동기를 말살하는 것을 목표로 하지도 않는다. 그것의 목적은 신중한 예상을 바탕으로 개인들의 역량 범위 밖의 것들을 조정하고 관리함으로써 각 개인이 자유롭게 서로간에 경쟁하며 활동하는 환경을 수정하고 또한 규정 짓는 것이다"(Keynes and Moggridge 2010: 81).

"나는…어느 정도 투자의 포괄적인 사회화가 완전고용에 가까운 상태를 확보하는 유일한 수단임이 입증된다고 생각한다. 물론 이러한 [사회화의] 요구는, 공공 기관이 민간의 의지와 협조하도록 하는 모든 방식의 타협 및 장치 들과도 공존할 수 있다. 그러나 이러한 한도를 넘어서는, 사회의 경제생활 대부분을 포괄하는 국가사회주의 체제는 정당화될 수는 없다. 생산수단의 소유권 자체를 국가가 접수하는 것이 중요한 것은 아니다. 국가가 생산수단을 증가시킬 수 있는 자원의 총량과, 그 생산수단을 소유한 사람에 대한 '기본적인 보수율'(the basic rate of reward)을 결정할 수만 있다면 국가는 필요한 모든 것을 한 셈이다. 나아가 이러한 사회화에 필요한 조치들은 점진적으로 그리고 사회의 일반적인 전통을 무너뜨리지 않고도 도입될 수 있다."(Keynes 1936:378)

이러한 보충성원리가 유지되는 한, 경기가 침체되고 실업이 만연한 상황에서 민간이 충분한 투자를 하지 않은 경우에도 국가는 절대로 개입해서는 안된다는 어떠한 재정상의 이유라는 것은 본질적으로 존재하지 않다. 그에 대한 반대는 오로지 정치적, 이념적인 것이다. 그리고 국가에 의한 투자는 지속가능하여야만 하며, 그렇게 설계될 수 있다. 단 그 설계에 있어서 보다 전문성과 신중함이 요구될 뿐이다. 단, 그 지속 가능성을 평가하는 기준은 민간에게 적용하는 기준과는 동일할 수 없으며, 국가 투자의 목적과 사회적 편의성의 제공이라는 측면도 동시에 고려하는, 일종의 타협이 필요하다.

물론 이러한 계획은 결코 쉬운 일이 아니며 계획하는 정부의 부처는 고도의 전문성과 창의력, 그리고 사회 전체의 편익을 고려할 수 있는 넓은 시야, 마지막으로 공평무사함이 요구된다. 특히 사업의 평가는 기존 관료 체계에서는 쉽게 수행할 수 없는 성격의 것이다. 따라서 이러한 목적을 위하여 정부 부처와 협력하는 전문기관을 육성할 필요가 있다. 예들 들어, 정부 금융기관을 단순히 민간의 금융에 대한 지원을 하는 창구로서의 역할을 넘어서는 적극적인 투자 평가 및 자본 출자 기관으로 전환시킬 필요가 있으며 혹은 필요하다면《국가투자은행》(The National Investment Bank; NIB)이나, 국가투자기금을 설립할 필요가 있다.

기존의 포스트 케인지언학파는 이같은 점에 대한 고려가 부족하다. 투자는 소득을 창출하고, 그렇게 창출된 소득이 미래에 세수를 창출한다는 것은 인식하고 있다. 하지만 그러한 투자를 어떻게 효율적으로 실행하는 가에 대한 전문성과 실무적 경험은 부족하다.

사실 아베노믹스는 이러한 점에 있어서 비판을 받을 수 있다. 하지만 모든 것을 한꺼번에 실행하기에는 시간적인 여유가 부족하였다. 특히 새로운 것을 실행하기에는 반대입장을 가진 기존의 이익집단이 가진 권력을 우선적으로 극복할 필요가 있는 것이며, 사실 이러한 기존의 권력집단과의 투쟁에 오히려 보다 많은 정력과 시간을 할애할 수 밖에 없었다.

5.8. 재정긴축주의자들이 만들어낸 우화(愚話): 고속도로 요금

일본은 세계에서 고속도로 요금이 가장 비싸다. 고속도로의 높은 물류비용은 국가 경쟁력 향상에 암과 같은 존재다. 2020년의 경우 총 고속도로 통행료 수입은 약 2.4조 엔이다. 민영화된 고속도로 회사는 연간 약 1.6조엔을 '도로자산 임차료'로 일본 '고속도로 보유-부채상환기구'에 지불하고, 그 '순' 부채 상환액은 연간 1.5조엔이다. 장기적으로는 부채를 모두 없애는 것이 그들의 목표다. 그렇다면 과연 연간 1조5000억 엔을 왜 '지금' 상환해야 하는 것일까? 그 이유는 없다. 다만 일본 재무성이 주장하는 균형재정이라는 종교적 교리를 따라야 하기 때문이다.

만약 이 부채를 상환하지 않고 이자 비용만 지급하면 고속도로 요금은 현재 수준의 36%가 된다. 현재 도쿄에서 나고야까지의 대략 360km 구간의 편도 고속도로 요금이 7,320엔인데, 이 요금을 2,660엔으로 낮출 수 있다는 것이다.

고속도로 요금을 인하하면 연간 1.5조엔을 추가로 민간이 소비하거나 투자할 수 있다는 뜻이다. 또한 기업 입장에서도 물류비용이 줄어들어 대외 경쟁력이 높아진다. 이를 위해 필요한 것은 재무성 관료들의 종교와 싸우는 것이다.

거의 모든 국가는 교통 산업을 국가 기간산업으로 간주하고 그 산업이 가져다 주는 사회적 편익을 고려하여 정부는 기꺼이 투자와 차입을 한다. 하지만 일본 재무성은 자신의 종교적 신념을 지키기 위해서라면 사회적 편익을 기꺼이 포기한다. 재무성과의 싸움에서 이기면 얻을 수 있는 것은 물류 효율성 증가, 추가적인 민간 가처분 소득 증가, 국민 복지 증가다. 잃는 것은 재무성 관료들의 자존심뿐이다.

5.9. 이 장의 요약

이 장에서는 현재 첨예한 의견 대립의 온상인 정부 재정 지출의 문제를 다루었다. 재정 지출은 자본주의 경제의 운영상 불가피하다. 왜냐하면 기업가의 이윤이 존재하고, 그 기업가의 이윤이 직접 투자나 소비로 전환되지 않는 한 기업가의 매출 예상은 결코 달성될 수 없는 구조적 모순을 자본주의 경제는 자체 내에 가지고 있기 때문이다.

또한 정부 재정 지출은 단 한 차례의 소득증가로 연결되는 것은 결코 아니다. 최초의 소득 증가는 그것을 소비함으로써 판매자의 소득을 증가시키고, 그 과정 중에 고용이 창출되며 따라서 다시 소비증가로 연결되는 등의 연쇄적인 반응을 유발한다. 따라서 최초 정부 재정 지출보다 더 큰 소득의 증가로 발생된다. 이를 승수효과라고 한다. 또한 전반적인 소득의 증가에 힘입어 기업은 낙관적인 경기 전망을 가지게 되고, 당장 증가되는 소비를 충족시키기 위한 설비투자와, 낙관적 전망에 대응하는 추가적인 투자가 이루어 지며, 그러한 투자는 다시 고용과 소비를 촉진시킨다.

하지만 이러한 정부 재정 지출은 정부 재정 적자 누적에 대한 우려를 세간에 야기시킨다. 정부 재정 지출을 세금으로 조달하였을 때 그럼에도 불구하고 최초 정부 재정 지출과 비교하여 증가되는 소득분의 비율을 균형재정승수라고 일컫는데, 그 세금이 정액세의 형태인 경우, 승수는 1이다. 비례세의 경우에는 그 효과가 줄어들기는 하지만, 승수는 0보다는 훨씬 크다. 다시 말하자면 이러한 경우, 정부재정이 균형이라고 하더라도 재정지출은 소득 증가 효과가 있다. 또한 재정 지출로 인하여 소득이 증가되고, 따라서 세수는 증가되기 마련이다.

반면 재정 긴축은 단기적으로는 재정 지출이 균형을 이루게 되는 것처럼 보여지더라도 결국 소득의 감소로 인한 세수의 감소로 이어지고, 이는 재정의 균형이 아니라 오히려 재정 적자를 유발하는데, 작금의 한국 경제에서 문제시 되고 있는 세수 감소는 이같은 우려가 현실화되는 것이 아닐까 하는 우려를 유발하기에 충분하다.

세간에는 작은 정부를 지향하는 종교적 신념에 경도되어 재정 긴축을 통한 균형 재정만이 경제를 회생시키는 유일한 희망이라고 주장하는 학자와 정치인들이 있다. 사실 그러한 주장의 이론적인 근거는 없다. 단순히 종교적 믿음 차원의 주장이다. 그 대표적인 주장들은 민간투자 감소론(소위 민간투자 구축효과), 소비 감소론(리카도의 등가정리), 국가 파산설(슈바벤 주부의 논리), 부채의 후대 상속론 등이 있는데, 이 같은 주장들이 고개들 드는 가장 중요한 이유는 다양하다. 그릇된 자본 시장 이론과 투자 이론에 근거하여 민간 투자가 감소한다는 억지 주장을 하거나, 비상식적으로 합리적인 전지전능한 소비 주체를 가정하거나, 현대의 화폐 제도에 대한 철저한 무지에서 비롯되거나, 자신들의 종교적 신념에 경도된 나머지 논리의 가정에 이미 결론을 포함한 '선결문제 요구의 오류'를 범하고 있기 때문이다.

또한 혹자는 적정 국가 채무비율, 재정 준칙을 이야기한다. 이러한 비율 내지 준칙에 대한 이론적인 근거는 존재하지 않고, 단지 주장하는 사람들 자신들의 종교적 신념을 반영하여 어떠한 자의적인 숫자를 제시함에 불과하다. 만일 그러한 비율이나 준칙이 존재한다면 그 숫자는 각국의 특수한 상황을 고려하여 신중하게 제시되어야만 한다. 그러한 자의적으로 설정한 비율이나 준칙에 얽매이기 보다는 경기 상황에 따라 신축적으로 재정을 운영하는 소위 기능적 재정의 원칙에 충실할 필요가 있따.

그렇다고 국가가 무분별하고 방만하게 재정지출을 하거나 국가 부채가 무한대로 증가될 수 있음을 본서에서 주장하는 바는 절대로 아니다. 국가 재정은 특히 국민의 신뢰를 잃지 않게끔 어떤 가시적인 효과가 보여지도록 설계되어야만 하며, 또한 신뢰를 유지하기 위하여서는 중장기적으로는 균형이 회복되어 가는 모습이 보여지도록 하여야만 한다. 또한 국가 채무는 지속가능 하여야만 하는데, 이는 적어도 국가 채무에 대한 이자를 상환하기 위하여 또다시 국가 채무를 증가시키는 악순환을 야기하면 않는 것을 의미한다. 또한 정부 재정 지출은 그 효과가 극대화 될 수 있도록 설계 되어야만 하고, 각 재정 지출 사업은 사회적 편익을 고려하되 최소한 그 사업으로부터 발생하는 현금흐름은 가급적 원리금 상환을 충분히 상환할 수 있도록 설계됨이 필요하다.

이같은 정부의 재정 지출은 결코 민간과 경쟁하거나 혹은 민간의 영역을 침범하는 것이 아닌, 민간이 수행할 수 없는 투자와 지출을 정부가 수행함으로써 민간 경제를 보다 활성화함에 그 목적이 있다. 이는 케인즈가 말한 보충성의 원리의 철학에 입각해야만 함을 의미한다.

6. 통화 및 금융정책

6.1. 들어가기

이 장에서는 화폐의 공급과 통화 금융정책에 대하여 논의하겠다.

일단 화폐의 공급은 기업이 여신을 통한 신용창조를 통하여 내생적으로 결정되고 정책 당국이 조정할 수 있는 변수가 아니며, 은행은 주류 경제학에서 말하는 예금과 대출을 중개하는 대부업체가 아니라는 점을 설명하겠다.

이때 시중의 통화량을 결정하는 은행의 여신은 이자율의 함수도 아니고, 은행이 가지고 있는 유동성의 함수도 아니다. 은행은 적격 차입자에 한하여만 대출을 시행하는데, 신용력이 약한 차입 희망자에게는 이자율 여하를 막론하고 대출을 시행하지 않는다. 그렇다면 은행의 대출은 다분 경기 변동과 밀접한 관련이 있는데, 경기 상승 시에는 적격 차입자도 증가하고, 은행도 대출에 대하여 낙관적인 전망을 가지게 된다.

그 이후의 절에서는 소위 양적 완화 정책이 가지는 효과에 대하여 논의를 이어가겠다. 양적 완화 정책은 그 자체로는 실물경제 활성화에 직접적인 효과가 없으며 재정 정책의 보조적인 수단으로 활용되어야만 함을 설명하겠다. 양적 완화는 자칫 부동산 등의 투기성 자산의 가격 상승과 그로 인한 부의 양극화를 초래할 위험을 가지고 있다.

신고전학파 경제학에 있어서의 통화 금융정책의 최우선과제는 물가 안정에 있다. 그러나 인플레이션의 억제 수단으로서의 통화정책도 정책 당국이 통화량을 조절할 수 없다는 점에 있어서 효과가 의문시된다.

그렇다면 금융정책의 목표는 단순히 통화량 조절, 인플레이션 억제 내지는 금리 조정을 통한 경제 활동의 부양 등이 아닌, 보다 광범위한 규제와 감독을 통하여 경제의 불안정성을 감소시키는 바에 있음을 설명하겠다.

6.2. 통화정책

6.2.1. 화폐 공급과 여신

화폐는 어떻게 창조되는가. 이에 대한 대답은 우선 이때 지칭하는 화폐를 규정함에서 시작하여야만 한다. 통상 우리는 화폐를 광의의 유동성 (L) 내지는 M3까지 포함시킨다. 그런데 **도표 2.2와 2.3**에서 볼 수 있듯이, 현금통화와 준비금을 포함하는 본원통화의 양은 한국의 경우 259조원인데 이는 M3의 4465조원에 비하여 단지 5.8%에 불과하다.

이미 2.2.7에서 설명한 것 처럼 나머지 대다수의 화폐는 민간에 의하여 창조되며, 그 인과관계에 있어서 대출이 선행되고 그 이후에 대출금은 예금으로 입금된다. 그 예금을 보호하기 위하여 일정 부분 중앙은행에 지급준비금으로 적립이 된다. 통상적으로 주류경제학에서 믿고 있 듯이, 예금이 들어오면 그것을 기반으로 대출이 창조되는 것은 아니라는 이야기이다. 중앙은행이 지급 준비율을 하향 조정하면 그로 인하여 풀린 은행의 여유자금이 신용창조에 사용되고, 그래서 대출이 늘어나고 통화가 늘어난다는 이야기는 미신이다. 이같은 혼란은 신용창조를 하는 은행을 마치 동네의 작은 대부업체와도 같이 취급함에 따른 혼란에서 비롯된다.

그런데 신고전학파 경제학은 은행을 기본적으로 예금과 대출을 중개하는 대부업체로 평가하고 예금은 모두 대출로 전환된다고 가정한다.[59]

---

[59] 이같은 형태의 이론을 '딜러십 모델'(dealership model)이라고 한다(Ho & Saunders 1981). 현대의 신고전학파 경제학의 금융이론은 이 딜러십 모델에 확률적

그리고 채무자의 파산은 확률적으로 발생하며 마찬가지로 예금주의 예금 인출도 확률적으로 발생한다고 가정한다. 은행은 대출금의 상환과 예금 인출 간의 불일치를 관리하는 기관이며, 은행이 대출에 대한 금리는 확률 적으로 발생하는 파산의 위험에 대한 정당한 보상이라고 본다. 이같은 이 론은 이전에 이야기한 바와 같은 에르고드성의 세계이며, 이 세계에서는 확률적 위험만 존재하고 불확실성은 없다.

신고전학파 경제학에서는 단지 이자율이 변동에 의하여 대출의 수요 와 대출의 공급이 일치하게 된다고 가정한다. 하지만 은행은 최우선적 목 표는 대출금의 상환이며 상환능력이 있는 차입자의 경우에 한해서만 적 정한 금리를 책정하기 마련이다. 높은 금리를 부담하면서 대출을 신청하 는 차입자는 오히려 대출금의 상환 능력이 없다는 것을 스스로 입증할 뿐 이다. 이같은 현상을 레몬시장의 법칙, 혹은 역선택이라고 한다(Akerlof 1970). 또한 높은 금리 부담은 차입자의 신용을 악화시키고 따라서 차 입 할 수 있는 능력을 감소시킨다. 즉, 적격 차입자의 자금에 대한 수요 (Wolfson 2012)가 존재하여야만 양적 완화는 대출로 연결될 수 있다.

따라서, 은행은 그 대출을 상환할 수 있는 신용을 평가하고 대출을 실행하는데, 불황기에는 대출자의 신용등급은 일반적으로 낮아지기 마련 이고, 은행이 느끼는 불확실성의 수준은 높아진다. 따라서 은행이 평가하

으로 발생하는 부도의 위험을 결합시킨 형태이다(Merton-Black-Cox 모델; Merton 1974; Black & Scholes 1973; Black & Cox 1976). 이 모델에서는 은행의 신용평가 기능이라는 것도 없고, 은행이 느끼는 불확실성도 존재하지 않는다. 은행은 예금과 대출을 로봇처럼 중개하는 기관이고, 은행의 금리는 확률적으로 계산된 부도의 위험 에 대한 보상이다.

는 적격 차입자와 대출금액은 줄어들기 마련이다. 반면 은행이 평가하는 적격 차입자는 불황기에는 투자가 감소하고, 따라서 대출의 수요가 줄어 들기 마련이다.

결론적으로 말하자면 화폐의 공급은 경기변동 상황에 따라 내생적으 로 변동하게 된다. 정부가 본원통화의 공급을 늘이거나 지급준비율을 조 정하는 등의 통화정책을 수행하는 것은 사실 정책 당국의 의지를 표명함 으로서 경제 주체들의 심리를 자극하는 상징적 행위이다. 따라서 화폐 공 급량을 조정한다는 것은 그 자체로는 직접적인 의미가 있는 것은 아니다.

6.2.2. 현재의 통화정책

최근 선진국의 통화정책은 직접적으로 화폐량을 조정하는 것이 아 니라 단기 이자율의 적용을 통하는 방법을 채택하고 있다. 그러한 면에서 고전적 화폐수량설 혹은 밀튼 프리드먼에 의하여 대표되는 통화주의자들 보다는 보다 다양한 방법의 정책을 추구하고 있다. 현대의 중앙은행들은 오히려 스웨덴 경제학자 크누트 빅셀(Knut Wicksell)의 의견을 따라, 다음 과 같은 공식에 기반한다.

$$P = \beta(r_n - r_m) \tag{6.1}$$

이때, β는 고정된 상수이고, r_n은 자연이자율[60]이며, r_m은 시장 이자

---

[60] 사실 이 자연이자율을 추정하는 방법은 자의적이다. 실무에서는 성장이 없고 인플레이션도 없으며 완전 고용인 상태하에서의 이자율을 추정한다. 하지만 이미 우 리가 **도표 3.3**에서 보았듯이 이 자연이자율이라는 개념은 허구이다. 따라서 허구의 이자율을 규정한다는 것은 무의미한 일이다.

율이다. 이 자연이자율은 대부자금설과 자본의 한계생산을 설명할 때 이미 언급한 바 있는데, 그들의 주장에 의하면 이는 어떠한 화폐적 현상과는 독립적으로 '천계'에서 결정된다. 만약 r_m이 너무 낮게 형성된다면 이는 대출의 수요를 늘릴 것이며 따라서 경제 전체의 화폐 공급은 많아진다. 이 같은 원칙은 현재 미국 연방준비이사회가 단기 명목이자율을 결정하는 방식 중의 하나로서 채택하고 있는 소위 테일러 준칙(*Taylor rule*)에 적용된다.[61] 적어도 이 이론은 화폐의 양은 정책 당국에 의하여 결정되는 것이 아니라, 신용을 통하여 창조된다는 것은 인정하고 있다.

하지만 이미 언급하였듯이 기업의 투자를 위한 대출 수요는 이자율의 변화에 둔감하다. r_m이 너무 낮게 형성된다면 생산적 대출수요가 아닌 부동산 등의 투기를 위한 대출의 수요는 늘 수 있다. 또한 형이상학적인 자연이자율이라는 개념을 사용하고 있는데, 사실 이 자연이자율을 추정하는 것 자체가 무의미하다.

6.2.3. 양적 완화는 기업 대출을 늘리고 투자를 늘리는가

양적완화는 통상 국채등의 매입등을 통하여 시중에 유동성을 공급하고, 동시에 국채의 가격을 높여서 금리를 인하하는 정책을 의미한다. 그 지양하는 목적은 시중에 급한 유동성을 공급하고, 동시에 투자 진작 등을 통한 경기 부양에 있다.

하지만 거듭 강조하는 바와 같이 생산적 투자는 이자율 변화에는 둔

---

61 아주 간략히 말하자면, 이 원칙에 의하여 단기 이자율을 결정하는 공식은 $r_m = p^e + r_n + \alpha$로 표현된다(여기서 p^e는 물가상승 예상치이다). 이는 뒤에 나올 식(6.1)과 같이, 이자율과 r_m과 인플레이션이 상관되어 있음을 보여준다.

감하다. 투자를 결정하는 핵심적인 요인은 기업가의 미래에 대한 예상이다. 또한 아무리 양적 완화를 시행하더라도 대출의 공급은 자동적으로 증가되지는 않는다.

사실 양적완화라고 해서, 정부가 화폐를 발행하여 각 가정에게 살포하는 것은 절대 아니다. 양적완화의 가장 중요한 수단은 중앙은행이 국채 등을 매입하는 것인데, 그렇다면 그렇게 풀린 돈을 직접적으로 받는 당사자는 기존에 채권을 가지고 있던 금융기관 내지는 기관투자가들이다. 그들은 그렇게 받은 돈을 과연 기업 대출로 연결할까?

특히 경기가 불황인 경우에는 금융기관에 유동성이 풀린다고 하더라도 그것이 직접적으로 대출로 연결되지 않는다. 그렇다면 그 돈은 자칫 부동산 시장이나 다른 투기적 시장으로 흘러 들어 가게 된다. 이에는 금융기관이 직접적으로 부동산 등의 실물 투자를 하거나, 혹은 그를 위한 대출을 늘리는 것을 모두 의미한다.

세계 금융위기 이후 미국과 영국에서 경제 회복을 자극하기 위하여 실시된 소위 양적 완화가 성공을 거두지 못하였는데, 양적 완화는 총수요를 자극하는 것이 아니라 오히려 주가나 주택의 가격만 상승시켜 상대적 자산가격을 변화시키는 결과를 초래하였고, 반면 실물경제에 대한 기여는 상대적으로 적었다.

중앙은행이 지급준비율을 낮추거나 양적 완화를 통해 금융기관에 대출여력을 증가시키는 정책을 통하여 생산적 실물 투자 진작의 효과를 볼 수 있는 경우는 이미 적격 대출 수요가 많은 호황기일 뿐이고, 반면 대출이 절실히 필요한 불황기에는 그러한 정책의 효과는 미지수이다. 그런데 호황기에는 오히려 경기 과열을 우려 때문에 양적 완화는 호응을 받기 어렵다.

6.2.4. 인플레이션의 억제 수단으로서의 통화정책

대부분의 주류경제학자들은 금융정책의 목표는 인플레이션의 억제에 있고, 따라서 중앙은행의 목표도 인플레이션을 억제함에 있다고 생각한다.

하지만 중앙은행에 의한 본원통화의 증가는 경제에 유통하는 화폐의 양을 직접적으로 통제하지 못한다. 경제에 존재하는 화폐의 양은 기본적으로 은행의 대출을 통한 신용창조의 과정을 통하여 결정되고 따라서 불황기에는 대출 수요의 감소에 따라 화폐의 공급은 줄어든다.

중앙은행이 공급하는 통화의 증가로 인하여 인플레이션이 발생한다는 화폐수량설은 오류이다(이후의 7장에서 인플레이션과 화폐수량설을 논하면서 자세히 설명하겠음). 화폐의 증가는 경제활동을 반영할 뿐이다. 인플레이션의 발생은 화폐적 현상이 아니다.

그렇다면 통화정책이 추구하는 목표는 인플레이션의 억제 혹은 이자의 하락을 통한 투자 수요의 확대가 될 수 없다. 강조하지만 투자 수요에서 이자율의 역할은 제약적이며, 핵심적인 요인은 기업가들이 느끼는 미래의 전망 즉 유효수요에 대한 예상이다. 이렇게 본다면, 금융정책이 수행한다고 전통적으로 믿어왔던 기능들은 사실 제약적이다.

6.3. 금융정책당국이 수행해야만 하는 역할

그렇다면 금융정책당국이 수행해야만 하는 역할은 무엇인가. 일단 직접적인 규제와 장려를 하여야 한다. 예를 들어 주택 가격 거품이 우려될 경우 주택담보대출의 제한을 두거나 혹은 주식 시장이 차입 비율이 높은(highly leveraged) 투자자들의 과열적 매집 때문에 가격이 폭등하는 경우 주식 금융에 대한 증거금을 높이는 등의 규제이다.

또한 은행에 대하여 대출의 형태에 대하여서도 차별화된 요건을 부과함으로써 특정 형태의 대출에 대하여 실질적으로 억제하거나 장려할 수 있다. 물론, 최종적인 대출 결정은 정부가 강제할 수 없다.

그리고 다음 절에서 지적하다시피, 실물경제의 원활한 작동을 위하여 금융시장을 장려하거나 규제하는 역할이 중요하다. 특히 건전한 투자 심리를 부양하며 반면 투기적 과열을 억제함으로써 안정적으로 경제가 작동하도록 하여야만 한다.

또한 염가 화폐(cheap money)정책은 윤리적인 면에서도 중요하다. 금리소득자(rentier)들은 비교적 부유한 사람들인 것을 감안하면 이자율을 매우 낮게 유지함으로써 이들의 소득을 제한하는 것은 바람직한 평등주의적 결과를 가져올 것이다. 높은 이자율은 가계 부채가 많은 층으로로부터 금융기관이나 혹은 순자산이 많은 계층으로 소득을 이전시킨다는 당연한 명제를 상기하여야만 한다. 특히 이같은 상황은 가계부채가 많은 한국의 상황에서는 심각히 고려하여야만 한다. 단순히 부의 배분을 말하는 것이 아니라, 높은 이자율은 결국 부채비율이 높은 가계들의 소비를 감소시키는 부작용을 초래하는 등의 연쇄 반응을 불러올 수 있다.

결론적으로 정부의 경제정책에 있어서 핵심은 재정 지출 확장을 통한 재정정책이며 금융정책은 보조 수단으로 한정될 수밖에 없다.

6.4. 금융시장의 자율화와 규제의 도입

6.4.1. 효율적 시장가설에의 맹신, 그리고 규제 도입의 필요성

신고전학파 경제학에서 말하는, 시장은 항상 옳고, 모든 것을 판단하는 기준이라는 금융이론의 핵심은 소위 효율적 시장가설이다. 그들의 견해는 금융의 불안정성이 실물경제의 불안정으로 이어질 가능성은 없고,

따라서 금융시장의 요동 자체는 실물경제에 큰 영향을 주지 않다. 그런데 이미 언급한 바와 같이 이 가설은 현실에서는 존재할 수 없는 허구적인 가정들을 도입하여 금융시장이 효율적이며 완전하다는 결론을 도출하고 있다. 이러한 가정들의 허구성 뿐이 문제는 아니다. 사실 이 가설은 경험적으로도 입증된 바는 없다. 오히려 이 가설에서 주장하는 바와는 달리 금융시장에서는 주기적으로 금융공황이 발생하고 있으며 이러한 공항은 신고전학파 경제학의 효율적 시장가설로서는 절대로 있을 수가 없는 사태인 것이다.

하지만 현실을 살펴보자면, 이러한 효율적 시장가설은 경제에 큰 폐해를 초래하였는데, 이는 금융 시장에서 거대금융회사들의 대규모적인 무모한 행동을 조장하고 그들의 활동을 규제하려는 진지한 시도를 억제함으로써 주기적인 공황의 발생에 간접적으로 기여하였다.

이미 설명한 바와 같이, 생산자와 소비자가 구별되어 있는 제조업 상품의 시장과는 달리 금융시장에서는 공급자와 수요자가 구분되지 않는다. 전술 하였던 와타나베 부인은 외환시장에서 달러를 사는 수요자도 되고 1시간 뒤에는 공급자로 달러를 파는 공급자로도 바뀔 수 있다. 최초의 주식을 발행하는 공급자로서의 주체는 기업이지만 일단 주식이 발행되어 유통되기 시작하면 투자자들은 공급자도 되고 수요자도 된다. 또한 제조업에서 생산되는 상품을 거래하는 시장과는 달리 금융시장에서는 신규로 공급되는 플로우(Flow)와 기존에 있던 스톡(Stock)이 모두 혼재되어 거래되고 그들 상품간의 차이는 없다.

이러한 시장에서의 특징은 수요와 공급에 있어서 투기적 동기가 강하게 작용한다는 것이며, 통상적으로 상상하는 우상향하는 공급곡선과 우하향하는 수요곡선에 의하여 가격이 결정되는 것이 아니다. 가격이 오르면 오히려 수요가 늘어날 수 있고, 반대로 공급은 오히려 감소한다. 또한 수요와 공급 곡선 자체는 시장의 분위기에 따라 수시로 위치를 바꾸기 때문에, 그러한 곡선을 그리는 것 조차도 무의미하다. 그리고 가격이 어떤 균형상태를 벗어났을 때, 다시 균형으로 돌아온다는 보장도 없다. 가격은 계속 상승할 수 있는데, 결국은 버블의 붕괴에 의하여서만 그 가격 상승이 제한된다. 이와 같은 모습은 이미 설명한 **도표 2.8**에서 보여진다. 일반인과 많은 경제학자들이 가지는 혼동의 큰 원인은 고등학교에서 배운 수요와 공급 곡선을 세상의 모든 시장에 적용시키려는 믿음이다.

그런데 이러한 금융시장에서의 불안정성에 기여하는 것이 파생증권이다. 파생증권의 원래적 목적은 미래의 위험에 대한 보험이다. 예를 들어 현대의 변동환율제 하에서의 선물환 거래는 미래에 필요한 외환을 현재의 환율을 기초로 형성된 가격을 기준으로 매입하기로 약속함으로서 미래의 환율변동에 따른 위험을 없애고 안정적으로 지불수단을 확보하기 위함이다. 하지만, 선물환 시장의 발달로 시장은 투기적인 거래에 의하여 주도된다. 더욱이 거래를 하기 위해서는 소액의 마진만 있으면 되기에, 거래 규모는 더 커진다. 과연 이 같은 파생증권 시장의 발달이 경제의 효율성에 기여하는가. 아니면 불안정성의 증가로 오히려 실물경제에 해악을 초래하는가.

과연 이러한 투기적 거래를 통하여 형성된 가격은 올바른 가격이며 이러한 투기적 거래의 시장에서 생성된 정보가 효율적일 수 있을까. 이같은 금융시장의 운용과 파생증권을 옹호하는 유일한 이론은 허구적인 가정에 의하여 도출된 효율적 시장가설이다. 이미 언급 하였 듯, 이에 대한 아무런 경험적 증거도 존재하지는 않고, 그 이론을 최초로 도입한 학자들도 이에는 회의적이다. 오히려 태양 흑점설과 같은 비상식적인 가정에 의하여 도출된 결론을 경험적으로 검증하려는 시도 자체가 무의미한 것이 아닌가.

물론 자본주의 경제에 있어 금융시장 자체는 절대적으로 중요하다. 하지만 그 시장은 항상 효율적인 것도 아니고 그 시장에서 생성된 정보가 항상 옳은 것은 아니다. 본서에 있어서 이에 대한 더 이상의 구체적인 분석을 하기보다는 금융시장이 보다 효율적으로 안정적으로 작동하고 실물경제에 기여할 수 있도록 기존에 발견된 비정상적인 금융시장의 작용을 규제하는 몇 가지의 제안을 제시하고자 한다.

우선 고위험 금융상품에 대한 일반 투자자들의 투자를 제한할 필요가 있다. 이는 일반 투자자들을 보호하기 위하여서도 중요하다. 심지어 상장 주식이라 하더라도 일반 투자가들은 그 주식을 평가할 능력도 시간도 없다. 특히 위험성이 높은 파생증권 거래에는 일반인의 투자를 제한하여야만 한다. 일반인들의 참여는 간접투자상품, 예를 들어 자격이 있는 자산운용회사가 설립하는 펀드를 통하여 하도록 유도하여야만 한다.

그리고 국가 경제적 차원에서 전략적으로 관리하고 통제해야만 할 금융상품에 대하여서는 일반 투자가들의 투기를 억제하여야만 할 필요가 있다. 예를 들어 외환에 대한 투기의 억제이다. 이윤을 추구하는 금융기관들은 스마트폰을 이용한 실시간 외환 거래 프로그램을 경쟁적으로 홍보하고 따라서 일반 투자가들의 시장 참여를 조장하고 있다. 하지만 그들이 투기는 군중심리와 시장의 루머에 좌우되기 마련이고 따라서 그들의 경기는 시장에서의 가격변동을 확대시키고 실물경제 부분에 있어서 계획을 어렵게 만든다.

최근의 일본 외환시장에서의 엔화의 약세는 와타나베 부인들이 기여한 바가 크다. 소액의 마진 만을 판돈으로 투자하고 횡재를 할 수도 있겠지만 반면 위험의 부담도 크기 때문에 개인적인 불행을 초래할 수도 있다. 하지만 더 큰 문제는 그러한 개인들의 투기 열풍으로 인하여 국가경제적으로 해악을 조장할 수도 있다는 점이다.. 외환시장의 불안정성은 외환의 실수요자들의 비용을 가중시키며 안정화를 위한 추가적인 정부의 조치에는 막대한 사회적 비용이 발생한다. 따라서, 일반인의 외환투기거래를 규제하는 조치로 손해를 보는 측은 증권사 등의 금융회사 뿐이다. 국민경제적인 이익을 위하여 소수의 손해는 감수하여야만 한다. 사실 외환에 대한 투기는 국민경제적으로 볼 때, 카지노 도박장보다 유해하다.

이러한 조치는 사회적으로도 중요하다. 근로의욕의 고취를 위하여 투기적 행동을 억제할 필요가 있다. 이웃이 도박으로 인하여 횡재를 하는 것을 관찰하게 되면, 과연 열심히 일하려는 동기가 생기겠는가.

혹자는 이러한 조치들에 대하여 반자본주의적이고 개인의 자유를 침해하는 것이라고 반대할 수 있다. 특히 이러한 파생증권의 거래로 막대한 수입을 벌고 있는 금융기관의 입장에서는 파생증권시장이 경제 효율성을 높인다는 효율적 시장가설을 거론한다. 하지만, 그 이론은 허구이다. 일부 금융기관 이익을 위하여 전체 국민경제가 희생해야만 할 어떤 한 이유도 없다.

6.4.2. 은행의 대출에 대한 규제

은행의 대출에 대한 규제는 경제의 안정화에 있어서 아주 중요하다. 단 지면의 제약상 아주 간단히만 언급 하려 한다.

정부가 은행의 심사기능과 대출에 있어서 세부적인 통제를 하는 것은 바람직하지 않고, 또 실제로도 불가능하다. 하지만, 경제의 지속적이고도 안정적인 성장을 위하여 은행과 금융기관의 대출에 대한 최소한의 규제는 불가피하다.

금융의 자율화는 다분히 미국적인 이데올로기이다. 이러한 무제한적인 자유화로 인한 대표적 피해는 과거 일본의 부동산 버블에서 발견될 수 있다. 최근의 글로벌 금융위기와 관련되어 다시 주목받는 경제학자는 미국의 하이만 민스키(Hyman Minsky)인데(Minsky 2008a; Minsky 2017), 그는 금융을 세가지 형태로 크게 분류하였다. 어떤 기업이 창출하는 미래의 안정적 현금흐름이 원금상환액과 이자의 합계보다 큰 경우에는 헷지금융(hedge finance), 만약 그 현금흐름이 최소한 이자보다 크다면 투기적 금융(speculative finance), 그리고 마지막으로 현금흐름이 이자지불액보다 작아서 그 이자를 지불하기 위하여 차입을 늘리는 경우는, 1920년대의 미국의 대표적인 금융사기범인 찰스 폰지(Charles Ponzi)의 이름을 따서 폰지금융(Ponzi finance)이라고 명명하였다. 그러한 폰지금융이 만연하여 버블 경제가 붕괴직전의 상태를 민스키 순간(Minsky Moment)이라고 부른다.

은행간의 경쟁 등으로 인하여, 은행의 대출결정은 다분히 전반적인 경제 분위기에 의존하는 경향이 크다. 경기가 고조되는 경우 은행의 대출은 헷지금융에서 점차 투기적 금융으로 바뀌고, 결국 폰지금융으로 이행하여 어느 순간 버블이 폭발하여 경제가 붕괴되는 사이클을 보일 수 있다. 이 같은 비상식적인 관행은 역사적으로 항상 존재하여 왔고(Kindleberg 2005; 킨델베르그 2014), 이미 빅셀과 케인즈와도 같은 대 경제학자들이 예견하였던 바이다. 그렇다면, 은행의 대출결정에 대하여 일정의 규제는 도입할 필요가 있다.

은행은 복잡한 신용분석에 의거하여 대출하려고 하기 보다는 보다 신용을 평가하기 쉽다고 생각하는 부동산에 대출을 선호한다. 그리하여 단순히 시장가격과 대출금액만을 비교하면 된다고 생각한다. 하지만 기준이 되는 부동산의 시장 가격은 변동성이 심하다는 점은 쉽게 망각한다.

그리하여 은행의 대출 구성에 있어서 산업에 대한 대출보다도 이러한 부동산 대출 비용이 절대적으로 높은데, 그러한 부동산 대출 경쟁이 과열화되면 그로 인하여 부동산 가격의 상승을 결과할 수 있고, 이는 폰지금융으로 연결될 가능성이 높다. 그 폰지금융의 전형적인 사례는 과거 일본의 부동산 버블인데, 은행의 대출결정에 있어서 고려한 상환의 재원은 단지 미래의 부동산 가격 상승이었고, 따라서 부동산의 현재 시장가치보다도 더 많은 금액을 대출하여 주었다. 유사한 현상은 주식시장에서의 투기를 위한 주식담보 대출이다. 이렇게 투기성이 강한 분야에의 대출에 대한 규제는 필수적이다. 한국에서 문제시되고 있는 소위 부동산 PF금융도 사실 폰지금융과 크게 다르지는 않다. 미래에 부동산이 기대하던 가격에 판매가 되어야지만 채권이 상환받을 수 있는 구조이고, 그 자체로서는 당장 현금 흐름이 없기 때문이다.[62]

물론 신고전학파 경제학자들은 절대로 민스키의 이름을 거론하지 않는다. 2018년 금융위기의 10주년을 맞이하여 동경에서 아시아 개발은행(ADB)주최로 학술 심포지움이 개최되었다. 그런데, 참석하여 발표를 하는 신고전학파 경제학자들과 세계은행 경제학자 중에서는 어느 누구도 민스키의 이름을 거론하는 사람은 없었다. 그들이 금융위기의 위험을 감소시키는 방안은 비상식적이고 비현실적인데, 예를 들어, 차입을 할 때는 안전한 은행으로부터 차입을 하면, 위기 시에 차입금 상환을 독촉 받을 가능성이 작다는 등이다. 그런데, 자금이 필요한 사람이 대형은행과 소형은행을 차별할 여유가 있는가?

---

[62] 부동산에 대한 소위 PF금융의 문제점 등에 대하여서는 부록에 수록된 "또 부동산 PF사태. 근본해법은 임대주택정책"이라는 제목의 컬럼을 참고할 것.

6.4.3. 기타 제안

또한 신중히 검토하여야만 할 사항은 은행의 대형화이다. 현재 일본의 경우 소형은행들이 난립하여 있다. 그런데, 그러한 소형 은행의 경우, 대출심사 능력은 제약적일 수 밖에 없다. 따라서 기업에 대한 대출은 엄밀한 심사보다도 아직도 평판 대출(name lending)에 의존한다. 사실 소형 은행의 경우, 재무제표를 통한 심사는 형식에 불과할 수 있다. 그런데 소형 은행의 파산은 지역경제와, 더 나아가 경제 전체에 대한 연쇄반응을 유발할 수 있다. 은행의 설립 조건과 최소 자본 규모를 더 엄격하게 함과 동시에, 통폐합을 통한 대형화를 추진하는 것이 경제를 위하여서 바람직하다. 소형은행의 난립은 단순히 금융자율화는 무조건 옳은 것이라는 이데올로기의 결과에 불과하다.

반면, 금융이 산업 성장을 위하여 공헌할 수 있도록 유도할 필요도 있다. 예를 들어 개별 은행의 관점에서는 신규 창업투자기업에 대한 대출은 기피하기 마련이다. 하지만 정부가 직접 개별 창업기업의 심사를 하는 것은 불가능하다. 따라서 정부가 특정 금융지원 산업을 지정하고, 민간은행은 개별 기업에 대한 심사를 진행하도록 하고, 대출 손실에 대한 일정 부분을 정부가 보전하는 방식으로 지원을 확대하는 안을 고려할 수 있다. 즉, 이는 정부가 지정하는 특정 사업을 수행하는 창업기업의 경우, 정부와 민간은행이 위험을 분담하는 형태로 지원자금을 확대하는 방안이다. 단순히 민간은행의 자발적 결정에 의존하는 경우에는 담보도 없고 또한 아직 규모가 크지 않은 유망 창업기업에 대한 금융지원은 부족할 수 밖에 없고, 반면, 정부는 그러한 개별기업에 대한 심사를 수행하기에는 부적절하기 때문이다.

6.5. 이 장의 요약

흔히들 통화 금융정책을 이야기할 때 시중에 유동성의 공급을 늘이는 양적완화 내지 이자율을 인하하는 정책을 떠올리고 그러한 유동성의 공급이나 이자율 인하가 경기 부양의 중요한 수단이라고 간주하기 쉽다. 하지만 본 장에서는 그러한 양적완화로 대표되는 통화 금융정책의 한계에 대하여 지적하고, 그러한 정책은 재정정책에 대한 일종의 보조수단임을 강조하였다.

양적완화는 기업의 생산적 투자를 위한 대출의 증가나 소비의 증가로 직접 연결되지는 못한다. 아무리 시중에 유동성을 풍부히 공급하고 시중의 금리가 인하되더라도 경기에 대한 전망이 불투명한 상태에서는 실물 투자에 대한 유인은 크지 않고, 반면 은행으로부터 차입을 할 수 있는 신용력이 있는 차입자는 줄어들며, 또한 은행은 경기 전망의 불투명을 이유로 대출을 늘리지 않는다. 그리고 이미 전술 하였 듯이, 기업의 투자는 이자율의 변화에 둔감하다. 따라서 양적 완화 정책 내지는 금리 정책은 직접적으로 경제를 활성화할 수 있는 정책이 아닌 재정정책의 보조 정책으로 간주되어야만 한다.

재정정책을 보조하는 수단이 아닌, 그 자체로서의 무분별한 양적완화는 오히려 부작용을 초래할 수 있는데, 금융기관에 공급된 유동성은 오히려 부동산 등의 비생산적인 자산에 투자되거나 혹은 대출될 수 있고, 투기 심리를 부추기며 자산가격의 상승만을 초래하여 결국 빈익빈 부익빈의 사회적 양극화가 초래될 소지가 높다.

또한 화폐 공급의 조정 등의 통화 금융정책은 인플레이션을 저지하는 효과적인 수단은 아니다. 왜냐하면 신용화폐경제에서는 경제 내에 공급되는 화폐 중 본원 통화의 양은 아주 적고, 화폐의 많은 부분은 은행에서 창조한 신용화폐인데, 그러한 신용화폐의 양은 경기 변동에 따라 내생적으로 결정되기 때문이다.

통화 금융정책의 목적은 유동성의 공급이나 이자율 정책이라는 종래의 관점에서 탈피하여 금융시장에 대한 규제와 장려에 더욱 그 촛점을 맞추어야만 한다.

자본주의 경제는 태생적으로 불완전하다. 각종 투기 행위로 인한 경기변동이 심하며, 금융기관의 대출 관행도 경기의 변동폭을 증폭시킨다. 일찍이 민스키가 말한 헷지금융 – 투기적금융 – 폰지금융의 경기 사이클은 최근의 금융 공황 사태 이후 급격히 관심을 받고 있다. 하지만 소위 효율적 시장가설과 에르고드성에 집착하고 있는 주류 경제학에서는 이러한 불안정성을 설명하지 못하거니와, 더 더욱이 치유할 수 있는 이론은 결여되어 있다. 금융시장은 일반 상품 시장에 적용되는 수요와 공급의 원칙으로는 설명할 수 없으며, 금융시장이 효율적이라는 주장은 아무런 경험적 근거도 없는 허구적인 가정에서 도출된 상상의 소산이자, 종교적 신념을 정당화하는 도구일 뿐이다.

소위 금융시장 자율화라는 이데올로기는 효율적 시장 가설이라는 종교에 대한 집착이 초래한 결과이다. 따라서 경기 변동폭을 확대시키고 불안정성을 가중시키는 각종 투기적 행위에 대한 규제가 필요하며, 금융기관의 무분별한 대출행위에 대한 규제 또한 필요하다. 특히 파생증권, 그리고 각종 투기적 투자 대상에 대한 보다 강력한 규제를 도입함으로써 경제의 불안정성과 투기 행위로 인한 경제 주체들의 손해를 예방할 필요가 절실하다. 또한 국가의 전략 상 아주 중요한 부분, 특히 외환과 관련된 투기 행위는 적극적으로 억제를 하여야만 한다.

반면 국가적으로 바람직하지만 금융기관이 쉽게 대출하지 못하는 분야, 즉 기술 개발을 위한 벤쳐성 사업에 대하여 국가와 금융기관이 일정 부분 위험 분담을 하면서 장려하는 등의 금융지원도 절실하다.

금융정책은 사회 윤리상 중요하다. 위험의 높은 투기를 억제하는 것은 건전한 근로의욕을 유지하면서 가계를 위험으로 보호하는 중요한 수단이다. 또한 부동산 분야에 대한 투기를 조장하는 과다한 대출을 억제하는 것은 부동산 가격의 앙등으로 인한 사회적 양극화를 예방하는 방법이다. 그리고, 염가 화폐 정책, 즉, 저금리 정책을 통하여 가계 부채 비율이 높은 소비자들의 부담을 경감하는 것은 보다 채권자와 채무자 간의 보다 평등주의적인 결과를 가져올 수 있을 뿐더러, 부채비율이 높은 경제에 있어서 안정성을 제고시키는 방법이 될 것이다.

7. 화폐와 인플레이션

7.1. 들어가기

우크라이나 전쟁으로 인한 국제 원자재 가격의 상승과 엔화 약세 등으로 수입물가가 상승하여, 한국, 그리고 심지어는 디플레이션에 시달리던 일본도 최근에는 인플레이션에 대한 논의가 시작되었다. 이에 인플레이션에 대한 설명이 필요하다.

인플레이션의 원인에 대해서는 다양한 이론이 존재한다. 크게는 주어진 양의 생산에 대하여 초과 수요가 존재하여 인플레이션이 발생한다는 수요견인형 인플레이션(demand - pull inflation)과, 특히 임금이나 원재료와도 같은 상품의 가격 상승 압력이 인플레이션을 일으킨다는 비용 압박 인플레이션(cost-push inflation)으로 나뉜다.

본 장에서는 이러한 인플레이션에 대한 대립되는 견해들을 설명하려한다. 그를 위하여 우선 과거 300년 동안 끊임없이 지속되어 왔던 화폐수량설에 대한 설명부터 시작하려 한다.

7.2. 화폐수량설의 오류

7.2.1. 고전적 화폐수량설

그런데, 이 모든 경우에 있어서, 신고전학파 경제학에서 인플레이션을 설명할 때 가장 중요한 것은 화폐수량설이다.

그들이 말하는 화폐수량방정식(the quantity equation)은 다음과 같이 표현된다. 일견 복잡하게 보이지만 아주 단순한 공식이니 독자들은 겁을 먹을 필요가 전혀 없다.

$$MV = P_1T_1 + P_2T_2 + \cdots + P_nT_n \tag{7.1}$$

M은 화폐의 양, V는 화폐의 유통속도(Velocity), P는 각 재화의 가격(Price), 그리고, T는 각 재화의 거래량(Transaction volume)이고 첨자 n은 경제 전체에 존재하는 재화의 수이다. 화폐수량설에 의하면, 일정 기간 동안에 경제에서의 거래에 있어서 위의 관계가 성립한다고 한다. 참고로, 화폐의 유통속도는 일정 기간 동안 화폐가 몇 번 회전되었는지를 나타내는 지표이다.[63] 위 수식을 간단히 줄여서 관행상 교과서에는 다음과 같이 표현하기도 한다.

$$MV = PT \tag{7.2}$$

P는 일반적 물가수준, T는 전체 거래량이다.[64]

---

[63] 예를 들어 갑과 을 두 사람만이 존재하는 경제에서 각각 쌀과 맥주를 생산한다고 하자. 1년 중, 총 100원을 이용하여 갑이 을로부터 맥주를 사고, 을이 동일한 100원을 다시 사용하여 갑에게서 쌀을 구입하는 경우, 화폐는 1년중 2번 회전한 경우이다. 이 화폐의 유통 속도는 거래와 지불 시점과의 시간적 격차에 의하여 결정된다. 예를 들어 거래 후에 화폐를 우편으로 보내는 경우와 온라인 결제를 하는 경우, 후자의 유통속도가 빠를 수 밖에 없다. 또한 외상으로 매출을 하는 경우, 화폐의 유통속도는 늦어진다. 따라서, 화폐 유통 속도는 결제 기술의 발전, 상관행 등에 따라 달라진다. 또한 화폐의 유통속도는 경기 사이클과도 관계가 있는데, 일반적으로 경기 상승기에는 유통속도가 빨라지고 반대로 침체기에는 감소한다.

[64] 물론 이 표현은 문제가 많다. 이 표현에서 T를 결정할 수 있는 방법이 없기 때문이다. 사과 1개, 배 2개가 거래된 경우, T를 정하는 방법은 없다. 따라서 수학적으로는 T와 P를 벡터로 해석한다.

　　신고전학파 경제학의 한 분파인 통화주의자들은 위의 식을 다음과 같이 해석한다. 만일 경제전체의 거래량 T가 일정하고, V도 단기적으로는 변하지 않는다고 가정한다면, 인과관계는 좌에서 우로 진행한다. 즉, M의 변화는 P의 변화를 유발한다. 이는 지나치게 많은 화폐가 제한된 수량의 재화를 추구하기 때문에 발생하는 결과라는 논리이다. 경제에는 사과 1개만 있는데, 갑자기 화폐가 2배로 증가하면, 사과의 가격은 2배로 상승한다는 이야기이다. 그럴듯하게 느낄 수 있다. 그런데 이 논리가 성립되기 위하여는 너무도 많은 가정과 논리적 비약이 필요하다.

　　왜 T는 고정되어 있는가? 수식(7.1)을 보자. 이는 M이 변화함에도 불구하고, T_1, T_2,…, T_n이 모두 불변함을 의미한다. 상식적으로 화폐가 늘어서 주문이 늘어나면, 생산자는 서둘러 생산을 더하기 마련이다. 하지만 화폐수량설에서는 적어도 장기적으로는 이러한 현상은 발생하지 않는다고 본다. 전반적 물가 상승으로 인하여 생산은 다시 원래 수준으로 돌아간다고 본다. 또한 이 이론은 화폐의 양이 증가하더라도 지출의 구성비율은 동일하다고 간주한다. 평소에 당신이 쌀 1kg, 배 1개를 소비하고 있다고 하자. 그런데, 어느 날 가지고 있는 화폐가 두배로 늘었다면, 그 화폐를 이용하여 쌀 2kg, 배2개를 사려고 할 것인가? M이 변화하면, 그 증가된 화폐가 각 경제 주체에 분배되는 방식에 따라서 경제에서 각 재화의 생산은 고정되어 있더라도 불가피하게도 그 수요의 구성은 변화한다. 하지만 위의 이론은 장기적으로는 T의 구성도 불변한다고 가정한다. 물론 위의 논리가 성립하는 아주 예외적인 경우도 있다. 즉, 어느 날 아침에 화폐개혁을 하여 단순히 돈의 단위 만을 바꾸어서 어제1원이 이제는 10원이라고 정하게 되면 이론적으로나마 물가가 10배로 뛸 수도 있다.

7.2.2. 화폐의 수요

그런데, 위의 수식(7.2)를 변형하면 다음과 같이 된다.

$$M = \frac{1}{V} PT = k\,PT,$$
$$k \equiv \frac{1}{V}$$

(7.3)

위의 수식(7.3)는 이전과는 수학적으로는 동일하다. 하지만 그 의미는 완전히 다르다. 이 식은 교환 거래를 위하여 사람들이 필요로 하는 화폐의 양을 나타내며, 이는 총 거래량(PT)의 일정 부분(k)라는 것을 보여준다. 근본적인 차이점은 이제 인과가 우에서 좌로 흐른다는 점이다.

그런데, 이 식은 화폐는 오로지 교환을 위하여 사용된다는 것을 전제한다. 하지만 많은 사람들은 당장의 교환의 목적 이외에도 미래의 불확실한 지출의 필요성에 대비하기 위하여 예비적 목적으로 화폐를 가지고 있기도 하며, 부를 저장하는 수단으로서 화폐를 가지고 있기도 한다. 물론 화폐 대신 금융자산이나 부동산으로 부를 저장하기도 하지만 금융시장이나 부동산 시장의 전망이 불투명한 경우에는 현금을 선호하기도 한다. 이러한 당장의 교환 이외의 목적의 화폐에 대한 수요는 실물 경제, 금융시장의 불확실성의 정도에 따라 단기적으로도 급격히 변할 수 있다.

케인즈가 화폐 수량설을 부정하였을 때 중요한 논리가 이 점에 있다. 그렇다면 위의 수식(7.3)은 다음과 같이 변형된다. M_1은 거래를 위한 수요와 예비적 수요의 합이라고 하고, 그것은 현재 산출량의 가치(PT)의 일정부분(k')이라고 가정하자. 이에 추가적으로 부를 저장하는 수단으로서의 화폐 수요(M_2) 가 필요하다. 따라서,

$$M = M_1 + M_2$$
$$M_1 \equiv k' PT$$

(7.4)

그렇다면 더 이상 화폐의 수량과 물가와의 직접적인 연관성은 없어진다. 예를 들어, 경제의 불안정성이 커지고, 기업의 파산이 발생할 가능성이 높거나 주식가격이 하락한다고 생각한다면 보다 안전한 국채나 혹은 현금을 선호할 것이며, 만일 미래에 이자율이 상승하여 장기채권의 가격이 하락한다고 예상한다면 장기 채권을 팔고 현금으로 보유하는 것을 선호할 것이다. 이같은 현금에 대한 선호, 즉, 케인즈가 말하는 유동성 선호(liquidity preference)는 불확실성의 정도에 따라 단기적으로도 급격히 변화할 수 있다.

7.2.3. 화폐의 증가와 생산

위의 논의에서는 생산량은 화폐의 수량과는 상관 없이 고정적인 것으로 가정하였다. 이는, 이전에 살펴본 것처럼, 경제 전체의 생산량은 고용수준에 의하여 결정되고, 고용수준은 노동의 공급과 노동의 한계생산성에 의하여 결정되는 노동의 수요 곡선이 일치하는 점에서 자연적 원리에 의하여 결정되기 때문에 항상 일정하다는 논리에 근거한다(**도표 3.2**). 우리는 이 같은 논리가 비상식적인 가정과, 한계 생산력설이라는 모순적인 이론에 근거하고 있다고 설명하였다. 그리고 생산은 유효수요에 의존하고 있음도 설명한 바 있다.

어느 날 갑자기 정부가 화폐를 신규로 발행하여 전 인구에게 100만 원씩 주었다고 하자. 경제에 어떠한 추가적인 생산여력도 없는 경우가 아니라면 생산은 늘기 마련이고, 그렇게 늘어난 생산은 다시 고용을 창출하는 등, 이미 설명한 유효수요의 원리에 따라 다시 생산을 자극할 수 있다. 2.2.6에서 설명한 케인즈의 생산의 화폐이론의 요점은 바로 이점에 있다. 화폐는 경제를 움직이는 엔진이지 경제를 단순히 반영하는 거울 내지는 베일이 아니다.

7.3. 수요견인형 인플레이션

전 절에서의 이 같은 화폐수량설에 대한 논의를 기반으로 수요견인형 인플레이션에 대한 설명을 하겠다.

수요견인형 인플레이션의 발생원인은 대체로 세가지로 세분된다.

첫째, 민간 부분에서 수요가 과다한 경우이다. 예를 들자면, 소비자들이 갑자기 소비 행태를 바꾸는 경우이다. 전쟁, 공황 등으로 소비가 위축되고 있다가 그 이후에 회복되면서 그동안 자제하였던 소비를 늘리고 저축을 줄이는 경우가 이에 해당한다. 혹은 미래의 제품 품귀 현상과 그에 따른 그에 따른 가격인상을 예상하여 미리 사재기를 하는 경우도 해당된다.

둘째, 정부의 재정지출로 인하여 정부의 수요가 증가하고, 그로 인하여 인플레이션이 생긴다고 본다. 이 같은 견해의 논리는 사실 천진난만하다. 경제에 빵이 100개 있는데, 정부가 빵을 추가적으로 10개를 원하면, 정부가 굳이 화폐를 발행하지 않고 채권을 발행하여 지출을 조달하더라도 빵가격이 인상된다는 논리이다. 즉, 정부의 재정지출은 경제에 어떠한 생산적인 기여도 하지 못하고 단순한 낭비적 지출이라는 것인데, 이는 경제는 항상 모든 재화와 용역이 완전고용된 상태이고 물가상승 없이는 더 이상 추가 생산여력은 존재하지 않는다는 종교적 믿음을 반영한 이야기이다. 이 견해에 의하면, 우리가 논의하였던 승수효과 내지는 경기 부양

효과는 존재하지 않는다.

　세번째의 요인은 경제에서의 화폐량의 증가이다. 생산량은 고정되어 있는데, 정부에 의하여 통화량이 증가 되거나, 은행이 대출을 증가시키는 경우가 인플레이션의 원인이라고 주장되기도 한다. 두번째와 세번째의 경우 결국 인플레이션의 주범은 정부라는 논리이며, 신고전학파 경제학과 프리드먼과 같은, 작은 정부를 지향하는 신자유주의자들이 믿고 싶어하는 주장이다. 6장에서 언급한 테일러 준칙의 경우에도 직접적인 통화량을 조정하는 대신 이자율을 조정하는 정책으로 선회를 하였으나, 하지만 인플레이션의 원인은 결국은 화폐적인 점에 있어서는 세번째의 견해와 일치하고 있다.

　하지만 이러한 주류경제학적 입장에 반하여 케인즈를 따르는 학자들은 "통화량 공급의 변동을 일으키는 것은 경제의 변동이며 그 반대는 아니다" 라고 주장한다(Kaldor 1970:19). 즉, 이미 이전에 강조하였던 바와 같이, 신용화폐의 양은 내생적으로 결정되는 것, 즉, 대출 수요에 따라 결정되는 것이다. 따라서 호경기에는 대출 수요가 는다. 통화량은 내생적(따라서 수요 결정적)이기 때문에 당국이 통제할 수 없는 것이라는 것이다

　그렇다면, 인과관계는 수식(7.1) 혹은(7.2)의 좌변에서 우변으로만 진행하는 것은 아니고, 우변에서 좌변으로도 진행할 수 있다. 즉, 오히려, 인플레이션으로 인하여 화폐 공급이 늘어날 수 있는 것이지, 화폐공급이 인플레이션의 원인이 아닐 수 있다. 그렇다면, 화폐 공급의 증가가 최소한 장기적으로는 물가 상승의 원인이라는 통화주의자들의 견해는 성립할 수 없다.

　결론적으로, 통화량 증가를 엄격히 통제함으로써 인플레이션을 억제하려는 시도는 성공하지 못할 것이며 오히려 그에 따른 재정 긴축, 고이

자율, 환율의 과대평가로 인하여 생산과 고용에 심각한 피해를 끼치게 될 수 있다.

참고로, 인플레이션의 원인이 통화량의 증가라고 주장하는 학자들이 즐겨 사용하였던 예는 독일의 하이퍼 인플레이션이다. 하지만, 독일 바이마르 공화국 시절의 하이퍼 인플레이션의 원인을 국가가 화폐를 남발하였기 때문이라고 주장하는 것은 가장 피상적인 분석이다. 실상은, 패전으로 약화된 독일이 전비의 보상을 강요받게 되자 그 상환의 목적으로 마르크화를 추가 발행하여 외환시장에서 매도하고 외화를 구매함으로써 전비보상금을 지급하여서 마르크화의 급격한 평가절하가 이루어졌고, 그로 인하여 수입물가가 인상되어 인플레이션이 진행되었다. 이에 투기자본이 가세하기 시작함으로써 마르크화의 절하가 가속화되었고 수입물가가 더욱 상승하였다. 결국 하이퍼 인플레이션은 이러한 모든 혼란스러운 상황이 진행됨으로써 국민들도 국가에 대한 신뢰를 상실하였기에 촉발된 사태였다. 화폐 수량설의 옹호자들이 말하는 바와 같이 단순히 국가가 화폐를 발행하여 물가 상승이 되었다는 이야기는 오류이다. 특히 문제는 외환시장에서 촉발되어 수입물가에 영향을 주면서 시작되었는데, 이는 승전국들에 의한 전비보상의 강요라는, 다분 정치적인 이유가 배경이었다.

마찬가지로 현재 진행형인 아르헨티나의 인플레이션의 주범은 통화주의자들의 주장하듯이 정부의 화폐 남발이 아니다. 정부의 화폐 발행 증가는 원인이 아니라 결과이다. 아르헨티나의 경우 대중영합적인 정부는 외채를 생산적인 용도에 사용하지 않고 해외로부터의 수입 소비에 탕진하였고, 환율 하락과 이로 인하여 지속적으로 야기되는 외채 상환에 대한 국가 부도는 국민으로부터의 국가에 대한 신뢰를 상실하게 되고, 따라서 페소를 지탱하고 있는 국가에 대한 신뢰가 무너짐에 따라 사람들은 더 이상 페소의 가치에 대한 믿음을 유지하기 어려워졌다. 그 결과 정부는 재정 지출을 위하여 더 많은 화폐를 발행하여야만 하게 되는 악순환에 처하게 된 것은 아닐까. 국민들이 국가에 대하여 가지는 신뢰도가 추락하는 순간 설사 통화 발행이 증가되지 않더라도 그 화폐의 가치는 하락하기 마련이다.

7.4. 비용 압박 인플레이션

7.4.1. 원인

물론 경제가 완전 고용상태이고, 생산을 위한 추가적인 장비와 자원이 부족한 상태라면 수요의 증가로 인플레이션은 야기될 수 있다. 그렇지 않은 경우, 인플레이션의 원인은 무엇인가.

포스트 케인지언학파의 주장은 물론 수요견인형 인플레이션을 완전히 배제하지는 않더라도, 주요한 원인은 비용 압박, 특히 임금이나 원재료 상품의 가격 상승압력이 인플레이션을 일으키는 주요한 원인으로 간주하고 있으며 이는 종종 완전고용이 달성되기보다 훨씬 전에 발생할 수 있다고 주장한다. 즉, 인플레이션은 화폐의 과다에 의하여서가 아니라, '실물' 경제에서 발생하는 것이다. 특히 소득분배를 둘러싼 사회적 갈등이 인플레이션 확대에 더 중요한 영향을 미치고 있음을 강조한다.

7.4.2. 기업의 가격결정

이러한 이론의 출발점은 기업이 가격을 결정하는 방식이다. 기업은 일반적으로 생산 원가의 일정 부분에 이윤을 추가하여 가격을 설정한다. 이러한 가격 설정 방식을 마크업 가격설정이라고 하는데, 이는 매우 경쟁이 심한 시장에서조차도 일반적이고, 독과점상태에서는 더욱 그러하며,

제조업이나 서비스업 모두에 있어서 보편적이라고 할 수 있다(King 2015).

이러한 가격 설정 방식은 경제 전체에 대하여 적용되는 다음의 식에서 보여진다. 일단 기업은 비용에 일정 마크업(m)을 얹어서 가격을 결정한다. 그런데 비용은 단위당 임금과 단위당 기타 생산비용의 합이다. 따라서 다음의 수식이 성립된다.

$$\text{가격} = (1 + m)\left(\text{단위당 노동비용} + \text{기타 단위당 비용}\right)$$

$$P = (1 + m)\left(\frac{WL}{Y} + u\right)$$

$$P = (1 + m)\left(\frac{W}{Y/L} + u\right)$$

위 수식에서 Y는 생산물의 가치, Y/L는 노동생산성, W는 명목임금, u는 한 단위의 생산에 드는 기타 비용, 그리고, m은 생산비용에 대한 마크업이다. 수식이 다소 복잡하더라도 절대로 겁을 먹을 필요가 없다. 아주 단순한 수식이다. $\frac{WL}{Y}$은(전체임금/전체생산량 = 제품 1개를 생산할 때 필요로 하는 임금의 지불액), 즉 제품 한 단위당 노동비용이다.

즉, 위의 식의 노동 생산성(Y/L)을 A라고 표시하면,

$$P = (1 + m)\left(\frac{W}{A} + u\right) \tag{7.5}$$

즉, 마크업(m)의 증가, 명목임금(W)의 증가, 그리고 원자재 가격의 증가(u)는 물가 상승을 야기한다. 반면, 노동생산성(A)의 향상은 물가를 하락시킨다. 그런데, 개별 기업의 마크업 m은 일반적으로 동종 산업의 평균이 높을수록, 그리고 독점의 정도가 강할수록 높아진다(Kalecki 1954:

12-18).

　　현실의 가격 설정은 신고전학파 경제학이 묘사하는 것처럼 완전 경쟁에 의하여 결정되는 것은 아니다. 모든 제품들은 유사한 듯 보이더라도 차별화돼 있으며, 만일 제품 자체가 완전히 동일하다 하더라도 생산자의 브랜드 가치, 홍보 전략 등에 의하여 소비자에게는 다르게 비춰지기 마련이다. 따라서, 기업들은 가격 설정에 있어 어느 정도의 자율성을 가지고 있으며, 암묵적인 합의에 의하여 동종업종에 있어서 형성된 가격에 대한 관행을 따르려고 한다. 이미 지적한 바와 같이, 그들간의 경쟁은 가격경쟁이 아닌 제품의 차별화를 통한 제품 경쟁인 경우가 많다.(2.4.2참고). 그렇다면 제품 1개당 임금, 원료 등의 비용, 그리고 기업이 정하는 마크업의 수준에 따라서 가격이 결정된다.

　　불필요한 가격 전쟁을 피하기 위하여 같은 산업에 속한 기업들은 유사한 상품에 대하여 가격 설정에 있어 보조를 취하기 마련이다. 만일 노동자가 더 높은 임금수준을 원하는 경우, 그리고 동종산업에 속한 기업들이 유사한 임금 인상의 압력을 느끼고 있다면, 마크업 수준은 유지한 채 제품가격을 인상하기 마련이다. 또한 기업들은 평상시에는 홀로 가격을 올리는 경우 시장 점유율이 낮아질 수 있기에 가격 인상을 쉽게 결정하지는 못한다. 하지만 어떤 특별한 상황에서는 그 산업에 속한 기업들은 가격 인상에 대하여 암묵적인 합의가 있을 수 있고, 가격을 인상하는 좋은 구실이 된다(Reich 2022).

　　특히 코로나 사태와 우크라이나 전쟁으로 인한 원자재 가격의 상승은 아주 적절한 마크업의 인상과 가격인상의 구실이 된다. 평상시에는 기업은 고객과의 관계를 악화시키지 않기 위하여 기업은 가격인상에 신중하다. 하지만, 비용상승이라는 구실이 존재하면 마크업 자체도 높이는 결과를 야기한다. 예를 들자면, 원료 가격이 10% 인상하였음을 구실로 제품 가격이 10% 상승되는 경우도 있다. 만일 100원인 제품의 원료 비용이 30원이고, 기타 비용이 60원, 그리고 최초의 마크업은 11.1%인 10원이라고 하자. 10% 원료비용의 상승으로 생산비용은 이제 93원이 되는데, 가격도 10% 인상하여 110원으로 인상한다면, 마크업은 17/93=18.3%으로 인상되는 결과를 초래한다.[65]

그런데 모든 기업들이 동일하게 제품의 가격을 올리는 경우, 노동자들은 인플레이션으로 인하여 자신들이 실질 임금이 감소되었음을 깨닫게 되고, 따라서 다시 임금인상을 요구할 수 있다. 이러한 과정이 반복되면서 물가는 계속 상승할 수도 있다.

이러한 관계를 보여주기 위해 수식(7.5)을 부호 위에 성장률 표시($\hat{\ }$)를 얹어 표시하면 다음과 같다.[66] 만일 기타 비용 u에는 변화가 없다면,

$$\hat{P} \approx (\widehat{1+m}) + \hat{w} - \hat{A} \tag{7.6}$$

즉, 인플레이션은 마크업이 증가하거나 명목임금 상승률이 생산성 증가율($\hat{w} - \hat{A}$)보다 높을 때 발생한다.

만일 다른 비용을 고려하는 경우, 위의 식은 복잡해지나, 결론은 동일하다. 수입원자재 가격이 인상되는 경우, 그 수입원자재의 비중이 클수

---

[65] 이같은 현상은 우크라이나 전쟁 발발 이후에 두드러지게 나타나는데, 전쟁으로 인한 국제 원자재 가격 인상은 마크업의 인상으로 연결되어 인플레이션의 주 원인으로 되고 있다. 필자는 이같은 현상을 '덩달아 효과'라고 칭한 바 있다.

[66] 독자들은 성장률로 전환시키는 수학적 원리에 익숙하지 않을 수 있다. 하지만, A와 B의 변화율이 크지 않은 경우, $\widehat{AB} \approx \hat{A} + \hat{B}$, $\widehat{\frac{A}{B}} \approx \hat{A} - \hat{B}$가 된다는 점만을 기억하면 된다.

록 인플레이션이 커진다. 그런데, 만일 수입원자재 가격 인상이라는 구실로 기업이 마크업을 늘이게 늘이면 물가 상승이 당연히 더 증폭된다.

7.5. 인플레이션 억제 정책

다른 나라의 경우와는 달리, 일본의 경우에는 낮은 인플레이션을 유지하고 있었기에 그동안 인플레이션 업체 정책은 중요한 논쟁거리가 아니었다. 하지만, 최근의 엔화 약세와 국제 원자재 가격 상승으로 인하여 이에 대한 적절한 정책이 요구되고 있다.

이에 대하여 서구 선진국과 같이 긴축재정을 통하여 수요를 억제하자는 의견도 나오고 있고, 일본 정부의 금융완화와 재정 확장을 비판하는 목소리가 주로 신고전학파 경제학자와 언론을 통하여 형성되고 있다. 하지만 긴축 재정정책은 특히 호황기에 보여지는 수요견인인플레이션에 대한 적절한 무기라고 생각되어 지는 반면, 이러한 비용압박 인플레이션의 상황에 적용될 경우에는 오히려 해악을 미칠 가능성이 높다. 그 결과 유효수요를 감소시키는 결과만을 초래한다.

이 같은 상황을 설명하기 위하여, 다음의 그림을 간략히 살펴보자. 단, 오로지 설명을 쉽게 하기 위한 목적으로 신고전학파 경제학에서 사용하는 수요와 공급곡선을 사용하겠다.[67] 그림에서 수직 축은 물가 그리고 수평축은 실질소득이다.

먼저 도표(A)를 살펴보자. 그림에서의 공급곡선은 더 많은 생산을 하

---

[67] 사실 이 같은 도표는 여러 가지 문제점을 가지고 있다. 특히 한 개인이 시장에서 사과를 팔고 사는 것처럼 묘사하고 있다. 그러한 문제점에 대한 논의는 본서의 범위를 넘어선 것이기에 생략한다.

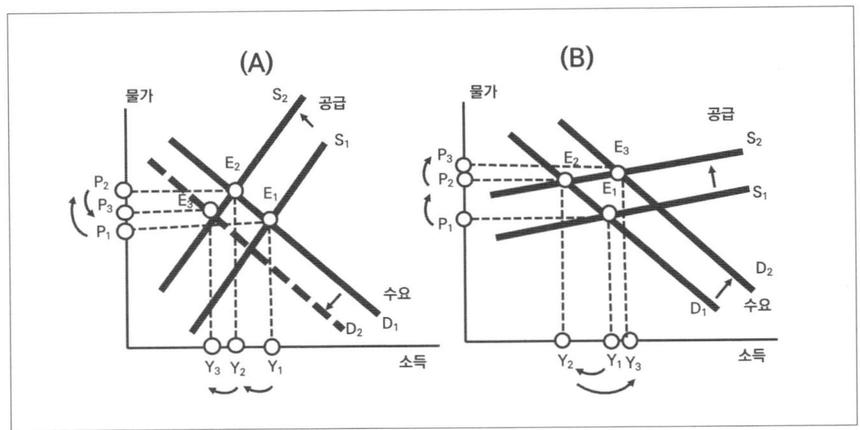

도표 7.1 원자재가격의 상승과 재정정책

기 위하여는 비용이 상승함을 의미한다. 물가가 떨어지면 더 많은 수요가 생긴다는 것을 표시한다. 만일 원자재 가격이 상승하여 제품의 비용이 상승하고 따라서 공급곡선이 상향 이동한다고 가정하자($S_1 \rightarrow S_2$). 그렇다면 주어진 가격 하에서는 초과수요가 발생하고 물가는 상승한다($P_1 \rightarrow P_2$). 최종 균형은 E_1에서 E_2이동한다. 그에 따라서 소득도 감소한다($Y_1 \rightarrow Y_2$).

그런데, 이러한 상황에서 물가 상승을 억제하기 위하여 정부가 긴축정책을 사용한다고 하자. 정부 긴축정책은 수요곡선을 이동시킨다($D_1 \rightarrow D_2$). 그 결과 최종 균형점에서는 물가는 어느 정도 하락하고($P_2 \rightarrow P_3$) 대신 소득은 더욱 감소한다($Y_2 \rightarrow Y_3$).

그런데, 이러한 결과는 결국 그림의 수요곡선과 공급 곡선의 경사에 의존한다. 신고전학파 경제학 중의 통화주의자들은 공급 곡선이 수직선에 가깝다고 가정한다. 즉, 경제는 장기적으로는 완전 고용의 상태에 항상 놓여있다고 주장한다. 따라서 추가적인 소득 감소보다는 물가 하락의 효과가 더 크다고 본다. 반면 그들의 견해에 따르자면 확장적 재정정책은 물가 만을 상승시키며 실질소득을 증가시키지는 못한다.

　이 같은 생각은 이미 살펴보았듯이 생산과 고용은 노동시장에서의 수요와 공급에 의하여 결정되고 노동의 수요는 생산함수의 물리적 성격에 의하여 이미 고정되어 있는 노동의 한계 생산물에 의하여 결정된다는 가정에 근거한다. 이러한 가정의 비현실성과 모순에 대해서는 이미 논의한 바 있다.

　도표(B)는 이와는 정반대의 결과를 보여준다. 만일 경제에 있어서 유효 생산능력이 충분히 존재한다면, 그리고 생산의 증가에 따라서 규모의 경제 등의 실현으로 인하여 생산 비용의 증가가 크지 않다면, 공급곡선은 수평선에 가까울 것이다. 이 경우에 수요증가($D_1 \rightarrow D_2$)는 물가에 큰 영향을 미치지 않고($P_2 \rightarrow P_3$) 실질 소득을 증가시키는 영향이 크다($Y_2 \rightarrow Y_3$). 그리하여 재정 확장을 하는 경우 소득은 다시 원래의 수준을 회복할 수가 있고 그로 인한 물가 상승은 크지 않다.

　재정긴축론자와 재정확장론자 간의 대립은 이와 같은 상이한 가정에 의거하고 있다. 하지만 현실적으로 모두가 느끼고 있는 것은 현재 많은 상점들과 기업들이 수요 부족으로 인하여 고통을 받고 있고 폐업을 하고 있다는 사실이다. 더욱이 원자재 가격의 상승으로 인한 전반적인 생활 필수품 가격의 인상은 소비 수요를 위축시키고 있다. 그렇다면 현 상황이 완전고용 상황이고, 재정 확장은 인플레이션만 가중시키고 실질소득의 증가는 없을 것이라는 신고전학파 경제학자들의 주장이 얼마나 비현실적인지는 상식적으로 쉽게 판단을 내릴 수 있다. 이는 잘못된 경제 이론이 신고전학파 경제학자들의 두뇌를 세뇌시켜 현실과 상식을 무시하게 만든 결과라고 볼 수 있다.

　최근의 원자재 가격 상승에 의한 물가 상승은 사실 외부적인 요인이라고 할 수 있기 때문에 불가항력적이다. 따라서 이러한 경우에서는 우선적으로 고려해야만 할 사항은 물가 상승으로 인한 소비 위축 그리고 유효수요의 감소라는 악영향을 방지하는 것이 우선적으로 중요하다.

그렇다면 물가를 안정시키는 방법은 무엇인가? 원자재 가격의 상승에 대해서는 안정적으로 원자재의 공급선을 확보하는 것 이외에는 방법이 없다. 이에는 외교적 역량이 중요하게 작용한다. 혹자는 반대할지 모르지만, 현재 국제 분쟁에 있어서 중립적 외교노선을 견지함으로써, 예를 들어 러시아나 중동 등지에서의 에너지 자원 등을 차질없이 공급받을 수 있도록 하여야만 한다. 국내의 정책적인 차원에서만 국한하여 생각한다면 화폐 금융 정책만으로는 인플레이션을 감소시킬 수 없고, 전반적인 물가정책이 수반되어여야만 한다.

원자재 가격 상승으로 인한 비용 인상이 기업의 판매가격 인상으로 이어지고, 이에 추가하여 기업은 마크 업을 높여서 전반적인 물가 상승으로 이어지는 경우, 소비자들의 실질 구매력은 감소하기 마련이다. 따라서 실질 유효수요의 감소로 고용은 하락하고, 다시 소비가 위축되며, 또한 이런 상황은 기업의 불확실성을 가중시킴으로써 투자의 감소로 연결된다. 결국 경제는 낮은 수준의 고용과 소득으로 후퇴하게 된다. 이러한 상황에서 필요한 정책은 긴축정책이 아니라, 오히려 재정 확장과 물가 정책이다.

물가 정책은 국민생활에 중요한 역할을 하는 생활필수품들의 가격을 정책적으로 관리하는 것이다. 하지만, 직접적으로 소비자 가격을 통제하면서 기업에게 추가적인 부담을 보전하여 주는 정책은 정부가 실제적으로 수행하기는 힘들다. 따라서 가장 효율적인 정책은 재정지출을 통하여 주요 원자재 수입 가격에 대한 보조를 하는 방법이다. 그럼으로써 기업들이 마크업을 늘려 판매 가격을 인상시키려는 유인을 제거할 수 있다.

7.6. 이 장의 정리

이 장에서는 수요견인 인플레이션과, 화폐 공급의 과잉이 인플레이션의 주범이라는 화폐수량설을 살펴보았고, 그에 대비하여 포스트 케인지언이 주장하는 마크업 가격설정 모델에 의한 비용압박 인플레이션에 대하여 간단히 살펴 보았다.

화폐 수량설은 금융 통화당국이 화폐를 통제할 수 있고, 화폐의 유통속도는 일정하며, 화폐는 단순히 경제의 베일에 불과하고 생산과 소득의 증가에는 영향을 미치지 못한다는 극도로 제약적인 가정 하에 성립하는 주장인데, 이는 그 단순성과 작은 정부를 지향하는 종교적 신념과 부합하기에 강력한 생명력을 유지하여 왔다. 하지만 정부의 본원통화 공급은 경제 전체의 화폐 규모에 비하여 아주 작은 부분에 불과하고, 나머지 화폐는 경제 내에서 민간에 의하여 여신 활동의 부산물로 내생적으로 창조된다. 그리고 여신 규모는 지급 준비금의 규모에 의하여 결정되는 것이 아니고, 은행의 여신 심사의 결과에 의존하는 것이다. 또한 이전의 장에서 강조한 바 와도 같이 인과 관계상 은행의 여신이 원인이고, 그로 인하여 예금의 규모와 지급 준비금의 규모가 결정되는 것이지, 주류 경제학에서 말하듯 지급준비금의 규모가 여신 금액을 결정하고, 그렇게 결정된 여신 가능 금액이 전액 대출되는 것은 절대로 아니다. 또한 케인즈가 강조하였 듯이 화폐는 베일도 아니고 경제활동을 비추는 거울도 아니며, 화폐는 경제활동을 촉발하는 엔진이기에, 화폐의 증가는 필히 경제활동의 증가와 연결되고 소득을 진작시키는 효과를 가져온다. 물론 경제가 거의 완전 고용상태이고, 가용한 자원과 인력이 부족한 경우에 있어서는 물가상승 압력이 가시화 될 수 있다.

수요견인 인플레이션 이론은 정부의 재정 지출이나 정부에 의한 통화공급 증가가 그 가장 큰 주범이라고 주장한다. 전자는 통화공급의 증가가 없이도 정부에 의한 재정 지출 그 자체가 인플레이션의 원인이라고 주장하는 데, 이는 재정 지출이 당장의 소득을 증가시키고, 그로 인하여 각종 소득을 연쇄적으로 증가시키는 승수효과에 대하여서는 철저히 침묵하고, 아주 단순한 원시적 사회에서 머리 수 하나가 추가됨으로 인하여 개인들에게 배분되는 몫은 줄어든다는, 즉 기존에 가지고 있던 화폐의 가치는 줄어든다는 천진난만한 생각에 기인하고 있다. 화폐의 증가가 인플레이션의 원인이라는 후자의 주장은 이미 설명한 화폐수량설에 근거하고 있는데, 사실 화폐수량설은 이론적, 경험적 근거가 아주 취약함에도 불구하고 그 단순성과 이데올로기적 호응에 힘입어 생명력을 유지하여 왔다.

비용압박 인플레이션은 포스트 케인지언이 주장하는 이론인데, 물론 수요 견인형 인플레이션을 부정하는 것은 아니다. 단, 주요한 인플레이션은 비용 압박에 근거하는 것이며, 통화량의 증가에서 기인하는 점은 아니라는 점을 강조한다.

이들의 논리에 의하면, 기업의 가격 결정은 주로 마크업 방식에 의존하는데, 그 가격을 구성하는 주요 인자, 즉, 마크업의 크기나 원자재 가격의 상승, 그리고 노동생산성의 증가보다 실질임금의 인상이 클 때 인플레이션이 발생할 수 있다고 본다. 또한 각종 관행과 기업간의 암묵적 합의도 중요한 역할을 하는데, 작금의 원재료 가격 상승은 기업들은 경쟁사 모두의 암묵적 합의 하에 마크업을 높일 수 있는 좋은 구실을 제공한다.

현재와 같이 인플레이션이 경기 과열이 아닌 비용의 상승으로 인하여 발생하는 경우 긴축정책은 자살행위가 될 수 있다. 비록 수요를 위축시킴으로써 인플레이션은 둔화시킬 가능성이 있다고 하더라도, 그로 인한 대가는 전반적 소득의 감소와 보다 큰 경기 침체이다. 이같은 정책은 과연 그 정책의 목적이 무엇인가에 대한 의구심을 불러 일으키기 충분하다. 인플레이션을 억제하는 것 자체가 지상 목표가 되어서는 안된다.

반면, 경제에 가용 자원들이 존재하는 현재와 같은 상황에서는 원자재 값 인상 등이 주원인이 되어 인플레이션이 발생하는 경우에는 일단 경기를 부양하기 위한 재정 확장 정책은 추가적인 약간의 물가 상승에 비하여 보다 큰 소득 증대효과를 기대할 수 있다. 또한 그러한 재정 확장 정책과 더불어, 주요한 생필품에 대한 과다한 마크업 가격인상을 억제하는 정부의 정책이 필요하고, 또한 주요 생필품의 원료가 되는 수입품들에 대한 일종의 수입가격 보조 정책 등을 통하여 물가를 안정시키고, 기업으로 하여금 과다한 마크업을 구실을 근절할 수 있도록 하여야 한다.

8. 국제수지와 환율

8.1. 들어가기

소위 개방경제에 있어서는 환율은 경상수지와 국제간의 자본의 흐름에 미치는 영향이 중요한 변수이다. 잘못된 환율 이론은 잘못된 경제정책을 초래한다. 따라서 환율에 대한 기본적인 이해는 경제를 이해하고 정책을 평가하기 위하여서 필수적이다.

환율의 결정에 대하여는 다양한 이론이 존재한다. 신고전학파 경제학에 의하면 단기, 중기 그리고 장기라는 기간에 따라서 환율이 결정되는 이유가 다르다. 단기적으로는 포트폴리오 조정으로 인하여 금리가 낮은 곳에서 높은 곳으로 국제자본이 이동하고 그에 의하여 환율이 결정된다고 한다. 그리고 중기적으로는 경상수지의 균형에 의하여 환율이 결정되며 궁극적으로 장기적으로는 일물 일가의 법칙, 즉, 같은 상품의 가격은 국제적으로 같아야 한다는 구매력평가설이 적용된다고 본다. 즉, 분석하려는 시기에 따라서 각각 다른 근본 원리가 존재하는 셈이다.

본장에서는 이러한 주류경제학인 신고전학파의 환율결정이론이 가지는 비현실성과 문제점등을 지적한 후, 대안으로서 포스트 케인지언들이 개발하여 온, 보다 현실적인 환율결정이론을 소개하고자 한다.

그 이후, 주류경제학에서 경상 수지를 설명할 때 바이블 격인 먼델-프레밍 모델을 소개한다. 이 이론에 의하면 개방 경제에서는 재정정책이 무용하다. 하지만 그 모델이 설명하는 인과는 각 단계별로 현실과는 괴리된 주장들이 숨어 있다.

마지막으로 국제간에 경상수지상의 균형 하에 달성 가능한 성장률을 도식화한 썰월의 법칙을 소개하고자 한다. 이 법칙은 개방 경제하에서 경상수지 균형을 달성하면서 높은 성장률을 시현하기 위하여서는 결국 수출 제품의 경쟁력이 가장 중요한 변수이고 환율 등의 가격 변수는 상대적으로 덜 중요하다는 점을 강조한다. 또한 자국의 성장률을 높이기 위해서는 상대국의 성장률도 진작시켜야만 한다는 점에서 국제간의 공조를 강조하고 있다.

8.2. 신고전학파 경제학의 환율결정이론

8.2.1. 신고전학파 경제학의 장기 환율결정이론: 구매력평가설

신고전학파 경제학에서는 장기적으로는 환율은 구매력평가(purchasing power parity; PPP)에 의하여 균형환율로 수렴한다고 말한다. 이 PPP라는 것은 경쟁 조건 하에서는, 일정 국산품으로 구성된 재화 묶음의 가격은 어느 통화로 측정되건 같은 종류의 외국 제품들의 묶음의 가격과 동일하지 않으면 안 되는 것을 의미한다. 그렇지 않으면 재화는 당연히 더 싼 곳에서 비싼 곳으로 수출되기 시작하고, 따라서 기존 균형상태의 경상수지와 환율이 교란되는 것이다.

그런데 이 이론을 이야기하는 순간 누구라도 상식적으로 이의를 제기할 수 있다. 한 나라에 존재하는 재화와 용역 중의 어떤 것들은 자유롭게 이동할 수 없다. 이러한 재화와 용역은 비교역재라고 불리운다. 그렇다면 이 이론에서 말하는 자유로운 재화와 서비스의 국제간 이동 이라는 가정은 단지 부분적으로만 성립할 뿐이다.

그럼에도 불구하고 신고전학파 경제학자들은 이 이론을 경험적으로 검증해 보려고 시도하여 왔다. 애석하게도, 장기적으로 보더라도 이 구매력평가로 수렴하는 경향은 강하지 못하기 때문에, 항상 성립한다는 주장을 하기는 힘들며, 더욱이 그것은 중기적, 혹은 단기적으로는 큰 괴리를 보일 수 있다.

또한 이 이론에서는 인과관계에 대한 큰 혼동이 존재할 수 있다. 이 이론에 의하면, 국제간의 물가는 결국 환율에 영향을 미치고 그러한 환율 조정으로 인하여 물가는 일치하게 된다고 한다. 하지만, 반대로, 국제간의 물가 차이가 아닌 요인에 의한 환율의 변화가 국제간의 물가에 영향을 줄 수 있다.

8.2.2. 신고전학파의 단기 환율결정 이론과 모순성[68]

신고전학파 경제학에 의하면, 단기적으로는 국가간의 자본은 금리 차이에 의하여 순간적으로 이동하며, 그러한 자본의 이동에 의하여 결국 양 국가의 실질금리차이는 없어지며, 그러한 자본의 움직이는 과정에서 환율이 결정된다고 한다. 이에 대하여서는 복잡한 설명은 피하고, 가장 단순화하여 설명하자.[69]

---

[68] 부록에 수록된 "'금리차'로 자본이 유출되고 환율이 변동할까"라는 제목의 컬럼에서는 이 주제에 대한 설명을 보다 쉽게 풀어서 설명하고 있으니 참조할 것.

[69] [고급] 조금 더 어려운 용어를 사용하자면, 단순히 미래의 환율 예상을 근거로 투기자본이 움직여서 현물환율과 선물환율이 금리차이를 반영하여 결정된다는 주장을 "유위험 금리평형"(Uncovered Interest Parity; UIP)라고 부르는데, 이 주장은 1년 뒤에 나타날 현물환율이 현재 보여지는 선물환율과 정확히 일치한다는, 경제 주체가 신적인 선견지명을 가지고 있다는 극도로 비상식적인 상상에 근거한다. 이 "유위험 금리평형"은 경험적으로도 전혀 근거가 없는 소설이다.
이때 양국간의 실질금리 차이를 실질금리평가(real interest parity ; RIP)라고 하며, 이 가설에 의하면 RIP는 0이라고 한다. 궁금한 독자들 만을 위하여 좀더 복잡하게 표현하자면(지면 상 증명은 생략), RIP = UIP +PPP 이고, 이때, PPP는 위에서 언급한 구매력평가(purchasing power parity)의 약자이다. 이 식에서 RIP=0 이 되기 위하여

일례로, 최초에는 미국과 일본의 금리가 0%로 동일하고, 환율은 100이었다고 하자. 갑자기 미국의 금리가 2%로 인상되었다. 하지만, 이 2%의 금리차이에도 불구하고 일본 투자가들은 쉽게 미국 채권시장에 투자할 수는 없다. 현재는 100엔을 투자하여 1년 만기 1달러의 미국 국채를 매입하였는데, 만일 만기에 환율이 90으로 엔화가 비싸지면, 만기에 회수하는 금액은 단지 원금 90엔과 이자 2엔이다. 따라서 2%의 금리를 얻기 위해 투자를 하였는데 결론적으로는 8%의 손해를 본 셈이다. 따라서 환 위험을 헷지 하지 않고서는 쉽게 해외 투자를 하지 못한다. 환위험을 무릅쓰고 헷지도 하지 않은 채 금리 차이를 이용한 투자는 단지 환투기에 불과하지 채권 투자는 아닌 셈이다.

그렇다면 환위험을 없애기 위해서 외환 선물시장에서 달러를 팔고 엔화를 산다고 하자. 그들의 이론에 따르자면 현물시장에서는 달러를 사고, 선물시장에서는 달러를 팔게 되니, 현물시장에서는 엔화가 약세가 되어 예를 들어 엔-달러 환율이 대략 101 이 되고, 선물시장에서는 강세가

서는 PPP, UIP가 모두 0이 되어야만 한다. 그런데, 이미 위에서 이야기한 바 처럼, 일단 PPP는 0이 아니다. 그리고, UIP가 0이 된다는 어떤 경험적 증거도 없다. 단지 투기자본의 재정거래에 의하여 UIP=0이 된다고 주장하고 싶은 바램의 차원에 불과하다. 따라서 RIP가 0이 될 수는 없다.

반면, 은행을 통한 헷징을 함에 근거하여 미래 선물환율은 금리차이에 의하여 결정된다는 주장을 "무위험 금리평형"(Covered Interest Rate Parity; CIP)라고 부른다. 이는 항상 거의 정확히 성립한다. 이는 아래에 서술할 외환딜러의 견해(Cambist View)에서 주장하는 내용이다.

위의 모든 내용에 대한 보다 자세한 내용은 본서의 범위를 벗어나므로, Lavoie(2022: 520-526)을 참고할 것.

되어 환율이 대략 99가 된다고 하자. 금리 차이 2%가 환율의 차이 대략 2%와 같아지는 점까지 환율이 움직인다는 것이다.

얼핏 보기에는 당연한 이론처럼 들린다. 그런데 이 이론에는 함정이 있다. 시장에서의 거래에는 항상 상대방이 있다는 점을 간과하고 부분만을 보기 때문에 범하는 오류이다.

이 논리의 모순을 지적하기 위하여 경제에는 단 한개의 외국환 은행이 있다고 가정하자. 투자자가 선물시장에서 달러를 팔 때는 거래 상대방이 있다. 대부분은 대형은행이다. 그러면 대형은행은 선물시장에서 고객의 달러를 팔겠다는 주문에 부응하여 고객으로부터 달러를 사고, 엔화를 팔게 되는데(①, ②), 그리고는 거래가 끝났다고 생각하고 가만히 앉아있지는 않는다. 자신은 즉시 환 위험에 노출되기 때문이다. 따라서 자신의 환 위험을 없애기 위해서 현물시장에서 일단 달러를 팔고 엔화를 사서 가지고 있어야 한다(③, ④). 이를 소위 포지션관리라고 한다. 은행은 도박가가 절대 아니다.

물론 은행은 그 경우 달러를 가지고 있을 때에 비하여 2% 금리 손해를 본다. 그 손해를 만회하기 위하여 선물시장에서 은행이 달러를 사는 가격과 현물시장에서 달러를 파는 가격을 조정할 수 밖에 없다. 즉, 현물에서는 100엔에 달러를 팔고, 선물시장에서 자신이 달러를 사는 가격은 대략 98엔으로 조정한다(=100/1.02. ②에서 은행은 100엔을 팔면서 1.02달러를 요구한다). 그리하여 달러에서 나오는 이자인 2센트 만큼의 소득을 얻을 수 있도록 한다. 그렇지 않으면, 달러에서 나오는 이자만큼 손해를 보기 때문이다.

결론은 이 그림에서 자명한 것 처럼 투자자가 현물시장에서 엔화를 팔고 선물시장에서 엔화를 사는 순간, 동시에 은행은 현물시장에서 동일

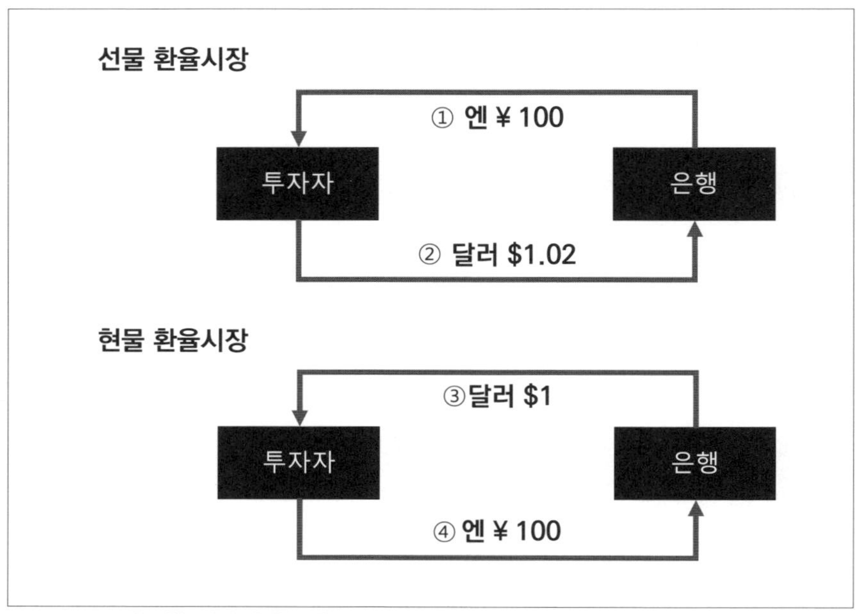

도표 8.1　선물환 시장과 현물환 시장에서의 거래

한 금액의 달러를 팔고 엔화를 사며, 선물시장의 가격은 금리 차이만큼 조정하기에, 현물시장에서의 환율 변동은 없다! 투자자들이 금리차를 노리고 투자를 하고 환 위험을 헷징 하는 경우에 국한 하여 생각한다면, 현물과 선물시장에서의 새로이 발생하는 외환의 수요와 공급은 항상 같은 항등식과 같은 관계이다. 이 경우 수요와 공급에 의하여 환율이 움직이는 것은 절대로 아니다. 환율은 움직이지 않는다.[70] 투자가가 금리 차이를

---

[70] 신고전학파 경제학자들이 생각하는 환율 결정 이론과 대비하여, 이같은 견해를 '외환딜러의 견해'(Cambist View)라고 한다. 후자의 견해는 실제로 외환시장에서 발생하는 현실을 묘사하고 있고, 신고전학파 경제학자들이 가정하는 상상의 세계와는 거리가 멀다.

노리고 해외에 투자를 하면 자본 유출이 생기고, 그로 인하여 현물 환율이 변동한다는 이야기는 허구이다. 현물환율은 변동이 없고 선물 환율은 시장에서의 수요와 공급이 결정하는 것이 아니라 외환 딜러의 책상 위에 놓인 계산기가 결정한다.

그런데 이렇듯 환 위험을 회피하기 위하여 선물환시장에서 거래를 하는 경우 표면적으로 보여지는 금리 차이는 환위험 회피 비용으로 인하여 사라져 버린다. 따라서 이러한 경우 이자 차이를 이용한 투자를 하기 위한 어떤 유인도 존재하지 않는다. 환율이 변동하는 경우는 환위험을 고려하지 않는 무모한 외환 투기를 하는 경우 뿐이다.

그런데, 신고전학파 경제학 교과서에서는 이러한 중개자로서의 은행의 실제적 관행과 환 거래가 발생하였을 때 동시에 발생하는 반대의 거래를 전혀 고려하지 않는다.

또다른 함정이 있다. 이 이론은 두 국가가 신용도가 유사하고, 상대국 경제에 있어서의 불확실성은 없고, 따라서 두 국가의 채권은 완전한 대체재라는 가정이 숨어있다. 이 이론은 예를 들어 같은 통화를 사용하고, 신용등급이 유사한 충청남도와 충청북도의 지방 정부채권 간의 금리차이가 존재하면, 자본이 이동한다는 이야기를 세계 모든 곳에 확대하는 것과 같다. 거듭 말하지만, 이 이론은 두 국가간에는 같은 통화를 사용하고, 신용도나 다른 모든 면에서 유사하다는 가정하에서만 성립된다.

즉, 단기적으로 금리 차이에 의하여 자본이 이동하고 그에 따라 환율이 변한다는 이론은 외환거래 시장에서의 가장 초보적인 상식조차 외면한 허구일 뿐이다. 사실 고정금리 채권을 통한 해외투자를 하는 가장 큰 동기는 환 투기나 혹은 자국이 위험하다고 느껴서 보다 안전한 곳으로 자금을 도피시키는 경우이다. 이자 차이는 그 자본 도피나 환투기를 함에 있어서 어느 정도 비용을 감소시키는 버퍼의 역할을 하는 것이 대부분이다.

그런데, 이러한 신고전학파 경제학의 자본이동에 관한 이론과 환율 결정 이론은 아베노믹스를 비판하기 위하여 사용된다. 즉, 해외에서는 고금리 정책을 유지하는데, 반면 아베노믹스는 일본의 저금리 정책을 고수하기 때문에 자본이 해외로 유출되기 시작하고, 따라서 엔화가 약세로 된다는 주장이다. 일단, 이 이론은 경험적으로도 틀리다. 단순히 상식적으로 생각해보자. 그 주장이 옳다면 제로 금리에 가까운 일본의 역사적 금리 상황 하에서는 이미 모든 자본이 유출되어 일본 내에 남아있는 자본은 없어야만 한다. 그리고, 이미 이전에 언급한 것처럼 최근 일본 국채시장에서 외국인 투자자들은 오히려 단기 국채를 매입하였다. 그렇다면 이 이론은 현재 발생하는 엔화의 약세를 금리 차이로 설명하지 못한다.

이 같은 논리는 한국의 신고전학파 경제학자들도 주장한 바 있다. 미국이 금리 인상을 하니, 자본의 유출을 막기 위해 한국도 금리 인상을 하여야만 한다고 외쳤다. 그들의 이론은 외환시장의 운영에 대한 무지에서 비롯된 견해이다.

8.3. 포스트 케인지언이론에 있어서의 환율결정

아베노믹스나 소득주도 성장론이 믿는 단기 환율 이론은 이러한 신고전학파 경제학적 의견과는 상이한 포스트 케인지언학파의 이론에 기반하고 있다. 이 이론은 보다 현실적으로 외환시장의 움직임을 묘사하고 있다. 외환시장에서의 환율은 시시각각으로 변하는 시장의 정보에 따라서 딜러들과 기타 외환시장 참여자들이 가지게 되는 장래의 예상 환율에 따른 투기적 거래로 인하여 형성될 뿐이다.

이는 케인즈가 주식시장의 가격 형성을 미인 선발대회에 비유하여 설명한 바와 동일하다. 주식을 선택하는 기준은 내가 아름답다고 느껴서가 아니라, 다른 사람들이 아름답다고 느낄 것으로 생각할 것을 선택하는 것이다. 즉, 외환시장에서도 어떤 통화의 근본적 내재가치에 따라서 투자하는 것이 아니라 외환시장의 다른 참여자들이 가지는 환율에 대한 기대를 내가 지금 추측하고 그에 의하여 투자하는 것이다.

예를 들자면 어떤 딜러가 현재 시장에서 다른 참여자들이 달러당 엔화가 현재 130엔에서 120엔으로 강세가 될 것으로 예상한다고 하자. 그렇다면, 그 딜러는 다른 참여자들보다 앞서서 엔화를 매입할 것이다. 반대로 뉴스에서 어떤 유명한 경제 평론가가 정부의 재정 확장 정책으로 인하여 일본 경제가 위태롭다고 이야기한다면 소위 와타나베 부인들은 그 경제평론가의 말을 믿고 무조건 달러를 매입하기 시작할 것이다.

언론에서 이야기하는 환율 전망이 그릇된 이론에 근거하여 예상되었다고 하더라도 모든 사람들이 그 이야기를 믿기 시작한다면 실제로 그 예상 환율은 실현되는 것이다. 일단 이러한 움직임이 시작되면 대형 외환 딜러들의 자동 거래 시스템이 알고리듬에 의하여 순식간에 작동되어 그러한 환율의 움직임을 확대 시킨다. 물론 시장의 정보는 경제에 대한 것일 수도 있다. 예를 들어서 경상수지의 적자폭 실업률 성장률 등에 관한 것일 수도 있다. 또한 국제정세에 관한 것이 될 수도 있고, 북한의 미사일 발사 실험도 이유가 될 수 있다. 실제로 사람들이 기대를 형성하는 요인들은 무한히 많다.

단기적으로는 환율은 자본의 이동이 아니라 시장에서의 심리에 의존한다. 특히 외환 투기가 중요한 역할을 차지한다. 환율은 "경제주체들이 불완전하게 자신들의 행동을 고려하는" 그러한 시장에서 설정되어 지는 것이다(Harvey 2012:186, 188). 그 투기 심리는 단지 시장의 분위기에 의존하며, 시장에서의 분위기는 신고전학파 경제학자, 언론, 그리고 증권사의 경제분석가들이 주도한다. 따라서 단기적으로는 그들의 믿음이 시장의 주도적 의견이 되는 것이고, 그에 의하여 환율이 변동하고, 이에 외환투기자들이 가세하는 것이다. 불안하다고 언론이나 학자들이 떠들면 그들의 말은 현실이 된다.

중장기적으로 볼 때 환율은 경상수지의 규모, 그리고 기존의 자산 포트폴리오 상태, 그리고 그에 의한 자본소득의 지급 부담 등에 의존하는데, 단기적으로 형성되는 투기심리는 환율을 어떠한 균형상태로 수렴시키는 것이 아니라, 오히려 방해하기도 한다(Lavoie 2022: 536).

아래에서는 경상수지와 재정지출에 대하여 보다 자세히 논의하겠다.

8.4. 국제수지, 그리고 먼델–플래밍 모델의 오류

8.4.1. 경상수지와 정부의 적자 재정 조달 여력

이전에 언급하였던 항등식(3.11)을 다시 사용하자.

$$(S - I) \equiv (G - T) + (X - M + NFP) \tag{8.1}$$

즉,

$$\left(저축 - 투자\right) \equiv 정부예산적자 + 경상수지흑자 \tag{8.2}$$

이때, (저축 – 투자)는 국내 민간부분의 순 금융자산증가이다. 실물투자(I)를 초과하는 저축은, 어떤 형태의 금융자산으로 소유되기 때문이다. 즉 정부예산의 적자와 경상수지 흑자는 민간 부분의 금융자산을 증가시킨다. 즉, 만일 경상수지상의 흑자가 존재하는 경우라면, 정부의 재정적

자의 규모가 확대되더라도, 민간부분이 금융자산에 투자할 여력은 경상
수지의 흑자 폭 만큼 정부의 재정 조달 수요에 비하여 크기 때문에 정부
가 민간으로부터 적자 재정을 조달하기가 수월하다는 것이다.

8.4.2. 경상수지 적자를 해소하기 위한 방안으로서의 긴축(IMF)

신고전학파 경제학에 의하여 지배되고 있는 국제통화기금(IMF)은 경
상수지 적자를 해소하는 방법으로서 재정긴축을 강력하게 주장하여 왔다.
과연 이러한 처방은 옳은 것인가?

위의 수식(8.1)을 다시 정리하면 다음과 같다.

$$(M - X - NFP) \equiv (G - T) + (I - S)$$

즉,

$$경상수지적자 = 정부재정적자 + \left(투자 - 저축\right) \tag{8.3}$$

논의를 단순화하기 위하여 저축과 투자가 같다고 가정한다면 정부의
재정적자 $(G - T)$는 경상수지적자와 사후적으로는 항상 같다. 그 이유는
재정 지출로 인하여 소득이 증가하고 그에 따라 수입도 증가하기 때문이
다. 반대로, 경상수지 적자를 없애기 위하여서는 재정적자를 없애야 함을
의미하는데, 이는 마찬가지로 소득의 감소를 통해서 이루어진다.

이 같이 정부 지출 감소라는 긴축정책을 통하여 경상수지의 적자를
없애는 방식을 국제통화기금(IMF)은 소위 '워싱턴 합의'(Washington con-
sensus)에서 주장하면서, 이렇게 함으로써 재정적자와 경상수지 적자라는
두가지 목표물을 동시에 없앨 수 있다고 주장한다. 하지만 이러한 정책은

소득 감소를 통하여 이루어지는 것이기 때문에 동시에 경제도 죽인다. 국제통화기금이 생각하는 세계는 신고전학파 경제학이 묘사하는 시장 질서에 의하여 움직여지는 세계이며, 정부의 재정정책이 소득을 향상시키는 유효수요의 원리가 작동하지 않는 세계이다.

8.4.3. 먼델—플래밍 모델: 재정정책은 무용한가?

신고전학파 경제학에서 개방경제모형은 소위 먼델-프레밍 모델이라는 이론에 의존하고 있다. 1962년에 먼델(Robert Mundell 1932-)과 플레밍(Marcus Fleming 1911-76)은, 국가는 고정환율, 자본의 자유로운 이동, 금융정책의 자율성이라는 3가지 선택지 중 최대 2개밖에 선택할 수 없다는, 소위 트릴레마(trilemma)에 직면할 수 밖에 없다는 것을 주장하였다. 이 이론에 의하면, 정부의 금융 정책은 유용할 수 있는 반면 재정정책은 그 효과가 제약적이다. 왜냐하면 재정지출의 증가는 채권시장에서 정부채의 공급을 늘리고 채권 가격을 하락시키기에 결국 이자율의 상승을 초래하고 그 결과 자본의 유입이 증가하기 때문에 환율이 강세가 되며, 그로 인하여 수출은 줄어들고 또한 국내에서는 이자율 상승으로 인하여 투자가 감소한다고 그들은 주장한다.

이 같은 이론은 신고전학파 경제학 내에서는 정설로 받아들여지고 있지만, 사실 몇가지 비현실적인 가정에 의존하고 있다. 독자들은 이 논리 전개의 각 스텝들이 모두 문제점으로 가득 차 있음을 이제는 쉽게 느낄 수 있을 듯 하다. 앞서 설명한 바 와도 같이 일단 정부 채권의 공급의 증가가 항상 이자율 변동과 직접 연결되지는 않는다. 또한, 이자율 자체도 채권시장을 통하여 형성되기보다는 정부가 조정할 수 있다. 그리고 이미 설명한 것처럼 이자율의 차이가 존재한다고 하더라도 그 차이로 자본이 국제간에 쉽게 이동하지는 않는다. 양국 간의 투자자산은 상호 완벽한 대체재가 아니며, 환위험을 고려했을 때 실제적인 이득이 없기 때문이다. 이자율이 어느 정도 상승한다고 하더라도 실제로 투자에 미치는 영향은 크지 않다. 그리고 최초의 정부지출 증가는 그로 인한 수입 수요의 증가로 인하여 경상수지의 적자를 야기하여 따라서 환율을 약세로 만들고, 그 결과 수출은 증가될 수 있다.

즉, 신고전학파 경제학자들은 재정지출의 무용성을 주장하며 그 근거로 먼델-프레밍 모델의 결과만을 인용하는데, 일반인들은 자신들이 이해할 수 없는 거창한 이론이 가지는 권력에 의하여 그 이론의 결과를 사실이라고 믿을 수밖에 없다. 하지만 이 이론은 사실 비현실적인 가정에 의존하고 있는 것뿐이며 현실을 설명할 수 있는 것은 절대로 아니다.

8.5. 국제수지 균형 성장: 썰월의 법칙

8.5.1. 썰월의 법칙

어느 한 국가가 지속적인 경상수지흑자를 시현하는 경우, 상대방 국가들은 당연히 경상수지적자가 지속될 수 밖에 없다. 케인즈는 어떤 한 나라가 지속적으로 국제수지 상의 흑자를 유지한다면 그로 인하여 세계 전체의 경제 활동들을 침체 시키는 결과를 야기할 수 있고, 결국 장기적으로는 국제간의 분쟁을 야기할 수도 있으며, 국내 경제에 악영향을 줄 수 밖에 없음을 뚜렷하게 인식하고 있었다. 현재에 있어서 이러한 한 예는 EU에서 볼 수 있는데, 독일은 만성적인 흑자를, 그리고 스페인이나 그리스 같은 나라들은 만성적인 경상수지 적자를 지속하고 있다. 그런데, 적자국에는 여러가지 정책적인 제약을 강요하는 것은 가능하더라도 흑자국가에 대하여 경상수지 흑자 규모를 줄이도록 하는 것은 쉽지 않다. 이러한 상태는 지속가능하지 않다.

그렇다면 국가간에 경상수지 상의 균형을 유지하면서 성장을 지속시키기 위하여는 어떤 조건을 만족시켜야 하는가. 신고전학파 경제학적인 견해에 의하면 단기적으로는 자본의 이동으로, 중장기적으로는 수출재와 수입재간 이동으로 인한 환율 변화를 통하여 상대적 가격조정이 되고 경상수지 균형은 순식간에 달성되며, 경제는 항상 완전 고용 상태에 있게 된다. 하지만 현실이 이 같은 견해와 일치하지 않는 것은 경험적으로 명백하다. 경상수지의 적자는 영원히 지속될 수 있는데, 이는 분쟁의 원인이 된다. 따라서 경상수지의 균형도 유지하면서 성장을 지속할 수 있는 조건을 찾는 것이 중요하다. 하지만 경상수지의 균형을 유지하기 위하여 한 국가의 소득을 감소시키는 방향은 바람직하지 않다.

포스트 케인지언인 영국의 경제학자 썰월(Tony Thirlwall, 1941 -)은 국제간의 거래는 한 국가만의 문제가 아니며 상대방 국가와 긴밀하게 연결되어 있다는 점을 고려하여, 경상수지 균형하에 달성할 수 있는 성장률을 수식화하였고 이는 '썰월의 법칙'(Thirlwall's Law)으로 알려져 있다. 물론 이 법칙은 중요성에도 불구하고 신고전학파 경제학에서는 언급되지 않는다. 가격 조정을 통한 시장의 균형의 달성이라는 그들의 절대 원칙에는 부합하지 않기 때문이다. 이 법칙에 대한 증명은 본서에서는 제시하지 않겠고, 단지 직관적인 이해만을 위하여 설명할 예정이다. 이 법칙은 다음과 같은 수식으로 설명된다.

$$g_d m_d = g_w x_w \qquad (8.4)$$

부호설명

g_d, g_w : 각각 자국(domestic)의 경상수지균형 하의 소득성장률, 세계(world)의 소득성장률. 첨자 d와 w는 각각 자국과 세계를 의미한다.

m_d, x_w : 수입(import)의 자국 소득탄력성, 그리고 수출(export)의 세계 소득탄력성.

참고로, 소득탄력성이라는 개념은 국민소득의 변동율 대비 기타의 경제변수의 변동율의 비율이다. 예를 들어, 국내 소득이 100원에서 120원으로 20% 증가하였다고 가정하자. 이에 상응하여 수입도 늘어난다. 가령 이때 수입이 20원에서 30원으로 50% 증가하였다고 하자. 이때의 '수입의 소득탄력성'은 50%/20%=2.5이다.

이 식이 의미하는 것은 세계의 소득 성장률(g_w)이 높을수록 그리고, 자국의 수출품이 세계의 소득이 증가할수록 더 매력적으로 받아들여지면 (x_w) 자국의 소득성장률(g_d)은 높아진다는 것이다. 반대로 해외 제품이 자국의 소득이 높을수록 더 많이 수입되면(m_d) 자국의 소득성장률(g_d)은 줄어든다는 것이다.

사실 이 공식은 직관적으로 당연하다. 상대방의 나라가 잘살게 되면 우리나라 제품의 수출이 일단 늘어나고 우리나라의 성장률은 높아진다. 그런데, 만일 우리나라가 수출하는 제품이 저가, 저 품질의 싸구려 제품이라면, 상대방 국가가 부유하게 될 수록 반대로 우리나라 제품은 덜 수요할 것이며, 따라서 우리나라의 성장률은 줄어들게 된다. 반대로 우리나라의 소득이 늘어날 수록 상대방 나라의 제품이 더 매력적으로 보인다면 수입 증가로 인하여 우리나라의 성장률은 제약될 수 밖에 없다.

이 공식에서는 물가의 변화를 통한 가격 조정이나 환율 조정은 중요하지 않다.[71] 즉, 단순히 해외 시장에서의 가격경쟁력이 중요한 것이 아니라, 상대국의 소득수준이 향상함에 따라서 더 많이 수요되는 제품을 수출하는 것이 중요하다. 예를 들어 생활필수품의 수출보다는, 소득이 향상되면서 수요가 증가되는 승용차같은 제품을 수출하는 것이 성장률을 높이는 길이라는 주장이다.

만약 실제 성장률이 경상수지균형 하의 소득성장률보다 큰 경우에는 경상수지의 적자가 생길 것이며 반대의 경우에는 흑자가 생긴다. 너무 빠른 소득성장은 수입수요를 늘리기 때문이다.

예를 들자면, 1951년에서 1973년까지 영국과 독일의 경우 수입의 소득탄력성은 각각 1.51, 1.89 이며, 수출 성장률은 각각 4.1%, 10.8%이었다. 따라서 이 공식에 의하면 경상수지균형 하의소득성장률은 영국과 독일 각각에 있어 대체로 2.7%, 5.7%이다. 이는 실제 성장률과 거의 근접한다. 실제로 이 법칙은 경험적으로 충분히 입증되고 있다. 그리고 이러한 영국과 독일의 성장률의 차이는 결국 독일 제품이 가진 비가격경쟁력에 기인한다(McCombie & Tharnpanich 2016:282).

8.5.2. 동반 성장전략: 국제적 협력의 중요성

위의 수식(8.4)는 양국간의 교역에도 적용시킬 수 있다. 양국은 상대방 국가의 소득성장으로부터 이익을 받는다. 따라서 양국이 협력하여 동시에 모두 확장적 재정정책을 사용하는 경우, 양국의 소득 성장률은 높아

---

[71] 이 변수들이 성장률에 미치는 영향이 크지 않기에, 공식을 도출하는 과정에서 생략해도 무관한 정도이다.

진다. 따라서, 단기적으로 교역 상대국에 수출을 늘리는 정책보다는, 상대
국의 소득 성장률을 높임으로써 자국의 수출도 높이는 전략이 중요하고
그럼으로써 상대방과 동반 성장할 수 있는 길이 열린다.

경상수지적자는 그 자체로 무조건 나쁜 것은 아니다. 어떤 경우, 경
상수지적자는 증가된 자본재 등의 수입 수요에 기인한다. 그리고 외국으
로부터의 차입에 의하여 그 수입 대금을 금융하여 경쟁력 있는 수출 제
품의 생산시설에 투자되었을 경우, 그 국가는 결국 장래의 수출 활동으로
벌어 들인 경상수지흑자로 그 차입 및 이자를 상환할 수 있게 되는 것이
다. 따라서, 개발도상국과의 교역에 있어서, 자본재 등을 각종 금융지원
등의 방법으로 수입하게 하여 향후 그 국가의 소득 성장에 기여를 하게
한다면 장기적으로 자국의 성장률을 높일 수 있다. 이에 자국의 수출금융
정책이 동반성장을 위하여 상당히 중요하게 부각된다.

8.6. 이 장의 요약

이 장에서는 우선 환율의 결정과정에 대하여 검토하였다. 주류 경제
학적 견해에 의하면 단기적으로 금리차이에 의한 자본의 이동에 의하여
환율이 결정된다. 즉, 자본이 저금리국에서 고금리 국으로 이동하기에 그
로 인하여 순식간에 환율이 조정이 된다는 것이다. 그리고 장기적으로는
소위 일물 일가의 법칙, 즉, 구매력 평가에 의하여 균형 환율로 수렴된다
고 한다. 하지만 본 장에서는 이같은 주류 경제학적 견해는 외환시장에서
의 현실에 대한 무지에서 비롯된 허구임을 설명하였다. 금리 차이만을 노
리는 안전주의 한국 투자자는 달러를 구입하여 해외 투자를 하면서 동시
에 선물시장에서 원화를 다시 사는 환위험 헷지 거래를 하기 마련이고,
그 때 선물시장에서 원화를 팔고 달러를 사는 외국환은행은 자신의 환위

험을 없애기 위하여 현물시장에서 달러를 팔고 원화를 사는 반대 거래를 하여야만 한다. 그렇다면 선물환 시장과 현물환 시장에서 사자와 팔자의 거래 금액은 정확히 일치할 수 밖에 없고, 그때 선물환 시장에서의 결정 환율은 외국환 은행의 외환딜러가 계산기를 이용하여 금리차이만큼 보전하기 위하여 결정한 환율에 불과하다. 즉, 선물 환율은 계산기가 결정하는 것이고, 현물 환율의 변동은 없다. 이 같은 이야기는 외환시장 참여자라면 누구라도 알고 있는 상식인데, 주류 경제학자들의 대부분은 이 사실에 대하여 무지하고, 단지 모든 가격은 시장에서의 수요와 공급에 의하여 결정된다는 종교적 신앙이 무조건 관철되어야만 된다고 믿을 뿐이다. 장기적으로 보더라도 구매력 평가설이 관철된다는 어떤한 경험적 근거도 없다.

실제로 외환 시장에서의 환율은 단기적으로는 투기적 거래에 의하여 형성되는데, 이는 케인즈가 말한 바 있는, 주식 시장을 '미인 선발 대회'에 비유한 바와 같은 맥락이다. 이러한 시장에서의 투기의 원칙은 내가 아름답다고 미인을 선발하는 것이 아니라, 다른 사람들이 아름답다고 생각할 대상을 선발하는 게임이다. 이에 외환 시장에서의 심리가 환율을 결정하는 핵심적 변수이다. 그리고 장기적으로는 결국 경상수지에 의하여 환율은 결정되게 된다. 포스트 케인지언들은 이같은 지극히 상식적이고도 현실과 부합하는 환율 결정 이론을 주장한다.

하지만 주류 경제학에 경도된 경제학자, 언론, 그리고 정책당국자들은 단순히 금리 차이로 인하여 자본이 이동되고 그에 의하여 환율이 결정된다고 믿고 있고, 실제로 그들이 그러한 우려를 지속적으로 표명하는 경우, 그들의 이야기는 투기적 투자자들의 심리를 자극하여 실제로 이데올로기적인 편견에 사로잡힌 우려는 현실이 된다.

경상 수지 문제가 지속이 될 때 IMF등의 주요 처방은 긴축이다. 이는 정부 재정적자의 증가가 경상 수지 적자로 이어진다는 논리에 근거한다. 이 논리는 그 자체로는 문제가 없다. 하지만 양자는 소득의 감소로 인하여 일치하게 된다. 즉, 긴축을 통한 경상수지 회복은 경제를 죽이면서 달성되는 균형이다. 과연 이러한 경상수지 균형 회복은 바람직할까.

주류 경제학에서 국제 수지를 논의할 때 가장 바이블격인 이론은 소위 먼델-프레밍 모델이다. 이 모델에 의하면 재정지출이 증가하면 이자율이 상승하고, 투자가 감소하며, 이자율의 상승으로 인하여 자본유입이 증가되어 환율이 악화된다는 등의 경로를 주장하고 있다. 이미 살펴본 바와 같이 그 각 경로들은 모두 현실성이 결여되어 있다. 재정지출은 이자율 상승을 항상 동반하는 것은 아니고, 투자는 이자율 변화에 대하여 둔감하고, 이자율 차이로 자본은 이동되지 않으며 환율도 변하지 않는다. 이 이론에 의하면 개방경제에 있어서 재정정책은 효과가 제약적이고 금융정책이 오히려 유용하다. 하지만 이 이론은 재정지출이 무용함을 주장하고 싶은 경제학자들이 믿고 싶어하는 또다른 종교적 신앙에 불과하다.

그러하다면 국제 수지의 균형은 어떻게 달성되어야만 하는가. 한쪽은 지속적으로 경상수지 흑자를 시현하고 다른 쪽은 경상수지 적자를 지속하는 상황은 결코 지속가능하지 않다. 그리고 그러한 수지 상의 불균형을 자동적으로 시장이 해결하여 준다고 믿어서도 안된다. 경험적으로 볼 때 변동환율 하에서도 일방적인 흑자와 적자가 지속이 된다. 하지만 IMF의 처방대로 적자국의 재정 지출을 줄이고 소득을 감소시키는 방법에 의하여 수지 상의 균형을 달성시키는 방법은 절대로 바람직하지 못하다. 어떤 나라의 지속적인 수지 상의 적자를 해결하는 묘안은 현재로서는 존재하지 않는다.

　이장에서 소개한 썰월의 법칙은 비단 한 국가만이 아니라, 상호 연결된 국가간의 문제임을 지적한 후, 두 국가 내지는 한 국가와 세계가 경상 수지 상의 균형을 유지하면서 달성할 수 있는 성장률을 수식화 시킨 바 있다. 이 법칙에 의하면 환율 등의 가격 조정을 통한 시장의 균형이 중요한 것이 아니라, 기본적으로는 수출 제품의 경쟁력이 가장 핵심적인 변수이다. 소득이 늘어남에 따라 더 많이 수요되는 제품을 생산하는 국가의 성장률이 높고, 반대로 자국의 소득이 증가함에 따라 더 많이 해외 상품에 의존하는 경우 경제 성장률은 낮아 진다는 법칙이다. 또한 이 법칙은 자국의 성장률을 높이기 위하여서는 적극적으로 상대국의 성장률도 진작시킬 수 있는 방안을 모색하는 등의 국제 공조의 필요성을 강조한다.

9. 성장과 생산성 발전, 민영화

9.1. 들어가기

본서의 마지막 장인 본 장에서는 수리적이고 복잡한 성장 이론에 대한 소개를 지양하고, 신고전학파의 성장이론과 포스트 케인지언의 성장이론의 차이점에 대한 아주 포괄적인 요약만을 제시하고자 한다. 그리고, 전자와는 다르게 포스트 케인지언의 성장이론에 있어서의 기술발전은 단순히 외적으로 주어지는 충격이 아니라, 유효수요와 강한 상관을 가진다는 베르도른의 법칙을 소개한다. 따라서 유효수요는 결국 기술발전을 촉진시키고, 그러한 기술발전에 의하여 대외 경쟁력이 강화되어 수출이 늘어나는 등의 선순환 구조가 존재함을 보이려 한다.

마지막으로 아주 간략히 민영화에 대한 언급을 하고자 한다. 민영화를 지지하는 경험적 이론적 근거는 사실 취약하고 많은 경우 민영화는 종교적 신념에 의하여 추진되는 것이 현실이다. 하지만 공기업이나 공적 사업 또한 소위 대중영합적인 사업에 우선순위를 두기 마련인 '정부의 실패'의 문제에 노출되어 있는 것도 사실이다. 그리하여 민영화 혹은 공영화를 막론하고 결국 적절한 견제 기구의 도입과 보충성의 원리가 유지되어야 함이 중요함을 강조하고 이 장을 끝맺으려 한다.

9.2. 성장의 경로

신고전학파 경제학에서의 성장은 단순히 외부적으로 주어진(혹은 하늘에서 갑자기 뚝 떨어지는) 기술 발전에 의한다. 이미 보았듯이 생산함수 자체는 단지 외적으로 주어져 있는 외생적인 것이며 수요와는 무관하다. 기술발전은 생산함수에 영향을 주고 그에 의하여 자본과 노동의 한계 생산성이 향상되고 자본과 노동의 고용이 증가한다. 다시 말하면 그들에게 있어서 경제성장이라는 것은 물리적 자본, 기술의 진보, 혁신, 그리고 인구 증가라는 여러 요인들을 어떻게 효율적으로 결합하여 사용하는 문제로 귀착된다. 수요는 단순히 이러한 외적으로 주어진 생산성의 증가에 따라 갈 뿐이다. 즉, 앞서 말한 세이의 법칙이 적용된다.

또한 그들이 말하는 형이상학적인 생산함수에 따라 각자의 한계 생산성만큼 소득의 분배는 이루어지며, 이러한 소득의 분배는 공평한 것이며, 따라서 소득분배는 자연적인 법칙에 따른 결과일 뿐이지 성장에 영향을 미치지 않는다.

하지만 아베노믹스나 소득주도 성장론이 근거하고 있는 포스트 케인지언학파에 관점에 따르자면 수요가 이러한 공급 능력에 일치한다는 보장은 없다. 또한 유효수요와 소득의 분배 상태가 경제 성장에도 중요한 역할을 한다. 특히 수요는 주어진 기술 수준 하에서 생산을 늘리는 것뿐만 아니라, 아래에서 설명하듯이, 기술의 발전, 즉, 생산성의 향상에도 중요한 영향을 미친다.

도표 9.1은 신고전학파 경제학적 견해와 아베노믹스나 소득주도 성장론이 지지하는 포스트 케인지언학파 견해의 차이점을 명확히 보여준다 (Setterfield 2016: 220, 저자가 다소 수정함).

첫번째 그림에서 현재의 상태는 A라고 가정하자. 점선은 최대로 가능한 경제의 잠재적인 중-단기 성장 경로를 보여준다. 어떠한 외부적인 충격에 의하여 A에서 A_1으로 경제가 침체되었다고 하자. 신고전학파 경제학적 견해에 의하면 시간이 지남에 따라 경제는 자연적으로 빠르게 B로 다시 회복된다. 하지만, 포스트 케인지언학파의 견해에 의하면, 그렇게 회복되는 것은 우연에 불과하다. 수요가 부족하다면 경제는 단지 C로

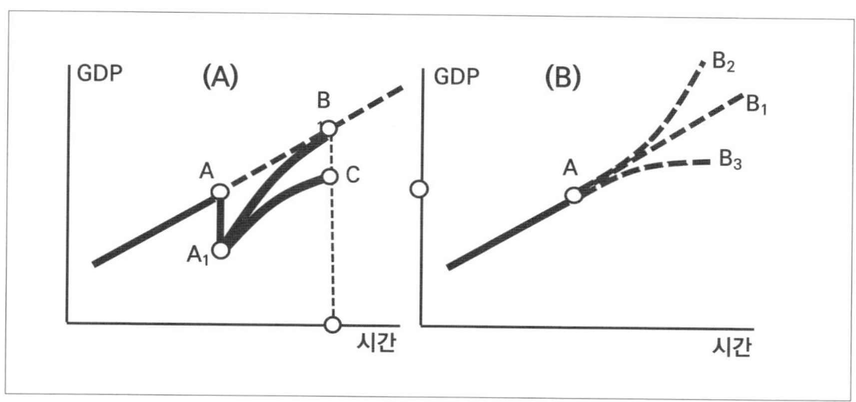

도표 9.1 신고전학파 경제학과 포스트 케인지언 학파의 경제성장경로

움직일 수 있고, 따라서 그 시점에서는 유휴 생산 능력이 존재할 수 있다. 따라서 B와 C와의 격차를 줄이기 위해서는 정부의 재정정책과 금융정책이 절실히 필요하다는 것이다.

두번째 그림에서는 잠재적인 장기 성장 경로를 보여준다. 신고전학파 경제학에서는 인구와 기술 등의 자연적인 성장에 따라 경제는 자연적으로 A에서 B_1으로 성장한다고 생각한다. 이러한 변화는 단지 외부적으로 결정되는 것이다. 하지만 포스트 케인지언학파의 관점에서는 수요와 소득분배의 상태에 따라서 기술 발전도 영향을 받으며, 따라서 성장 성장률이 가속화되어, 경제가 B_2를 경로를 따르거나, 아니면 B_3의 경로 처럼 성장세가 약화될 수도 있다.

9.3. 성장을 위한 요소: 투자, 수출, 그리고 정부정책

그렇다면, 경제성장을 위하여 중요한 요소는 무엇인가? 그리고 유효수요가 기술력 수준을 결정한다는 의미는 무엇인가?

경제 성장을 위하여 중요한 요소는 대략 네 가지가 있다. 이는 소득을 결정하는 수식(3.10)에서 나타난 변수 중, 독립적인 변수들, 즉, 투자, 수출, 정부 정책, 그리고 소득 분배이다.

이미 보아온 것처럼, 투자는 기업가들이 가지고 있는 미래에 있어서의 매출과 이윤에 대한 기대에 의존한다. 이러한 기대는 불확실성 하에서 형성되는 것이기 때문에 쉽게 변할 수 있으며, 많은 경우에 있어서는 대중 심리에 의존하기도 한다. 혹은 기업가의 야성적 충동에 좌우된다. 물론 이 야성적 충동도 갑자기 천상에서 내려오는 것은 아니고, 환경에 영향을 받는다.

또한 무역 의존도가 강한 나라의 경우에는 수출의 영향이 중요하다. 영국의 포스트 케인지언학파 경제학자 칼도는 20세기 제3분기 영국 경제 성장 실적 악화를 면밀히 검토한 후, 그는 유일하게 수출만이 진정으로 외생적인 수요의 원천이라고 믿게 되었다. 왜냐하면, 소비와 정부 지출은 소득에 의존하고, 투자는 소비의 성장에 직접 의존하기 때문에 결국 투자도 간접적으로는 소득에 의존하기 때문이다(Kaldor 1966). 이는 특히 무역 의존도가 높은 나라일 경우에 현저하다. 이같은 칼도의 견해는 우리가 이미 살펴본 썰월의 법칙을 통해 살펴보았다.

우리가 강조한 것처럼 정부의 정책은 유효수요를 창출하기 위하여 절대적으로 중요하다. 경제를 자율적인 시장의 작용에만 방임하였을 때는 유효수요의 부족 문제는 해결되지 않기 때문이다.

하지만 장기 경제 성장의 관점에서 보았을 때는 단순히 정부의 재정 지출 규모만이 중요한 것은 아니다. 재정지출에 있어서 우선적인 사업에 선정 또한 중요하다. 예를 들어 투자사업의 경우에 있어서는 우선적 사업의 선정이 중요하다. 허쉬만(Albert O. Hirschman)에 의하면 모든 사업들은 그것이 가지고 있는 전방위 효과와 후방위 효과에 있어서 상이하다. 후방위 효과란 그 사업에 공급하는 산업을 발전시켜 고용을 창출하는 효과를 말하며, 반대로 전방위 효과란 그 사업에서 나오는 재화와 용역을 이용하는 산업의 발전으로 고용과 생산을 창출하는 효과를 말한다. 가장 무모한 정부투자는 이러한 전방위 효과와 후방 효과가 없는 고립적인 투자사업으로서 그 자체만의 투자 수익을 목표로 하는 경우이다. 이러한 점에서 정부의 투자사업과 민간의 투자사업은 지향하는 목표가 상이하다. 이렇듯 파급효과가 강한 사업에 우선적으로 정부 투자 사업을 집중시킴으로써 성장 잠재력을 극대화시킬 필요가 있다(Hirschman 1958).

이에 대표적인 사업은 인프라 투자 사업이다. 이러한 사업들은 그 자체의 사적 영리성 만을 고려하여서는 절대로 안 된다.

만약 그 자체만의 수익성만을 고려하여 운영하는 경우, 경제의 성장 잠재력을 저해하고, 경제 전체에 해악을 초래할 수가 있는데, 그 사업 자체에서 얻는 금전적 수익보다 경제 전체에 미치는 기회 손실이 더 클 수도 있다.

또한 소득분배 상태는 경제성장에 중요한 역할을 한다. 이미 설명하였듯이, 저소득자들의 경우 소득이 증가하면 그중 소비로 지출되는 부분이 고소득자들에 비하여 훨씬 높다. 또한 지출되는 제품의 종류도 양 계층 간의 차이는 크다. 소득이 증가하는 경우, 전자의 경우 그동안 부담이 커서 지출을 하지 못하였던 내구소비재와, 삶의 질적 향상을 위한 소비 지출이 크다. 하지만 고소득층의 추가 소득은 금융자산의 투자를 포함한 저축이나 혹은 사치품에 제출되기 마련인데, 이러한 사치품에 대한 소비는 국내 경제 전체의 있어서 고용창출 효과가 크지 않은 경우가 많으며, 또한 계층 간의 위화감을 크게 하여 상대적 박탈감을 증가시킬 수 있다.

9.4. 내생적 기술발전 : 베르도른의 법칙

마지막으로 수요가 기술 발전에 미치는 영향을 간단히 설명할 필요가 있다. 네덜란드의의 경제학자 베르도른(Petrus Johannes Verdoorn)은 제조업 산출의 성장과 제조업에서의 노동 생산성의 성장을 실증 분석한 후, 수요증가와 그로 인한 산출 성장률이 노동생산성을 향상시킨다는 내생적 기술적 변화를 실증적으로 확인하였다. 이를 베르도른의 법칙(Verdoorn's Law)이라고 부른다. 이 베르도른의 법칙이 작용될 때, 타 경쟁국보다 유효수요가 부족하고 성장 속도가 느린 국가는 노동생산성이 저하되어 국제경쟁력의 약화를 초래한다.

이러한 법칙이 성립하는 이유에 대하여는 다양한 설명이 존재한다. 첫째로는, 아담 스미스가 말한 분업의 원리이다. 경제 성장이 빠를수록 분업과 전문화가 가속화되어 진행된다. 두 번째는 경제성장이 빠르고 보다 수요가 증가할수록 가격이 비싸지만 효율적인 기계설비를 도입할 수 있기에 노동생산성은 증가한다. 마지막으로 생산이 증가할수록 제조 과정에서 보다 많은 시행착오를 겪으면서 새로운 방법을 발견하거나 노동자들이 보다 숙련화 되기 때문이라는 것이다. 이를 발견적 학습(learning by doing)이라고 부른다.

이러한 베르도른의 법칙이 적용되는 경우 이제는 유효수요의 변화에 따라 기술적 변화가 유발됨으로서, 기존 신고전학파 경제학이 가정하고 있던, 오로지 외부적인 기술적 변화에 의해서만 결정되는 공급 곡선 자체가 변화할 수 있다. 또한 이러한 이러한 기술적 변화로 인하여 수출 경쟁력이 향상된다. 그리하여 수출이 증가되고 따라서 다시 경제의 총수요를 자극하는 등, 선순환이 발생한다. 이 같은 선순환 구조는 다음의 도표로 요약된다.

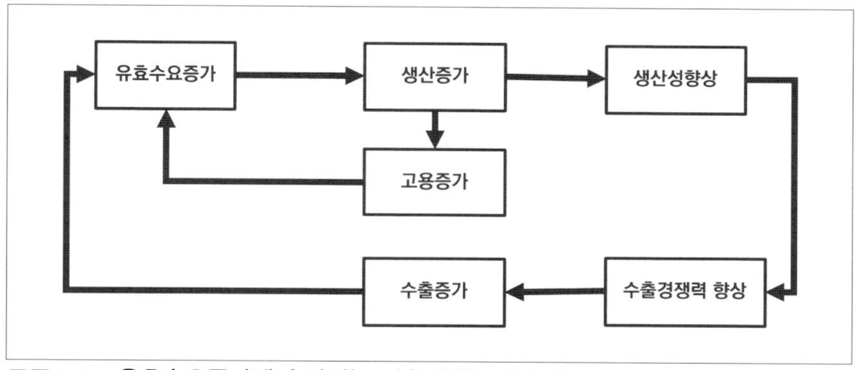

도표 9.2　유효수요증가에 수반되는 기술변화와 선순환구조

반면, 낮은 유효수요와 그로 인한 낮은 성장률은 다른 나라에 비해 생산성 향상을 둔화시킴으로써, 수출 경쟁력을 악화시키고, 따라서 수출 성장률을 둔화시키는 등의 악순환을 촉발한다.

이러한 의미에서 경제성장은 소위 경로의존성(Path Dependence)을 강하게 가지고 있다. 높은 성장률은 그 성장률을 가속시키며 반대로 낮은 성장률은 성장률을 정체하게 만든다.

그런데, 위에서 논의한 요소들은 신고전학파 경제학 교과서에서는 거의 언급이 되지 않는다. 그들이 강조하는 바는 시장의 원리에 의존할 때 경제는 효율적으로 되며, 성장이라는 것은 단지 하늘에서 떨어지는 생산력 발전에만 의존한다. 아베노믹스나 소득주도 성장론이 지향하는 경제이론은 그러한 신고전학파 경제학 교과서의 비현실적인 가정을 배척하고, 유효수요에 의하여 경제가 견인되고 기술발전도 일어나게 됨을 강조한다.

9.5. 민영화

시장 만능주의자들은 모든 인프라를 민영화하고 시장 원리에 따르는 경우에만 그 운영이 효율적으로 된다고 주장한다. 이러한 종교적 신념에 따라 일본의 경우 철도 전략 등의 기간산업이 민영화되었고, 전 고이즈미 총리 시절에는 우체국과 고속도로가 민영화되었다. 그리고, 다른 기간산업도 민영화하자는 주장이 계속된다. 과연 민영화가 모든 문제를 해결해 줄 것인가.

민영화를 주장하는 사람들은 민영화를 통하여 효율성이 개선된다고 주장한다. 즉, 주인의식이 있어야지만 경영에 신경을 쓰고 개선을 시킨다는 것이다. 그리고 정부 산업의 매각을 통하여 정부의 부채도 줄일 수 있다고 주장한다. 한국의 경우 신자유주의 정책이 득세함에 따라 이러한 민영화의 논의, 국유재산의 매각이 다시 화두에 오르고 있다. 그런데, 과연 그럴까.

사실, 사업주가 모든 것을 확인하고 통제할 수 있는 경우는 소규모 가내 수공업 사업 뿐이다. 대형화된 사업의 경우에는 관리와 통제의 위임이 필수적이다. 특히 현대 자본주의사회에서는 소유와 경영이 분리되어 있으며, 경영층과 소유자의 목표는 항상 일치하지 않는다. 예를 들어 소유자의 목표는 주가의 상승이나, 배당의 최대화를 추구하는 것이지만, 경영자의 목표는 회사의 규모를 키움으로써 경쟁에서 우위를 점하며, 회사의 존속과 안정성을 유지하는 것일 수도 있다. 이때, 주주들의 목표는 그 자체로 추구되는 회사의 최상의 목표가 아니고, 단지 경영자의 목표를 추구함에 있어서의 제약 조건에 불과할 수 있다(Crotty 1990: 533). 이러한 형태의 자본주의를 관리 자본주의라고 하는데, 갈브레이스에 의하면(Galbraith 2004), 주주에 의한 지배라는 개념은 틀린 신화에 불과하다.

만일 정부가 소유하는 공기업의 관리와 통제가 비효율적이라면 민간이 소유한 대기업에서도 동일한 문제가 발생한다. 일단 주인이 민간이건 혹은 정부이건 간에 상관없이 경영자에 대한 관리와 통제는 완전할 수 없다. 또한 경영자들이 모든 직원을 직접 통제할 수 없다. 이를 주인-대리인 문제라고 한다. 역으로, 민간 기업에서 이러한 문제를 회피할 수 있는 방법이 존재한다면 정부 소유의 대기업에서도 마찬가지로 해결할 수 있는 방법은 존재한다. 따라서 기업이 기업의 통제와 관리에 사기업이 보다 효율적이라는 논리에 의존하여 민영화를 주장하는 것은 잘못된 논리다. 종종 사적 소유권이 존재하면 기업을 효율적으로 만든다는 이데올로기가 신고전학파 경제학에서는 지배적이다. 하지만 이같은 주장은 경험적으로 검증되지 않은 단순히 믿음 차원의 문제이다. 실제로 공기업이 사기업보다 효율적으로 운영되고 있는 경우는 많이 발견된다.[72]

실제로 해외에서의 전력산업의 예를 들자면 민영화론자들의 주장과는 달리 효율성이 개선되었다는 어떠한 증거도 찾을 수 없었다(Sen 2016; Zhang et al. 2008). 흔히들 민영화로 인하여 효율성이 개선되었다는 증거로서 기업의 수익성을 논한다. 하지만 많은 경우에 있어서 수익성의 개선은 실제적인 운영 상의 효율성이 개선되어서 결과된 것이 아니라, 단지 사용요금을 인상시켜서 수익성이 개선된 경우가 많고, 실제로 사용자들은 더 많은 요금 부담을 하는 경우 내지는 혹은 경제성이 떨어지지만 과거에는 사회형평성의 차원에서 서비스를 공급하였던 지역에 서비스를 철회함으로써 수익성을 제고시키기도 한다. 따라서, 그 효율성을 측정하는 방식에

---

[72] 사적 기업이 시장 지배적이지 않고 경쟁적인 경우에는 효율적이라는 경험적 증거를 발견할 수 있는 반면, 정부기업도 경쟁 상황에 놓이게 되는 경우 사적 기업보다도 효율적이라는 학자들도 있다. 따라서, 소유권 자체가 효율성을 높인다는 논리는 경험적으로 확증하기 어렵다(Marangos 2002)

대하여는 신중을 요한다.

일반적으로 공공재는 비경합성과 비배제성을 가지고 있는 상품을 말한다. 즉 어떤 사람의 소비로 인하여 다른 사람의 소비가 제약 받지 않아야 하며(비경합성), 또한 어떤 사람의 소비를 배제할 수 없거나, 아니면 배제하기 위하여 상당한 비용이 소요가 됨(비배제성)을 의미한다.[73] 하지만, 비공공재라고 하여서 모두 민영화를 하여야만 하는 것도 아니다.

중요한 것은 사기업이 가지고 있는 목표와 사회적 목표 간에 괴리를 어떻게 극복할 수 있는가 하는것이다. 앞서 말한 '보충성의 원리'가 유지되는 한, 외부성이 강한 사업, 사적 차원에서는 위험과 불확실성이 크지만 정부입장에서는 그렇지 않는 사업, 사용자 부담의 원칙보다는 공평한 사용을 추구하여야만 하는 사업에 있어서 특히 정부의 개입과 운영이 중요하다. 왜냐하면 그러한 기업을 시장에 의하여 평가하는 방법은 적절하지 않기 때문이다.

하지만, 사기업에서는 소위 시장 실패가 존재하는 반면, 국영기업의 경우에는 정치적 목적과 사회의 이익이라는 양자 간에 불일치가 존재하는 소위 정부의 실패가 존재할 수 있다(예를 들자면 장기적 안목을 상실한 단기 대중영합주의적인 노선을 추구하는 경제정책). 따라서 어떤 형태의 소유구조 이건 상관없이 항상 불완전함은 남아있다(Marangos 2002: 577).

---

[73]　비경합성은 나의 소비로 인하여 다른 사람의 소비가 감소되지 않는 것을 의미한다. 비배제성은 어떤 사람의 소비를 저지할 수 없음을 의미한다. 예를 들어 혼잡한 국도는 비배제성을 가지고 있지만 경합성을 가진다. 넷플릭스는 비경합성을 가지고 있지만 배제성을 가진다. 일반 TV 방송이나 소위 종편(KBS는 제외)은 비배제성과 비경합성을 동시에 가지고 있다.

따라서, 소유구조가 중요한 것이 아니라, 적절한 규제와 견제가 가능한가의 여부가 민영화 여부를 결정함에 있어 보다 중요하다. 시장에 의하여 충분한 견제가 불가능한 기업은 공적인 통제를 하되, 정부의 실패를 최소화할 수 있는 방안이 추가적으로 도입되어야만 한다.

마지막으로 언급하고자 하는 바는 과거 민영화는 정부의 재정적자를 줄이기 위한 방편으로 사용 되었지만, 경험적 실제로는 미래의 정부 수입을 상실하게 됨으로써 정부의 적자를 줄임에 큰 도움이 없음이 밝혀졌고, 동시에 공익성과 사회적 편익을 상실하게 되었음을 기억하여야만 한다.

9.6. 이 장의 요약

이장에서는 우선 성장의 경로에 대한 간략한 소개를 하였다. 통상적인 경제성장론을 이야기할 때 빠짐없이 등장하는 신고전학파적 견해, 특히 솔로우의 성장 모델을 위시한 모델이나 기타 포스트 케인지언의 성장 모델 등의 수리적이고 복잡한 성장 이론에 대한 소개는 본서의 목적 상 생략하였다.[74] 그리고 신고전학파의 성장이론과 포스트 케인지언의 성장 이론의 차이점에 대한 아주 포괄적인 요약만을 제시하였다. 단, 신고전학파 모델은 여전히 모순적인 자본개념에 의존하고 있기에 이론적 정합성과 경험성 모두 부족하다는 점만 언급하고자 한다.

또한 본 장에서는 기술발전은 갑작스러운 발명 등의 외부적 충격으로만 설명하는 기존의 주류경제학적 시각을 지양하고, 기술발전은 결국 유효수요의 함수라는 경험적 결과를 정립한 베르도른의 법칙을 소개하였다. 이같은 결과는 유효수요가 경제 성장에 있어 핵심이라는 포스트 케인

---

[74] 관심있는 독자들은 본서의 추천 도서 목록을 참고하기 바란다.

지언의 명제를 강하게 지지하여 준다. 그리고 유효수요는 결국 기술발전을 촉진시키고, 그러한 기술발전에 의하여 대외 경쟁력이 강화되어 수출이 늘어나는 등의 선순환 구조가 존재함을 강조하였다.

　마지막으로 민영화의 문제에 대하여 간략히 논의하였다. 사실 이 문제를 자세히 논하기에는 방대한 지면이 요구된다. 본서에서 간략히 언급한 바는, 민영화를 지지하는 이론적, 경험적 증거는 취약하다는 점이다. 사실 민영화는 많은 경우 이론적 경험적 근거에서가 아니라 종교적 신념에 의하여 추진되어 온 것이 사실이다. 민영화된 기업은 사실 공기업과도 동일한 문제점을 가지고 있다. 이는 필자가 각국에서 민영화 사업 자문을 하여 온 경험과도 부합한다. 하지만 그렇다고 모든 사업을 공적으로 진행하여야 하는 것은 아니다. 공적 사업은 대중 영합적인 정책에 이끌려 행하여 지는 소위 정부의 실패의 소산일 수도 있기 때문이다. 따라서 어떤 사업을 민영화하고 어떤 부분을 공적관리 형태로 유지하여야 하는가에 대한 보다 신중한 판단이 요구된다. 하지만 기본 원칙으로서는 만병 통치약은 존재하지 않는 다는 점, 그리고 민영화 혹은 공영화를 막론하고 결국 적절한 견제 기구의 도입이 중요하며, 이전에 언급한 바, 보충성의 원리가 지켜져야만 점을 강조하며 이 장을 마친다.

10. 결론

앞장의 설명들을 독자들이 충실히 따라왔다면 지금쯤은 나름대로 아베노믹스와 소득주도 성장론을 지탱하여 온 근본 이론들을 그 뿌리에서 이해할 수 있으리라고 믿는다. 그리고, 그 이론들에 대한 세간의 오해에 대하여 반론을 제기할 수 있으리라고 생각한다.

아베노믹스, 혹은 소득주도 성장론에 대한 기존의 비판은 앨리스의 이상한 나라에서만 적용되는 이상한 가정들에서 출발한 이론에 기반하고 있다. 그런데 자신들이 믿는 그러한 이상한 나라라는 가정은 은폐하고, 자신들의 결론만을 진실로 포장하며, 그에 반대되는 이야기는 모두 마녀사냥을 통하여 화형을 시키는 것이 현실이다. 본서의 목적은 그러한 반대자들이 가지는 허구적인 가정들을 폭로하고, 그들의 논리가 가지는 모순성을 지적함과 동시에, 그들의 이론을 대체할 수 있는 새로운 생각의 틀들을 제시함에 있다.

단, 한 가지 풀리지않은 의문은 남아있다. 독자들은 일본의 경우 아베 전 총리가 과연 본서에서 설명한 이론적 기반을 가지고 정책을 추진하였는지, 아니면 그와 같은 해석은 단순히 저자의 주관적 해석인지 궁금해할 수 있다. 하지만, 저자는 전자의 해석이 옳다고 믿는다. 그 이유는 그가 주도한 독서회에서 그의 추천에 의하여 포스트 케인지언학파의 경제학 저술들이 교재로 사용되었고, 측근들의 증언에 의하면 그가 공부하였던 그러한 책들에는 그의 친필 메모가 빼곡히 차 있었다고 한다. 그 대표적 교과서는 대표적인 포스트 케인지언인 라부와 교수의 책(2008)과, 헤이스 박사의 책(2018) 등인데, 그러한 책들의 목록은 본서에 수록되어 있다. 또한 그의 경제 자문으로 알려져 있는 하마다(浜田 宏一)교수의 증언도 이를 뒷받침한다. 하마다 교수에 의하면 미국식 케인지언인 자신도 몰랐던 포스트 케인지언 이론들을 오히려 아베 전 총리로부터 배웠다고 한다.

그리고, 재정 확대 정책과 소비세 인상과 같은 상호 모순적인 정책이 공존할 수 있었던 것도 의문점으로 남을 것이다. 하지만, 어떤 정책은 항상 타협의 산물이라는 사실을 망각하여서는 안 된다. 의미 없는 국가 부채비율을 근거로 확대 재정정책에 반대하는 재무성 관료들을 설득하기 위하여서는 일정 부분의 양보도 필요하다. 그러한 양보의 수단이 소비세 인상이었다. 비록 이러한 소비세 인상이 아베노믹스의 효과를 경감시킨다고 하더라도, 그러한 양보는 불가피하였다고 보아야 한다.

본서에는 여러 가지 한계가 존재한다. 분량을 최소화하고자 우선적으로는 이론적 기반에 중점을 두었고 경험적인 검증에 소홀히 할 수밖에 없었다. 그리고 본서는 원래 일본경제에 대한 대안을 제시함에 있었기에, 한국에 대한 추가적인 자료나 설명이 부족할 수 밖에 없었다. 이 같은 부족함은 향후 보다 체계적인 자료의 수집과 평가를 통하여 보완될 수 있으리라고 생각한다. 또한 같은 이유로 다른 중요한 주제들을 다루지는 못하였다. 특히, 민영화에 대한 평가의 문제, 환경문제, 그리고 소비, 투자, 무역, 금융정책 등의 각론에 있어서 보다 세밀한 부분을 충분히 설명할 수는 있는 지면적 여유가 없었다. 하지만, 이러한 부족함들은 저자가 소개하는 다른 개론서 등을 통하여 충분히 독자들이 스스로 학습할 수 있으리라고 생각한다.

하지만 남아있는 가장 중요한 과제는, 올바른 경제 이론을 이해하고 그에 기반하여 기존의 천동설과도 같은 주장을 하는 소위 주류경제학자와 언론을 극복할 수 있도록 세력을 확장하는 것이다. 이에는 뜻이 있는 많은 사람들의 동참이 절실히 필요하다. 저자는 이 책이 그러한 사람들을 결집시켜 경제정책을 올바르게 수립할 수 있는 작은 계기가 되었으면 바란다.

부록
경제와 정치에 대한 단상*

* 더 칼럼니스트 사이트(https://www.thecolumnist.kr)에 발표한 글모음

재정긴축론의 오류 – 잘못된 비유가 갖는 권력과 꼭 그래야만 한다는 논리

(2023.5.3 -7)

- 슈바벤 주부의 논리, 정부 곳간설
- 정부 부채 상속론 등의 오류에 대해
- 재정은 민간자본 구축아닌 동기부여
- 금리 1%에 움직이는 국제자본 없어
- 재정 지속가능성, 재정균형 아닌 '신뢰'에 달려
- '긴축만이 옳다'는 허구적 논리에 벗어나야

양날의 검인 비유의 화법

비유를 이용한 화법은 강력한 힘을 발휘하기에 양날의 검과도 같다. 어떤 내용을 보다 쉽게 설명하는 도구가 될 수도 있지만, 반면 듣는 이를 미혹시키는 효과도 뛰어나기 때문이다. 사실 비유의 기법 중에서 가장 효과적인 방법은 복잡한 것을 청자가 주변에서 쉽게 관찰할 수 있는 것들에 비유하여 설명하는 방법인데, 이는 소크라테스의 대화에서 즐겨 사용된 바 있다. 청자는 그러한 화법에 의하여 부지불식 간에 설득 당하고, 또 그 비유를 쉽게 기억할 수 있기 때문에 타인과의 대화 중에 언제든지 전가의 보도처럼 인용할 수 있고, 따라서 그러한 비유적 화법의 전파력은 실로 막강하다.

그런데 가장 경계하여야만 하는 비유는 사회를 개인이나 가정에 비유하여 설명하는 논법이다. 이미 그 논법에서 암시되어 있듯이, 이러한 경우 사회는 단순히 개인의 합 내지는 몸집만 커진 개인으로 간주되기 마련이다. 이것이 논리학에서 말하는 소위 '합성의 오류'의 근원이 된다. 사회는 개인들의 단순 합이나, 혹은 몸집만이 커진 개인은 절대로 아니다. 그런데 문제는 그러한 합성의 오류를 내포한 논리가 사회 전체로 확산되고, 그로 인하여 그 논리가 사회정책의 기반이 되는 경우 모두가 그 해악의 희생물이 될 수 있다는 점이다.

재정긴축론에서 사용하는 비유

그같은 비유 중 가장 위험한 것들은 '작은 정부'와 '재정 확장 반대론'을 주장하는 사람들이 즐겨 사용하는 비유들이다. 이에 속하는 대표적인 세개의 슬로건이 있다.

1. "주부들조차 지출은 가계 수입 내에서 이루어져야만 한다는 것을 안다"라는, 메르켈 전 독일 총리가 말한 바 있던 소위 "슈바벤 주부의 논리"
2. '정부가 퍼주면 나라 곳간이 빈다'는 "곳간설", 그리고,
3. 부채를 그 자식에게 물려주면 안된다는, 일찍이 아이젠하워 미국 대통령이 주장하여 잘 알려진 "부채 상속론"이 그것들이다.

이러한 우화(愚話)들은 무언가 그럴 듯하고 일반인들의 귀에 쏙쏙 들어오는 것 같다. 더욱이 강단의 교수들이 전면에 나서서 동조하는 주장을 하는 경우 그 설득력은 더욱 커진다. 반면 정치가들은 대체로 공부와는 담을 쌓고 있는지라, 당연히 쉽게 설득당하거나, 아니면 아예 관심도 없는 경우가 다반사이다. 따라서 그 이야기가 틀렸다고 하는 사람은 바보 취급 당한다. 할머니들도 아는 '상식'을 모르는 사람이라고 하면서 핀잔을 듣는다.

그리고 이러한 비유의 전파에는 정치적 이데올로기가 한 몫을 한다. 소위 우파라는 사람들은 정부 재정 지출을 늘리는 것은 단순히 선거에서 표를 얻기 위한 선심 전략에 불과하다고 주장을 하는데, 강단의 교수 중에서도 많은 이들이 이같은 논리를 신문 기고를 통하여 피력하며, 그들은 정부 재정지출을 억제하는 것이 바로 우국충정이라고 강변한다.

반면, 이 글의 독자들 중에서도 그 논리들의 허점을 정확히 아는 사람들은 많지 않을 듯 하다. 누군가 이러한 이야기를 주위에서 하면 적어도 그 논리가 틀렸다는 것을 알려줄 수 있도록 이러한 논리가 가지는 모순과 위험성에 대하여 몇 자 적어본다. 물론 특정 정치적 이데올로기에 사로잡혀있는 사람들은 아무리 이 이야기들이 왜 틀렸는지 설명을 하려고 해도 듣지 않을 것이기에 그런 분들을 설득함으로 얻는 효과보다는 노력이 더 클 수 밖에 없다는 단서는 추가하고 싶다.

결론적으로 말하자면 이 이야기들은 크게는 다음의 두가지 이유에서 모두 오류이다.

1. 현대 경제에서 화폐는 쌀이나 귀금속이 아니다.
2. 합성의 오류: 이는 일개 개인, 가족 혹은 기업에서 적용되는 이야기를 경제 전체로 확대할 수 없음을 말한다.

슈바벤 주부의 논리

근검 절약으로 유명한 독일 슈바벤 지역에 사는 가정 주부가 만일 수입을 초과하는 소비를 하게 되면 가계 채무가 증가하고, 결국 언젠가는 부채를 상환하기 위해서는 결제 수단인 화폐를 어디서인가 획득하여만 한다. 자신 스스로 화폐를 만들 수 있는 능력이 없기 때문이다. 하지만 정부의 경우는 두가지 측면에서 슈바벤 주부와는 상이하다. 정부의 부채는 금이나 쌀로 상환하는 것이 아니라 정부 스스로가 발행한 지폐 혹은 현대에 있어서는 컴퓨터 자판을 눌러 전산상으로 화폐를 창조하여 그것으로 채무를 상환한다. 즉, 정부의 채무를 또다른 형태의 채무인 화폐로 상환하는 것에 불과하다(단 엄밀하게 말하자면 화폐는 채무가 아니다). 따라서 자국 통화로 표시된 정부 채권이 채무불이행에 빠지는 것은 논리적으로 불가능하다. 이는 1+1이 3이 아닌 것과도 같다. 정부가 채무 불이행에 빠질 수 있는 경우는 외화로 표시된 정부 채무에 한정된다. 단, 외국인이 원화 표시 정부 채권에 많이 투자하고 있는 경우, 그 채권을 매각하고 수취한 원화를 달러로 환전하려 할 때 환율에 영향을 미칠 수는 있지만, 이는 정부의 채무불이행과는 별개의 문제이다(이는 아래에서 다룰 예정이다).

그리고, 정부가 지출을 하는 경우, 그 지출이 해외에서 사치품을 수입하기 위하여 전액 지출이 되어 외환보유고를 탕진하는 경우가 아니라면 그 지출로 인하여 국내 소득이 증가하고 결국 세수가 증가된다. 참고로, 경제학에서 사용하는 소위 '균형재정승수'라는 일반에게는 다소 어려운 용어가 있다. 그럼에도 불구하고 기죽을 필요는 없다. 단순하니까 꼭 기억하자. 가령 정부가 100원을 지출하여 도로를 건설한다고 하자. 그 100원은 경제에 당장 소득을 100원 증가시킨다. 그리고 그 100원은 임금과 이윤이라는 소득으로 분배가 되고, 그 소득에서 예를 들어 80%가 소비로 지출된다면, 소비재를 생산하는 기업매출이 80원 추가로 는다. 그 이후 다시 그 80원의 80%인 64원 만큼의 소비가 추가로 증가되고, 이 과정이 계속 반복된다. 이를 '승수효과'라고 한다. 정리하자면 소득의 총 증가는 $100 + 100 \times 0.8 + 100 \times 0.8^2 + 100 \times 0.8^3 + \cdots = 500$원이다.

그런데, 만일 정부가 100원을 지출함과 동시에 100원을 정액세의 형태로 징수하면 어떻게 되는가. 일단, 재정은 균형이 된다. 그런데, 최초에 징수한 세액 100원이 미치는 직접적인 부(負)의 효과는 소비의 감소 80원과 저축의 감소 20원으로 나뉘어진다. 그 80원의 소비감소는 다시 그 액수의 80%인 64원의 소비감소로 다시 이어지고, 등등, 이 과정이 무한히 반복된다. 정리하자면 소득의 총 감소는 $100 \times 0.8 + 100 \times 0.8^2 + 100 \times 0.8^3 + \cdots = 400$원이다.

그렇다면 정(正)의 효과와 부(負)의 효과를 합산하면 100원만큼의 순소득이 증가된다. 이 같이 재정균형을 이루면서 정부 지출을 증가시켰을 때, 최초 지출액 대비 소득이 증가하는 배수를 '균형재정승수'라고 하는데, 위의 예에서는 1(=100/100)이 된다. 이 이야기는 얼핏 궤변과도 같이 들릴 수도 있지만 잘 생각해보면 충분히 이해될 수 있다.

그런데, 정부가 지출을 하면, 굳이 당장 정액세를 통하여 균형 재정을 달성하지 않더라도, 그로 인하여 소득이 증가하고, 따라서 세수가 늘어난다. 만일 그 최초 정부 지출이 경제의 각종 인프라 투자 등과 같은, 미래의 성장 동력을 증가시키는 정부 투자인 경우, 미래의 세수는 더욱 커진다. 또한 정액세를 부과하는 경우라도 빈부에 따라 차등을 두면 승수 효과가 더욱 커질 수도 있다. 즉, 부자에게는 더 많은 정액세를 부과하고 빈자에게는 그 세금을 면제한다면 세금의 증가로 인한 부정적 영향은 감소시킬 수 있다. 왜냐하면 세금의 증가에도 불구하고 그로 인한 부자의 소비는 덜 감소하기 때문이다.

곳간설의 오류

마찬가지 이유에서 "정부 곳간설"도 오류이다. 사실 쌀이나 화폐를 모아 놓은 창고와도 같은 정부의 곳간이라는 것은 현대 신용화폐사회에서는 존재하지 않는다. 오히려 정부는 성경에 나오는 '과부의 항아리'를 가지고 있다고 함이 옳다. 성경에서 사르빗에 사는 가난한 과부가 자신의 항아리에 마지막으로 남아있는 곡식가루를 이용하여 선지자 엘리엇에게 빵을 대접하자 여호와 신은 그 신앙심을 긍휼히 여겨, 그녀의 항아리를 영원히 비지 않도록 만들었다. 마찬가지로 정부가 가지고 있는 항아리는 절대로 비지 않는다.[75]

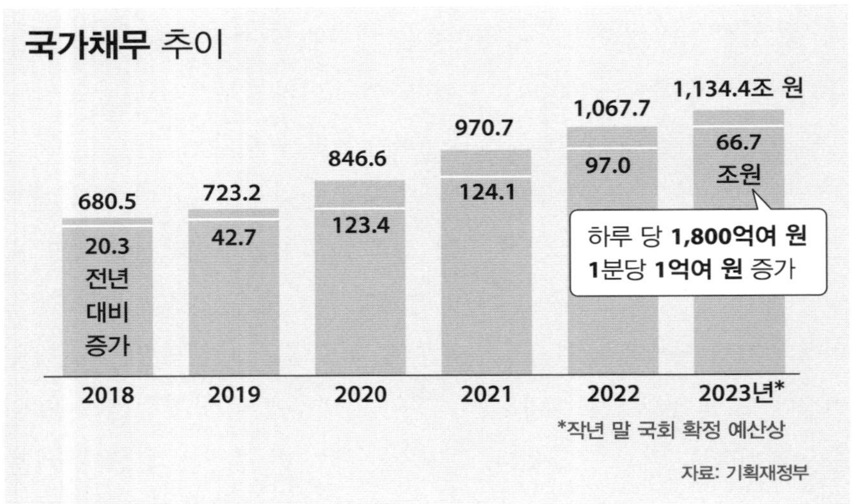

연도별 국가 채무 변동 추이

---

75 이 이야기는 케인즈가 그의 저서 《화폐론》(1930)에서 다른 맥락에서, 즉, 자본가가 지출을 하는 경우, 그 지출은 자신들의 이윤으로 변한다는 말을 하면서 사용한 비유이다.

부채상속론의 오류

부채 상속론도 동일한 이유에서 오류임은 분명하다. 부채를 상환하는 주체는 가계가 아니라 정부이다. 물론 혹자는 그로 인하여 미래에 후대들이 세금을 '더' 지불하여야만 한다고 주장한다. 그런데, 위의 균형재정승수에서 이야기한 바처럼, 이 주장은 이론적으로 틀리다. 사실 이 "부채 상속론"은 노벨상 수상자이고 현대 주류학파 경제학의 대부라고도 할 수 있는 폴 사뮤얼슨과도 같은 주류경제학의 거장들도 인정하지 않은 아주 소수파의 이론에 불과하였는데, 경제학에서의 신자유주의적 경향이 심화됨에 따라 다시 고개를 들게 되었다. 그 주장의 뒤에 있는 사고는 아주 단순하다. 경제는 한 민간 가계가 몸집만 커진 것이라고 가정하고 있기에, 부모 세대의 부채처럼 부채는 다음 세대로 대물림된다는 것이다. 하지만 정부는 화폐를 발행하여 부채를 상환하며 더욱이 그 지출에 수반되어 미래에 소득이 증가하면 자연히 세수가 증가된다.

이 부채 상속론과 유사한 논리 구조를 가지는 주장이 소위 "리카도의 등가정리"(Ricardian equivalence theorem)라는, 무언가 수학적으로 엄밀한 것처럼 보이지만 사실 궤변에 불과한 이야기이다. 이름 때문에 기죽을 필요는 전혀 없다. 사실 이 이론의 기본 생각은 아주 단순하고 오히려 유치하다. 인간은 모두 전지 전능한 계산 능력을 가지고 있는 로봇이고, 그들의 연산 프로그램에는 정부가 지출을 늘리면 미래에 세금을 더 징수한다는 공식이 입력되어 있기에, 그에 대비하여 로봇은 세금 지불할 돈을 지금부터 저축하고 반면 소비는 줄인다고 가정한다. 그렇기에 그들은 정부의 지출은 소비 진작 효과가 없다고 주장한다.

이 이론에 의하면, 당장 하루의 생계를 걱정하는 편의점에서 파트타임으로 일하는 직원이나, 건설 현장의 일급 노동자, 그리고 부자들도 모두 동일하게 정부 지출이 늘어나는 것을 미래에 세금의 증가로 간주하여 소비를 줄인다는 이야기이다. 과연 사회의 빈자들에게 더 이상 소비를 줄일 수 있는 여지가 존재할까? 부자들은 저축을 더욱 늘릴까? 더욱이 미래의 세금은 미래의 소득 수준과 연결되기 마련인데, 10년뒤에도 지금과 같이 동일한 소득을 가질 것으로 사람들은 생각하고, 지금부터 10년뒤에 증가할 세금을 내기 위하여 소비를 줄일까? 심지어 이 이론을 긴축재정이 필요하다는 근거로 제시하는 학자들조차도 자신의 소비 결정을 이러한 원칙에 의존하여 내릴까?

더욱이 이 이론은 실증적으로도 검증된 바가 전혀 없는, 비상식적인 인간 심리에 대한 가정에 기반한 그냥 공상과학소설과도 같은 이야기일 뿐이고, 재정지출을 억제하고자 하는 소위 시장 근본주의자들이 만들어 낸 궤변에 불과하다. 그런데 문제는 이 이론의 주장자들은 공상소설과 현실이 같다고 '믿고 싶어한다'. 그럼에도 자신의 소비생활은 자신들의 종교적 신념에 따라 결정하지 않는다. 그리고 아이러니하게도 후대에 자신의 이름 딱지가 붙어지게 된 이 이론에 대하여 정작 당사자인 고전파 경제학자 데이비드 리카도는 회의적이었다.

재정긴축을 주장하는 비유에 내재하는 위험

비유라는 것은 종종 이해를 돕기 위한 유용한 도구이지만 경우에 따라서는 해악을 끼치기도 한다. 사회를 개인과 비교하는 과도하게 단순화된 이러한 비유들은 TV, 인터넷 및 유튜브를 통하여 배포되고 있는데, 각종 미디어가 가지고 있는 강력한 권능에 힘입어 경제에 문외한이었던 할머니 할아버지, 그리고 태극기 부대까지도 세뇌시키고 있다. 그런데 현재와도 같이 우크라이나 전쟁, 코로나 바이러스의 여파, 그리고 중국으로부터의 수출 수요 감소로 인하여 한국경제가 휘청거리고 있을 때, 현대 화폐에 대한 그릇된 인식과 합성의 오류에 사로잡혀 정부 재정확장에 반대하고 경제의 어두운 곳에서 고통 받는 대다수를 외면한다는 것은 중대한 범죄이다.

사실 무엇보다도 중대한 책임은 위정자들에게 있다. 그들은 주변에 잘아는 대학교수나 경제관료를 섭외하여 경제정책에 관한 한 모든 것을 일임하고 자신들은 태평하게 지내고 있는데, 그들이 아는 지식의 수준은 태극기 할머니들의 그것을 벗어나지 못하는 듯하여 안타깝다. 조선시대의 현군 중에서 학문을 소홀히 한 현군은 없었는데, 이는 현대에서도 마찬가지로 적용된다. 한국의 정치인들과 국민들이 아무리 일본의 아베 전 총리를 미워한다고 하더라도, 배워야 할 점은 분명히 있다. 미국 예일대 명예교수인 하마나 고이치 전 경제 고문의 회고에 의하면, 아베 전 총리만큼 학구열에 불타는 사람을 본 적이 없으며, 경제학 교수인 자신이 아베 전 총리에게서 오히려 경제에 관하여 배우게 되었다고 한다. 그러한 자질과 노력이 없다면 사실 위정자가 될 자격이 없다. 단순히 경제학 박사님 내지는 기획재정부에서 잔뼈가 굵은 사람이니까 경제 정책의 모든 것을 그들에게 위임하여도 안전하다고 생각하는 위정자만큼 위험하고도 어리석은 사람은 없다.

재정긴축론자들의 반론에 대하여

여기까지 이야기하면, 고명하신 경제학자들은 재정확대를 하기 위해 국가채무를 무한정 늘릴 수는 없다고 하면서, 다음과 같은 반론을 제기하기 마련이다. 그런데 우선 필자는 '국가채무비율'이 무한대가 될 수 있다고 주장하는 것은 아니라는 점을 강조하고 싶다(이에 관한 이야기는 다음 기고에 계속하겠다).

1. 정부가 재정지출을 늘리면 민간의 투자가 감소한다.
2. 정부가 재정지출을 늘리면 인플레이션이 발생한다.
3. 정부가 재정지출을 늘리고 국가채무비율이 높아지면 환율에 악영향을 준다.

결론적으로 말하자면, 이러한 반론들의 근거는, 최근 일본에서 출간된 저술의 표현에 따르자면(宮澤和男/ 玄同均 2023), '엘리스의 이상한 나라'에서만 적용되는, 현실과는 괴리된 공상적인 가정들이다. 경제학에서의 혁명이라고 간주되는, 존 메이너드 케인즈의『일반이론』의 결론에서 케인즈는 자신이 개진한 이론이 장기적으로는 영향력을 발휘할 수 있다는 희망 하에, 경제학자들의 사상이 다른 정치적 이해관계보다 더욱 강력할 것이라는 의미심장한 어구로서 끝맺음을 하고 있다. 애석하게도 그의 말은 그가 바라던 바와는 반대의 방향으로 실현이 되었다. 케인지언 이론의 전성시대 이후 1970-80년대에 접어들어 다시 시장 근본주의자들이 득세하기 시작하여 소위 주류가 되었고, 옳든 그르든 현재의 경제학 교과서는 그들의 교리가 골격을 이루고, 그들의 이론은 경제학자들 뿐만 아니라 경제 관료, 중앙은행, 증권 분석가, 그리고, 언론의 마음까지도 '포획'하고 있으며(Smithin 1996) , 그에 의하여 모든 정책이 입안되고 있다. 그런데 일견 어렵게만 보이는 그들의 이론들의 벌거벗은 모습은 사실 '엘리스의 이상한 나라'에서만 적용되는 공상에 다름이 아니다.

"꼭 그래야만 한다"는 논리

"Es muss sein"(it must be, 그래야만 된다)는 베토벤의 현악4중주 16번 (Op. 135)의 악보에 적혀있는 글이다. 마치 갈릴레오 갈릴레이가 법정에서 걸어나오면서 "그래도 지구는 돈다"고 중얼거렸을 때의 심정과도 같이 무언가 비장한 결의가 내포되어 있는 듯 한데, 이는 그 뒤를 잇는 "Der schwer gefasste entschluss"(어렵게 내린 결단)이라는 문구에 의하여 그 의미가 강화되는 듯하다. 물론 그럴 수도 있다.

그런데 혹자에 의하면, 이 16번 4중주를 작곡하고 있을 당시 그 이전의 곡 13번의 시연을 부탁받았는데, 마침 부탁한 사람이 그 시연 장소에 참석하지 못하게 되자, 베토벤에게 "Wenn es sein muss?" 즉, "그래야만(돈을 내야만) 하는가?"라고 물어본 바에서 모티브를 받아서(화가 나서), '암, 그래야만 하지, 그래야만 하지"를 16번 곡에서 반복하였다고 한다. 비장한 이야기가 아니라 오히려 '돈에 시달리던 슬픈 베토벤의' 이야기이다.

앞에서 재정긴축론을 주장하는 분들이, 정부부채가 무한하게 증가할 수 없음을 강조한 후 세가지 반론을 제기할 수 있다고 말한 바 있다.

그들의 답변은 사실 "es muss sein"(그래야만 된다)라는 비장한 결의와 믿음에 근거한다. 단, 갈렐레오와는 반대의 의미로 말이다. 즉, "그래도 하늘은 돈다"라고 소리치면서 천동설에 대한 무한한 믿음을 천명하는 것이다.

보다 구체적으로 들어가자. 이 주장들이 가지는 문제점에 대해서는 '간단한' 답변이 있고, 보다 '근본적'인 답변이 있다. 대부분 독자들은 마음이 급하기에 장황한 설명을 싫어한다. 따라서 본고에서는 간단한 답변만을 제시하겠다.

정부 재정 지출은 민간 투자를 감소시키는가?

이 주장은 다음과 같은 인과관계를 가정한다: 정부재정지출 → 이자율 상승 → 민간투자감소.

결론적으로 말하자면, 인과를 표시하는 두 화살표 모두 엉터리이다. 첫번째 인과 화살표는 재정 지출을 조달하는 방법으로 채권을 발행하면, 채권의 공급이 증가하고, 수요와 공급의 법칙에 의하여 채권의 가격이 하락하며, 따라서 시장 이자율이 상승한다는 이야기이다. 이 논리가 왜 틀렸는지는 다소 복잡하기에 본 기고문에서는 생략하고, 단지 두번째 인과 화살표에 대하여만 이야기하더라도 충분하다. 예를 들어 경영주인 당신에게 있어서 실물 투자로부터의 예상 수익율이 15%라고 하고, 조달 금리가 4%라고 하자. 그런데 금리가 '무려' 1% 상승하였다고 하자. 투자를 철회하겠는가? 통상 예상수익율과 조달금리 사이에는 불확실성에 대한 고려를 하여 상당한 '버퍼'가 있지 않으면 투자 결정을 내리지 않는다. 즉, 시중 금리와 1% 차이가 있는 수익율을 목표로 불가역적인 '실물투자'를 하는 사람은 거의 없다. 실무적 관점에 서 볼 때, 통상적인 투자수익율은 대체로 '최소한' 10% 이상이 되어야만 한다.

그리고 실증적 자료분석으로 볼 때, 투자는 금리변화에 대하여 둔감하게 반응한다. 물론 이자율이 20%로 갑자기 폭등하면 문제는 다르지만, 통상적인 수준의 금리변화에는 반응하지 않는다. 투자 결정에서 가장 핵심적인 요소는 매출에 대한 전망이다. 매출이 불변인데, 단순히 비용 요소 중 하나의 작은 요인에 불과한 이자율이 변한다고 해서 생산 여력을 확충하는 투자를 실행하는 것은 자살행위이다. 즉, 두번째 화살표에서 나타나는 인과관계는 경험적 근거도 없고, 상식에도 위반되는 궤변이다.

그런데, 모든 경제학 교과서는 이러한 그릇된 인과관계로 도배가 되어 있다. 왜 그럴까? 슬프게도, "그래야만 하기 때문이다"(es muss sein). 그렇지 않으면, 그들의 천동설의 한 축을 이루는 자본시장 이론이 무너져 버린다.[76] 그들은 자신들의 천동설을 무너뜨리기 보다는 세상을 무너뜨리는 것을 선택하는 것 뿐이다.

그래서 그들은 정부재정 지출이 늘면 이자율이 상승하고, 그 결과 민간 투자가 감소하는 부작용이 생긴다고 강변하고 싶은 것이다. 이에는 어떠한 이론적, 경험적 근거도 없다. 단지, 그래야만 하기 때문에 그런 것이다. 하지만 최근의 실증분석 연구 결과에 따르면(Girardi & Pariboni 2020), 정부 재정 지출이 증가할수록 오히려 전체 GDP에서 민간 투자가 차지하는 비중이 진작된다고 한다. 왜 그럴까? 정부 재정 지출이 증가하면, 기업의 매출이 늘고, 고용이 창출되고, 소비가 진작되고, 그 소비재 생산을 위한 설비투자가 늘고, 다시 고용이 창출되는 등의 선순환 구조가 시현되기 때문이다. 고명하신 경제학자들이 이러한 선순환 구조를 믿기 싫어한다. 그러면 "안되기 때문이다"(es muss nicht sein).

참고로, 또 다른 논리는 이렇다. 일단 이자율이 상승한다고 가정한다. 이자율이 상승하면 외국에서 자본 유입이 늘어나고, 원화는 고평가되고, 수출은 감소하고 등등. 뭔가 그럴 듯 하다고 느낄 수 있지만 이조차도 한

---

76 이에 대한 자세한 논의는 본 기고의 범위를 넘는다. 궁극적으로 그들이 사용하는 '자본'이라는 개념은 통상적인 의미에서의 '밑천'으로서의 자본이 아닌 '기계장치'로서의 '자본'이고, 그 개념은 논리적모순인 허구적 개념이기에 비롯된다. 이는 이미 1970 년대에 주류경제학의 대부격인 사뮤엘슨과 포스트 케인지언 경제학자들간의 '자본논쟁'에서 결론이 난 바 있으나, 주류경제학에서는 못 내 아쉬워 '자본'이라는 허구적 개념을 아직까지 버리지 못하고 있다. 이에 대하여 궁금하신 분들은 본서 2.3 장과 존 킹(2022: 89-91)을 참고할 것.

심한 이야기이다. 당신이 해외에 투자한다고 치자. 한국 금리가 4%이고, 인도네시아 금리가 5%라고 하면, 신난다고 인도네시아 국채에 투자하는가? 1% 금리를 노리고 투자하였다가, 만기에 인도네시아 루피가 약세가 되면 20%를 손해볼 수도 있다. 반면 환위험을 선물환 시장에서 헷지하면, 결국 수익율은 유사해진다.

자본은 금리 차이로 움직이는 것이 절대 아니다. 주류경제학 교과서는 허구이다. 그 이야기는 금본위 고정환율제에서 적용되고, 그것도 신용도가 비슷한 나라 간에만 한정된다. 언젠가 모 경제학 교수가 필자 옆에서 이러한 한심한 이야기를 하길래, "당신 태어나서 단 한번이라도 국제금융시장이 어떻게 움직이는지 경험해본 적 있냐"고 물었더니 잠잠해지더라. 그런데 현실이 그렇게 움직여야지만 그들 교과서가 정당화된다. 현실을 억지로 그들의 교리에 꿰어 맞추는 격이다. 다시 한번 Es muss sein!

정부 재정 지출은 인플레이션을 야기할까?

사실 이 문제는 뿌리 깊은 논란거리이다. 단순히 말해, 빵이 10개 생산되고 총 구매력이 100원이며 빵 가격이 개당 10원인 경제에서, 갑자기 정부가 50원의 구매력을 어디에선가 만들고 나타나서 자기가 5개를 먹겠다고 한다면, 빵 10개를 "쫓아가는" 구매력은 총 150원이니까 빵의 가격은 15원으로 오른다는 이야기이다. 그럴듯한 이야기로 들릴 수도 있지만 조금만 신중히 생각하면 허점투성이 논리이다.

일단 쉽게 생각해서 빵의 생산을 15개로 늘리면 되지 않는가? 특히 빵공장에 추가 생산 여력이 있다면 신속히 생산이 가능할 것이고, 그렇지 못하다면 빵공장은 생산능력을 확장하기 위해 오븐과 믹서를 주문할 것이다. 이 논리를 주장하는 사람들은 이럴 가능성이 없다고 주장하고 싶어한다. 혹은 빵재료 가격이 상승하고, 노동자가 임금을 더 달라고 하고...
등등의 생각할 수 있는 모든 논리를 총동원한다. 이 문제는 결국은 소위
'화폐 수량설'을 둘러싼 수 백년 동안 경제학에서의 '뿌리깊은' 논쟁으로
비화되는데, 이에 대한 복잡한 논의는 생략하고, 최소한 경제가 불황에
시달리는 경우, 그래서 수요가 부족한 경우, 물가인상의 압박은 크지 않
다는 점만을 말하자.

그런데 주류경제학자 중의 전부는 아니더라도 많은 이들은 정부 재
정지출은 물가상승을 초래한다는 신념을 굽히지 않는다. 이유는 단 하나
이다. 그들의 신이 만든 자연질서에 정부가 간섭하는 것은 '악(惡)'이기 때
문이다. 따라서, 절대로 "그러면 안된다"(es muss nicht sein).

높은 국가채무비율은 '악'이고, 환율에 악영향을 주는가?

이 문제에 대해선 긴 말을 하기 전에 다음의 표를 보자.

국가 채무 비율

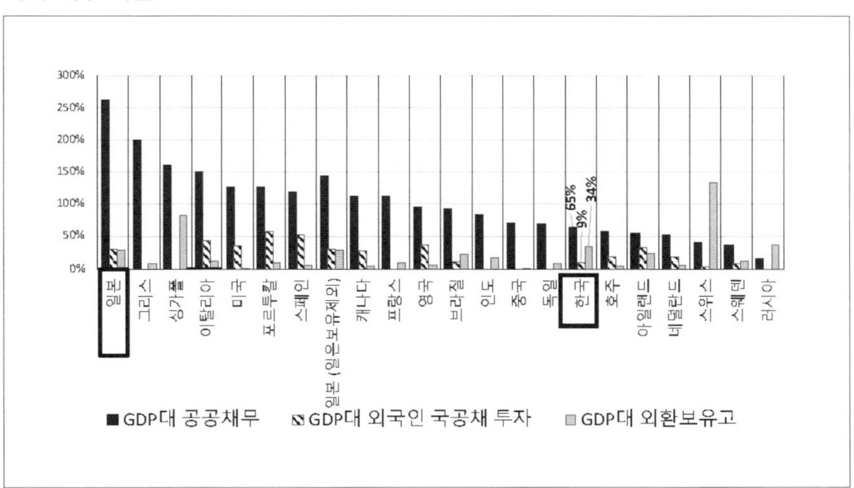

자료 출처= 2021년말 현재 IMF 및 세계은행 자료를 기준으로 필자가 재작성.

표에서 볼 수 있듯이, 일단 여타 선진국에 비하여 한국(오른쪽 끝에서 7 번째)의 GDP대비 공공채무 비율은 높지 않은 편이다. 그리고 외국인의 국공채에 대한 투자도 GDP 규모에 비하여 낮은 편이고, 반면 GDP대비 외환보유고는 높다.

최근에 한국에서 정부부채 규모를 우려하는 이야기가 많은데, 단순히 이전 정권의 정책이 실정(失政)이라는 주장을 하기 위하여 부풀린 이야기인지, 아니면 어떤 사실적 자료에 근거한 것인지 필자는 그 이유가 잘 이해되지 않는다. 아래의 설명은 한국의 경우가 아닌, 일반론적인 관점에서 제시하려 한다.

정부의 채권에서는 논리적, 이론적으로 채무불이행이 발생할 수 없다. 심지어 아르헨티나나 베네주엘라의 자국 통화로 표시된 정부 채권도 부도가 날 수 없다. 이것은 수학에서의 공리(公理)와도 같다. 하지만 높은 정부 부채는 다양한 문제를 발생시킬 원인은 될 수 있다. 일례로 원화로 표시된 정부채권의 GDP대비 보유 비율이 높은 경우, 외국인이 그 채권을 매각한 후 수취한 원화를 시장에서 대량 매각할 때, 혹은 내국인이 해외로 자산을 해외로 도피시킬 경우, 원화 가치는 급격히 절하될 위험이 존재한다. 이같은 상황은 과거 남미국가들에 있어서 빈발하였고 1998년과 2008년의 아시아 금융위기에서도 보여졌다.

그런데 이미 이야기 한 바처럼, 이같은 자본이동은 금리차이로 발생하는 것은 아니다. 가장 중요한 요소는 자국의 경제 및 정치 상황에 대한 불안감과 환투기의 영향이다. 누군가가 정부부채 비율이 높다고, 그래서 불안하다고 군불을 지피면, 외환 시장에 불안감이 조성되고, 투기자본들이 움직이기 시작한다.

필자는 환율 안정을 위해서는 적어도 내국인에 대하여서는 외환 투기를 규제하여야만 한다고 생각한다. 하지만, 외국의 헷지 펀드 등 투기 자본에 의한 환율 교란은 경제의 핵심적 불안정 요소로 남아 있다. 경제의 불안정성이 그들의 수익의 원천이다.

지속가능한 국가채무비율

흔히들 '적정 국가채무비율'이라는 것을 이야기한다. 그들의 견해에 의하면 선진국의 경우는 대체로 100% 내외, 그리고 개발도상국은 대체로 50% 정도가 적정하다는 것이다. 하지만 숫자를 결정하는 과학적 근거는 존재하지 않고, 그냥 주관적 생각 이상도 이하도 아니다.

각 국가별로 처한 상황은 완전히 다르다. 아이러니한 것은 적정 국가 부채비율이라는 것을 이야기하는 사람 중에 그 비율이 150%를 초과하는 싱가폴이 위험하다고 이야기하는 사람은 아무도 없다는 것이다(위의 표에서 왼쪽 세번째 국가가 싱가폴이다). 어느 한 국가에 있어서 적절한 국가 채무비율 만을 타국의 숫자와 비교하여 순위를 정하고, 그에 의하여 평가하는 자세는 무의미함을 넘어서 '해악'이다. 이러한 견해는 각국의 특수한 상황을 고려에서 제외시키고, 단지 무의미한 숫자에 의하여 "대중 영합적으로" 정책을 결정하도록 유도할 수 있기 때문이다.

그렇다고 무제한으로 국가가 재정적자를 누적시켜도 된다는 주장은 절대로 아니다. 한도는 있다. 그런데 그 한계는 단순히 숫자로 표시되는 것은 아니다. 가장 중요한 것은 그 국가에 대한 신뢰의 정도이다. 내국인들에 판매하는 '국채'의 수준은 그 국가의 '통화'가 자국민들에게 충분한 신뢰를 유지하고 있는 한에서는 문제가 없다. 왜냐하면 만기에 정부가 그 채권을 자국 통화로 상환하여 주기 때문이다. 따라서, 채권 만기에 그 국가의 독립성과 화폐 제도가 계속 유지된다는 확신만 있다면 정부국채는 시장에서 소화된다. 다시 한 번 강조하지만, 그렇다고 해서 무제한으로 빚을 늘릴 수 있다는 이야기는 아니다.

그러나 재정의 '지속가능성'은 재정이 균형을 이루어야만 한다는 것을 의미하지는 않는다. 채무가 지속적으로 늘더라도, 그것은 지속가능할 수 있다(이에 대한 가장 최근의 논의는 Terzi(2023)을 참고할 것). 참고로, 주류 경제학자 중 비교적 진보적인 견해를 가진 올리비에 블랭샤르(Blanchard 2023) 교수는 실질성장률이 실질이자율보다 크다면 문제가 없다고 보았다. 빌름 뵈터(Buiter 2010)는 정부가 소위 폰지금융, 즉 기존의 채무에 대한 이자를 다시 차입에 의존하여 상환하는 형식만을 피하면 된다고 설명한 바 있다. 킹 교수는 GDP대비 순공공부채의 비율을 일정하게 유지하거나, 혹은 그 비율이 증가하더라도 증가하는 속도가 서서히 줄어들면 지속가능하다고 생각한다(King 2015).

한국의 주류경제학과 언론에서는 정부 예산의 균형을 맞추거나 건전재정을 주장하고, 혹은 일정 범위내에서의 적자 만을 허용하는 규칙으로서 '재정준칙'을 주장한다. 그런데, 그 범위를 정하는 과학적 기준이라는 것은 존재하지 않고, 그냥 자의적으로 설정한 것에 불과하다. 러너(Abba P. Lerner)는 이와는 반대로, 소위 '기능적 재정'의 원칙을 주장하였는데, 그에 따르면 완전고용을 유지하기 위한 민간부문의 지출이 부족할 것으로 예상될 경우 정부는 적자 재정을 통하여 부족한 민간의 지출을 보완하고, 반대로 민간부문의 지출이 과다하여 수요견인형 인플레이션을 일으킬 것으로 예상될 경우 정부는 흑자재정을 목표할 것을 요구하고 있다. 만일 불황에도 불구하고 균형재정을 주장한다면, 그것은 자멸적인 결과만을 초래할 수 있다.

그럼에도 불구하고 정부지출은 현명하게, 즉 미래에의 성장 동력을 최대한 확충할 수 있도록 계획되어야만 한다. 가장 중요한 이유가 발행가능한 국채의 한도가 정해져 있기 때문은 아니다. 방만하거나 비가시적인 정부 재정지출은 '국민들의 신뢰'를 잃을 수 있는 위험이 있기 때문이다. 정부재정지출은 적어도 중기적으로는 세수의 균형을 회복하는 모습을 보일 수 있도록 하고, 그 재정지출의 효과를 국민들이 체감할 수 있도록 설계되어야만 한다.

국민은 실제 정부지출과 채무가 계속되는 경우, 누적된 채무에 피로감과 불안감을 느낄 수 있다. 왜냐하면 국민은 정부 재정 지출로 인하여 '회피된' 손해를 쉽게 깨달을 수 없기 때문이다. 이는 화재가 발생하지 않았다고 해서 과거에 화재보험료를 지불한 것을 낭비라고 생각하거나, 코로나 발생 이후 경제를 시장에만 방치할 경우 마이너스 10% 성장을 기록할 수 밖에 없었던 상황에서 재정재출을 통하여 성장률을 마이너스 3% 수준에서 방어하였는데, 단지 마이너스 성장을 기록하였다는 이유로 재정지출이 경제를 망하게 하였다는 이데올로기적인 강변과도 같다. 따라서 가시적인 효과를 볼 수 없는 채무의 증가는 이데올로기적인 공격에 노출되고, 곧바로 '긴축재정'으로의 전환을 가져올 수 있다.

마지막으로 한마디 추가하자면, 주류경제학자들이 간과하기 쉬운 면은 이데올로기와 대중심리가 경제에 미치는 영향이다. 특히 미디어의 발달로 인하여 소위 '오피니언 리더'들의 권력은 막강하다. 이데올로기와 잘못된 경제이론이 실제로 경제를 그것들이 예측하는 방향으로 이끈다는 사실, 즉 "자기충족적 예언"의 효과는 잘 알려져있다(MacKenzie 2006, 2007, 2009). 그들이 정부재정지출의 증가가 경제를 파탄나게 한다고 오두방정을 떨면, 대중의 심리를 불안으로 몰아넣고, '입살이 보살'이라고 실제로 그렇게 된다. 그 경우 문제는 적자 재정 정책이 아니라, 그들의 '주둥아리'

이다.

결어

여기까지 이야기하면, 독자들의 일부는 수긍할 것이고, 혹자들은 그래도 신념을 굽히려 하지 않을 것이며, 경제학 선생들은 필자가 자신들의 심오한 이론을 폄하한다고, 그래서 필자가 밀집 허수아비 모형을 만들어 놓고 마음대로 난도질을 한다고 느낄 수 있다. 해석은 자유이다. 어차피 믿음의 차이는 논리로 해결되는 문제는 아니다.

그리고 독자들 중 어떤 분들은 제사보다는 젯밥에 관심이 많아, 본고에서의 내용보다는 오히려 베토벤의 현악 4중주 작품번호 16번을 들으려고 할 법도 하다. Es muss sein!

'금리차'로 자본이 유출되고 환율이 변동할까

(2023.7.5)

- 금리차로 자본이 이동한다는 미신에 대해
- 헷징거래시 외환의 수요공급은 항상 일치
- 환율은 투기심리, 경상수지가 결정해
- 주류경제학의 시장만능론으론 설명 안돼

금리차와 관련한 우려

미국 달러화 고금리 정책으로 인하여 원화 금리 수준보다 높게 역전되자 경제학자들과 언론은 금리 차이로 인하여 자본이 유출되고 그로 인해 외환시장에서 원화를 팔고 달러를 사기 때문에 원화가치가 절하된다고 우려하면서 한국도 서둘러 금리인상을 할 것을 이구동성으로 촉구했다. 그리고 이러한 금리 인상 처방이 소위 '시장원리'에 충실한 정책이라고 주장했다. 그런데 인터넷 시대에서 이러한 우려를 확장 재생하는 가장 큰 역할을 하는 분들은 소위 경제전문 유튜버와 증권사의 애널리스트 들이다.

반면 혹자들은 고금리 정책을 실시하면 높은 가계 부채율을 자랑하는 한국내 개인들의 금융 부담이 증가되어 개인파산이 속출할 수 있으며, 고금리로 인하여 투자의욕이 감소할 수 있음을 우려하기도 한다. 그런데 이러한 모든 논의들은 오류이거나 정곡을 찌르지 못하고 있다. 결론적으로 말하자면 금리 차이와 자본 유출입은 직접적인 상관이 없고, 환율과도 무관하다. 잘못된 경제이론이 만들어낸 '미신'에 불과한 이야기이다.

그런데 주류경제학 개론에 나와있는 당연한 이야기를 필자가 미신이라고 이야기하는 데 대해 많은 사람들은 당혹스럽게 느낄 수도 있고, 혹자는 필자를 무지한 사람으로 폄하할 수도 있다. 그리고 고명하신 대학 교수들은 필자에게 공부가 부족하다고 점잖게 타이를 수도 있다.

자본 유출은 발생하지 않았다

일단 아래의 그래프를 보자. 미국의 고금리 정책으로 한미간의 금리가 역전되었으며, 그 차이가 심화되고 있는데도 자본이 오히려 한국으로 유입되고 있으며, 원·달러 환율은 비교적 일정 수준으로 유지되고 있다. 어떤 이유에서인지 현실은 주류경제학자들의 생각과는 전혀 일치하지 않고 있다. 반면 일본은 수 십년 동안 거의 제로 금리를 유지하고 있는데, 그렇다면 위의 경제학자들의 이야기에 의하면 일본에서 자본이 모두 유출되어 남는 것이 없어야만 한다. 현실은 그들 경제학 이론과 너무도 현저한 괴리를 보여주고 있다.

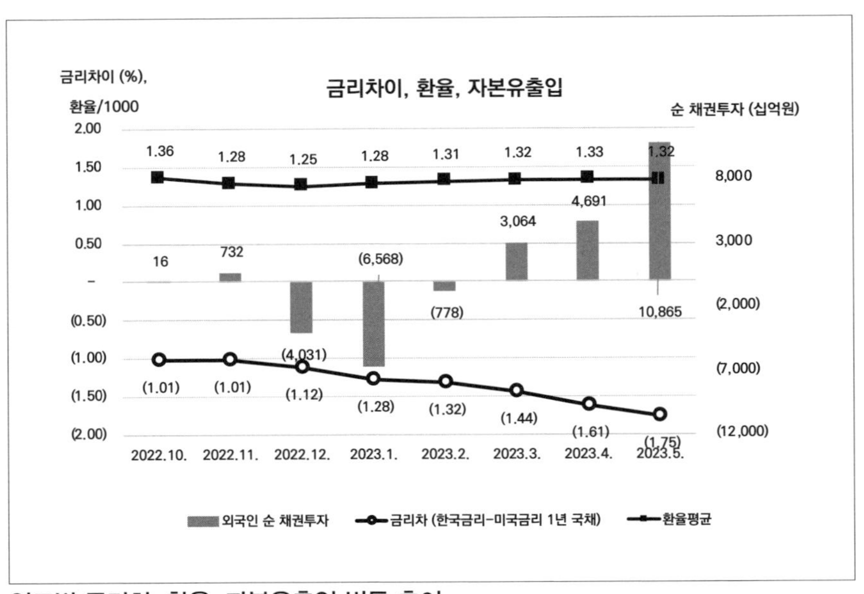

연도별 금리차, 환율, 자본유출입 변동 추이

이론을 살리기 위해 현실을 죽이지 말자

사실 많은 경제현상들은 조금만 더 상식적으로 생각하면 쉽게 이해될 수 있는 것들이다. 상식을 무시하고 자꾸만 이상한 궤변들을 도입하기에 역설적인 상황이 발생한다. 필자가 누누이 지적하듯이 이론을 살리기 위하여 현실을 죽이는 결과가 종종 생기는데, 금리 차이와 자본이동, 그리고 환율변동에 관한 이야기가 그 대표적인 사례 중의 하나이다.

맹자에 나오는 '가기이방(可欺以方)'이라는 말이 있다. 주인이 선물 받은 잉어를 연못에서 잘 기르라고 하인에게 맡기자, 하인은 잉어를 잡아먹고도 주인에게는 연못 저편에서 잘 놀고 있다고 거짓으로 고한다. 물론 맹자의 맥락에서는 주인이 거짓말을 알고도 속아주는 형국이기는 하다. 어찌되었건 그럴 듯한 말로 남을 속이는 경우에 사용되기도 하는 고사성어다. 흔히들 말하는 금리차이, 자본이동 그리고 환율변동으로 이어지는 설명이 이에 해당된다. 그들이 말하는 어려운 경제이론을 일단 차지하고 상식으로 돌아가 판단해보자.

현물외환시장과 선물외환시장, 자본이동 그리고 환율결정

당신이 현재 10억원을 "안전자산"에 투자하려 하는데, 미국 국채 1년 만기 금리가 5.5%이고 한국의 1년 만기 국고채 금리가 3.5%라고 가정하자. 그리고 계산을 쉽게 하기 위해 현재 원-달러 환율이 1달러당 1000원이라고 가정하자. 2% 금리차이는 연간 2천만원에 상당하는 금액이다. 안전한 투자를 원하는 당신은 당장 흥분하여 미국 채권에 투자하겠는가? 주류경제학 교과서에 의하면 그렇다고 한다. 과연 "신중한" 당신은 어떻게 결정할까.

현재 환율에서 100만달러 상당의 미국 국채를 매입한다고 하자. 만일 1년 후 만기에 환율이 900으로 변한다면, 1년 뒤에 실제로 받는 원리금은 원화로 환산하면 9억4950만원이다. 2% 금리 차이를 노리고 투자하였다가 오히려 낭패를 본다. 만일 당신이 "투기꾼"이 아니라 안전자산을 선호하는 "투자자"라면 절대로 이같은 무모한 도박을 하지 않는다. 따라서 일단 현물외환시장에서 달러를 사고, 반대로 선물외환시장에서 달러를 파는 헷징을 하려고 하기 마련이다.

이때 주류경제학자들은 자본 이동이 생기면서 현물외환시장에서 달러의 "사자"의 규모가 커지고 원화가 약세가 되며, 선물외환시장에서는 반대로 달러의 "팔자"가 커지면서 원화가 강세가 된다고 주장한다. 이 주장은 아주 그럴듯하게 보인다. 그런데 과연 그럴까?

이러한 주장의 오류는 경제 행위를 그 연관된 전체로 보지 않고 부분만을 거두절미해 관찰함으로써 발생한다. 상식적으로 생각해보자. 외환을 사는 사람이 있으면 파는 사람이 있기 마련이다. 내가 선물외환시장에서 헷징을 위해 달러를 파는 주문을 은행에 내면, 은행 전체로 볼 때는 미래에 달러가 증가하고 원화가 줄어든다. 즉, 은행의 달러 포지션은 '플러스'가 되고, 은행은 환위험에 즉시 노출이 된다. 은행의 포지션 관리부에서는 이러한 환위험을 없애기 위하여 즉시 반대 거래를 해야만 한다. 어떤 선택의 여지가 있는 것은 전혀 아니다.

즉, 선물외환시장에서 달러를 사야만 하므로, 반대로 현물외환시장에서는 달러를 "팔고" 원화 포지션을 늘려야만 한다. 다시 말하자면 이같은 은행의 거래를 종합하여 보자면, 은행은 현물외환시장에서는 달러 마이너스 포지션이 되게 함으로써 현물외환시장과 선물외환시장을 통합하여 볼 때 달러 포지션은 0이 되도록 해야만 한다. 그래야만 은행의 입장에서는 환위험이 없어진다. 복잡하다고 느낀다면 아래 그림을 보자.

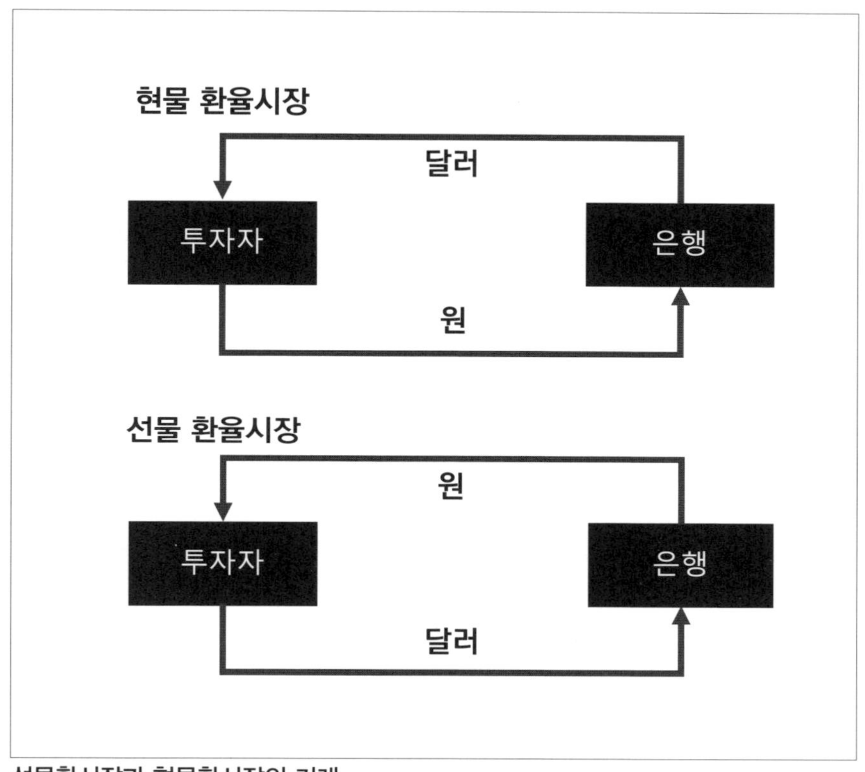

선물환시장과 현물환시장의 거래

이 그림에서 볼 수 있듯이 중요한 것은 선물외환시장에서 헷징을 위해 투자자가 달러를 팔자마자 은행은 즉시 현물외환시장에서 달러를 팔지 않을 수 없다는 사실이다. 즉, 현물외환시장에서 투자자가 원화를 던지고 달러를 사면, 은행은 그 원화를 받고 달러를 투자자에게 던진다. 투자자가 던진 매물을 은행은 그대로 받아들인다.

따라서 위 그림에서 보듯이 수요와 공급은 항상 일치할 수 밖에 없는 일종의 **항등식**적인 관계를 가지고 있고, **달러의 수요와 공급에 의하여 환율이 결정되지는 않는다.** 환율의 조정과는 무관하게 그냥 **수요와 공급이 항상**

같을 수 밖에 없다는 것이다. 그런데 주류 경제이론은 현물외환시장에서 투자자가 자본을 미국으로 이동시키려고 달러를 사기 때문에 원화가 약세가 된다고 주장한다. 이는 투자자가 외환거래를 할 때 상대방인 은행을 그림에서 완전히 제외시킴에서 비롯된 오류이다.

투자자가 현물외환시장에서 달러를 사고 선물외환시장에서 달러를 파는 거래를 하자마자 거의 0.1초안에 은행은 반대로 현물외환시장에서 달러를 팔고, 선물외환시장에서 달러를 산다.

그렇다면 선물환율은 어떻게 결정되는가? 은행은 현재 달러를 팔고 원화를 가지게 되었으니, 금리 손실이 2% 발생한다. 그러면 은행은 **"계산기를 열심히 두드려서"** 미래 선물 환율을 981원으로 결정한다.[77] 즉, "계산기"가 선물환율을 결정하는 것이지 선물외환시장에서의 수요와 공급이 선물환율을 결정하는 것이 아니다. 그 경우, 은행은 자신이 계속 1백만 달러를 가지고 있었더라면 애당초 받을 수 있었던 총 105만5000달러를 고객인 투자자로부터 미래에 지급받고, 대신 현물외환시장에서 투자자로부터 매입한 10억원 원화와 1년이자 포함 총 10억 3500만원을 미래에 투자자에게 지급한다.

그런데 이렇다면 투자자의 입장에서는 원화 국고채와 미국 국채에 투자하는 것은 차이가 없어져 버리고 굳이 **미국 국채에 투자할 이유가 전혀 없다.** 따라서 금리차이로 인하여 자본이동은 생기지 않는다. 적어도 투자자가 안전 투자를 선호하여 헷징을 하는 투자자이고, 환율에 투기하는 투전판의 '투기자'가 아니라면 말이다. 그럼에도 불구하고 투자자가 굳이 미국 국채에 투자하는 경우라도 현물 환율은 불변이고, 선물 환율은 은행의

---

77 엄밀하게 말하자면, 현재 환율인 1000 x(1+3.5%)/(1+5.5%)이다.

포지션 관리부에서 그냥 전자계산기를 두드려서 고시하는 가격에 불과하다.[78]

결론적으로 말하자면, 금리 차이로 인해 투자자금이 국가 간에 이동하지 않으며, 현물외환시장, 선물외환시장에서의 환율은 금리 차이를 노리는 투자 자금의 유출입과는 전혀 무관하다. 이러한 세간의 이야기는 주류경제학에서 현실을 도외시하고 만들어낸, 경제 현상의 모든 것이 시장에서의 수요와 공급에 의하여 결정되어야만 한다고 믿는 **시장만능론의 강박관념**이 만들어낸 환상에 불과하다.

그런데 이같은 필자의 주장은 필자의 독창적인 이론이 절대로 아니다. 이 이야기는 소위 "외환딜러의 견해"(Cambist View)로서 잘 알려져 있는데, 그 명칭에서 알 수 있듯이 매일 매일 외환거래를 하는 실무자들의 견해를 반영한 보다 현실적인 이론이다. 주류경제학적 견해에 세뇌된 대학 교수들이 상상하는 이론적 허구와는 다르다.

환율의 결정과 자본 이동

환율이 변하는 것은 금리 차이로 인한 자본이동과는 상관없는 그 **"이외'의 요소**에 의한다. 즉, 환율이 변화되는 이유는 **실물경제**(경상수지 등)와 **투기자본**의 유출입, 그리고 그에 부화뇌동하는 인간 군상들의 심리에 근거한다. 특히 단기적으로는 투기자본의 영향이 크다.

이는 케인즈가 일찍이 주식시장의 가격 형성을 '미인 선발대회'에 비유하여 설명한 바와 동일하다. 주식을 선택하는 기준은 내가 아름답다고 느끼는 대상이 아니라, 다른 사람들이 아름답다고 느낄 것으로 생각할 것

---

[78] 자세한 설명은 주 69를 참고할 것.

을 선택하는 것이다. 즉, 외환시장에서도 어떤 통화의 근본적 내재가치, 금리차이 등에 따라서 투자하는 것이 아니라 외환시장의 다른 참여자들이 가지는 환율에 대한 기대를 내가 지금 추측하고 그에 의하여 투자하는 것이다.

예를 들자면 어떤 투기자본이 현재 시장에서 다른 참여자들이 달러당 원화가 현재 1200원에서 1300원으로 달러 강세가 될 것으로 예상한다고 하자. 그렇다면, 그 투기자본은 다른 참여자들보다 앞서서 원화를 매도하고 달러를 매입할 것이다. 뉴스에서 어떤 유명한 경제 평론가가 '정부의 재정 확장 정책으로 인하여 한국 경제가 위태롭다'고 이야기하거나, 혹은 '한국의 저금리로 자본이 유출된다고 떠든다'면, 민간에서는 그 경제평론가의 말을 믿고 무조건 달러를 매입하기 시작할 것이다. 언론에서 이야기하는 환율 전망이 그릇된 이론에 근거하여 예상되었다고 하더라도 모든 사람들이 그 이야기를 믿기 시작한다면 실제로 그 예상 환율은 실현되는 셈이다. 이에 이데올로기가 가진 무서운 권력을 실감할 수 있다.

단기적으로는 환율은 금리 차이에 의한 자본의 이동이 아니라 **시장에서의 심리**에 의존한다. 특히 외환 투기가 중요한 역할을 차지한다. 환율은 "경제주체들이 불완전하게 자신들의 행동을 고려하는 그러한 시장에서 설정되어지는 것이다."(Harvey 2012:186, 188).

특히 오피니언 리더로서의 경제학자들, 언론, 유튜버들의 역할이 크다. 금리 차이로 인하여 자본이 유출되고 달러가 강세가 될 것이라고 그들이 떠들면, 그러한 그들의 권위를 믿고 민간들이 달러 사재기를 시작하고 이에 투기자본들도 가세한다. 이데올로기가 실제로 실현이 되는 셈이고, 우리말에 "입살이 보살"이라는 말을 그 경제학자들이 몸소 실천하는 셈이다.

'노동시장의 유연화'는 공멸의 길이다

(2023.7.12)

- 실질임금이 줄어들면 어떤 일이 생길까
- 유효수요 줄어 기업 · 국가 모두 공멸의 길로
- 죄수의 딜레마 감안, 국가가 실질임금 올려야
- 진보진영도 새 전략적 논리로 전환해야

노동시장의 유연화가 의미하는 것

윤석열 대통령이 "노동시장의 유연화"를 이야기하자, 재계와 노동계는 희비의 쌍곡선을 그렸다. 그런데 도대체 '노동시장의 유연화'가 무엇을 뜻하는가. 관변 단체인 자유기업원의 주장하였듯이 "고용 · 이직 · 해고를 쉽게, 노동시간을 신축적으로, 임금을 유연하게 해야 한다"라는 말로 요약될 듯 싶다.

왜 그렇게 하여야만 하는가? 주류경제학에서 주장하는 노동시장의 수요 곡선이 그 이론적인 기초다. 한마디로 말하자면, 노동의 가격인 실질임금이 하락하면 기업이 고용을 더 늘리는 유인이 존재한다는 이야기다. 논의를 단순화하기 위하여, 해고를 자유롭게 할 수 있다는 이야기를 실질임금의 하락을 받아들이지 못하는 경우 해고를 자유롭게 할 수 있다는 의미로 이해하도록 하자. 그런데, 이 주장을 너무 당연하다고 간주하거나, 혹은 의문을 제시하는 것 자체를 '좌파적 편견'이라고 단언하지 말고, 이야기를 끝까지 들어보고 판단을 하기 바란다.

실질임금이 하락하면 왜 고용이 늘어날까. 이해하기 쉽게 예를 들어, 버스를 운행하는 사업을 생각해보자. 실질임금이 하락하였기에 버스 운행을 줄이고 사람이 인력거를 끄는 것이 더 이윤이 증가할 수 있으므로 고용이 증가된다거나, 인건비가 저렴하기에 버스 한 대를 이제는 두명의 운전사가 동시에 운전하게 되었다는 논리는 당연히 일반 상식과는 반한다. 현대적 기업에서는 주어진 "설비장치"의 운영에 필요한 적정 인력은 고정되어 있다는 점을 명심하자. 그렇다면 실질임금이 하락하면 고용이 늘어난다는 이야기가 성립하기 위하여서는, 그로 인하여 제품 생산(서비스 포함)이 늘고, 그 제품이 팔릴 수 있어야만 한다. 그래야만 차고에서 쉬고 있는 버스의 운행을 재개하거나, 기존 버스의 운행시간을 늘이거나, 혹은 새로 버스를 발주하고, 그에 따라 운전수를 새로 고용해 그 새로운 수요를 충족시키게 된다.

일개 기업의 차원에서는 이것이 가능할 수 있다. 적어도 경제 내에 실업이 만연하여 낮은 실질임금 수준에서도 노동력이 공급 가능하다면 그러하다. 실질 임금의 인하를 통해 어느 정도 제품 가격 인하가 가능하다면, 기업이 제품 판매를 늘여 어느 정도 시장 점유율을 높이거나, 이윤이 없어서 회사 문을 닫아야 하는 사업을 회생시키거나, 혹은 이전에 포기하였던 사업을 시작할 수도 있기 때문이다.

"경제 전체"로 볼 때도 고용과 생산이 늘까?

위에서 이야기 하였듯이, 일개 기업 차원에서는 실질임금을 줄이면 당장 득이 되는 것처럼 여겨질 수도 있다. 그런데 경제 전체로 볼 때도 동일한 논리가 적용될 수 있을까. 일단 내 회사가 가격인하를 하면 경쟁사의 매출은 줄어든다. 그렇다면 경쟁사도 경쟁적으로 가격인하를 하지 않을 수 없다. 이 경우 최초의 가격인하를 단행하였던 기업의 매출은 다시 줄어들기 시작한다. 그런데, 보다 중요한 문제는 다음과 같다: **만일 모든**

기업에 있어서 전반적으로 실질임금이 낮아지고 고용과 생산이 늘어난다고 할 때 과연 그 증가된 생산물이 시장에서 판매될 수 있을까.

논의를 간단히 하기 위해, 우선 내수시장만 살펴보자. 기업이 제품을 생산하기 위해서는 누군가가 구매를 하여야만 한다. 그런데, 그 구매력의 가장 큰 부분은 근로자의 임금소득에서 발생한다. 그렇다면, 실질 임금이 감소하면 경제 전체적으로 볼 때 소비 수요가 줄어든다. 줄어든 소비 수요는 시설재의 수요를 감소시키는 등의 연쇄 부작용을 유발한다.

즉, 실질 임금의 하락으로 인해 개별 기업은 단기적으로는 그 기업의 고용을 늘릴 수는 있더라도 전반적인 실질임금의 감소는 경제 전체의 유효수요를 감소시키고, 결국 고용을 오히려 감소시킨다. 반대로 실질 임금의 상승은 개별 기업 차원에서는 이윤을 압박할 수 있기 때문에 아무도 그같은 결정을 하지는 않는다. 하지만, 경제 전반적으로 볼 때는, 기업이 여전히 이윤을 창출할 수 있는 한 실질임금이 상승한다면 유효수요가 증가하고, 소비수요가 증가하며 그를 위한 시설재의 수요도 증가하는 등 전체적으로 고용과 생산은 증가된다. 위의 이야기는 케인즈의 경제이론에서 가장 핵심적인 "유효수요의 원리"를 아주 단순화하여 설명한 것이다. 즉, 순전히 국내 내수시장만 보자면, 전반적 실질임금의 하락으로 인하여 내수는 죽고, 고용은 감소하고, 더욱이 기업의 이윤은 오히려 절대적으로 감소되게 된다. 한마디로 모두가 '공멸'의 상황에 처하게 된다.

만일 해외 무역 부분이 존재하는 일반적인 상황에서는, 실질임금의 상승으로 인한 대외 수출 경쟁력의 감소가 문제시될 수 있고, 이로 인하여 고용과 생산, 그리고 소득이 감소되는 '부(負)의 관계'는 존재한다. 그렇다면 내수시장과 해외시장을 포괄하였을 때의 종합적인 결과는 다분히 경험적인 문제이다. 그런데 실증 분석에 의하면, 한국을 포함한 선진국형 경제는 대체로 실질임금의 상승으로 인하여 국내 수요가 더 크게 진작됨으로써 전체 소득과 고용이 증가된다. 이를 "임금 주도형 경제"라고 한다 (Onaran et al. 2012). 이는 그러한 국가의 수출 상품의 경쟁력이 저임금노동에 의존하는 정도가 낮기 때문이라고 생각된다. 최근에는 제품 기술 경쟁력의 빠른 향상에 힘입어 중국도 이러한 임금 주도형 경제로 진입하였다 (Jetin & Ortiz 2020).

합성의 오류, 죄수의 딜레마와 국가의 역할

현재의 노동시장 유연화 주장은 일개 기업의 행태를 분석한 후, 그러한 기업들의 단순 합산으로 경제를 설명하려는 논리에 기초하는데, 이렇듯 부분의 합으로 전체를 설명하는 바에서 비롯되는 오류를 소위 "합성의 오류"라고 한다. 하지만 경제는 개별 기업의 단순한 합은 절대로 아니고, 개인들이 사욕을 추구할 때 반드시 바람직한 결과가 나오는 것도 절대로 아니다.

반면 아무리 경제 전체로는 바람직한 결과를 야기할 수 있다고 할지언정, 어떤 기업도 자발적으로 먼저 실질임금을 인상하려고는 하지 않는다. 이는 "죄수의 딜레마"에서 등장하는 이야기와 논리 구조가 동일하다. 두 명의 공범을 따로 심문한 뒤 다른 공범의 죄를 실토하면 실토한 사람은 감형을 하겠다고 검사가 유인하면 양자 모두 다른 공범의 범행을 실토한다. 하지만 두 명 모두 침묵하면 모두 석방될 수 있는 상황이었다.

따라서 실질임금 상승 정책은 국가가 준강제적인 방법을 동원하여야만 실행 가능한데, 이는 개별 기업들의 자유를 제약하는 것이 아니라 모두가 공생하기 위하여 민간이 자발적으로 해결할 수 없는 '죄수의 딜레마'를 국가가 해결하는 방법일 뿐이다.

이웃나라 일본에서는 아베 전 총리 생존 시에 국가가 개입하여 이윤을 어느 정도 창출하는 기업들의 실질임금 상승을 유도한 바 있었다. 그 같은 시도는 현재 진행형인데, 이는 현재 한국에서 보이는 노동 시장의 유연화 정책과는 180도 반대되는 정책이라 할 것이다.

진보진영의 '전략적 사고의 전환' 필요

인간인 이상, 자신이 부자이건 아니건 자기 것을 남과 나누라고 한다면 당연히 반발이 생기기 마련이다. "분배의 정의"라는 슬로건은 그것이 도덕적으로 옳고 그름을 떠나서 나눠주는 쪽에게서는 호응을 기대하기 어렵다. 특히 나눠주는 쪽이 권력을 쥐고 있을 때에는 다분히 나눠받고자 하는 쪽만의 독백에 그칠 수 있다. 따라서 분배의 정의에 대한 주장은 필연적으로 계층간의 갈등과 투쟁을 유발하기 마련이다.

그리고 이러한 규범적 주장은 이론적으로도 문제점을 내포한다. 반대하는 측에서 "분배가 우선인가", "성장이 우선인가"라는 질문을 할 때 답변이 궁색하다. 즉, 기업측에서는 이같은 분배에 대한 요구는 기업가의 의욕을 저하시켜 성장이 둔화된다고 하면서, 분배의 정의에 대한 주장은 곧 '갈택이어(竭澤而漁)', 즉 연못의 물을 말려 고기를 잡는 것과 같다고 강변할 수 있다. 그렇다면, "분배의 정의"에 대한 외침은 가진 자들과 권력자들이 도덕적으로 기꺼이 동감할 자세가 되어 있는 한에서만 성립할 수 있는 몽상이 될 수 있고, 그렇지 않은 경우 단순히 갈등 만을 야기하고 얻는 것은 별로 없는 도로무익(徒勞無益)한 주장이 될 수 있다.

따라서 진보진영에서 새롭게 내걸 슬로건의 핵심은, 실질임금의 하락은 경제 전체적으로 볼 때 오히려 고용과 기업의 이윤을 감소시키고 공멸을 초래할 수 있으며, 반면 실질임금의 상승은 고용과 기업의 이윤을 오히려 향상시킨다는 엄연한 이론적, 경험적 근거가 뒷받침된 사실이 되어야만 한다.

거듭 강조하지만, 실질임금의 하락, 그리고 그릇된 이론에 근거한 소위 "노동시장의 유연화" 논리에 반대하는 것은 비단 "분배의 정의"을 수호하기 위한 것이 "주" 목적이 아니다. 실질임금의 하락은 근로자와 기업 모두가 나누어 먹을 수 있는 전체 '파이'를 감소시키기에 반대하는 것이다.

따라서 진보 진영이나 노동계의 식자들에게 사고의 전환이 절실히 필요하다. 의기(意氣)에 휩싸여 "분배의 정의"를 요구하는 것은 쉽게 달성할 수 없는 전략이며 그저 이상주의적 몽상에 그칠 수 있다. 실질임금의 상승을 요구하는 것은 비단 "분배의 정의"를 구현하기 위한 것이 아니라, 엄밀한 이론적, 경험적 기초에 의거하여 볼 때 노사 모두가 "공생"하면서 위기를 극복하기 위한 길이라는 점을 앞으로는 강조하였으면 한다.

또 부동산 PF사태. 근본해법은 임대주택정책

(2023.7.30)

- PF근본 문제는 투기와 토지 공개념 부재
- '주거 걱정 없는 삶' 보장하는 환경 만들어야
- 올바른 임대주택 정책으로 PF문제 해소를
- 관계자 모두 사심 버리고, 유연하게 생각해야

전세계에 유래 없는 토종 금융기법인 '부동산 PF'

한참 전의 일이다. 필자가 미국의 대형 투자은행에서 재직할 때, '1990년대 중반 대한민국에서 최초로 프로젝트 금융을 성사시켰다'는 경력을 바탕으로 한국의 모 대형 증권사에서 그 회사 프로젝트 금융(PF)팀과 임원들을 대상으로 프로젝트 금융에 대한 강의를 했다. 확률적으로 계량화될 수 있는 변수들에 대해서는 소위 '몬테 카를로 시뮬레이션(Monte Carlo Simulation)'을 통한 모델링 기법을 시현했더니 모두들 신기하게 느꼈다.

그런데 그러한 확률적으로 계량화될 수 있는 "위험"(risk)요소에 비해 시장 상황의 불확실성 등 계량화되기 불가능한 "불확실성"(uncertainty)이 사업의 성과에 미치는 훨씬 중대한 요소이니 절대로 간과하지 말 것, 그리고 국제적으로 통용되는 "프로젝트 금융"(project finance)이라는 개념은 사업의 위험을 최소화하고 "통제"해 "가장 안전하게" 투자할 수 있도록 만드는 기법이고, 당신들이 생각하고 있는 바의 "프로젝트를 위한 금융"은 절대 아니라고 거듭 강조했다.

요는 한국의 증권회사들에서 말하는 "프로젝트 금융"과 필자가 이야기하는 세계 다른 곳에서 통용되는 일반적인 "프로젝트 금융"은 완전히 다른 개념이다. 전자가 "도박"이라면, 후자는 "위험을 최소화하여 투자하는 기법"이다. 애석하게도 그 대형 증권 회사 프로젝트 금융팀의 직원과 임원 중 어느 누구도 "원래"의 프로젝트 금융에 대하여 아는 바가 전혀 없었고, 지금도 그러한 무지는 변하지 않았을 듯하다.

금융기관의 '단기적 사고'가 문제

그런데 모두들 시큰둥했다. 그 이유는 필자가 이야기하는 바를 따른다면 그 부서를 없애야만 하기 때문이었다. 한국 증권사의 PF팀은 부동산 개발 프로젝트를 발굴하고 그에 자금 지원을 하면 당장 그 투자금액의 일정 부분을 수수료로 장부상에 기장하고, 그에 따라 그 팀의 보너스가 결정되며, 회사의 수익으로 반영된다. 만일 미래에 그 사업의 분양에 차질이 생기고 따라서 사업이 실패로 입증될 수 있게 되는 위험은 당장 가시적인 것이 아니기 때문에 그들에게는 절대로 중요한 고려 요소가 아니다.

그래서 필자가 강조한 '위험 관리'라는 차원에서 사업을 선정하는 순간 사실 그들이 투자할 수 있는 대상은 극도로 협소해지고 그들의 먹거리는 사라져 버린다. 그 회사 경영진들도 사실 필자가 강조한 위험관리에는 무감각했다. 그들의 대부분은 주식 중개 내지 투자로 잔뼈가 굵은 사람들이었고, 그들에게는 어차피 인생은 도박이었다. 이렇듯 단기 실적 추구에 집착하는 금융회사들이 가세하여 "한국형 PF"라는 세계 어느 나라에서도 유래가 없는 기형적인 한국형 토종 금융기법이 탄생하게 됐다.

부동산 PF 위기의 거듭되는 재발

그리하여 한국의 부동산 PF의 위기는 한 두 번이 아니고 몇 년 주기로 거듭 되풀이됨에도 불구하고 현재도 똑같은 상황이 재발됐다. 부동산 PF잔액은 2023년 3월 현재 무려 131조원이라는 기하학적인 수준에 도달

했고 연체율은 급상승 중이다.

문제는 단지 사람들의 기억이 짧기 때문만은 아니다. 단기적 실적에 집착하는 금융사들의 태도와 위험관리에 대한 소홀, 그리고 금융 당국의 근본적 대책의 부재에서 비롯된다. 이러한 자세가 근본적으로 개선되지 않고서는 모든 처방도 무용하다.

금감원이 최근 '구조조정', 그리고 '부동산 PF 정상화 지원'이 필요하다는 이야기를 했지만, 도대체 금융감독원이 이야기하는 '근본적 구조조정'이라는 것이 의미하는 바는 무엇인가. 현재 당면하고 있는 문제를 급하게 해결하는 것인가, 아니면 미래에 재발을 방지하는 근본 대책을 의미하는가. 필자의 생각으로는 단순히 현재 급한 불을 우선 끄고 보자는 조치에 불과한 미봉책으로 여겨지고, 현재의 화재를 진화하더라도 분명 2~3년뒤에는 같은 사태가 재발될 것이 확실해 보인다. 그리고 행여 문제가 극한 상황까지 도달하는 순간 건설사와 금융회사에 대한 공적자금의 지원이 불가피하게 될 수 있고, 그렇다면 그 부담은 결국 국민의 몫인데, 그러한 부담이 1회성에 그치는 것이 아니라 주기적으로 재발한다는 바에 문제의 심각성이 있다.

그렇다고 단지 강력한 부동산 PF 규제책을 도입함으로써 문제가 해결될 수 있는 것도 아니다. 즉, 부동산 개발사업에 금융을 제공하지 말라고 할 수도 없고, 반면 그 수많은 각 개발 사업에 잠재하는 위험 요소에 대해 규제 당국이 일일이 분석 평가하는 것도 불가능하다. 그리고 건설을 위한 돈 줄이 막히고 따라서 주택 공급이 줄어들게 된다는 즉각적인 반발이 나올 것은 확실하다.

문제의 본질은 '불로소득의 원천, 부동산'

문제의 본질은 과연 무엇인가. 필자의 소견으로는 결국 주택을 삶의 거처가 아니라 불로소득을 위한 투자 자산으로 간주함에 있지 않을까 한다. 부동산 개발업자나 증권회사 등은 향후 주택가격에 대한 낙관적 전망을 가지고 사업을 시작한다. 그 시점은 대체로 부동산 경기의 상승 시점과 맞물릴 수 밖에 없다. 그리고 그러한 시점에서는 불로 투자수익을 노리는 개인들이 주택 청약을 하고, 그를 위한 은행대출도 수월하게 구할 수 있다. 그리고 증권회사들은 낙관적인 전망을 가지고 소위 PF 금융을 제공한다. 그렇듯 모두가 낙관적 심리 하에 부동산 시장으로 향하는 순간, 부동산 가격은 상승하고 일반 무주택자들의 위기감이 고양되며, 그리하여 서로간의 "상승 작용"을 통해 부동산 버블이 시작된다. 그런데 그 전망이 꺾이는 어느 순간, 개인들은 계약금을 포기하더라도 청약을 철회하며, 그로 인하여 미분양 사태가 속출하고, 증권사들의 PF금융이 부실화된다. 이 주기가 결국 계속 반복되는 셈인데, 이는 경제학자 하이만 민스키(Hyman Minsky)가 이야기한 경기 변동 주기와 구조적으로 아주 흡사하다.

주식시장과 부동산 시장의 유사성

이렇듯 모두가 주택을 삶을 위한 거주 공간이 아닌 투자자산으로 간주하고 모두가 불로소득에 대한 희망을 공유하는 순간, 모두는 무리하더라도 서둘러 주택에 투자하려 하고, 공공택지의 분양은 부동산 개발업자들에게 황금알을 낳는 거위로 변한다. 그리고 그 과정에서 검은 유혹은 싹트기 마련이다.

이는 주식시장이 열기에 휩싸였을 때 개인투자자들이 소액의 판돈으로 증권사들로부터 소위 마진 금융을 제공받고 투기 광풍에 휩싸이다가,

어느 순간 시장이 역전되면 계좌는 깡통으로 전락하고 증권사들도 타격을 입게 되는 상황과 다를 바 없다. 이 두가지 종류의 투기적 시장은 가격이 상승하면 수요가 준다는 식의 통상적인 단순한 교과서적 사고로는 절대로 분석하기 힘들다.

가격이 상승하는 시점에서는 오히려 투기적 수요가 증가하고 그를 위한 금융 여력도 증가하며 따라서 오히려 수요가 늘어난다. 반면, 부동산 가격 상승으로 신규공급이 증가하더라도 이미 기존에 존재하는 부동산의 매물이 현저하게 감소함으로 인해 전체적인 공급이 줄어들기 마련이다. 사실 부동산의 가격은 "신규" 공급 물량이 아닌, "기존에 존재하는 스톡"에 대한 매수 및 매매가 더 중요한 역할을 한다. 교과서에 나오는 수요와 공급의 원칙에 의하여서는 절대로 문제의 해결점을 찾을 수 없는데, 애석하게도 정책당국은 고등학교 교과서에 나오는 수요와 공급의 원칙을 전 경제에 적용시키는 우를 범하고 있다.

근본적인 처방은 부동산에 대한 투기적 수요를 감소시키는 것이다. 그래서 필자가 중요하게 부각하고자 하는 점은 정부에 의한 임대주택 사업의 활성화다. 누구나 평생 걱정없이 주거할 수 있는 제도적 장치를 만들면 부동산에 대한 과도한 집착, 그리고 투기적 수요의 열풍을 진정시킬 수 있지 않을까 생각되기 때문이다.

'임대 주택 확장'을 위한 제안

지난 대통령 선거 때 모 정당에서 갑자기 필자에게 임대주택 개발을 위한 부동산 금융에 대해 문의를 한 바 있었다. 그래서 그들이 기존에 가지고 있는 사업 및 금융 안을 면밀히 살펴 보았는데, 그 골자는 △누적되어 잠자고 있는 정부기금을 투입해 건설비의 일정 부분을 조달하고, △공공부지 중 일부를 민간업자들에게 "매각하여" 부족한 건설 금융을 보완하며, △완공 후 일정 기간이 경과되면 그 임대주택을 민간에게 미래의 시세대로 "매각"하여 정부자금을 회수한다는 것이었다. 요는 결국 정부 토지를 "매각"하여 투자금을 회수한다는 것이다.

이는, 현재 문제를 일으키고 있는 각종 부동산 개발 의혹에서 보여지는 구조와 다를 바가 없는 그림이며, '토지 공개념'이라는 철학은 실종되어 있다. 그렇다면 일정 기간 후에는 그 때까지 살고 있던 임차 거주자들은 거리로 내 몰려야만 한다는 것인가? 그리고 그러한 정책은 단순한 미봉책이기에 문제의 근본 핵심인 투기적 수요를 줄이지는 못한다. 만기가 되면 거리로 내앉을 수 밖에 없는 세입자들은 어떤 수단을 강구하더라도 계속 부동산을 취득할 기회를 엿보기 마련이다. 하지만 진정한 부동산 정책 방안은 누구라도 일생 동안 주거 걱정이 없이 살수 있는 환경을 조성하는 것이 되어야만 하는 것은 아닐까.

필자는 그들이 가지고 있던 기존의 안에 대한 전면적 개혁을 건의했다. 골자는, 공공부지를 민간에게 불하하거나 미래에 민간에게 주택을 매각하지 말고, '토지 공개념'의 철학에 입각하여 정부가 영원히 소유권을 가지고 있을 것, △정부 기금은 주택건설에 직접 투자하지 말고, 공유지의 인프라 개발에 사용하여 누구나 편리하고 쾌적한 생활을 누릴 수 있는 환경을 조성할 것, △그리고 주택 건설에 직접적으로 필요한 금융은 "진정한" 프로젝트 금융기법을 이용하여 사업의 위험을 극소화시킨 후(그러한 금융기법은 존재한다), 유동성이 풍부한 연기금이 "안전하게" 투자할 수 있도록 적극 유도하는 것이었다.

이때 세입자가 지불할 월세를 물가 수준과 연동시키고(현재 70만원이 월세액이라면, 30년뒤의 월세액은 그간의 소비자 물가 상승율을 감안하여 변동되는 것은 너무도 당연하지 않을까), 동시에 연기금으로부터의 차입에 대한 원리금 상환액도 모두 물가에 따라 연동시킨다면, 연기금의 가장 큰 고민 거리인 물가 상승의 위험에 대하여 보험을 제공하는 격이고, 따라서 그들로부터 더 낮은 수준의 명목금리로 차입이 가능하다(현재 그러한 물가연동채권 시장이 한국에 존재한다).

필자가 제시한 안에 따르면 낮은 금리로 인해 주택의 실질 잔존 기간 동안에 연기금으로부터의 차입에 대한 원리금을 모두 상환할 수 있는 구조가 충분히 실현 가능하다. 시뮬레이션을 하니 임차인의 "실질적"(미래의 물가상승을 고려하지 않은) 월세 부담은 20평형 기준으로 월 60만~70만원이 될 수 있었다. 이런 구조하에 임대주택 사업을 실행한다면, 주택의 실제 내용연수(혹은 수명)가 30년이라고 가정하였을 때 그 30년 뒤에도 토지는 여전히 국가의 소유로 남아 있고, 또한 건설비용에 대한 차입은 이미 모두 상환되었기에 그 시점에서 같은 금융 구조로 재건축을 하기만 하면 된다. 그리고 기존에 살고 있던 세입자들은 다른 곳에서 새로 건설된 임대주택으로 이주하면 된다. 이는 누구나가 임대주택에서 평생 집 걱정 없이 거주할 수 있도록 하기 위한 것이고, 제약된 국가의 공공부지를 영원히 효율적으로 활용함과 동시에 종전처럼 공공토지를 분양받은 누구인가가 불로소득을 창출하는 것을 근절할 수 있다.

필자는 이렇게 할 경우 주택에 대한 가수요가 현저히 감소될 수 있다고 생각했다. 그리고 이 방안을 통한다면 국가의 재정 지출을 최소화하고, 동시에 기존의 적립된 기금들은 직접적으로 주택 건설에 투자되는 것이 아니라, 새로 건설되는 주거 단지의 인프라, 그리고 각종 교통 및 편의 시설 확충에 사용하여 임대주택은 빈민 지역이라는 기존의 고정 관념을 불식시킬 수도 있을 듯했다.

'현실의 벽'을 극복할 필요

하지만, 정치적 결정은 필자의 이상적 생각과는 당연히 괴리가 존재하기 마련이었다. 일단 모든 국민이 주택투기를 통하여 자산 소득을 얻을 수 있는 기회를 만들어 주어야만 표심이 움직인다고 생각하는 정치인들의 사고 방식 자체가 문제였다. 또 기존의 "기형적인" 한국의 부동산 PF가 마치 표준적인 금융 방식인 것으로 착각하는 기존의 부동산 전문가들의 고정관념과 무지도 한 몫을 했다.

하지만 결국 문제의 근본적인 해결책은 보다 적극적으로 임대주택을 보급해, 임대주택 및 주거 환경의 질적 개선 등을 통해 모든 이가 최소한의 부담으로 평생 주택 걱정없이 살 수 있도록 하고, 희소한 토지 자원은 국가가 지속적으로 소유하여 공적으로 사용할 수 있도록 하는 '토지 공개념'의 철학을 유지하는 것이다. 그렇게 한다면 희소한 자원을 둘러싼 투기적 열기의 많은 부분이 줄어들 것이고, 주택 가격도 안정될 수 있으며, 거듭 재발되는 "한국형 부동산 PF"의 위기도 줄어들 수 있다.(단, 증권사의 수익과 담당 직원들의 보너스 삭감은 불가피하다.)

하지만 필자의 바람이 현실화될 수 있기 위해서는 모두가 욕심을 버리고 기존 고정관념에서 벗어나야만 한다. 우선은 정치인들의 대중영합주의적 자세, 건설사들과 금융사들의 단기적 욕심, 정부 관계 기관 등의 관행적 사고, 소위 부동산 금융 전문가들의 편협함과 아집, 이 모든 것들을 불식시키는 것이 절대적으로 필요할 듯 하다. 그리고 그로 인한 부수적 효과는 건설사들에게는 황금알이라고 불리워지는 공공 부지 분양과 개발사업 대신에, 국가 소유의 임대주택 사업을 개시함으로써 지금 모든 문제의 근원이 되는 부동산 스캔들도 방지할 수 있지 않을까 생각된다.

'김남국 사태'를 바라보는 또 다른 시선: 문제는 국민

(2023.5.19)

- 그의 행위를 청소년들이 배워도 될까
- '도박'행위, 건전한 노동의욕 훼손시켜
- 민주당, 김 의원 제명에 앞장서야
- 국민들의 '건강하지 못한 붕당 정신'이 문제

인간은 사회적 동물이기에 타인에 감염된다

인간을 사회적 동물이라는 하는 또 다른 이유는 인간의 정서는 상호 간에 쉽게 '감염'되기 마련이기 때문이다. 스피노자 식으로 말하자면, 이웃이 좋은 차를 사면 자기도 사고 싶은 욕망이 생기고, 또한 이웃이 도박으로 횡재를 하면 많은 이들은 열심히 일하려는 의욕을 상실하고 자신도 도박으로 횡재를 하기를 바란다. 그 상황에서 누가 과연 열심히 일하려는 의욕이 생기겠는가. 따라서 도박이 만연한 사회에서는 일하려는 의욕 대신 요행심이 팽배하고, 결국 헛된 물신주의에 지배된다.

그리고 그 이면에는 눈물을 흘리고 자살하는 자가 있기에 마약보다 그 해악이 더 심하다. 또한 투전판은 한번 빠지면 헤어나오지 못하는 마약과도 같은 강한 전염력과 생존력을 가진다. 그렇기에 도박은 단순히 개인사로 치부되지 않고 사회적 악으로 간주된다. 사회의 건강함과 인간 간의 결속을 붕괴시키기 때문이다.

도박과 투자

그런데, 도박과 '금융투자'의 경계선은 사실 모호하다. '생식능력이 있는' 동물처럼 '투전된 돈'이 자식을 '저절로' 생산하기를 바라는 면에서는 차이가 없기 때문이다(아리스토텔레스는 돈이 돈을 낳는 행위를 비난하면서 투전으로 인한 이자 등의 대가를 '자식'이라는 의미의 tokos라고 불렀다). 군이 양자의 경계를 가르는 중요한 잣대 중의 하나는, 그 '투전' 행위가 사회적으로 기여하는 바이다. 사회에 생산적으로나 혹은 다른 방식으로 기여하는 한에서 어떠한 경우에는 투전 행위도 용인되기도 하는데, 그렇기에 원래는 해악적인 카지노의 설립도 종종 침체된 지역 경제 발전 등 어떠한 '특정 조건' 하에서만 불가피하게 허용되기도 한다. 또한 주식시장에서의 '투기'도 그럼으로써 생산적 자금을 조달하기 위하여 불가피하다는 주장 하에 허용된다.

하지만 일반 도박판, 비트코인, 그보다도 못한 게임코인은 순전한 도박의 목적 이외의 사회적 기능이 존재하는가? 혹자는 블록체인이라는 핵심기술을 개발하는 유인책으로서 비트코인이 필요하는 주장을 하기도 한다. 물론, 비트코인이 인기를 끌면 블록체인 기술도 덩달아 개발될 수 있겠지만, 블록체인 기술이 개발되기 위하여서는 '필히' 비트코인이 장려되어야만 하는 것은 아닐 듯 하다. 특히 블록체인이 단순히 비트코인 투기를 위한 수단이 아닌 다른 중요한 사회적 기능이 있다면, 비트코인이 없이도 블록체인이 개발될 수 있는 여지는 있을 수도 있다는 생각이 든다. 초기에 개발비용이 과다하고, 또한 그 성과를 시현하기 위하여는 상당한 시간을 요한다면 국가 등에서 초기 지원을 할 수도 있는 사안일 듯도 하다. 그런데, 비트코인의 사회적 기능에 대하여 그것이 화폐이다 아니다라는 등의 갑론을박이 존재하지만,[79] 위메이드 등의 게임코인은 논의를 할

---

[79] 많은 이들은 화폐가 가지는 속성의 한가지인 '유동성'을 '태환성'과 혼동한다. 주식은 주식시장이 발달한 경우 돈으로 바꿀 수 있는 '태환성'은 있지만 가격이 변하

필요도 없는 단순한 도박을 위한 도박의 수단인 듯 하다.

그러한 사회적 기능이 없는 유사 도박행위는 건전한 노동의욕을 훼손시킨다. 그리고, 도박에 성공한 사람들의 이면에는 그로 인하여 인생이 파멸되는 타인의 어두운 음영이 존재한다. 이러한 행위는 제로섬 게임이거나, 혹은 지속적으로 그 시장에 누구인가 계속 참여하여 판을 키워야만 하는 '피라미드 폰지 사기'와도 같은 숙명을 타고났기 때문이다. 그리하여 도박판에서는 만인이 만인의 적이 되며, 사회의 결속마저도 붕괴된다. 그리고 유사 도박행위는 마약과도 같은 강력한 전염력을 가진다.

이러한 유사도박 수단은 당연히 화폐도 아니고, 근대 네덜란드의 '튤립 버블'에서 등장하는 튤립보다도 못한, '독버섯' 그 이상도 이하도 아니다. 튤립은 적어도 향기는 제공하며 단명한다. 하지만 유사도박 수단은 악취를 풍기며, 튤립보다도 더 강한 생존력을 가진다. 인간이 사회적 동물이어서 전염되기 쉽기 때문이다.

자본주의에서 부자가 된다는 것은 반드시 악은 아니다. 하지만, 건전한 노동에 의하여 그러한 한에 있어서 그러하다. 그것이 '기업가 정신'이건 '현장에서의 노동'이건 건전한 노동의 대가를 향유할 수 있는 체제로서만 자본주의는 발전할 수 있기에 자본주의 또한 정당화될 수 있다. 자본주의에서는 돈이 모든 것을 지배해도 좋은 체제라는 세간의 그릇된 믿음

기 때문에 '유동성'은 없다. '유동성'이 있다는 것은 단순히 태환적일 뿐만 아니라, 그것을 사용하고자 할 때 그 '가치'가 유지되어야만 함을 의미한다. 이 점에 대하여서는 케인즈와 막스 베버 모두 동일한 입장을 취한다. 비트코인은 유동성이 없고, 태환성도 사실 부분적일 뿐이다. 그리고 기타의 화폐의 중요한 속성에 대하여서는 본 기고에서는 생략하기로 한다.

과는 달리, 자본주의의 적은 그 돈을 마음대로 '지대 추구'를 위해 사용하여도 무방하다는 탐욕의 심리와, 또한 도처에서 자라나는 '도박 심리'라는 독버섯이다.

정치인이라는 직업

소위 정치가라는 작자들이 자신에게 주어진 사명을 망각하고, 선두에 서서 도박판에 뛰어드는 행위는 좌-우를 떠나서 비난 받아야만 한다. 특히 그가 가진 사회적 위상과 그로 인한 선동적 권력 때문에 더욱 그러하다. 그가 바로 사회의 파멸을 향한 길을 선도하기 때문이다.

김남국 의원의 행위에서 청년들이 무엇을 배우겠는가. 각자는 남에게 쉽게 전염되는 사회적 동물이기에, 열심히 일하기 보다는 자신의 직장에서 한눈을 팔며 김남국 의원이 몸소 실천한 '아름다운' 모범을 모방할 듯 하다. 누구도 그 사람들을 비난할 수도 없다. 사회 지도층이라는 국회의원이 몸소 보여준 바를 모방함에 누가 이론을 제기할 수 있는가.

그래서 충고한다. 민주당이 시정 잡배의 집단이 아닌, 적어도 건전한 근로 의욕과 건전한 사회, 그리고 사회의 결속을 지향하는 정당이라면, 김남국 의원을 국회에서 제명시켜는 발의를 하여야만 한다. 그가 자신이 무엇을 하였는지를 모르기에 더욱 그러하다. 이는 그가 행한 행위가 적법인가 불법인가의 문제는 결코 아니다. 돈은 건강하게 벌어야만 하고, 정치가는 자신의 가장 중요한 본분이 있는 법이다. 그리고 사회는 건강하게 유지되어야만 한다.

붕당 정치의 지양, 그리고 '무지의 베일'의 필요성

그런데, 최근의 사태를 볼 때 김남국이라는 영혼을 상실한 청년보다도 더욱 문제가 되는 것은 그를 옹호하는 사람들이다. 여당 편향적 언론이 김남국'만'을 공격한다거나 검찰이 김남국'만'을 공격하기에 억울하다고 하면서, 돈을 버는 것이 무엇이 문제인가 하고 따지는 것은 단순히 낡은 붕당 정치 이데올로기 이상도 이하도 아니다. 단지 내 편이라고 해서 오물을 숨겨야만 한다는 논리일 뿐이다. 스스로 정화하지 못하면 악취가 나기 마련이다.

존 롤스가 말하였듯이, 판단하는 각자가 자신이 속한 위치나 정당을 잊어버리고 '무지의 베일'을 쓰고 사태를 바라보시라. 쉽게 말해 국민의힘 국회의원이 동일한 행위를 하였다고 하자. 아마도 김남국 의원을 옹호하는 분들은 이번에는 과거의 자신의 주장을 망각하고 국민의힘 국회의원에 대한 성토 대회를 열 법도 하다.

국민의 성숙도가 문제다

따라서 김남국 의원이 불법을 행하였는지, 이해상충이 있는지, 혹은 도덕적 소양이 부족한지를 판단하는 여부보다 더욱 심각하게 생각되는 바는, 김남국 의원을 그럼에도 불구하고 옹호하는 국민들이나 민주당의 미온적인 자세다.

고인 물은 썩기 마련이며, 그 때문에 그 나라에서는 미래가 보이지 않는다. 오스트리아 경제학파의 창시자이자 슘페터의 스승이기도 한 위대한 사상가인 폰 비저는 그의 생애의 마지막 저서인 《권력의 법칙》[80] 에

80　본인이 번역하여 2023년 6월에 한글로 출판되었다. 아이러니 하게도 신자유주의자의 초상인 하이에크와 미제스도 그의 문하에서 공부하였는데, 이데올로기는 정반대이다.

서 '국민적 정당'과 '당파적 정당'을 구분하며, 전자를 여-야를 구별하지 않고 국민적 복지라는 높은 이상에 있어서는 서로 동반자적 위치를 가지는 정당체제라고 말하고, 그러한 체제하에서만 진보가 달성될 수 있다고 믿었다. 반면 후자인 '당파적 정당'은 파당적 이해를 위하여 국민적 이해를 망각하게 되는 정치 행태이다.

그런데 전자의 정당 체계의 형성에 있어서 절대적 필요조건은 국민의 도야(陶冶) 내지는 성숙함이다. 그럼으로써 정치가들의 개인적 이해와 탐욕을 '견제'할 수 있다. 그렇지 못한 경우, 정치는 대중선동주의에 경도되고, 혼란이 지속되는 경우 피로한 국민들 위로 '파시즘'이 등장하는 계기가 되는데, 그의 말에 따르자면 '파시즘'은 민주주의를 부정하는 것이 아니라, 성숙하지 못한 국민을 이용하는 '민주주의의 남용'이다.

다시 강조하지만, 작금의 문제는 김남국 의원 개인의 문제가 아니다. 문제는 현재 사회에 만연된, 국민이 가진 '건강하지 못한 붕당 정신'과 '당파적 정당'이다.

비저와 서자(庶子) 하이에크: 권력과 자유

(2023.6.13)

- '권력의 법칙'과 '자유헌정론' 동시 출간 '주목'
- 하이에크 자유, 권력자에 남용될 수 있는 자유
- '자유주의' 세뇌돼 자유 상실한 하이에크 '비애'

아주 공교롭게도 오스트리아 경제학파의 스승 '폰 비저'의《권력의 법칙》과 제자 '프리드리히 하이에크'의 저술《자유헌정론》(개정판)이 지난 달과 이 달에 한국에서 번역 출판되었다. 후자는 정·재계로부터 강력한 지원을 받는 '자유기업원'이라는, '자유'를 목놓아 외치는 자금력이 강한 단체가 지원하여 새로 번역 출시되었다. 반면 전자는 가난하지만, 그래도 열심히 자기 길을 추구하는 출판사(진인진)에 의하여 기획되었다. 스승과 제자의 저술임에도 불구하고 어쩐지 두 저술의 성향이 유사하지는 않을 것 같다는 예감이 든다.

자유기업원과 하이에크의《자유헌정론》

자유기업원의 웹 사이트에 들어가면, 다음과 같이 책을 홍보한다. 길지만, 그래도 발췌하여 이상한 선전문구를 보여주자면:

"법치의 올바른 구현을 위한 책,《자유헌정론》이 개정된 번역으로 새롭게 출간됐다. 이 책에서 자유가 어떤 의미를 가지며 왜 소중한지, 현대를 살아가는 우리에게 상세히 알려주고 있다. …윤석열 대통령 취임 이후, 법치가 핵심적인 가치로 주목받고 있다. …법에 의해 국가권력을 통제하고 자의적인 지배를 배격하는 것이다. 즉, 인간의 이성을 신봉하기보다 인간의 고유한 '개인의 자유'를 보호하는 것에 방점이 있다. 법치의 올바른 구현은 자유가 없이는 불가능하다. …윤 대통령 또한 작년 5월 취임사에서 "우리는 자유의 가치를 제대로, 그리고 정확하게 인식해야한다"며 "자유의 가치를 재발견해야 한다"고 강조한 바 있다. 그러면서 "인류 역사를 돌이켜보면 자유로운 정치적 권리, 자유로운 시장이 숨 쉬고 있던 곳은 언제나 번영과 풍요가 꽃 피었다"고 말하며, 취임사 전체에서 '자유'라는 단어를 총 35번이나 언급하여 화제가 되기도 했다. 문명의 성장과 발전 과정에서 다른 어떤 것보다 중요한 역할을 했던 자유. 그 자유의 중요성을 강조하며, 의미를 재발견할 수 있는 책, 바로 자유헌정론이다."

그런데, 이 문구를 보면 이 책을 선전하는 것인지 아니면 어떤 특정 제 3자를 선전하는 것인지 아리송하다.

'자생적 질서'에 대해

칼 멩거(Carl Menger)에서 시작되는 오스트리아 경제학파는 전통적으로 소위 '비의도적'인 제도의 진화를 강조하는데, 그러한 측면은 하이에크의 대명사처럼 된(실제로는 스승들의 개념인), 소위 '자생적 질서'(spontaneous order)라는 말로 잘 알려져 있다. 많은 인간의 제도들은 애당초 어떠한 '의도'가 개입됨이 없이 형성되었다. 인간의 언어도 그 중의 하나일 것이며, 많은 관습, 규범, 제도 등이 그러하다. 물론 이러한 논지에는 충분히 공감한다. 인간의 인지와 예지 능력에는 당연히 한계가 존재하기 때문에 인간사의 '모든 것'을 중앙 정부가 창조해내고 통제하는 것은 불가능하다.

하지만 이에 그치지 않고 하이에크의 논조는 두가지 연관된 규범적 가치판단을 은근 슬쩍 도입하고 있다.

첫째는 그러한 '자생적 질서'에서 생성된 것은 기능적인 면에서 '효율적'이고, 그래서 '선'이며, 반대로 중앙에서 의도적으로 만든 것은 '비효율적'이고 '악'이라는 흑백논리이다. 둘째는 '자생적 질서'에서 도출된 것은 인간의 '자유'를 보장하는 것이며, 그렇지 않은 것은 인간의 '자유'를 억압하는 것이라는 흑백 논리이다. 양자 모두에서 종교적인 논리의 비약을 엿볼 수 있다.

만약에 대한민국의 모든 중국음식점을 국가가 소유하고 통제하는 경우에 새로운 메뉴의 개발이 힘들 수 있고, 비효율적이며, 각 조리사의 창발성을 제약할 수 있다. 이에는 동의한다. 하지만, 도로나 철도망을 단순히 민간에만 의존하여 건설할 수는 없는 노릇이고, 각 분산된 도로망을 통합하는 자생적 질서가 쉽게, 자연히, 그리고 신속하게 생성되는 것을 기대하는 것은 힘들다.

케인즈는 일찍이 소위 '보충성의 원리'를 강조하였다. "국가 계획의 본질이라는 것은 그 성격에 있어서 개인의 역량의 범위를 넘어서는 것을 국가가 하는 것이다.(…) 그것의 목적은 신중한 예상을 바탕으로 개인들의 역량 범위 밖의 것들을 조정하고 관리함으로써 각 개인이 자유롭게 서로 간에 경쟁하며 활동하는 환경을 수정하고 또한 규정 짓는 것이다."(Keynes and Moggridge, 2010: 81). 양자는 서로 배척하는 것이 아니라 보충하는 관계에 있어야 한다는 것이다. 케인즈의 발언은 일면 흑백논리의 위험성을 경고한다.

그런데 이에 더하여, 일찍이 슘페터가 아담 스미스의 '도덕감정론'에 필적하는 대저술이라고 극찬한, 하이에크의 스승인 비저의 저서《권력의 법칙》에서 강조된 바와 하이에크 식의 논리를 비교하여 보면 후자의 문제점이 보다 잘 드러날 수 있을 듯 하다.

비저는 다음과 같이 강조한다. "그러한 '자생적 질서'는 기능적으로 볼 때 효율적일 수도 있고 아닐 수도 있으며, 처음에는 효율적이었다가 역사적으로 점차 고착되어서 오히려 진보의 장애물이 될 수 있다(이를 소위 '역사적 고착 권력'이라고 부른다). 더욱이 중요한 것은 그렇게 일단 형성된 제도는 인간의 '자유'를 제약하는 권력으로 변질될 수 있고, 또한 누군가는 그러한 권력을 사유화하고 타인을 지배하고 타인의 자유를 속박하기 위하여 이용한다. 그리고 그러한 제도들은 비효율적이고 압제적이면서도 존속할 수 있다. 그런데, 이 모든 것들 또한 '자생적 질서'의 소산이다."

자유와 자유의 허상

하이에크의 《자유헌정론》에서는 그가 강조하는 '자유'라는 것이 도대체 무엇인지가 모호하기만 하다. 현대적 권력론의 시초라고 할 수 있는 스티븐 룩스가 제시한 권력의 분류를 따르자면(Steve Lukes 2004), 상대방이 원하는 바를 하지 못하게 하는 권력을 '1차원적 권력'이라고 하는데, 하이에크의 '자유'는 단지 이러한 1차원적 권력으로 부터의 자유에 국한되어 있다. 쉽게 말하자면, '깡패'에 의하여 무력 협박을 당하지않는 한 인간은 자유롭다.

그런데, 짜장면과 짬뽕 중에서만 선택하라고 하면서 탕수육을 먹지 못하게 하는 선택의 자유가 진정한 선택의 자유일까(즉, 일정 프레임 내지는 활동 반경을 설정하여 놓고 상대가 그 반경 내에서만 운신할 수 있도록 하는 권력을 스티븐 룩스는 '2차원적 권력'이라고 정의하였다). 또한 소위 가스라이팅하여 상태를 조정하면서 상대가 '자유의지'에 의하여 행동하고 있다고 착각하게 만들때, 그 상대방은 과연 진정한 자유를 가지고 있다고 말할 수 있을까(이러한 권력은 스티븐 룩스의 '3차원적 권력'에 해당한다).

하이에크적인 자유는 단순히 법 앞에서의 평등에 따른 자유인데, 그

법이 수호하고자하는, 그 법을 만드는 사회적 설정, 그리고 법을 누가 제정하고, 그래서 그 법이라는 운동장이 어떻게 기울어져 있고, 또한 그 법을 누가 어떻게 집행하는가에 대한 질문은 실종되어 있다(Hook, 1960). 룩스가 말한 2차원, 3차원적 권력으로부터의 자유는 하이에크의 관심거리가 아니다.

그런데 정말로 야릇한 것은 스승인 폰 비저가 그렇게 강조하였던, '자유'라는 말이 내포하는 위험성, 내지는 '자유의 허상'은 하이에크의《자유헌정론》에서는 실종되어 있다는 점이다. 일단 비저는 권력에 대하여 말한다. "권력이라는 것은 하늘에서 떨어진 것이 아니라, 다중이 가진 '힘'을 결집하여 그것을 다시 그 다중을 지배하기 위하여 다시 유용하는 것이다. 전제군주는 백성들이 가진 힘(그것은 경찰, 군대와 무기 등으로 형상화될 수 있다)을 그 백성들을 억압하기 위하여 사용한다. 즉, 반란하는 백성들을 억압하기 위하여 백성들의 힘을 유용한다."

그런데, 이러한 권력은 단순히 무력에만 의존하는 것은 아니다. 모든 권력은 인간의 정서에 작용한다. 무기 자체가 아니라, 무기가 인간의 정서에 야기하는 공포가 중요한 것이고, 그리고 종교와도 같이 인간의 내면을 정복하는 권력이 보다 강력한 것이다. 하이에크의 스승인 폰 비저는 다분히 '부르디외' 내지는 '푸코'적이다. 하이에크 식의 맹목적인 자유는 없고, 자유는 사실 '권력에 의하여' 규정된 자유이다. 그리고 내적 권력은 인간의 정서를 지배하는데, 그럼에도 그 인간은 스스로 자유롭다고 외친다.

하이에크는 시장 제도를 자유를 구현하는 수단으로 강조하였다. 하지만 비저, 그리고 비저와 정신적 친교를 하였던 막스 베버에 의하면, 시장 제도는 마치 자유에 근거한 것처럼 보여지면서도 동시에 인간의 자유를 속박한다는 측면에서 무력보다도 강력할 수 있다고 강조한다. 비저와 베버는 마르크스식으로 반문한다. 자본가와, 가진 것은 노동력 밖에 없는 노동자가 노동'시장'에서 거래를 하는 것이 과연 서로간의 '자유'로운 거래라고 할 수 있는가. 비저는 또한 묻는다. 부자의 100원이 가난한 자의 100원과 같은 가치를 가지는가. 100원은 누구에게나 똑같은 100원으로 간주하는 시장 제도는 과연 '자유'로운 질서인가?

즉, 하이에크에 따르면, 짬뽕과 짜장면 중에서 선택할 수 있는 권리가 법적으로 보장되어 있다면, 인간은 '진정'으로 자유로운 것이다. 그 둘 중 하나를 사먹을 수 있는 경제적 능력이 있는지 없는지, 왜 탕수육을 주문할 수 없는지는 하에에크식 자유를 결정하는 요소는 아니다. 그리고 그는 시장을 통해서만 자유가 보장되고, 그것을 통하여서만 모든 것이 가장 효율적으로 조직된다고 주장한다.

그런데, 비저와 막스베버에 의하면 시장이라는 것은 이미 기울어진 운동장이다. 그 시장이 공평한 운동장이 되기 위하여서는 비저에 의하면, 모든 이들의 소득이 똑같아야만함을 전제하기 때문이다. 노동자들이 자본가와 공평하게 협상하기 위하여서는, 노동자들도 뒷배가 있어서 당분간 먹을 것을 걱정하지 않아야만 한다. 마찬가지로 중소기업과 대기업은 시장에서 평등하게 거래하지 못한다. 그리고, 직접적인 폭력은 피부로 느낄 수 있지만, 시장을 통한 권력의 행사는 비가시적이고, '당연한 것'으로 여겨질 수 있고, 따라서 더 강력한 지배의 수단이다. 이 이야기는 마르크스의 이야기가 아니다. 신자유주의자들이 감히 거부하지 못하는 막스 베버의 이야기이다.

하이에크는 진정 스승을 이해했을까

하이에크의 《자유헌정론》에는 그의 스승 이름이 세 번 등장한다. 하나는 조세에 관한 것이니, 본 글의 맥락에서는 상관없고, 한 번은 정치적 권력은 단순히 무력만이 아니라고 한 사람들 중의 하나라면서, 그리고 마지막으로는 "권력이란 궁극적으로 물리적 사실이 아니라 사람들을 복종하게 만드는 의견의 상태이다"라고 말하면서, 데이빗 흄과 비저가 이러한 이야기를 하였다고 간단히 언급하고 지나간다.

일단, 필자가 보기에는 자신의 스승이 말한 권력에 대하여 하이에크는 전혀 제대로 이해하지 못하다. 그의 스승의 요점은 권력은 피지배자의 '정서'를 지배하는 힘이라는 출발점이다. 단지 누군가를 따르게 하는 '견해'라는 하이에크의 권력에 대한 요약은 그의 스승이 말한 권력의 본질과 상충되는 이야기는 아닐지언정, 스승의 말을 정확히 이해하고 있는 표현으로 보이지는 않는다. 위의 스티븐 룩스의 분류를 따르자면 하이에크는 단지 1차원적 권력만을 생각하고 있는 듯하다.

그리고 중요한 점은 하이에크에게 있어서는 제도란 인간에게 있어서 비의도적이며 자생적으로 생성되는 단방향 만의 인과만이 존재할 뿐, 자신의 스승이 강조하였던 바, 자생적으로 형성되었지만 시간이 지남에 따라 고착화된 제도와 그러한 제도를 이용하는 권력자가 이제는 인간을 규정하는 반대방향의 인과에 대해서는 침묵한다. 물론 하이에크는 그의 스승인 비저가 그렇게 강조하던 권력과 지배를 몰랐을 리는 없다. 하지만 그도 한 인간이었기에, 정작 자신은 자신 스스로가 그렇게도 집착하던 자유주의라는 종교적 신념의 지배에서는 '자유'롭지 못하였을 듯 하다. 자유주의라는 종교에 사로잡혀 자유를 상실하는 이율배반…이에 그의 비애가 있는 것은 아닐까.

파시즘의 원인?

또한 파시즘의 원인은 무엇인가. 이에 대하여 스승과 제자의 의견은 갈린다. 집단주의, 사회주의가 그 원인이라는 하이에크와는 달리, 그의 스승인 비저는 민주주의의 '남용'을 파시즘의 기원으로 본다. 비저에 의하면, 파시즘은 민주주의를 부정하는 것이 아니라, 민주주의를 남용함으로써 생긴 결과이며 우민 정치의 소산이다. 무솔리니나 스페인의 파시즘은 대중의 열광적인 지지로 등장하였다. 역사적으로 도야되지 않은 대중 위에 등장한, 마치 민중의 자유에 근거한 것처럼 여겨지는 민주주의는 대중 선동주의가 되며 자칫 파시즘으로 흐른다는 것이 비저의 주장이다.

그런데, 하이에크는 그의 정신적 친구인 프리드먼과 함께 칠레의 피노체트 정권을 철저히 옹호하였고 피노체트를 격려하기 위하여 몸소 칠레를 방문하였다. 하이에크의 정의에 따르면 피노체트는 시장을 옹호하였다는 이유만으로 자유의 수호자였다. 따라서 피노체트가 저지른 천인공노할 학살과 만행은 다 용서되었다. 피노체트는 '가진 자'의 자유를 사랑하였기에 파시즘이 아닌 진정한 자유의 수호자였다.

판단은 독자의 몫

어찌 그렇게도 상이한 이야기가 스승과 제자 사이에 나올까. 사실 미스터리이다. 누가 옳고 그른지는 독자의 판단이다. 어찌되었건 스승과 제자의 저술이 동시에 한글로 출시되었기에 기존 하이에크를 옹호하는 사람들도 비저의 책을 읽고 곰곰히 생각할 기회가 있게 되었다. 적어도 최근 광풍처럼 퍼지는 소위 '신자유주의'에 대한 살을 베는 듯이 날카로운 비판을 그들 신자유주의자의 바로 그 스승으로부터 직접 전해들을 수 있는 기회는 생긴 셈이다. 그런데, 중요한 것은 열린 마음 자세이다.

《역사의 종언》이라는 책으로 유명한 후쿠야마 교수는 일전에 필자와 유사한 맥락에서 하에에크의 《자유헌정론》을 비판하였는데(Fukuyama 2011), 이에 발끈하여 신자유주의의 선봉에 서있는 미제스 재단에서 반대 논조를 제기한 바 있다(Thies 2011). 그런데 필자의 생각으로는 미제스 재단의 반론은, 하이에크의 '자유' 개념에 대한 정작 중요한 문제점 지적에 대해서는 침묵하고 있고, 그저 자신들의 종교는 항상 옳다고 강변하는 신앙고백처럼만 보여진다. 어찌되었건, 필자의 이 글에 대하여 하이에크와 프리드먼을 교주로서 숭배하는 '자유기업원'으로부터의 반론을 기대해 본다.

성공적인 대중영합주의자를 위한 길 안내서

- 단순하며 말초적어이야 하는 논리
- 비판은 비판을 위해서 비판해야
- 노벨상 같은 '권위의 오류'도 활용을
- 충실한 신도를 키워 헌금 모집 늘려야
- 문제는 초인적인 노력 필요..가능할까

현대사회에서의 성공적인 대중영합주의자는 돈과 명예와 권력을 향유할 수 있고 따라서 모든 이의 로망이 됩니다. 그러한 대중영합주의자가 되기 위한 중요한 원리를 몇 개 정리해 드리겠습니다.

단순 무식성의 중요성

첫째로, 제일 중요한 점은 주장하는 원리나 논점이 단순하거나 말초적이어야만 합니다. 특히 세상이 혼돈스럽고 불확실할수록 많은 사람들은- 일반 대중이건 고급두뇌라고 자처하는 경제학자이건 상관없이- 이러한 단순하고도 말초적인 원리에 귀를 기울입니다. 왜냐하면, 그 단순한 원리들은 두뇌에 쉽게 각인될 수 있어서 세뇌하기 쉽고, 필요에 따라서 자신들의 입장을 정당화하고 남들을 설득하기 위해 언제든지 꺼내 쓸 수 있는 아주 편리한 전가(傳家)의 보도(寶刀)가 되기 때문입니다.

프랑스 과학철학자 조르주 캉길렘(Georges Canguilhem)의 '생명과학에서의 이데올로기에 관한 중요한 에세이(Canguilhem 1977)'에서는, 신의 질서하에서는 과연 배가 항구에 무사히 도착할 때까지 선장의 조타가 필요한 것인가 아닌가라는 라이프니츠(Leibniz)와 뉴턴(정확히 말하자면 뉴턴의 대변인)의 논쟁이 간단히 소개되고 있습니다.

요는, 라이프니츠에 의하면 모든 것은 신의 섭리 하에서 설계 및 예정되어 있기에 선장이 필요 없다는 것이고, 뉴턴의 논지는 신의 질서하에서라도 선장이 소위 조타자의 역할을 해야만 한다는 것입니다. 그런데 뉴턴처럼 말하기 시작하면 너무나도 많은 부차적인 설명이 필요하기에 이야기가 복잡해지고 잘 먹히지 않습니다. 그래서인지 결론적으로는 라이프니츠의 사상이 생명과학에서 19세기 말까지 지속되어온 주류 사상이 됩니다.

그런데 라이프니츠식의 방식에 의하면 물질세계에서는 그러하더라도 인간과 세상의 조화는 어떻게 설명할 것인가 하는 또 다른 설명이 필요합니다. 그 또한 신에 의하여 인간 본성은 그렇게 조화를 만들도록 설계되어 있다는 식으로 설명하면 모든 것이 간단히 해결됩니다.

지금의 잣대로 보면 우스운 이야기처럼 들리지만, 이러한 방식의 단순성은 지금도 통용이 됩니다. 예를 들어, 작금의 신자유주의(neo-liberal) 사상의 논리도 유사하다고 생각됩니다— 따라서 조타자는 불필요합니다. 세상이 정해진 궤도에서 벗어나는 경우에는 신이 잘못한 것이 아니라 조타자가 주제넘게 나서서 발생하는 것입니다. 실업이 증가하면 '자연의 섭리에 반하여' 노동시장을 유연하지 못하게 하는 각종 인위적인 장벽 때문이고, 경제위기의 원인은 정부가 주제넘게 간섭하기 때문입니다.

요는, 단순한 사상이 생명력이 길고 호소력이 강하다는 사실입니다. 많은 성공적인 종교집단에서도 동일한 성향들을 발견할 수 있습니다.

인신공격을 포함한 '비판을 위한 비판'을 하라

두번째는, 자신의 파벌에 반대하는 집단의 주장에 대하여서는 그 잘 잘못 여부를 따질 필요도 없이 공격하고, 심지어는 자신이 과거에 한 주장과 똑같은 주장을 지금 상대방이 이야기하더라도, 모든 방법을 동원하여 비난의 화살을 늦춰서는 안된다는 것입니다. 비판은 오로지 비판을 위한 비판이어야만 합니다. 이에 조금이라도 양심의 거리낌이 있다면 훌륭한 대중영합자가 될 자격을 상실하게 됩니다. 모든 황당한 논리를 동원하여도 무관합니다. 여기에는 다분히 많은 상상력과 창의력이 필요하고, 따라서 이에 의하여 대중영합주의자의 등급이 결정되며, 그것은 자신의 소득과 권력의 크기와 직결됩니다. 필요하다면, 자신의 상대방에 대한 인신공격도 적극 활용하여야만 합니다. 청자들은 그러한 가십거리에 더 큰 매력을 느낍니다- 귀에 쏙쏙 들어오기 때문입니다. 어떤 때에는, 상대방이 바로 반대편의 입장에 있다는 그 이유만으로도 지옥의 나락에 떨어질 것이라는 식의 다소 유치한 주장도 필요합니다.

권위의 오류를 적극 활용하라: 하이예크, 마르크스가 주장한 얘기라구!

세번째는, 자신의 주장을 강요하거나, 혹은 상대방을 논박할 때, 가급적 논리학에서 말하는 소위 '권위의 오류'를 많이 활용하라는 것입니다. 예를 들어, '신 자유주의' 사상에 대하여 누군가가 시비를 걸면, 자신들의 종교의 수장 격인 하이에크(Hayek)가 말한 "자발적 질서(Spontaneous Order)"를 언급하면서, "당신이 노벨상 받은 대(大)경제학자보다 더 훌륭하냐"는 식으로 공격하는 것입니다. 얼마 전 중국의 시진핑 주석은 중국공산당이 마르크스주의의 충성스런 신봉자라고 운운했는데, 일단 시진핑이 자본론을 과연 읽었는지는 잘 모르겠고 또 저 개인적으로는 중국 공산당과 마르크스하고 무슨 연관이 있는지 잘 모르겠지만 그것은 중요하지 않습니다. 마르크스의 권위를 빌어서 자신을 정당화하면 그것으로 목적은 달성한 셈입니다.

필요하면 마르크스의 구절 중 다른 부분은 다 거두절미하고 자기 입맛에 맞는 이야기만 강조하면 그것으로 훌륭합니다. 사람들은 게으르고, 복잡한 것을 싫어해서 따지려고 하지 않습니다. 그저 '그런가 보다', 그리고 '이 분은 유식하다' 대략 그 정도에서 그칩니다.

비판의 목적은 상대의 교화가 아니라 내부 결속 다짐에 있다

네번째로 명심해야만 할 점은, 위의 두번째나 세번째 점에서 강조한 행위의 주요한 목적은 반대 편을 교화하기 위함이 아니라, 그럼으로써 이미 자기 편이 되었거나 그런 성향이 있는 사람들 간의 내부결속력을 다지기 위한 것이라는 점입니다. 사람들은 자기가 믿는 것만 믿고 싶기 때문에 이미 자기 편으로 교화된 사람들은 구구절절 시비를 걸며 따지지 않습니다. 오히려 열광합니다. 따라서 헌금의 액수는 늘어납니다.

반대편 파벌의 사람이 시비를 걸면 무시하면 됩니다. 혹은 상대에게 따끔하게 한마디 하고 싶다면, 그 유명한 토마스 아퀴나스식의 답변을 하면 됩니다. 어느 날 의심이 많은 신도가 아퀴나스 신부에게 묻습니다. "신은 완벽한데, 어떻게 불완전한 지옥을 만들었냐"고. 아퀴나스의 답변은, "당신같이 따지기 좋아하는 놈들을 위하여 지옥을 만든 것"이라고. 세상 사람들 100%를 다 자신의 종교 신도로 만들겠다는 생각은 포기하여야만 합니다. 충실한 신도 몇 사람이 당신의 물질적, 정신적 생활을 풍요롭게 만듭니다.

헌금 액수에 따라 유연하게 대처할 것

다섯번째, 누가 자발적으로 돈을 기부하는가 하는 점을 신중히 고려하여 그때 그때 돈을 기부하는 사람들의 입맛에 맞게 적절히 주장이나 비판을 조정하여야 하는 것은 당연합니다. 그로 인한 이해상충이 생기는 경우에는, 헌금 액수의 많고 적음으로 우선순위를 정하면 됩니다.《돈의 철학》의 저자 짐멜(Simmel 2013/1900)의 방식으로 말하자면, 현대 사회에서는 화폐로 인하여 정신적인 고민의 크기를 쉽게 숫자로 전환할 수 있습니다.

결어: 인기 관리를 위해서는 역사적 안목도 필요

마지막으로, 위의 원리들은 성공적인 대중영합자가 되기까지에 대한 지침이지, 그 위치를 계속 유지하기 위한 지침으로서는 불완전할 듯합니다. 그 위치를 유지하는 것은 이루 말할 수 없는 초인적인 각고(刻苦)의 노력을 요할 듯합니다.

기업을 만들기까지는 20년이 걸려도 단 5분만에 붕괴시킬 수 있다는, 별로 중요하지도, 인생에 도움도 되지 않은 어떤 사업가의 인터뷰를 얼마전 읽은 기억이 납니다. 그리고 초기에는 일견 성공적으로 보였던 많은 대중영합주의자들이 달이 차면 기울 듯이 영락(零落)하였다는 사실에서 교훈을 얻어야만 합니다. 따라서, 성공적인 대중영합주의자가 되기 위하여서는 역사적인 식견도 아주 중요합니다.

일단 여기까지가 중요한 포인트인데, 아마도 더 중요한 점들을 제가 혹시 빠뜨렸을 수도 있습니다. 제가 간과한 점에 대하여는 독자들의 예리한 지적을 기대합니다.

정책의 지상 목표가 물가 안정이라니!

(2023.11.28)

- 물가안정 정책 그 자체로 목적이 되어선 안돼
- 물가안정 위한 긴축, 가계와 기업 공멸 초래해
- 현 정부 정책은 이데올로기적 '광기'의 소산
- 대신, 수입원자재 보조금 · 생필품 가격정책을
  재정확장 통한 경기침체 탈피 전략 필요한 때

무엇을 위한 물가안정 정책인가

COVID-19와 러시아-우크라이나 전쟁 이후, 정부는 정책의 최우선이 물가안정이라고 주장한다. 이에는 여-야 모두 의견이 일치하는 모양이다. 야당도 정부가 물가 안정에 실패하고 있다고 비난하면서 물가 안정을 시키라고 목소리를 높이고, 대통령은 물가 안정을 위하여 재정지출을 삭감한다고 한다. 그런데 곰곰이 이 표어들을 들여다 보고 있자면 무엇인가 이상하다. 물가안정을 위해서는 다른 모든 것을 희생해도 좋다는 이야기인가? 물가만 안정시키면 모두 굶어 죽어도 된다는 이야기는 분명 아닐 터인데.

도대체 물가를 안정시킨다면, 그로 인하여 달성되는 목적은 무엇일까. 이상하게도 모두들 물가만 안정시키자고 하지, 구체적인 목적은 제시하지 않는다. 행간을 읽어보면 그렇게 해야만 서민의 걱정을 줄일 수 있다고 생각하는 듯하다. 혹자들은 물가안정이 시장 경제를 유지할 수 있는 기초라고 공자님 같은 말씀을 주장하는데, 너무 형이상학적으로 말하지 말고 피부에 와 닿을 수 있는 이야기에 국한하자.

수입원자재 가격 상승으로 인한 인플레이션에 대처하기 위한 긴축?

예를 들자면 최근의 상황처럼 수입원자재 가격이 상승해 제품의 원가가 상승하였고, 이에 따라 일반적 물가가 상승하는 경우를 생각해 보자. 이 상황에서 물가안정을 달성하는 방법은 무엇일까. 정부 정책당국자들은 고등학교 정치경제 시간에 배운 수요와 공급의 원칙을 떠올리면서 수요가 줄면 가격이 떨어진다고 생각하고 있다. 그런데 그때의 원칙이라는 것은 시장 통에서 '사자'와 '팔자' 간의 흥정하는 모습을 전(全) 경제 영역에 무리하게 확장시킨 바에 다름 아니다.

물론 수산물이나 청과물처럼 거래 시장에서의 '사자'와 '팔자'의 크기로 가격이 그때 그때 결정되는 상품도 있지만 이러한 상품들은 사실 전체 중 아주 작은 부분에 불과하고, 대다수 공산물 들의 가격 결정은 절대로 그렇게 단순하지 않다. 우리가 슈퍼마켓에서 물건을 구입하거나 아이폰을 구매할 때 그렇게 흥정하지는 않는다. 가격 결정에 대한 논의는 잠깐 접어두고, 그렇게 모든 가격들이 시장 판에서처럼 '사자'와 '팔자'의 흥정으로 결정된다고 한번 '가정'을 하자.

정책당국이 '사자' 수요를 줄이기 위해서는 소비세 등의 세율을 인상하여 소비를 줄이도록 하거나 정부재정 지출을 감소시키거나 혹은 이자율을 인상시키는 방법이 있다고 알려져 있다. 그래서 설령 '사자' 수요가 감소하고 물가가 떨어졌다고 또 한번 '가정' 하자. 이제는 문제가 해결되었으니 기뻐해야 하는가.

긴축은 기업과 가계의 공멸을 의미한다

그런데 이때 당연히 기업은 생산을 축소해야만 하고, 그 여파로 고용이 감소하게 된다. 고용의 감소는 다시 가계 소득의 감소로 이어지고 수요는 더욱 위축돼 기업은 다시 생산을 감축하여야만 하는 악순환이 시작될 수 있다. 그런데 이렇게 이야기하면, 경제학 선생님들은 그런 일은 발생하지 않는다고 반박하기 마련이다. 왜냐하면 그들이 믿는 보이지 않는 신의 '손'에 의하여 경제는 자동으로 균형을 달성하는데, 그러한 자동 균형 장치의 작동을 방해하는 것이 노동자들의 탐욕이라는 것이다. 소위 노동시장이 유연하다면, 그래서 실질임금이 하락하게 되면 기업은 더 많은 노동력을 고용하게 되어 자연히 생산은 늘고, 다시 소득이 늘어난다고 한다.

그런데 이 이야기의 첫 단추부터 이야기가 이상하다. 실업의 증가로 실질임금이 감소하면 기업이 왜 갑자기 고용을 늘리는가? 시장에서 오히려 제품의 수요가 감소하고 있는 상황에서는 아무리 임금이 저렴하여 졌다고 하더라도 기업이 고용을 늘리고 생산을 늘리는 것은 자살 행위에 다름 아니다. 자신이 고용을 늘리고 생산이 '먼저' 늘어나면 자연히 생산물에 대한 수요가 만들어진다고 생각해서 고용을 늘리는 기업들은 상상의 세상에서나 존재할 수 있을 뿐이다. 수요가 없는 한 애당초부터 고용을 늘리고 생산을 늘릴 어떠한 이유는 없지만, 그들 경제학 선생님들이 상상하는 앨리스의 이상한 나라는 비상식이 통용되는 이상한 나라이다.

물가를 잡는다고 수요를 줄이는 방식에도 문제가 있다. 대통령 연설을 듣자니, 정부 지출을 줄여서 물가를 잡는다고 한다. 이 이야기는, 경제에 빵이 10개 생산되고, 그 중 2개를 정부가 소비하는데, 정부 소비를 줄이면 빵의 수요가 8개로 줄어드니 물가가 떨어진다는 논리이다. 이 논리는 이어서 생산도 8개로 줄어들고, 그렇게 되면 고용도 감소하고, 수요는

8개가 아니라 오히려 6개로 줄어든다는 당연한 상식을 무시한 발상은 아닐까. 또한 과거에는 8명이 빵을 먹었는데, 이제는 해고된 사람들은 빵을 먹지 못하고, 대신 해고의 위험에서 자유로운 나머지 사람들만이 저렴한 가격에 빵을 먹게 된다면 후자들이 누리는 혜택은 결국 해고된 사람들의 희생을 바탕으로 한 것은 아닐까.

특히 정부 지출의 많은 부분은 사회 간접자본, 혹은 사회복지를 위한 이전 지출에 사용되는데, 그러한 지출은 대체로 사회의 낮은 계층에 많은 혜택을 주기 마련이며 일종의 부의 재분배 기능을 가진다. 따라서 재정 지출의 감소를 통하여 물가를 잡겠다는 발상은 경제를 침체로 몰고갈 뿐 아니라, 불평등의 심화에도 기여하게 된다.

이자율(금리)을 올려서 대출 수요를 줄이고, 기업 투자를 줄이는 방식 또한 이상하기는 마찬가지이다. 경기가 불황인데, 불황을 장기화시켜 물가를 인하시키는 정책에 다름 아니다. 또한 한국과 같이 가계 부채가 높은 경우에는 이자율의 상승은 가계의 부담을 심화시키고, 소비수요의 위축을 초래하기 마련이다.

그렇다면 과연 이러한 정책을 통하여 기업은 이득을 볼 수 있는가. 당연한 사실은 정부지출의 감소는 기업의 이윤을 감소시킨다. 직접적으로는 정부로부터의 수요가 줄어들기 때문이고, 더 나아가서는 그렇게 감소된 수요는 고용을 감소시키고, 따라서 소비재 생산기업의 매출도 감소하고 그 소비재 생산기업에 장비를 공급하는 자본재 생산기업의 매출도 영향을 받기 마련이다. 조금 더 어렵게 말하자면 자본주의 경제에서는 기업의 이윤과 민간의 저축의 합은 정부의 재정 적자와 경상수지의 합과 항상 정확히 일치한다. 정부 지출이 줄면 기업 이윤은 감소하고, 정부 지출이 늘면 기업 이윤은 항상 증가한다.

이데올로기 과잉이 몰고온 광기(狂氣)

사실 현재 상황에서 물가를 잡겠다고 정부 지출을 줄이는 행위는 기업과 노동자 모두를 망치는 공멸의 길이고 이로 인해 '심리적'으로 행복해지는 사람들은 광신적인 종교에 경도된 경제학자들과 그 밑에서 사사한 관료들 뿐이다. 해외의 원자재 공급가격 상승에서 기인한 물가상승을 재정 지출의 삭감으로 대처하겠다는 발상은 무조건적으로 물가를 잡기 위하여 국민의 삶과 기업의 이익마저 희생시키면서도 작은 정부를 지향해야 한다는 '신자유주의'라는 종교적 광신에 다름 아니다. 도대체 이러한 옴진리교 교리와 같은 논리를 대통령에게 주입한 경제 관료나 학자들이 누구인지 궁금할 뿐이다.

인플레이션 이론은 사실 경제학에서도 가장 어려운 문제이다. 고리타분하게 이야기 하자면, 크게는 수요견인형 인플레이션과 비용압박 인플레이션으로 나뉘는데, 각각의 경우에 있어서의 처방은 상이할 수 밖에 없다.

전자의 경우 경기과열시 보여지는데, 그 경우에는 필요에 따라 긴축이 필요할 수도 있다. 하지만 지금과 같은 원자재 가격의 인상으로 인한 인플레이션에 대한 처방으로서의 긴축정책은 경기를 더욱 급격히 냉각시키고 서민의 삶을 더욱 고통스럽게 만든다. 그럼에도 불구하고, 그들은 경제가 자신들이 믿는 신의 섭리에 따라 자연스레 회복된다는, 즉 경제가 처한 특수한 상황을 고려하지 않은 채 가공의 세계에서 적용되는 원리가 현실에도 그대로 적용된다고 믿는 광신적 믿음을 고집하고 있을 뿐이다.

인플레이션은 화폐적 현상이 아니다

수요견인형 인플레이션을 주장하는 또 다른 혹자들은 인플레이션의 원인은 무조건적으로 화폐적인 현상이며, 정부의 화폐 남발을 원인으로 삼는다. 그들의 입장에서 결국 만악(萬惡)의 근원은 정부이다.

그런데, 그들의 쉽게 간과하는 문제는 정부의 본원통화는 한국의 경우 2023년 6월말 현재 전체 통화(M3)의 5.8%에 불과하다는 사실이다. 나머지 통화는 은행이 대출을 함으로써 민간이 창조하며, 은행의 대출은 경기변동과 신용력이 있는 적격 차입자의 대출 수요에 따라 변화하지, 단순히 정부가 지급준비율 등을 통제함으로써 변화시킬 수 있는 것이 아니다.

그리고 경기가 침체하여 실업이 존재하는 상황에서는 통화량의 증가는 물가를 상승시키는 효과보다 오히려 유효수요를 창출하여 생산을 증가시킨다. 이는 일찍이 케인즈가 '생산의 화폐 이론'이라고 명명한 현상이다. 화폐는 중립적인 것이 절대로 아니라, 경우에 따라서 생산을 자극한다.

또한 통화량이 변화하지 않더라도 그 국가에 대한 믿음이 그 나라 화폐의 가치에 영향을 미친다. 쉽게 생각해 정부가 약하고 무능한 경우, 그래서 그 정부가 발행한 화폐에 대한 신뢰도가 저하되는 경우, 자국민과 외국인 모두 그 나라의 통화를 기피하게 되고, 따라서 자연히 그 나라의 화폐는 평가 절하되며 이는 수입물가의 상승을 동반하게 된다. 그러한 경우 정부는 통화를 더욱 발행해야지만 필요한 재정조달이 가능하다.

화폐 남발은 많은 경우에 있어서 '결과'이지 '원인'이 아니다. 특히 현재, 경기 침체로 인하여 세수가 감소하고, 정부는 긴축을 외치고 있으며, 대외 의존적인 한국경제에 있어 유효수요에 큰 견인 역할을 하는 수출이 부진하고, 이데올로기에 경도되어 가장 큰 시장인 중국을 등지고 자원 강국인 러시아를 적으로 돌렸으며, 이제는 이스라엘을 지지함으로써 중동 국가들의 눈총을 사고 있다. 이러한 상황이 지속되는 순간 경제는 침체되고 자국의 화폐에 대하여 일반이 가지는 신뢰가 하락하고, 자본은 해외로

도피하며, 이에 투기 자본도 가세하여 자연히 자국 통화가치는 떨어진다. 그리하여 재차 수입 물가의 상승을 유발하는 등의 악순환이 지속되어 인플레이션은 통제할 수 없는 상황에 이를 수 있다. 요(要)는 인플레이션에 대하여 이야기할 때, 그 정부 정책에 대하여 대중들이 가지고 있는 믿음을 필히 고려하여야만 한다는 것이다.

또한 인플레이션은 단순히 수요견인인가 혹은 비용압박이 원인인가라는 식의 이분법적 구분에 따라 결정되는 것이 아니라 다분히 역사적, 제도적 환경에 의해서도 좌우된다. 주목하여야 할 점은 최근 원자재 가격의 인상에 힘입어 기업들이 소위 비용에 대한 '마크-업(mark-up)'을 올릴 수도 있다는 점이다.

예를 들어 제품가격이 100원이고, 총비용이 90원이고, 그 중 원자재의 비중이 30원이라고 하자. 원래는 비용에 대한 마크-업은 11%(=10/90)이다. 그런데, 원재료 가격이 20% 오르자, 제품가격을 20% 인상하여 120원으로 책정한다고 하자. 그런데 실제로 원재료 가격으로 인한 비용 상승 요인은 6원에 불과하다. 그러한 경우, 기업의 이윤은 과거 10원에서 이제는 24원으로 오른 셈이고(=120-96) 마크-업은 25%가 된다 (=24/96). 이러한 현상이 발생하는 원인은 무엇일까.

어느 정도 시장 지배력은 가지고 있지만 독점은 아닌 기업들은 평소에는 고객 이탈을 이유로 꺼려하던 제품 가격 인상을 자제한다. 하지만 이제 원자재 가격의 인상으로 인하여 고객들이 암묵적으로 가격 인상을 용인되는 분위기가 형성되고, 더욱이 원자재 가격 인상 20%라는 숫자가 가격 인상을 그만큼 합리화할 수 있도록 착각을 불러 일으키기 때문이다. 또한 경쟁 기업들 간에도 가격 인상을 하는 일종의 암묵적 공감대가 형성된다. 이로 인하여 서민의 삶은 더욱 고달프게 될 수도 있다. 물론 이러한 현상에 대한 확증적·경험적 검증을 이야기 하기에는 너무 이르고, 현재 서구권에서는 갑론을박이 있긴 하다. 하지만 현재 한국에서의 물가 인상 추이를 자세히 보면 이같은 현상이 피부로 느껴질 수 있다.

잊지 말아야 할 점은 대부분의 제조업 제품 가격은 청과물 시장에서와 같이 소위 사자-팔자 흥정에 의하여 형성되지 않는다는 점이다. 그와 같은 사자-팔자 흥정에 의하여 가격이 형성되는 제품은 사실 지극히 적다. 경험적으로 볼 때 가격은 원가에 일정 마크-업을 가산한 형태로 설정되고, 그 마크-업의 크기는 독과점의 정도, 담합 여부, 제품 차별화 등의 시장 지배력의 크기와 비례한다.

인플레이션 대책은 있는가

그렇다면 현재와 같은 해외 원자재 가격 인상으로 인한 인플레이션에 대한 대책은 무엇인가. 현재 정부가 범하고 있는 우려와는 정반대로 재정 확장 정책이 필요하다. 필자가 제시하는 안은, 정부가 주요 원자재의 수입시 보조금을 지급하는 방안이다. 예를 들어 곡물, 석유, 가스 등 원자재의 수입가격에 보조금을 지급하거나, 혹은 연료 가격의 인상으로 인하여 야기되는 전력 요금의 인상분에 대하여 보조금을 지급하는 등의 정책을 통하여 국내 가격 인상 요인을 흡수하는 방안이 그것이다.

물론 인상분 전액에 대한 보조보다는 수입 원자재 가격 상승으로 인하여 어느정도 수입수요가 감소될 수 있고, 반면 서민 생활이 위협이 받지 않는 수준의 한도 내에서 기술적으로 조정할 필요가 있다. 그 경우 위와 같이 마크-업을 인상하여 인플레이션을 부추기는 심리도 근절할 수 있다. 이같은 정책은 사실 옆나라 일본에서 현재 시행 중인데, 보조금 지출과 더불어 생필품에 대한 직접적 가격 지도도 병행하고 있다.

　물론 그로 인한 재정 적자의 확대가 우려될 수도 있으나, 반면 현재와 같이 긴축재정을 통하여 소득이 감소하고, 그것이 세수 감소로 이어지는 부작용은 방지할 수 있다. 중장기적으로는 원자재 가격이 정상화되는 경우 보조금 지원을 중단하면 된다. 또한 원자재 수입 보조금을 지원함과 더불어 보다 적극적인 재정 정책으로 초기 원자재 가격 인상으로 인한 경기 침체 상황을 타개할 필요가 있다. 현재와 같이 경기 침체가 지속되고 경제에 가용한 유휴 자원이 많은 경우, 적극적인 재정 정책은 추가적인 물가상승을 자극하기 보다는 경제의 활성화에 기여하는 바가 크기 때문이다.

결어

　결론적으로 말하자면, 인플레이션을 억제한다는 정책은 그 자체로 지상 목적이 되어서는 안된다. 더욱이 그러한 목적을 달성하기 위하여 불황기에 절실히 필요한 정부 재정 지출을 억제하고 경기 침체를 더욱 가속화시키는 우를 범하여서는 안된다.

　하지만 세상 일이라는 것은 논리나 경험에 의하여 좌우되는 것은 아닌데, 지금의 한국 경제 정책은 기업과 국민 어느 누구의 이익도 고려하지 않고, 모두의 희생만을 강요하는 과잉화된 종교적 이념에 의하여 좌우되고 있는 것 같아 시름이 깊어진다.

참고문헌

Akerlof, George A.(1970), "The Market for 'Lemons. Quality Uncertainty and the Market Mechanism". Quarterly Journal of Economics 84(3): 488 – 500.

Akerlof, G. and R. Shiller(2009), Animal Spirits: How Human Psychology Drives the Economy, and Why It Matters for Global Capitalism, Princeton, NJ: Princeton University Press.

AlHussaini, Wissam & Molz, Rick(2009), "A post-Keynesian regulatory model of privatization", The Journal of Socio-Economics. 38(2009) 391 – 398.

Bartlett, Randall(1989), Economics and power -An inquiry into human relations and markets, Cambridge University Press.

Black, F., & Cox., J.(1976), "Valuing Corporate Securities: Some Effects of Bond Indenture Provisions", Journal of Finance 31, 351 – 67.

Black, F., & Scholes, M.(1973), "The Pricing of Options and Corporate Liabilities", Journal of Political Economy 81(3), 637 – 54.

Blanchard, Olivier(2023), Fiscal Policy under Low Interest Rates, The MIT Press.

Baddeley, M. C.(2003), Investment Theories and Analysis, Palgrave MacMillan.

Bourdieu, Pierre(1996/1979), Distinction – A Social Critique of the Judgement of Taste, Richard Nice(tr.), Harvard University Press; 구별짓기, 피에르 부르디외 저, 새물결 2005.

Buiter, W.H.(2010), "The limits to fiscal stimulus", Oxford Review of Economic Policy 26(1), Spring, 48 – 70.

Canguilhem, Georges(1977), 'The development of the concept of biological regulation in the eighteenth and nineteenth centuries', in Georges Canguilhem(1990), Ideology and Rationality in the History of the Life Sciences, The MIT Press.

Cohen, Avi J. and Harcourt, G. C.(2003), "Retrospectives Whatever Happened to the Cambridge Capital Theory Controversies?", Journal of Economic

Perspectives Volume 17, Number 1-Winter 2003, Pages 199－214.

Crotty, J.R.(1990), "Owner－manager conflict and financial theories of investment instability: a critical assessment of Keynes, Tobin and Minsky", Journal of Post Keynesian Economics 12(4), Summer, 519－42.

Dow, Sheila C..(2005), "Axioms and Babylonian thought: a reply", Journal of Post Keynesian Economics 2005, Vol. 27, No. 3. p387.

Fama, E.(1991). "Efficient Capital Markets: II," The Journal of Finance, Vol. 46, No. 5, pp. 1575-1617, December.

Fama, Eugene F. & French, Kenneth R.(2004), "The Capital Asset Pricing Model: Theory and Evidence", Journal of Economic Perspectives Vol. 18, No. 3, Summer 2004(pp. 25-46).

Fukuyama, Francis(2011), Friedrich A. Hayek, Big- Government Skeptic, The New York Times

Galbraith, John K.(2004), The Economics of Innocent Fraud: Truth for Our Time, Houghton Mifflin.

Gerloff, Wilhelm(1926/1952), "Entstehung der öffentlichen Finanzwirtschaft(Altertum und Fru hmittelalter)", in Gerloff, Wilhelm & Neumark, Fritz(eds.). Handbuch der Finanzwissenschaft, Vol. 1, Tübingen(2nd ed.).

Girardi, Daniele & Pariboni, Riccardo(2020), Autonomous demand and the investment share, Review of Keynesian Economics.

Graeber, D.(2011), Debt: The First 5,000 Years. Melville House.

Guyer, J. I., & Pallaver, K.(2018), "Money and Currency in African History", The Oxford Research .

Encyclopedia of African History.

Harcourt, G.C. and Kenyon, P.(1976), "Pricing and the investment decision", Kyklos 29(3), September, 449－77.

Harvey, J.T.(2012), "Exchange rates", in J.E. King(ed.), The Elgar Companion to Post Keynesian Economics, second ed, Edward Elgar, pp. 185－9.

Hayes, M. G.(2018), "The liquidity of money", Cambridge Journal of Economics 42(5): 1205 – 18.

Hayes, M. G.(2018), John Maynard Keynes -The Art of Choosing the Right Model, Polity. 케인즈 경제학을 찾아서 마크 헤이스 저, 현동균 역, 한울 2021.

Hicks, J. R.(1967), Critical Essays in Monetary Theory, Oxford.

Hirschman, Albert O.(1958), The Strategy of Economic Development, Yale University Press.

Ho, T. S., & Saunders, A.(1981), "The Determinants of Bank Interest Margins: Theory and Emprical Evidence", Journal of Financial and Quantitative Analysis Vol. XVI. No. 4, November 1981, 581–600.

Hodgson, Geoffrey M.(2018), "Markets", New Palgrave Dictionary of Economics, 3rd ed. Palgrave Macmillan, pp. 8298–8307.

Hook, Sydney(1960), Review of Hayek's "The Constitution of Liberty," New York Times Book Review, Feb 12, 1970.

Hayek, Friedrich von(2011), Constitution of Liberty, The Univerity of Chicago Press. 자유헌정론(개정판), 하이에크, 프리드리히 저, 최지희 역, 자유기업원 2023.

Ingham, Geoffrey(2004), Nature of Money, Polity.

Ingham, Geoffrey(2020), Money(What is Political Economy?), Polity. 머니 – 화폐 이데올로기 · 역사 · 정치, 제프리 잉햄 저, 방현철, 변제호 공역, 이콘 2022.

Javdani, Mohsen & Chang, Ha-Joon(2023), "Who said or what said? Estimating ideological bias in views among economists", Cambridge Journal of Economics 2023.

Jetin, B. and L. Reyes Ortiz(2020), "Wage-led demand as a rebalancing strategy for economic growth in China", Journal of Post Keynesian Economics 43(3), 341 – 66.

Kaldor, N.
    (1956), "Alternative theories of distribution", Review of Economic Studies 23(2), p. 96.

(1966), Causes of the Slow Rate of Economic Growth of the United Kingdom: An Inaugural Lecture, Cambridge University Press.

(1970), "The new monetarism", Lloyds Bank Review, 97, 1–18, reprinted in N. Kaldor(1978), Further Essays in Applied Economics, London: Duckworth, pp. 1–21.

Kalecki, M.

(1937), "The principle of increasing risk", Economica 4(76), November, 441–7.

(1954), Theory of Economic Dynamics – An Essay on Cyclical and Long-Run Changes in Capitalist Economy, Routledge.

(1971), Selected Essays in the Dynamics of the Capitalist Economy, Cambridge: Cambridge University Press, pp. 78-9.

Keynes, J.M.

(1921), A Treatise on Probability, London: Macmillan; reprinted in The Collected Writings of John Maynard Keynes(1973), Vol. VIII, London: Macmillan, 1973.

(1930), A Treatise on Money, Volume I, The Pure Theory of Money, New York: Harcourt, Brace and Company; 화폐론, J. M. 케인즈 저, 신태환 번역 비봉출판사 1992.

(1936), The General Theory of Employment, Interest and Money, The Collected Writings of John Maynard Keynes, in Elizabeth Johnson / Donald Moggridge(eds.), the Royal Economic Society, Cambridge University Press.; 고용, 이자 및 화폐의 일반이론. 존 메이너드 케인스 저, 박만섭 역. 지만지 2012.

(1937), "The General Theory of Employment", The Quarterly Journal of Economics.

Keynes, J. M. and Moggridge, D. E.(2010), Keynes on the Wireless, Basingstoke: Palgrave Macmillan.

Kindleberger, Charles P.(2005), 5th ed. Manias, Panics, and Crashes: A History of

Financial Crises, Wiley; 광기 패닉 붕괴 금융위기의 역사, 찰스 P.킨들버거 저자. 김홍식 번역, 굿모닝북스 2006.

King, J. E.

(2003),(eds.), The Elgar Companion to Post Keynesian Economics, Edward Elgar.

(2015), Advanced Introduction to Post Keynesian Economics. Cheltenham: Edward Elgar; 포스트케인지언 경제학에의 초대. 존 킹 저, 현동균 역, 진인진 2022.

Kiyotaki N., Wright R.(1989), "On money as a medium of exchange", Journal of Political Economy, vol. 97, n° 4, pp. 927-954.

Lavoie, Marc

(2006), Introduction to Post-Keynesian Economics. Palgrave MacMillan.

(2022), Post-Keynesian Economics New Foundations, 2nd ed., Edward Elgar.

Laum, Bernhard(1924), Heiliges Geld: Eine historische Untersuchung u ber den sakralen Ursprung des Geldes, J.C.B Mohr.;(2023), Sacred Money - Historical Investigation into the Sacred Origin of Money, Hans DG Hyun(tr.), Shoin House.

Lee, Frederic S.(2003), "Pricing and Prices", in The Elgar Companion to Post Keynesian Economics, John E. King(ed.) Edward Elgar.

Lerner, A.P.(1944), The Economics of Control: Principles of Welfare Economics, New York: Macmillan.

Lukes, Steven(2004) Power - A Radical View, 2nd ed. Palgrave. 한글 번역이 존재하나, 1974년 출판된 제1판에 대한 번역이며 2판의 내용과는 차이가 많이 존재한다. 참고: 3차원적 권력, 스티븐 룩스 저, 나남 1992.

McCombie, John & Tharnpanich, Nat(2016), "Balance-of-payments constrained growth", in Rochon, Louis-Philippe & Rossi, Sergio(eds.)(2016), An Introduction to Macroeconomics – A Heterodox Approach to Economic Analysis, Edward Elgar.

MacKenzie, Donald

(2006), An Engine, Not a Camera -How Financial Models Shape Markets, The

MIT Press.

  (2009), Material Markets

MacKenzie, Donald A and Muniesa, Fabian and Siu, Lucia(2007), Do economists make markets?: on the performativity of economics, Princeton University Press.

Mankiw, N. Gregory(2017), Principles of Macroeconomics, 8th ed., Cengage Learning;(2019)

Marangos, J.,(2002), "A post Keynesian critique of privatization policies in transition economies". Journal of International Development 14, 573 – 589: 577.

Menger, Carl(2002/ 1909), "Money", Yeager, Leland B. & Streissler, Monika(trns.), in Latzer, Michael and Schmitz, Stefan W.(eds.). Carl Menger and the Evolution of Payments Systems, Edward Elgar.

Merton, R. C.(1974), "On the Pricing of Corporate Debt: The Risk Structure of Interest Rates". Journal of Finance, 29, 449 – 470.

Minsky, Hayman

  (2008a), John Maynard Keynes, McGraw Hill

  (2008b), Stabilizing an Unstable Economy, McGraw Hill; 민스키의 금융과 자본주의 -불안정 경제의 안정화 전략, 하이먼 P. 민스키 저, 김대근 역, 카오스북 2023.

Onaran, Ö. and G. Galanis(2012), "Is aggregate demand wage-led or profit-led? National and global effects", Working Paper No. 40, Conditions of Work and Employment Series, International Labour Office.

Polanyi, Karl(1944), The Great Transformation, Beacon Press; 거대한 전환-우리 시대의 정치 경제적 기원, 칼 폴라니 저 홍기빈 역, 길 출판사 2009.

Reich, R.(2022). "Corporate greed, not wages, is behind inflation. It's time for price controls," Guardian, September 25th 2022.

Rochon, Louis-Philippe & Rossi, Sergio(eds.)(2016), An Introduction to Macroeconomics – A Heterodox Approach to Economic Analysis, Edward Elgar.

Schumpeter, Joseph A(1934/1911), Theory of Economic Development, tr. by Redvers Opie, Harvard University Press. 경제발전의 이론, 조지프 슘페터 저, 정선양 역, 시대가치, 2020.

Searle, John R.(2017), "Money: Ontology and Deception", Cambridge Journal of Economics 2017, 41.

Sen, Anupama(2016), "Reforming Electricity Reforms? Empirical Evidence from Asian Economies", Oxford Institute for Energy Studies.

Setterfield, Mark(2016), "Economic growth and development", in Rochon, Louis-Philippe & Rossi, Sergio(eds.)(2016), An Introduction to Macroeconomics – A Heterodox Approach to Economic Analysis, Edward Elgar.

Simmel, Georg(1900), Philosophie des Geldes, Leipzig;(2011), The Philosophy of Money. Bottomore, T. & Frisby, D.(trs.). Routledge; 돈의 철학, 게오르그 짐멜 저, 김덕영 역 길 출판사 2013.

Smithin, John(1996), Macroeconomic Policy and the future of capitalism, Edward Elgar.

Tcherneva, P. R.(2016), "Money, Power, and Monetary Regimes", Levy Economics Institute of Bard College Working Paper No. 861.

Terzi, Andrea(2023), "Fiscal sustainability under a paper standard: two paradigms", Journal of Post Keynesian Economics, 46:1, 1-31.

Thies, Clifford F.(2011), The End of Hystery? Francis Fukuyama's Review of The Constitution of Liberty, Mises Institute.

Zhang, Yin-Fang and Parker, David and Kirkpatrick, Colin(2008), "Electricity Sector ReformiIn Developing Countries: An Econometric Assessment of the Effects of Privatisation, Competition and Regulation", Journal of Regulatory Economics.

Max Weber

(1923), Wirtschaftsgeschichte: Abriss der universalen Sozial- und Wirtschaftsgeschichte. München: Duncker & Humblot.

(1927), General Economic History. Knight, Frank H.(tr.). The Free Press.

Veblen, Thorstein(1899/2007), The Theory of Leisure Class, Oxford University Press; 유한계급론, 소스타인 베블런 저 이종인 역, 현대지성 2018

Wieser, Friedrich von(1926) Das Gesetz der Macht. 권력의 법칙, 비저, 프리드리히 폰 저, 현동균 역/해제, 진인진 2023.

Wood, A.(1975), A Theory of Profits, Cambridge: Cambridge University Press.

Wolfson, M.H.(2012), "Credit rationing", in J. King(ed.), The Elgar Companion to Post Keynesian Economics, 2nd ed, Edward Elgar, pp. 115 – 21.

宮澤和男 /玄同均(2023), アベノミクスと アリスの不思議の国からの敵: わかりやすく解説する アベノミクスの理論的基礎. 松陰館(아베노믹스와 엘리스의 이상한 나라로부터의 적: 쉽게 설명하는 아베노믹스의 이론적 기초)

추천도서

번역서

Hayes, M. G.(2018), John Maynard Keynes -The Art of Choosing the Right Model, Polity; 헤이스, 마크(2021), 케인즈 경제학을 찾아서(현동균 역), 한울. 저자가 죽기 몇 달 전에 출간된 책이다. 케인즈 경제학에 대한 훌륭한 가이드북이다. 저자는 초보자를 위해 저술했다고 말하지만, 그런 부분도 있는 반면 어떤 부분은 초보자 이상의 지식을 필요로 한다. 따라서 아래의 마크 라부아의 책을 먼저 공부한 후 이 책에 도전하는 것이 바람직하다.

King, J. E.(2015), Advanced Introduction to Post Keynesian Economics. Cheltenham: Edward Elgar. 이 책은 Rochon, 그리고 마크-라부아의 책을 공부한 후 보다 폭넓게 포스트 케인즈주의 경제학의 다양한 측면을 고찰하기 위한 목적에 적합하다. 이 책은 기존의 개론서에 비해 깊이는 유지하면서 그 폭을 넓히고, 방법론적 측면과 다른 관련 학문 분야와의 다학제적 성격을 강조하고 있다.

Lavoie, Marc(2006), Introduction to Post-Keynesian Economics, Palgrave MacMillan. 포스트 케인스학파 경제학 입문-대안적 경제 이론, 마크 라부아 저 김정훈 역, 후마니타스, 2016.

영문서적

Rochon, Louis-Philippe & Rossi, Sergio(eds.)(2016), An Introduction to Macroeconomics - A Heterodox Approach to Economic Analysis, Edward Elgar. 무엇보다도 초보자도 쉽게 이해할 수 있다는 장점이 있다.

King, J. E.(2003),(eds.), The Elgar Companion to Post Keynesian Economics, Edward Elgar.

Lavoie, Marc(2022), Post-Keynesian Economics New Foundations, 2nd ed., Edward Elgar. 이 책은 포스트 케인즈 학파 경제학의 집대성이라고 할 수 있는 책이다. 다만 대학 학부 3-4학년, 혹은 대학원 수준의 책이기 때문에 다른 개론서를 먼저 공부한 후 도전할 수 있다.

색인

RARE (Rational Expectation Presentative Agent), 33, 38, 39, 46, 151

Z-다이어그램 (Z-Diagram), 156, 157

가격경쟁 (price competition), 102, 103, 105, 108, 152, 259, 284

거래비용 (Transaction Cost), 68

거래비용의 경제학 (Transaction Cost Economics), 68

거시경제학의 미시적 기초 (microfoundation of macroeconomics), 116

건전재정 (sound finance), 215, 218, 322

게를로프 (Wilhelm Gerloff), 71

경로의존성 (Path Dependence), 43, 295

경상수지 (Current Account Balance), 124, 148, 155, 218, 221, 269, 270, 277, 278, 279, 281, 282, 283, 284, 285, 286, 287, 325, 331

경제발전의 이론 (theory of capitalist development), 95, 105

계산단위 (unit of account), 57, 59, 61, 62

고정계수형 생산함수 (fixed coefficient production function), 84

과부의 항아리 (widow's pot), 181, 310

과점 (duopoly), 100, 102, 104, 105, 108, 110, 257

관계적 교환 (relational exchange), 101

구매력평가 (purchasing power parity- PPP), 269, 270, 271

구별짓기 (Distinction), 34

구축효과 (crowding out effect), 199, 200, 228

국가투자은행 (The National Investment Bank- NIB), 225

국내총생산 (GDP Gross Domestic Product), 120, 121, 123

국민총생산 (GNP- Gross National Product), 121, 123

국정화폐론 (state theory of money), 59, 70

권력관계 (power relationship), 41

권위에 호소하는 오류 (argumentum ad verecundiam), 21

규모의 경제 (increasing returns to scale), 88, 104, 109, 171, 263

균형예산승수 (balanced budget multiplier), 190

균형재정승수 (balanced fiscal multiplier), 185, 188, 190, 191, 192, 210, 227, 308, 309, 311

금리소득자 (rentier), 238

금융시장 (financial market), 106, 110, 111, 238, 239, 240, 241, 247, 252, 318

기능적 재정 (functional finance), 185, 218, 219, 228, 322

기대효용이론 (Expected Utility Theory), 35

내생적 (endogenous), 231, 234, 247, 255, 265, 294

네오 차탈리스트 (neo-Chartalist), 59

네오 케인지언 (neo-Keynesian), 31, 94

뉴케인지언 (New Keynesian), 31, 132, 141

다나이드의 항아리 (Danaid jar), 181

다수결 선택의 오류 (argumentum ad populum), 21

대부자금설 (loanable fund theory), 124, 134, 135, 138, 163, 164, 197, 235

도구주의 (instrumentalism), 49, 87

독점 (monopoly), 20, 66, 102, 105, 108, 110, 222, 258

동태확률일반균형 (dynamic stochastic general equilibrium - DSGE), 50, 67, 68, 73, 208

딜러십 모델 (dealership model), 232